Photoshop CC 淘宝美工实用教程

华天印象　编著

人民邮电出版社
北京

图书在版编目（CIP）数据

Photoshop CC淘宝美工实用教程 / 华天印象编著
. -- 北京 : 人民邮电出版社, 2017.8（2020.10重印）
ISBN 978-7-115-45804-9

Ⅰ. ①P… Ⅱ. ①华… Ⅲ. ①图象处理软件－应用－电子商务－网站－设计－教材 Ⅳ. ①F713.361.2 ②TP393.092③TP391.413

中国版本图书馆CIP数据核字(2017)第141298号

内 容 提 要

本书是一本全面介绍 Photoshop 淘宝美工设计的基础教程与实例教程，针对零基础读者编写，讲解了 Photoshop 的核心功能与淘宝实战案例等内容，以各种重要功能为主线，对每个功能在淘宝美工设计中的重点应用进行了详细介绍，并安排了大量课堂案例，让读者可以快速熟悉软件的功能和案例的制作思路。另外，每章结束安排了习题测试，这些习题都是在成为优秀的淘宝美工的过程中经常会遇到的项目案例。课后习题既能达到强化训练的目的，又可以让读者了解在实际工作中将会做些什么和该做些什么。

本书附赠教学资源，内容包括书中所有案例的素材文件、源文件和多媒体教学录像。另外，还精心准备了 Photoshop 常用快捷键索引和课堂案例、习题测试索引，以方便读者学习。

本书结构清晰、语言简洁、实例丰富，适合广大美工初学者及相关从业人员学习使用，也可以作为相关培训机构的参考教材。

◆ 编　　著　华天印象
　责任编辑　张丹阳
　责任印制　陈　犇
◆ 人民邮电出版社出版发行　　北京市丰台区成寿寺路 11 号
　邮编　100164　　电子邮件　315@ptpress.com.cn
　网址　http://www.ptpress.com.cn
　北京九州迅驰传媒文化有限公司印刷
◆ 开本：787×1092　1/16
　印张：21.5　　彩插：4
　字数：602 千字　　2017 年 8 月第 1 版
　印数：6 301–6 700 册　　2020 年 10 月北京第 10 次印刷

定价：49.00 元

读者服务热线：(010)81055410　印装质量热线：(010)81055316
反盗版热线：(010)81055315
广告经营许可证：京东市监广登字 20170147 号

前　言

Photoshop是美国Adobe公司开发的优秀图形图像处理软件，它的理论基础是色彩学，通过对图像中各像素的数字描述，实现对数字图像的精确调控。Photoshop可以支持多种图像格式和色彩模式，能同时进行多图层处理，它的选择工具、图层工具、滤镜工具能使用户得到各种手工处理或其他软件无法达到的美妙图像效果。不但如此，Photoshop还具有开放式结构，能兼容大量的图像输入设备，如扫描仪和数码相机等。

Photoshop是图形处理软件，广泛用于处理图片和照片以及对在其他软件中制作的图片做后期效果加工。例如，将在CorelDraw、Illustrator中编辑的矢量图像，输入Photoshop中做后期加工，创建网页上使用的图像文件或用于印刷的图像作品。在编写本书时，所有的实例作者都亲自实践与测试，力求使每一个实例都真实、完整地呈现在读者面前。

作者对本书的编写体系做了精心的设计，按照“课堂案例→习题测试”这一思路编排，通过软件功能解析使读者深入学习软件功能和制作特色，通过课堂案例演练使读者快速熟悉软件功能和设计思路，通过课后练习拓展读者的实际操作能力。在内容编写方面，力求通俗易懂，细致全面；在文字叙述方面，注意言简意赅、突出重点；在案例选取方面，强调案例的针对性和实用性。

本书的资源包含了书中所有课堂案例和习题测试的源文件、素材文件。同时，为了方便读者学习，本书还配备所有案例的多媒体有声视频教学录像。这些录像均由专业人士录制，视频详细记录了案例的操作步骤，使读者一目了然。读者扫描“资源下载”二维码，即可获得下载方法。

资源下载

本书的参考学时为130课时，其中讲授环节为80课时，实训环节为50课时，各章的参考学时如下表所示。

章节	课程内容	学时分配	
		讲授	实训
第1章	淘宝美工设计新手入门	3	1
第2章	淘宝美工核心区域设计	4	2
第3章	淘宝配色布局方法	4	2
第4章	Photoshop软件基本操作	5	3
第5章	编辑与调整商品图像文件	4	2
第6章	裁剪与处理商品图像文件	5	3
第7章	商品基本抠图技巧	5	2
第8章	商品复杂抠图技巧	6	4
第9章	制作商品文字精美特效	6	4
第10章	调整商品图像色彩色调	7	5
第11章	淘宝商品合成创意设计	7	5
第12章	淘宝店铺导航设计	6	4
第13章	淘宝网店店招设计	4	2
第14章	淘宝店铺首页设计	3	2
第15章	淘宝网店主图设计	6	6
第16章	淘宝美工商业案例实训	5	3
课时总计		80	50

为了使读者轻松自学并深入了解如何使用Photoshop处理淘宝店铺的商品图片，本书在版面结构上尽量做到清晰明了，如下图所示。

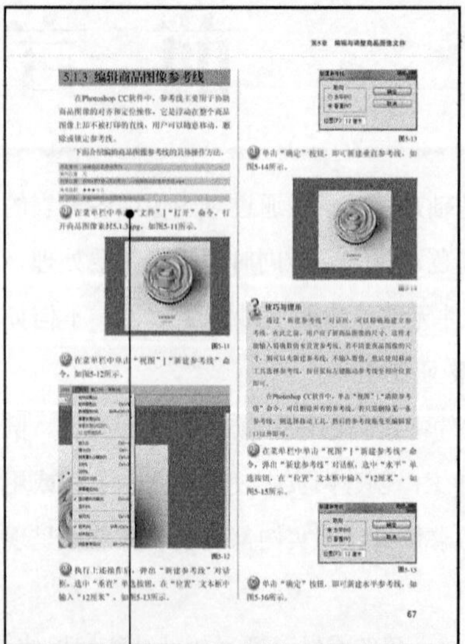

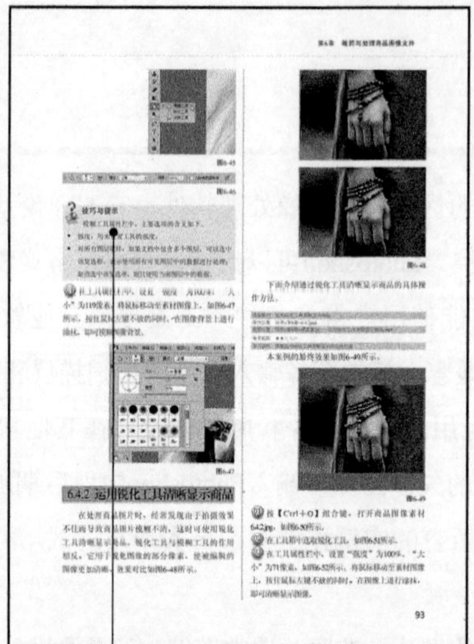

课堂案例：包含大量的案例详解，使大家深入掌握Photoshop的基础知识以及各种功能的作用。

技巧与提示：针对Photoshop的实用技巧及制作过程中的难点进行重点提示。

习题测试：安排重要的制作习题，让大家在学完相应内容以后继续强化所学技术。

本书由华天印象编著，参与编写的人员有王碧清、刘胜璋、刘向东、刘松异、刘伟、卢博、周旭阳、袁淑敏、谭中阳、杨端阳、李四华、王力建、柏承能、刘桂花、柏松、谭贤、谭俊杰、徐茜、刘嫔、苏高、柏慧等人。由于编者知识水平有限，书中难免有不妥和疏漏之处，恳请广大读者批评、指正。如果遇到问题，可以与我们联系，电子邮箱feilongbook @163.com。

编者
2017年6月

目 录 CONTENTS

目 录 CONTENTS

目 录 CONTENTS

目录 CONTENTS

第1章

淘宝美工设计新手入门

内容摘要

Photoshop淘宝网店的应用领域在逐步扩张，应用形式也越来越广泛，并深入生活中的各个细节中。因此，了解淘宝网店装修不仅要从Photoshop基本知识入手，还应该深入地挖掘淘宝网店的市场应用及发展，这样才能在同类淘宝网店中体现出自己淘宝网店的特色。本章将对网店装修的基本理论内容进行讲解，为后面的学习奠定好基础。

课堂学习目标

掌握淘宝装修入门知识　　了解淘宝网店各模块的内容

1.1 淘宝装修入门知识

网店装修是店铺运营中的重要一环，店铺设计的好坏，直接影响顾客对店铺的最初印象。只有首页、详情页面等设计得美观、丰富，顾客才会有兴趣继续了解产品，被详情的描述打动了，才会产生购买欲望并下单。

1.1.1 淘宝网店装修是什么

网店装修实际上就是通过整体的设计，将网店中各个区域的图像进行美化，利用链接的方式对网页中的信息进行扩展，其具体模块如图1-1所示。

店招导航

欢迎模块

店铺活动主题

客服区

图1-1

图1-1（续）

由图1-1可以了解到，网商对店铺中的默认模块位置进行了初步规划，店家只需要对每一个模块进行精心的设计和美化，让单一的页面层出现丰富全面的视觉效果，就是对网店进行装修。网店是通过单一的网页组合起来的，并且每个商品自己都有单独的详情页面，这些页面都是需要美化与修饰的，并且有大量的图片和文字信息，通过这些信息让顾客熟悉并促成交易。

总地来说，网店与微店的装修就是对店铺中商品的图片、文字等内容进行艺术化的设计与编排，使其体现出美的视觉效果。

网店如果不装修的话，照样也可以销售商品，因为现在很多网店都有自己默认的、简单的装修样式，这些网店照样可以销售商品，于是有的人会发出这样的疑问，既然可以买东西，又何必费劲力气去装修店铺呢？

因为网络购物有它的特殊性。在实体店中，消费者可以用自己的五官去感受商品的特点和店铺的档次，如通过眼睛看、嘴巴尝、手触摸和聆听等方式来了解认识商品，但是在网上购物的话，买家只能通过眼睛看卖家发布出来的图片和文字，在这些图片和文字中感受到产品的特色性质。所以如何让自己的店铺从众多店铺中突显出来吸引买家的眼球就显得尤为重要。因此，合理且美观的店铺装修就会显得很重要。

1.1.2 淘宝网店装修的意义

从网络上的点击量来看，店铺装修一直是一个热门话题，在店铺装修的意义、目标和内容上一直存在众多的观点，然而不论是实体店面，还是网络店铺或手机店铺，它们作为交易进行的场所，其装修的核心是促进交易进行。

1. 展示店铺信息，加深品牌印象

对于实体店铺来说，形象设计能使外在形象保持长期发展，为商品塑造更加完美的形象，加深消费者对企业的印象，如图1-2所示。

图1-2

同样，网店的装修设计也可以起到品牌识别的作用。建立网上店铺，也需要设定出自己店铺的名称、独具特色的Logo和区别于其他店铺的色调和装修视觉风格。

在网店首页的图片中可以提取出很多重要信息——店铺的店标、店招、店铺配色风格、销售的商品，如图1-3所示。让客户熟悉店铺的名称“意树”的同时，还记住了店铺的Logo，如图1-4所示。

图1-3

图1-4

2. 展示商品详情，吸引顾客购买

消费者从网店首页中获得的信息有限，鉴于网络营销的特点，网商为单个商品提供了单独的展示平台，即商品详情页面。

商品详情页面装修得成功与否，直接影响到商品的销售率和转换率，顾客往往是因为直观的、权威的信息而产生购买的欲望，所以必要的、有效的、丰富的商品信息的组合和编排，能够加深顾客对商品的了解。有两组不同的网店装修效果，一组是以平铺直叙的方式呈现商品的信息，如图1-5所示；而另一组则是通过合理的图片处理和简要的文字说明来表达，如图1-6所示，通过对比可以发现后者更能打动消费者。

图1-5

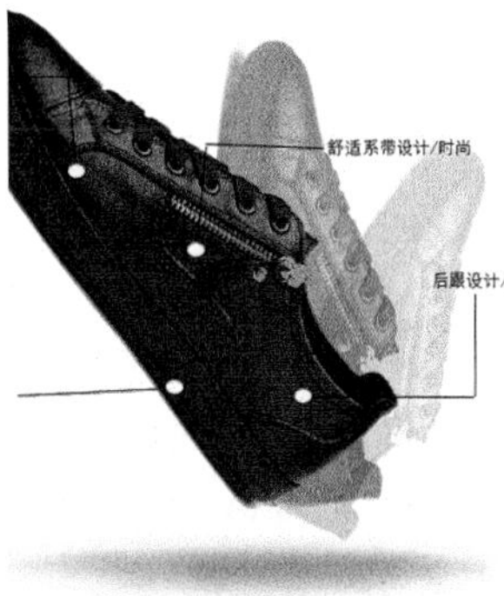

图1-6

通过对商品的详情页面进行装修，可以让顾客更加直观、明了地掌握商品信息，以决定是否购买该商品。如图1-7所示，可以从设计的商品详情页面中了解到衣服的材质、透气性等无法触摸的信息。

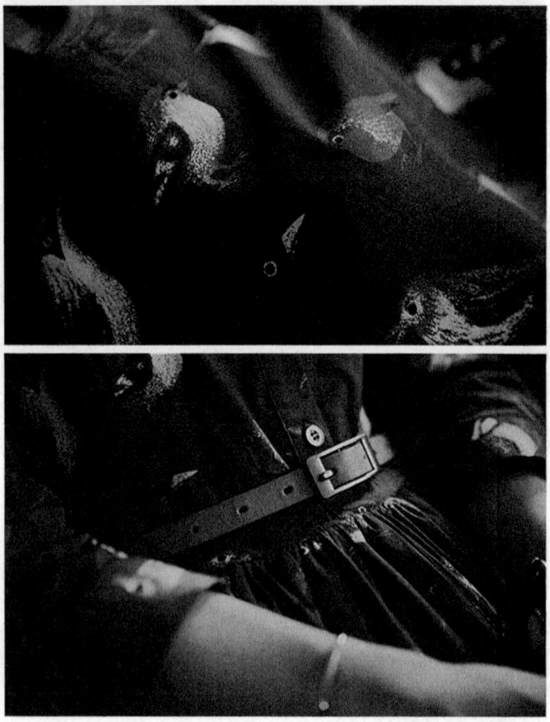

图1-7

3. 确定装修风格，突出产品特色

无论是实体店还是网店，其装修得好坏、能否吸引顾客的眼球、能否突出产品特色，都是至关重要的。确定网店装修风格，涉及整体运营的思考，确定装修风格之前，需要认真思考自己销售的产品，最突出的是哪一点。将从两方面入手确定网店装修的风格。

（1）选择合适的整体色调

（2）设计详情页面橱窗照

技巧与提示

对于通过电脑和手机购物的消费者来说，其花费在购物上的时间是计入其购物成本当中的。因而卖家需要像实体店一样提高网店空间的利用率和用户的有效接触，要完成这两个目的，需要做到两方面。第一，提升网店和微店空间的使用率，让单一的网店和微店能够容纳更多的产品信息，通过装修设计来缩短顾客对于信息的理解。第二，在产品之间的关联和产品分类的优化上下功夫，给消费者最大的选购空间。

1.1.3 淘宝店铺信息的获取

网络店铺的装修设计可以起到品牌识别的作用，对于实体店来说，好的形象设计能使其外在形象保持长期的发展，为商店塑造更加完美的形象，加深消费者对企业的印象，同样，建立网络店铺或手机微店也需要设定自己店铺的名称、独具特色的Logo和区别于其他店铺的色彩和装修风格。例如，在图1-8所示的网店首页的装修图片中，可以提取出很多重要信息，如店铺的名称、店铺的Logo、店铺配色风格、店铺销售的商品等。

图1-8

1. 首页欢迎模块

顾客可以从欢迎模块中的标题文字中了解店铺近期的商品动态，并且从商品的价格信息中了解商品价格的优惠情况，如图1-9所示。

图1-9

2. 店铺介绍

顾客可以从店铺介绍中看到店铺名称、店铺二维码和Logo，如图1-10所示。

图1-10

3. 商品列表

从商品列表中，可以看到陈列的商品，直接了解店铺销售的商品，如图1-11所示。

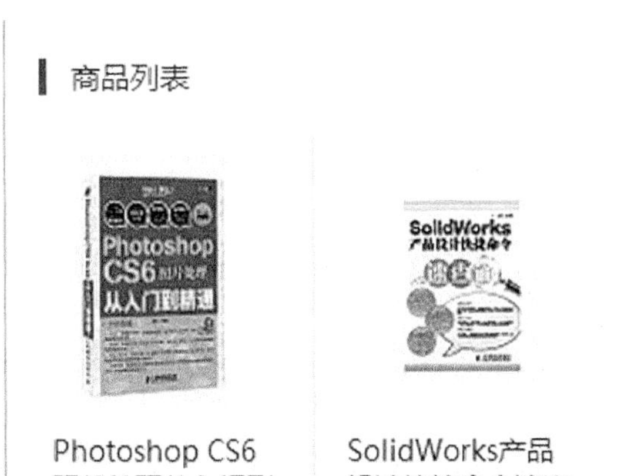

图1-11

技巧与提示

网店和微店中的Logo和整体的店铺风格，一方面作为网络品牌容易让消费者熟知，从而产生心理上的认同。另一方面，也作为企业的CI识别系统，让店铺区别于其他竞争对手。

1.1.4 店铺装修与转化率的关系

网店和微店的转化率，就是所有达到店铺并产生购买行为的人数和所有到达店铺人数的比率。网店和微店的转化率提升了，店铺的生意也会更上一层楼。影响网店和微店转化率的主要因素如图1-12所示。

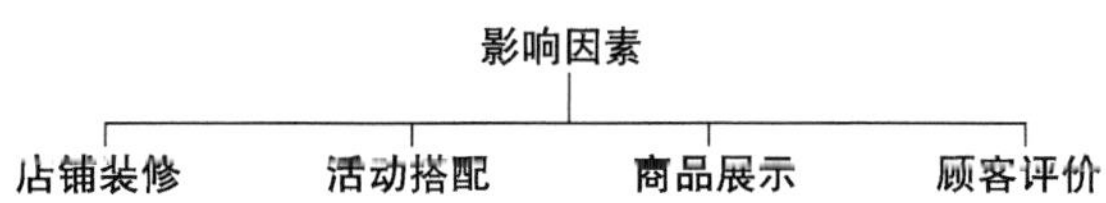

图1-12

由图1-12中可以看到，店铺装修、活动搭配和商品展示，都是可以通过设计装修图片来实现，由此可见网店装修能够直接对网店的转化率产生影响。

很多网店的店主还停留在无限制地想办法增加流量的阶段。流量是重要的，但是如果流量进来了，没有什么效果，一切就没有意义了。

1.2 淘宝网店各模块的内容

网店各个模块都有不同的作用，其中每个模块所传递的信息内容，对消费者有很强的引导作用。下面介绍网店主要模块的内容。

1.2.1 商品信息介绍准确详细

在网上做买卖，最主要的是如何把自己的商品信息准确地传给顾客，让顾客光顾自己的店铺。图片传递的只是商品的样式和颜色，对于性能、材料、售后服务，买家一概不知，所以这些需要通过文字描述来告诉买家。

在网上购物，商品描述是影响买家是否购买的一个重要因素，很多卖家也会花费大量的心思在商品描述上，但也有些卖家经过一段时间就会发现花费大量的心思，也没什么效果，用户的转化率还是不高，原因是什么呢？主要还是商品描述不够详细。在介绍商品时，各方面的参数都要详细准确，以方便顾客准确定位自己的需求。图1-13为详细准确的商品信息介绍。

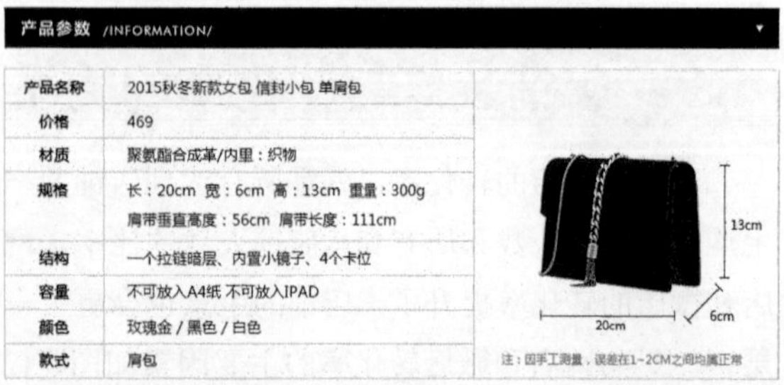

产品参数 /INFORMATION/

产品名称	2015秋冬新款女包 信封小包 单肩包
价格	469
材质	聚氨脂合成革/内里：织物
规格	长：20cm 宽：6cm 高：13cm 重量：300g 肩带垂直高度：56cm 肩带长度：111cm
结构	一个拉链暗层、内置小镜子、4个卡位
容量	不可放入A4纸 不可放入IPAD
颜色	玫瑰金 / 黑色 / 白色
款式	肩包

图1-13

1.2.2 分享购买者的经验

淘宝网会员在使用支付宝服务成功完成一笔交易后，双方均有权评价对方交易的情况，这个评价亦称为信用评价。成交的重要因素是有良好的信用评价和口碑。已经购买过的顾客的评论对正在犹豫是否购买商品的顾客起到决定性作用。因为商家提供的商品信息宣传性太强，而顾客留下的评论却比较真实，如图1-14所示。

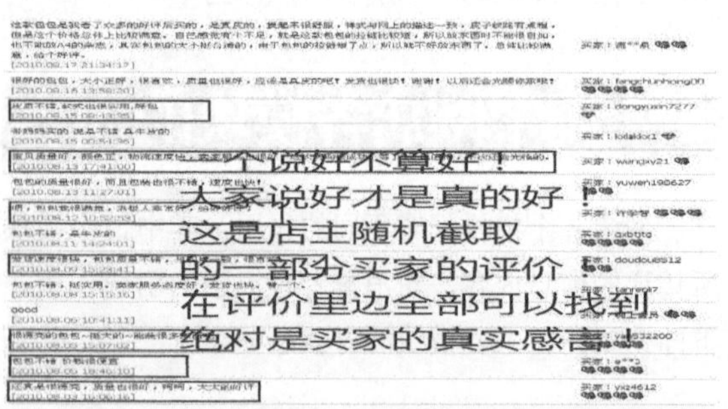

图1-14

1.2.3 展示相关证书或证明

如果是功能性商品，就可以展示能够证明自己技术实力的资料，或者如实展示顾客所关心的商品制作过程，这些都是增强顾客对商家可信度的方法。如果电视、报纸等新闻媒体曾有所报道，那么收集这些资料展示给顾客看，也是提高顾客购买倾向的好方法，如图1-15所示。

图1-15

1.2.4 网店装修中的误区

在网上可以发现很多卖家的店铺都装修得很漂亮，也能发现有许多店铺的装修并不美观。下面将介绍网店装修过程中常见到的六大误区。

1. 店铺名称

店铺名称太简洁，有的店主相信简单就是一种美，店名就两三个字，殊不知淘宝给店主30个字的编辑限度很是重要的，例如，一个店铺是做手机通信业务的，刚开始起的名字是“通信在我家”，可是买家在搜索店铺关键词时，搜索手机、手机卡都找不到。店铺名称要利用好30个字，相信很多人还会利用搜索店铺这个方法来对宝贝进行搜索。因此，大家一定要充分利用好这30个字。

2. 图片展示

有些店铺的首页中，图表、公告以及栏目分类等，全部都是使用图片，而且这些图片都很大。虽然图片代表店铺的整体，但会使得买家浏览的速度变慢，导致买家看店铺的商品分类半天都找不到，或者是重要的公告也没看到，这样就会让买家失去等待的耐心，从而造成顾客流失。所以，在店铺的首页装修中应减少大图的使用，使用小图标进行装饰，提升顾客的浏览速度。

3. 背景音乐

背景音乐基本上都是MP3格式的，一般都在几MB左右，有些加载起来速度还是很慢的；有的背景音乐是在浏览宝贝时重复播放的，这一点相信很多顾客都会感到厌烦。为了贴近大众和提高网页打开速度，建议不要添加背景音乐，如果一定要添加，建议在醒目的地方提醒买家按Esc键就能取消播放。

4. 店铺风格

有些卖家把店铺搭配得鲜艳亮丽，将界面做成五彩缤纷。淘宝提供了几种不同店铺的颜色风格，色彩搭配及产品突出性方面体现在无论商家选择了哪种产品风格，图片的基本色调与公告的字体颜色最好与之对应，这样装修出来的店铺整体效果和谐统一。另外，签名档是很好的广告，应重点突出自己的产品特点，统一自己的店铺风格，要合理利用签名档。可以在签名档中对自己的产品进扫描述，突出产品的特点。

5. 页面布局

店铺装修的页面布局切忌繁杂，不要把店铺设计成门户类网站。虽然把店铺做成大网站看上去显得比较有气势，表面上看着店铺很有实力，但影响了买家的使用，不合理或者复杂的布局设计会让人眼花缭乱。所以，不是所有可装修的地方都要装修或者必须装修，局部区域不装修反而效果更好。总而言之，要让买家进入店铺首页或者商品详情页面以后，就能顺利找到自己想要的商品信息，就可以快捷地看清商品的详情。

6. 商品图片水印尺寸

商家为了避免图片侵权的情况出现，通常都会在商品图片上添加自己店铺的水印，但是如果不能准确把握好水印的尺寸大小，就会削弱商品的表现，形成喧宾夺主的情况。如果图片水印是长条水印或者其他的外形，可以在Photoshop中修改图片水印尺寸的大小。

1.3 淘宝基本装修技巧

店面的色调、文字的表现与商品的展示以及各个模块的合理布局都同等重要，做得好可以对商品、活动、服务等信息进行及时的说明和指引，并且通过合理的设计和编排，让信息传递更加准确。本节介绍网店装修的相关技巧。

> **技巧与提示**
>
> 商品详情页中，可以将版面中的部分文字设定为大号字体，并配以适当的间距，同时使用修饰元素对文件的信息进行分割，提高它们的阅读性，让顾客便于掌握重要信息。

1.3.1 选择网店整体色调

色调即店面的总体体现，是网店装修大致的色彩效果，是一种一目了然的感觉。不同颜色的网店装修画面都带有同一种色彩倾向，那就是色调。色调的表现在于给人一种整体的感觉，或突出青春活力，或突出专业销售，或突出童真活泼等，如图1-16所示。

图1-16

图1-16（续）

如何选择和确定网店的色调呢？可以从店铺中销量最好的产品色彩入手，或者店铺的关键词入手，如确定网店的关键词为女装时尚，那么可以选择粉红色、白色等一些明度和纯度较低的色彩来对装修的图片进行配色。红色常用来作为网店首页的背景色，也就是整个画面的色调倾向，它是根据首页陈列的商品色彩进行提炼得到的。

通过前面的描述，可以知道色调的表现方式主要体现在颜色的选择上面。因为不同的色调有不同的情感，所以自己的店面选择哪种颜色才能真正体现出自己产品的特点和营销的特色，店家或设计师可以根据店铺的营销风格，选择店面整体色调。

1.3.2 设计详情页面橱窗照

通常顾客都是因为对单个商品感兴趣而进入店铺的，而单个商品在众多搜索出来的商品中都是以主图展示的，也就是用橱窗照的形式进行展示。

商品主图用来展现产品最真实的一面，并不是用来罗列店铺的所有活动。但是，有部分店家为了将店铺中的信息最大化地传递出去，将橱窗照的作用理解错误，在橱窗照除了商品图像以外的空隙里添加了“最后一天”“马上涨价”等众多的信息，主次不分，给买家凌乱的感觉，不能够体现出网店的专业性。在店面首页上呈现出来的效果不统一，这直接影响到店铺的整体美观和间接地影响了顾客在店面的停留时间，如图1-17所示。

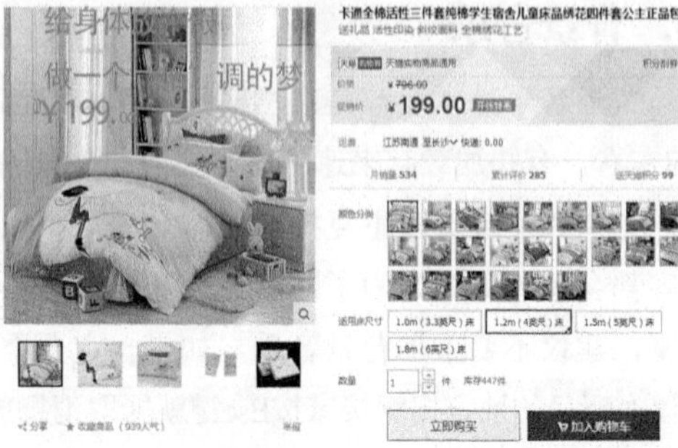

图1-17

在橱窗照的背景上使用明亮的、色调和谐的溶图，将抠取的商品被背景合并在同一个画面中，再添加简单的文字和价格，通过色彩上的搭配体现出淡雅的感觉，表现出一定的品质感，让顾客能够一眼看到商品的外形和相关的信息。

在橱窗照上只需要突出自己产品或者营销的一个点就行了，不要加太多凌乱的信息，顾客买东西，是冲着产品去的，而不是冲着“仅此一天啦”“本店大甩卖”这些附属的信息去逛店铺的，当然，限时购买等促销，在商品详情页面中设计，在体现商品形象的橱窗照中，尽量不要添加此类信息。

1.3.3 网店中各个模块的合理布局

在网店装修的过程中，各个模块的布局也是影响装修风格的一个重要因素，各个模块的搭配要统一、简洁。

确定店面的装修风格后，模块之间的相互搭配和组合也是至关重要的，没有顺序的模块叠加，只会给买家很凌乱的感觉，出现这样的情况，将会流失很多的顾客，如图1-18所示。

图1-18

在该区域中使用了阶梯式的方式来对商品进行逐层的显示，由大到小、由上至下丰富商品的内容，让页面的布局更加灵活，具有一定的韵律感，并通过风格一致的标题栏对每组商品分类，用鲜艳的文字来描述商品的信息，清晰地展现出商品的形象。

简洁大方的店面可以让买家在店铺浏览的时间延长。而对于如何搭配才是最好的，可以去那些很成功的、较大店家的装修布局中借鉴经验。从总体上说，模块的整合简洁明了，突出重点，形成视觉冲击，就是通常所说的视觉营销。

1.3.4 淘宝天猫网店常见的字体风格

当我们进入一个店铺首页时，你是否会有意或者无意地留意这个店铺的特定字体设计，从而影响到你对这个店铺最直观的感受，精致、优雅、科幻、古典或者是觉得粗糙难看呢？

在网店装修中，常见的字体风格有线型、手写型、书法型、规整型等，不同的字体可以表现出不同的风格（详细讲解见3.3.1节。）

1.4 本章小结

本章主要介绍了淘宝装修的入门知识，了解淘宝网店各模块的内容，以及淘宝装修的基本技巧。通过本章的学习，读者可以掌握淘宝的基本装修技巧，了解淘宝网店装修的各个模块，为店铺装修指明方向。

第2章

淘宝美工核心区域设计

内容摘要

店招、导航条、店铺收藏区以及客服区是网店设计的基础元素区域，提升这些基础部分的美观度可以让网店的整体效果更上一层楼。本章主要介绍淘宝美工核心区域的设计方法，主要包括店招、导航条、首页、店铺收藏区以及客服区等区域。

课堂学习目标

- 店招的设计分析
- 导航条的设计分析
- 首页欢迎模块的设计分析

2.1 店招的设计分析

店招的作用是为店铺吸引流量，因此店招的设计需要有创意，新颖的创意能为店铺的推广带来更好的效益。

2.1.1 网店店招的意义

店招位于网店首页的最顶端，它的作用与实体店铺的店招相同，是大部分顾客最先了解和接触到的信息。店招是店铺的标志，大部分都由产品图片、宣传语、店铺名称等组成，漂亮的店招与签名可以吸引顾客进入店铺。

2.1.2 网店店招的要求

店招顾名思义，就是店铺招牌，从网店商品的品牌推广来看，想要让店招便于记忆，店招就需要具备设计新颖、易于传播等特点，如图2-1所示。

图2-1

一个好的店招，除了能传达明确的信息外，还在方寸之间表现出深刻的精神内涵和艺术感染力，给人以静谧、柔和、饱满、和谐的感觉。要做到这些，在设计店招时需要遵循一定的设计原则和要求，通常要求有标准的颜色和字体、清洁的设计版面、一句能够吸引消费者的广告语，画面还需要具备强烈的视觉冲击力，清晰地告诉顾客你在卖什么，通过店招也可以定位店铺的装修风格。

2.1.3 网店店招统一性

店招的外观和基本色调要根据页面的整体版面设计来确定，而且要考虑到在其他印刷、制作过程中进行缩放等处理时的效果变化，以便能在各种媒体上保持相对稳定。

以天猫为例，店招尺寸应该控制在950像素×150像素内，且格式为JPEG或GIF，其中GIF格式就是通常所见的带有Flash效果的动态店招，如图2-2所示。

图2-2

店招设计是网店装修的一部分，它在旺铺视角营销中占据了相当重要的位置，它就像一块牌匾一直在顾客视线的上方“晃动”着。店主最好把它当广告牌来用，那么显眼的位置，要将最核心的信息展示出来，让消费者一目了然。

店招到底怎么设计才好呢，首先要知道店招的内容是什么，确定好内容之后，再想一想它的功能是什么，然后再动手开始设计。

2.1.4 网店店招体现的内容

顾客掌握店铺品牌信息最直接的来源就是店招，其次才是店铺装修的整体视觉。对于品牌商品而言，店招可以让顾客进来第一眼就知道经营的品牌信息，而不用再去其他页面或者模块中寻找。

对于经营网店和微店的商家而言，尤其要有成本意识，要节约消费者了解你的成本和你向消费者介绍自己的成本。在店招中清晰、大方地显示出店铺的名称，使用规范的设计让店铺的名称在网店微店各个区域的出现都保持视觉的高度一致。店招中添加Logo和店名，加深顾客的记忆，提升品牌的推广度。

要体现店铺的定位，对于没有什么知名度的商家，可以展示“口号”和“广告语”，如果没有“口号”可以介绍品牌的关键词，起码让顾客知道店铺的特点和特色，起到无形的品牌推广作用，如图2-3所示。

店招

店名Logo

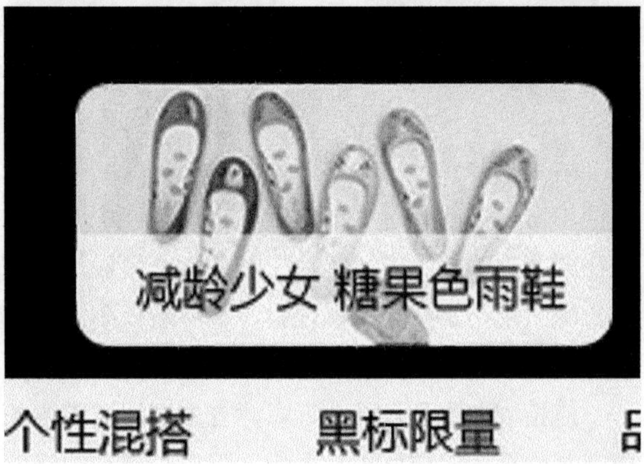

店铺特色与定位

图2-3

营造出品牌的氛围和感觉，体现品牌气质很简单，可以通过品牌专属颜色、Logo颜色、字体等的规范应用，先从视觉上统一。

为了让店招有特点且便于记忆，在设计的过程中都会采用简短醒目的广告语辅助Logo的表现，通过适当的图像来增强店铺的认知度。

2.1.5 网店店招的制作方法

网店店招按照其状态可以分为动态店招和静态店招，下面分别介绍其制作方法。

1. 制作静态店招

一般来说，静态店招由文字、图像构成，其中有些店招用纯图像表示，有些用文字表示，也有一些店招同时包含文字和图像，如图2-4所示。

图像表示

文图结合

图2-4

技巧与提示

店招最基本的功能就是让顾客明确店铺的名称、销售的商品内容，让顾客了解店铺的最新动态。

2. 制作动态店招

动态店招就是将多个图像和文字效果构成GIF动画。制作这种动态店招，可以使用GIF制作软件完成，如Easy GIF Animator、Ulead GIF Animator等软件都可以制作GIF动态图像。设计前准备好背景图片和商品图片，然后添加需要的文字，如店铺名称或主打商品等，最后使用软件制作即可。图2-5为使用Photoshop制作的GIF格式的店招。

图2-5

2.1.6 网店店招的主要功能

网店的店招主要是为了吸引顾客、留住顾客，更多地从顾客的角度考虑。从图2-6所示的网店店招中可以清楚地看到商品的名称和广告语，对店铺的风格有一定的了解。

店招

商品名称

图2-6

广告语

图2-6（续）

网店店招同实体店店招一样，就像店铺的“脸面”，对店铺的发展起着较为重要的作用，其主要作用如图2-7所示。

提高店铺知名度

增强店铺的推广力度

提升店铺服务品质

图2-7

2.2 导航条的设计分析

导航条是网店微店装修设计中不可缺少的部分，它为网店微店的访问者提供一定的途径，使其可以方便地访问到所需的内容，是从一个页面转到另一个页面的快速通道。利用导航条，就可以快速找到我们想要浏览的页面。

导航条的作用是让网店微店的层次结构以有条理的方式清晰展示，并引导顾客毫不费力地找到并管理信息，让顾客在浏览店铺的过程中不致迷失。因此，为了让网店、微店的信息可以有效地传递给顾客，导航一定要简洁、直观、明确。

2.2.1 导航的作用

导航条可以方便买家从一个页面跳转到另一个页面，查看店铺的各类商品及信息。因此，有条理的导航条能够保证更多页面被访问，使店铺中更多的商品信息、活动信息被买家发现。尤其是买家从宝贝详情页进入其他页面，如果缺乏导航条的指引，将极大影响店铺转化率。下面介绍各类型网店导航条的设计与制作方法。

技巧与提示

使用有特色的店招可以增强店铺的昭示性，便于顾客快速记忆，从而提高店铺的知名度。

2.2.2 导航条设计尺寸和格式

各网店微店平台对导航条的尺寸都有一定的限制。例如，淘宝网规定导航条的宽度为950像素，高度为50像素，如图2-8所示。

图2-8

由图2-8可以看到，这个尺寸的导航条空间十分有限，除了更改颜色和文字内容之外，很难有更深层次的创作，但是随着网页编辑软件的逐渐普及，很多设计师都开始对网店微店首页的导航条倾注更多的心血，通过对首页整体进行切片来扩展首页的装修效果。

2.2.3 导航条的色彩和字体风格

设计网店、微店的导航条需要考虑导航条的色彩和字体风格，应该从整个首页装修的风格出发，定义导航条的色彩和字体，毕竟导航条的尺寸较小，使用太突兀的色彩会喧宾夺主。

如图2-9所示，导航条使用类似颜色进行色彩搭配，突出导航条内容的同时，让整个画面的色彩统一，还运用红底的“所有分类”链接来增强导航条的层次。

图2-9

鉴于导航条都是固定在店招下方，因此只要力求和谐和统一，就能够创作出满意的效果，如图2-10所示的店铺导航条与整个店铺的风格一致。导航条使用灰底白字进行合理的摆放，提升导航条的设计感，色彩的运用也与欢迎模块的配色保持了高度一致。

图2-10

另外，很多设计师还会设计出更有创意的作品，从而提升店铺装修的品质感和视觉感，图2-11就是使用了较为独特的外形设计出来的导航条。

图2-11

2.3 首页欢迎模块的设计分析

网店的首页欢迎模块是展示店铺最新商品、促销活动等信息的区域，位于店铺导航条的下方，其设计面积比店招和导航条都要大，是顾客进入店铺首页中观察到的最醒目的区域，下面介绍首页的设计规范以及技巧。

2.3.1 首页欢迎模块的分类

由于欢迎模块在店铺首页开启时占据了大面积的位置，如图2-12所示，因此其设计的空间也增大，需要传递的信息也更有讲究，如何找到产品卖点，设计创意，怎样让文字与产品结合，达到与店铺风格更好地融合，是设计首页需要考虑的。

图2-12

店铺首页的欢迎模块与店铺店招不同的是，它会随着店铺的销售情况改变，当店铺迎合特点节日或者店庆等重要日子时，首页设计会以相关的活动信息为主；当店铺新添了商品时，首页设计内容则以“新品上架”为主要内容；当店铺有较大的变动时，首页还可以充当公告栏的作用，给顾客告知相关的信息。

技巧与提示

店铺首页的欢迎模块根据其内容的不同，设计的侧重点也不同。例如，以新品上架为主题的欢迎模块，其画面主要表现新上架的商品，其设计风格也应当与新品的风格和特点一致，这样才能让设计的画面完整地传达出店家要表现的思想。

首页欢迎模块的类别主要分为3种，如图2-13所示。

信息类欢迎模块

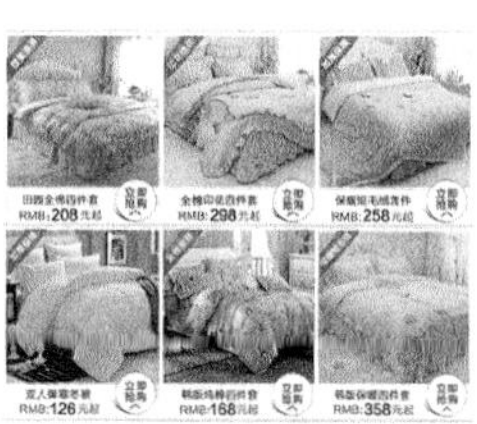

新品上架类欢迎模块

店铺公告类欢迎模块

图2-13

2.3.2 欢迎模块的设计要点

在设计首页欢迎模块之前，必须明确设计的主要内容和主题，根据设计的主题来寻找合适的创意和表现方式，设计之前应当思考欢迎模块的设计目的，如何让顾客轻松地接受，了解顾客最容易接受的方式是什么，最后还要研究同行业、同类型欢迎模块的设计，得出结论后才开始着手首页欢迎模块的设计和制作，这样创作出来的作品才更加容易被市场和顾客认可。

2.3.3 欢迎模块设计的注意事项

在设计首页欢迎模块的页面时，要将文案梳理清晰，明确表达内容的中心、主题和用于衬托的文字。尽量让主题文字最大化地占据文字布局画面，可以考虑用英文来衬托主题，背景和主体元素要相呼应，体现出平衡和整合，最好有疏密、粗细、大小的变化，在变化中追求平衡，并体现出层次感，这样首页整体效果就比较舒服。

1. 图主文辅

在设计首页的欢迎模块时，需要注意以图片为主，文案为辅助，具体如图2-14所示。

图2-14

表达的内容精炼，抓住主要诉求点，内容不可过多。主题字体醒目、正规大气，字体可以考虑使用英文衬托。充分的视觉冲击力，可以通过图像和色彩来实现。

人类具有好奇的本能，这类标题专在这点上着力，一下子把读者的注意力抓住，在他们寻求答案的过程中不自觉地产生兴趣。譬如有这样一则眼镜广告，其标题是：“救救你的灵魂”，初听之时令人莫明其妙；正文接着便给出一句众所周知的名言“眼睛是心灵的窗户”。救眼睛便是救心灵，妙在文案人员省去了这个中介，就获得了一种特殊效果。

2. 注意信息元素的间距

在首页欢迎模块的主要信息包括主标题、副标题、附加内容，设计时可以分为3段，段间距要大于行间距，上下左右也要有适当的留白。

图2-15为首页欢迎模块中文字的表现，可以看到其中文字的间距非常讲究，能够让顾客非常容易抓住重点，易于阅读。

图2-15

3. 文案的字体不能超过3种

店铺首页欢迎模块的文案需要使用不同的字体来提升文本的设计感和阅读感，但是不能超过3种字体，很多看上去画面凌乱的首页，就是因为使用太多字体而显得不统一。为了突出主题，主标题可以用粗大的字体，副标题的字体小一些。

图2-16所示中的店铺的中文字体使用了3种风格，将文案中的主题内容、副标题和说明性文字的主次关系呈现得非常清晰。

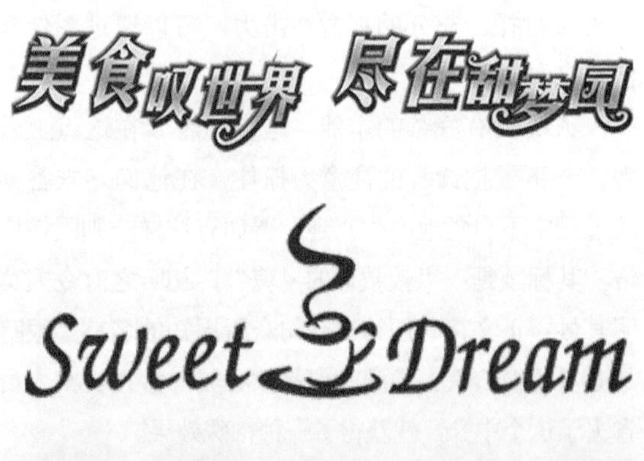

图2-16

图2-16（续）

4. 画面颜色不宜繁多

首页欢迎模块画面的配色十分关键，画面的色调会在信息传递到顾客脑海之前营造出一种氛围，尽量不要超过3种颜色。在具体的配色中，可以针对重要的文字信息，用高亮醒目的颜色来强调和突出。

如图2-17所示，店铺的首页欢迎模块使用了明度较低的颜色来填充标题文字，而背景和商品的色彩明度都偏高，这样清晰的明暗对比度，能够让画面的信息传递更醒目。

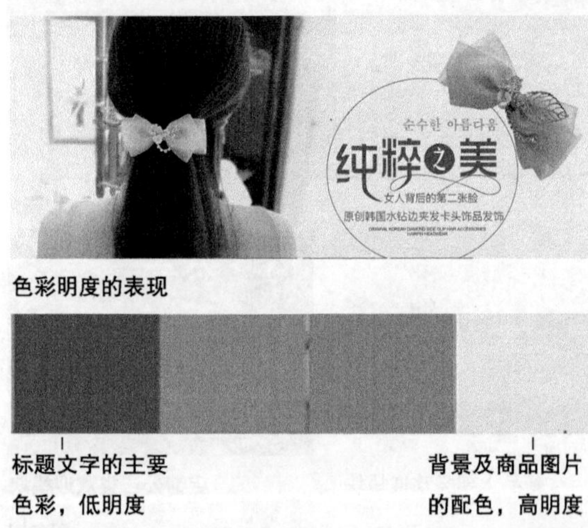

图2-17

2.3.4 对画面进行适当的留白处理

高端、大气、上档次是对设计的要求，可是什么样的设计是大气的呢？如果欢迎模块中需要突出的内容过多，将画面全部占满，设计出来的作品就会给人密密麻麻的感觉，让人喘不过气，如果在设计中进行适当的留白，效果就会好很多。

留白可以让顾客在最短的时间内阅读完店铺的信息，减轻阅读的负担。适当的留白表现出宽松自如的态度，让顾客的想象力自由发挥，对图2-18所示的欢迎模块中的版式留白进行分析，可以看到适当的留白让画面中的文案更加凸显。

图2-18

留白的区域让画面中的文案突出，同时给人喘息的时间，减轻阅读的压力，将画面精致、大气的风格非常明显地表现了出来，让整个版式显得错落有致。

2.3.5 欢迎模块设计的设计技巧

优秀的首页欢迎模块页面设计，通常都具备了3个元素：合理的背景、优秀的文案和醒目的产品信息。如果设计的欢迎模块画面看上去不满意，一定是这3个方面出了问题，常见的有背景亮度太高或太复杂，单一的背景很可能会减弱文案及产品主题的体现力。图2-19所示的欢迎模块的背景色彩和谐统一，让整个首页看上去简洁大气。

欢迎模块：文字

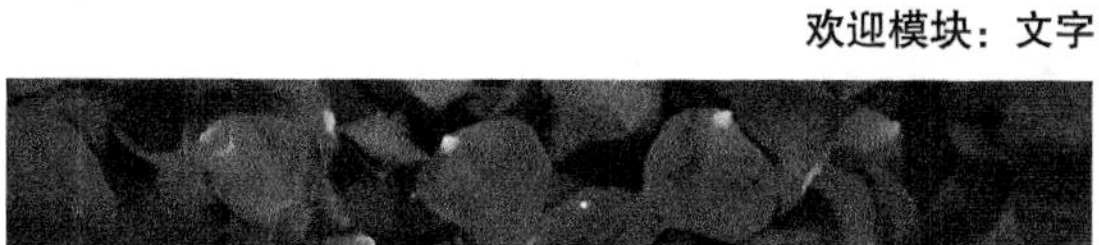

欢迎模块：背景

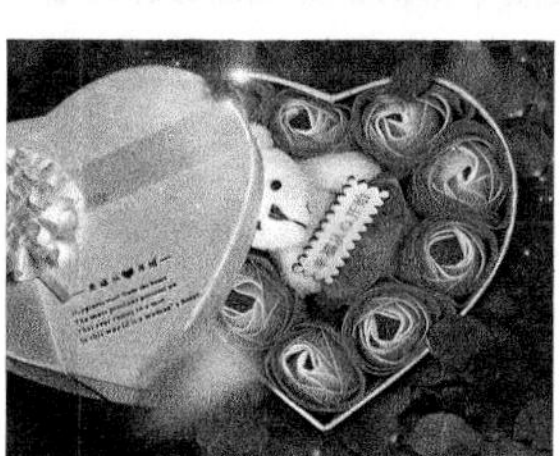

欢迎模块：商品

图2-19

2.4 收藏区抓住回头客

收藏区是网店装修设计的一部分，添加收藏区可以提醒顾客及时收藏店铺，以便下次再在此购物，可以增加顾客的回头率。

网店的收藏区通常显示在首页中，很多网店平台都提供了固定区域，都会用统一的按钮或者图标来提醒收藏店铺，如图2-20所示。

图2-20

通过网店中的收藏功能，顾客可以将自己感兴趣的店铺或商品添加到收藏夹中，以便再次访问时可以轻松地找到相应的商品，如图2-21所示。

图2-21

技巧与提示

在同类店铺中，店铺收藏数量较高的店铺，往往曝光率要比其他同行高，要火爆得多。

在网店的装修设计中，收藏区可以位于店铺首页或者详情页面的多个位置。例如，将收藏区设计到店招和网店首页底部的效果，如图2-22所示。

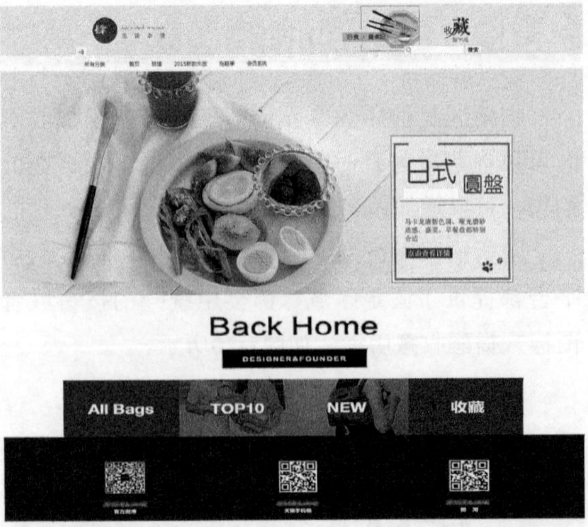

图2-22

店铺收藏的设计较为灵活，它可以直接设计在网店的店招中，也可以单独显示在首页的某个区域。

网店的收藏区通常是内容较为单一的文字和广告语，当然，也有商家为了吸引顾客的注意力，将一些宝贝图片、素材图片、Flash动画等添加到其中，达到推销商品和提高收藏量的目的，如图2-23所示。

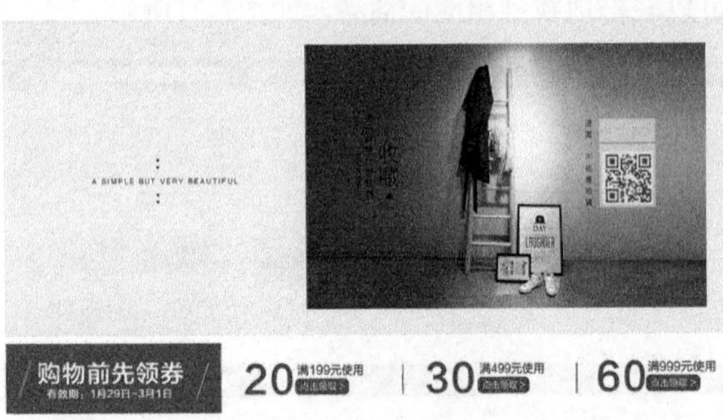

图2-23

网店的收藏区通常都采用JPG格式的静态图片来表现，但也可以使用GIF格式的动态图片，这种闪烁的图片效果可以使其更容易引起顾客的注意力，提高店铺的收藏数量，如图2-24所示。

图2-24

将众多的优惠信息添加到收藏区，提升顾客的收藏兴趣，表现出商家的活动力度，增加顾客的回头率。

2.5 客服区的设计分析

众所周知，在现今竞争激烈的网络销售市场里，卖家除了要提供优质的产品外，更应该提高服务的质量，争取更多的回头客才能让你走得更远。网店微店的客服与实体店中销售员的作用相同，都是为顾客答疑解惑。不同的是网店微店的客服是通过聊天软件与顾客进行交流的，如阿里旺旺、微信等。那么，客服区设计成什么样、放在哪个位置，才能提升顾客咨询的兴趣呢？本节将对网店客服区的设计规范进行讲解。

为了提示品牌竞争优势，商家必须重点突出“服务”战略，利用各种客服工具不断完善对客户的服务质量。客服是网店微店的一种服务形式，利用网络和网商聊天软件，给顾客提供解答和售后等服务。

例如，在淘宝网中，网店客服就是手机阿里软件提供给淘宝掌柜的在线客户服务系统，旨在让淘宝掌柜更高效地管理网店、及时把握商机消息，从容应对繁忙的生意。图2-25为网店客服区的设计效果。

图2-25

网店客服区存在于网店首页的多个区域，如图2-26所示。另外，很多电商平台都会在网店首页的最顶端统一定制客服的图标。

图2-26

技巧与提示

需要注意的是，网店客服区对聊天软件的图标尺寸有具体要求。例如，如果使用单个淘宝旺旺图标作为客服的链接，那么旺旺图标的尺寸为16像素×16像素；如果使用添加了“和我联系”或者“手机在线”字样的旺旺图标，图标的尺寸则为77像素×19像素，一定要以规范的尺寸来制作。

2.6 习题测试——设计客服区背景效果

案例位置	效果\第2章\2.6.psd
难易指数	★★★★☆
学习目标	掌握设计清爽风格客服区背景效果的操作方法

本习题需要掌握设计客服区背景效果的操作方法，素材如图2-27所示，最终效果如图2-28所示。

图2-27

图2-28

第3章

淘宝配色布局方法

内容摘要

色彩是淘宝网店装修中的重要构成元素，在无形之中能体现店铺广告的主题内涵。色彩应用在淘宝网店中具有很强的识别性，能够突出版面的视觉度，同时决定广告氛围的意向特征，影响主题内涵的传达。

本章主要介绍网店旺铺视觉营销设计的基础知识，包括色彩和色系的应用、字体风格以及网店版式设计等内容。

课堂学习目标

色彩的基础知识　　色彩的配色技巧

3.1 色彩的基础知识

色彩是来自光的产物，生活中所看到的色彩并不是物体的固有色彩，而是它们对光的反射产生的。根据现代科学划分的色彩分类，主要分为有彩色系和无彩色系。

3.1.1 色彩的概念

1. 有彩色系

有彩色系是指带有某一种标准色倾向的色，光谱中的全部色都属于有彩色，基本的色相包括红、橙、黄、绿、蓝、紫，如图3-1所示。在这些基本色相的基础上，不同色相比例的混合可产生成千上万种有彩色。

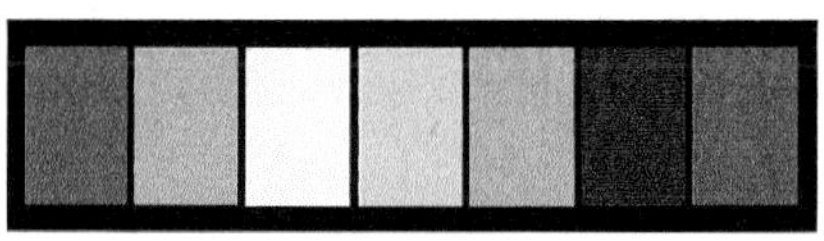

图3-1

有彩色中的任何颜色都具有三大要素，即色相、明度和纯度，因此在图像制作过程中，根据有彩色的特性，通过调整其色相、明度以及纯度间的对比关系，或通过调和几个色彩间的面积，可搭配出色彩斑斓、变化无穷的网店装修画面效果。

2. 无彩色系

无彩色系是指黑色、白色以及各种明度的灰色，无彩色之间只具备明度的变化。以这3种色调为主构成的画面也是别具一番风味的，在进行网店装修的配色中，为了追求某种意境或者氛围，有时也会使用无彩色来搭配。无彩色没有色相的种类，只能以明度的差异来区分，无彩色没有冷暖的色彩倾向，因此也被称为中性色，如图3-2所示。

图3-2

无彩色中的黑色是所有色彩中最黑暗的色彩，通常给人沉重的感觉，而白色是无彩色中最容易受到环境影响的一种颜色，设计的画面中白色的成分越多，画面效果就越单纯。而灰色则处于白色和黑色之间，它具有平凡、沉默的特征，很多时候在店铺装修中作为调节画面色彩的一种颜色，可以给顾客带来安全感和亲切感。

3.1.2 色彩三要素

消费者所看到的网店画面的颜色中，虽然千差万别，各不相同，但是色彩都具备三大基本要素的特征：色相、明度和纯度。色彩也可以根据这三大要素进行体系化的归类。

1. 色相

苹果是红色的，柠檬是黄色的，天空是蓝色的，当考虑不同色彩时，时常用色相来表示，如图3-3所示。因此，用色相这一术语将色彩区分为红色、黄色或蓝色等类别。

色相条

色相渐变条

图3-3

色相是色彩的最大特征，所谓色相是指能够比较确切地表示某种颜色色别的名称，是各种颜色直接的区别，同样也是不同波长的色光被感觉的结果。

色相是由色彩的波长决定的，以红、橙、黄、绿、青、蓝、紫代表不同特性的色彩相貌的差异，构成了色彩体系中最基本的色相，色相一般由纯色表示，如图3-3分别为色相的纯色块表现形式和色相间的渐变过渡形式。

虽然红色和黄色是完全不同的两种色相，但可以混合它们来得到橙色。混合黄色和绿色可以得到黄绿色或青豆色，而绿色和蓝色混合则产生蓝绿色。因此，色相是互相关联的，把这些色相排列成圈，这个圈就是“色环”，如图3-4所示。

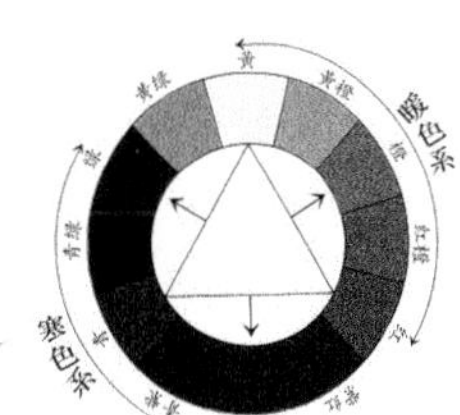

图3-4

技巧与提示

色环其实就是在彩色光谱中所见的长条形的色彩序列，只是将首尾连接在一起，使红色连接到另一端的紫色，色环包括12种颜色。

暖色：暖色由红色调构成，如红色、橙色和黄色。这种颜色给人以温暖、舒适、有活力的感觉。这些颜色产生的视觉效果使其更贴近观众，并在页面上更显突出。

寒色（也称冷色）：冷色来自于蓝色调，如蓝色、青色和绿色。这些颜色使配色方案显得稳定和清爽。它们看起来还有远离观众的效果，所以适于做页面背景。

2. 明度

有些颜色显得明亮，而有些却显得灰暗。这就是为什么亮度是色彩分类的一个重要属性的原因。例如，柠檬的黄色就比葡萄柚的黄色显得更明亮一些。如果将柠檬的黄色与一杯红酒的红色相比呢？显然，柠檬的黄色更明亮。可见，明度可以用于对比色相不同的色彩，如图3-5所示。

←明度高　　明度低→

图3-5

明度是眼睛对光源和物体表面的明暗程度的感觉，主要是由光线强弱决定的一种视觉经验。明度可以简单理解为颜色的亮度，不同的颜色具有不同的明度，任何色彩都存在明暗变化，其中黄色明度最高，紫色明度最低，绿、红、蓝、橙的明度相近，为中间明度。另外在同一色相的明度中还存在深浅的变化，如绿色中由浅到深有粉绿、淡绿、翠绿等明度变化。

3. 纯度

纯度通常是指色彩的鲜艳程度，也称之为色彩的饱和度、彩度、含灰度等，它是灰暗与鲜艳的对照，即同一种色相是相对鲜艳或灰暗的，纯度取决于该色中含色成分和消色成分的比例，其中灰色含量较少，饱和度值越大，图像的颜色越鲜艳，如图3-6所示。

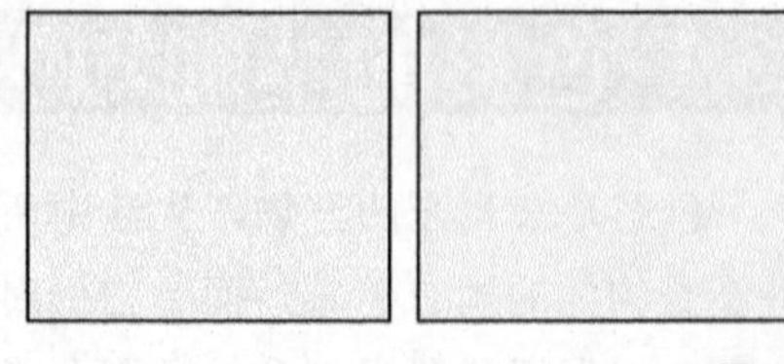

图3-6

用同种色相做比较，很难用明度来解释这两种颜色的不同，而纯度这一概念则可以很好地解释为什么我们看到的颜色如此不同。

有彩色的各种颜色都具有彩度值，无彩色的彩度值为0，彩度由于色相的不同而不同，而且即使是相同的色相，因为明度的不同，彩度也会随之变化。

纯度用于说明色质的名称，也称饱和度或彩度、鲜度。色彩的纯度强弱，是指色相感觉明确或含糊、鲜艳或混浊的程度。高纯度色相加白或黑，可以提高或减弱其明度，但都会降低它们的纯度。如加入中性灰色，也会降低色相纯度。

技巧与提示

纯度用来表现色彩的鲜艳和深浅，色彩的纯度变化，可以产生丰富的强弱不同的色相，而且使色彩产生韵味与美感。

同一色相的色彩，不掺杂白色或者黑色，则被称为纯色。在纯色中加入不同明度的无彩色，会出现不同的纯度，如图3-7所示。

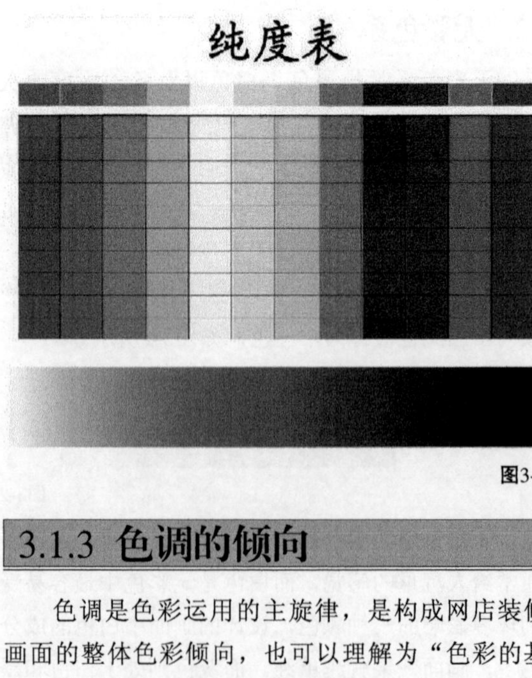

图3-7

3.1.3 色调的倾向

色调是色彩运用的主旋律，是构成网店装修画面的整体色彩倾向，也可以理解为“色彩的基调”。画面中的色调既是指单一的色彩效果，也是色彩与色彩之间相互关系所体现的总体特征，是色彩组合多样、统一中呈现出的色彩倾向，如图3-8所示。

图3-8

技巧与提示

红色为例，向纯红色中加入一点白色，纯度下降而明度上升，变为淡红色。继续加入白色的量，颜色会越来越淡，纯度下降，而明度持续上升。加入黑色或灰色，则相应的纯度和明度同时下降。

在网店装修的过程中，往往会使用多种颜色来表现形式多样的画面效果，但总体都会有一种倾向，是偏黄或偏绿，是偏冷或偏暖等，这种颜色上的倾向就是画面给人的总体印象。

1. 色调色相的倾向

色相是决定色调最基本的因素，也对色调起着重要的作用，色调的变化主要取决于画面中设计元素本身色相的变化，如某个网店呈现为红色调、黄色调或紫色调等，指的就是注册画面设计元素的固有色相，就是这些占据画面主导地位的颜色决定了画面的色调倾向，如图3-9所示。

图3-9

饰品装修画面中使用了大面积的红色调，充分体现了红色调充满民族气息的色彩印象，营造出热情、朝气蓬勃的感觉，而小面积黄色的添加，使得画面简洁。

2. 色调明度的倾向

确定构成画面的基本色调后，色彩明度的变化也会对画面造成极大的影响，画面明亮或者暗淡，其实就是明度的变化赋予画面的不同明暗倾向，因此在构思一个网店装修的画面时，采用不同明度的色彩能够创造出丰富的色调变化。

如图3-10所示的店铺装修画面中使用大面积的低明度色彩时，浓重的色彩会给人深沉的感觉，并表现出具有深远寓意的画面效果；低明度的色调使得画面呈现出神秘的格调。

图3-10

如图3-11所示的店铺装修画面中使用明度值较高的色彩进行配色时，高明度色彩之间的明暗反差会变小，添加高明度的蓝色，让画面呈现出清淡之感，如图3-11所示。

图3-11

3. 色调纯度的倾向

在色彩的三大基本属性中，纯度同样是决定色调不可或缺的因素，不同纯度的色彩所赋予的画面感觉也不同，通常所指的画面鲜艳度或昏暗均由色彩的纯度决定。在网店装修中，色调纯度的倾向一般由商品具体的色彩确定。不过，就色彩的纯度倾向而言，高纯度色调和低纯度色调都能赋予画面极大的反差，给顾客带来不同的视觉印象，如图3-12所示。

图3-12

技巧与提示

纯度是深色、浅色等色彩鲜艳度的判断标准。纯度最高的色彩就是原色，随着纯度的降低，就会变化为暗淡的，没有色相的色彩。纯度降到最低就是失去色相，变为无彩色。

当画面以高纯度的色彩组合表现主题时，鲜艳的色调可以表达出积极、强烈而冲动的印象。图3-13所示的饰品商品图像使用了纯度较高的色彩，使商品更加凸显，增强了视觉冲击力。

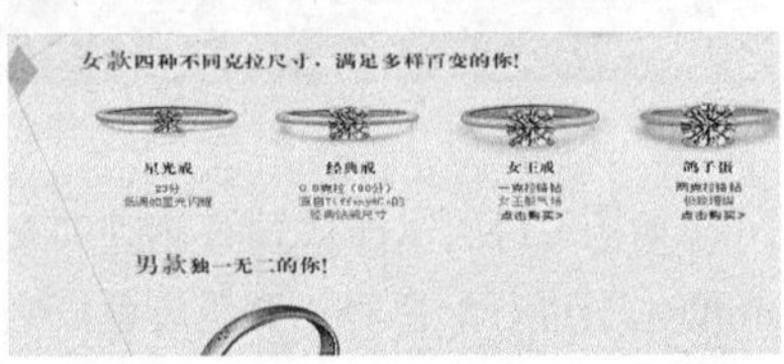

图3-13

当画面以低纯度的色彩表现主题时，显示出复古与怀旧的感觉，为原本的画面添加了协调与惬意的感觉。

3.1.4 冷色系的色彩表现效果

蓝色、绿色、紫色都属于冷色系，它相对于暖色系具有压抑心里亢奋的作用，令人感觉到冰凉、沉静等意象。在冷色系中，蓝色最具有清凉、冷静的感觉，其他明度、纯度较低的冷色系也都具有使人感觉消极、镇静的作用。

图3-14所示的店铺详页介绍区域使用冷色调作为主要的配色，具有明度变化的颜色显得寂静而洁净，整个画面给人以雅致、高档的感觉。

图3-14

在淘宝店铺装修过程中，冷色系除了让人感觉到冷清外，还能让人感觉到如冰块般寒冷，能够更形象地诠释出冷色配色所传达的意象。

图3-15所示的图片以蓝色调为主的配色给画面带来凉意，同时符合冰块造型的色彩。

图3-15

3.1.5 暖色系的色彩表现效果

在网店装修中融入大量以红色、橙色为主的色调时，画面会呈现出温暖、舒适的感觉，此类色调被称为暖色调。

暖色调通常被认为是提高血压及心率、刺激神经系统的色彩，也可以赋予画面活泼之感，使人情绪高涨。

图3-16

图3-16所示的店铺首页区域使用暖色调作为主要的配色，鲜艳的配色给人强烈的视觉震撼感，营造出喜庆、活动的氛围，产生出悦动的心理反应。

对于追求温暖感的网店而言，暖色系常常使人联想到火热的夏季、鲜红的植物、热闹的氛围等，想要表现出温暖的感觉时，选用暖色系，即可营造出强烈的火热氛围，给人热情、温暖的感觉。

3.2 色彩的配色技巧

淘宝的页面大多是色彩饱满丰富的，给人很强的视觉冲击力。制作色彩饱满有冲击力的画面需要运用一些色彩搭配的技巧。

3.2.1 巧用色彩对比色

在生活的世界中，时时处处都充满各种不同的色彩。人们在接触这些色彩时，常常都会以为色彩是独立的：天空是蓝色的、植物是绿色的、花朵是红色的。其实，色彩就像是音符一样，只有将一个个音符组合起来才能谱写出美妙的乐章。实际上没有一个色彩是独立存在的，也没有哪一种颜色本身是好看的或是不好看的；而只有当色彩成为一组颜色中的其中一个时，才会说这个颜色在这里是协调或是不协调，适合或不适合。

前面介绍过色彩是由色相、明度以及纯度3种属性组成的，而其中的色相是人在最早认识色彩时所理解到的属性，也就是所谓色彩的名称，如红色、黄色、蓝色等。图3-17为由最常见的十二色相环。

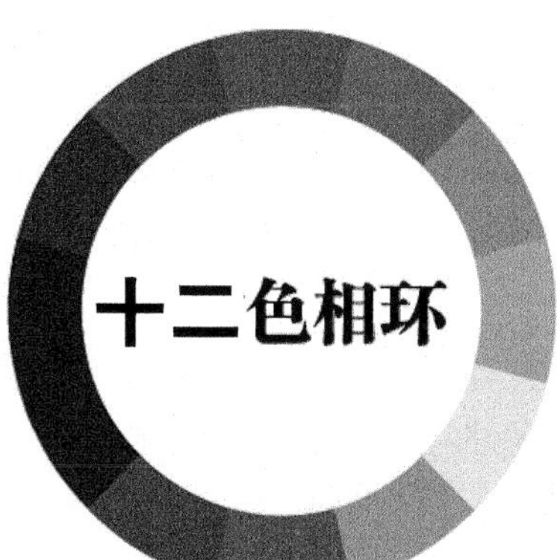

图3-17

色相的对比往往是由差别产生的，色彩的对比其实也就是色相之间的矛盾关系，各种色彩在色相上产生细微的差别，能够对画面产生一定的影响，色相的对比度使画面充满生机，并且具有丰富的层次感。

图3-18所示的网店首页，使用不同的单色背景来对画面进行分割，使其色相之间产生较大的变化，即色相对比配色，会让顾客感觉画面色彩非常丰富，具有感官刺激性，很容易吸引顾客的眼球。

图3-18

3.2.2 巧用色彩调和色

“调”是调整、调理、调停、调配、安顿、安排、搭配、组合等意思；“和”可理解为和一、和顺、和谐、和平、融洽、相安、适宜、有秩序、有规矩、有条理、恰当、没有尖锐的冲突、相互依存、相得益彰等意思。配色的目的就是制造美的色彩组合，而和谐是色彩美的首要前提，它使色调让人感觉到愉悦，还能满足人们视觉上的需求以及心理上的平衡。总地来说，色彩的对比是绝对的，而调和是相对的，调和是实现色彩美的重要手段。

1. 色相一致

色相一致的调和配色，通过改变色彩的明度和纯度来达到配色的效果，这类配色方式保持了色相上的一致性。色相一致的调和配色，可以是相同色彩调和配色、类似色相调和配色，它们配色的目的都是让画面的色彩和谐而协调，产生视觉冲击力。

图1-19所示的画面中的文字、背景等都使用玫瑰红进行搭配，通过明度的变化丰富画面配色，表现出柔和的特性。

图3-19

2. 明亮一致

明度是人类分辨物体色最敏锐的色彩反应，它的变化可以表现事物的立体感和远近感。例如，希腊的雕刻艺术就是通过光影的作用产生了许多黑、白、灰的相互关系，中国的国画也经常使用无彩色的明度搭配。有彩色的物体也会受到光影的影响产生明暗效果，如紫色和黄色就有着明显的明度差。

明度可以分为高明度、中明度和低明度3类，这样明度就有了高明度配高明度、高明度配中明度、高明度配低明度、中明度配中明度、中明度配低明度、低明度配低明度6种搭配方式。其中，高明度配高明度、中明度配中明度、低明度配低明度属于相同明度配色。

图3-20所示画面中的文字、背景和模特图片的配色均为高明度调和配色，带给人清爽的影响，表现出优雅的氛围，很符合画面中女装的形象。

图3-20

3. 纯度一致

色彩纯度的强弱指在纯色中加入不等量的灰色，当一组色彩中的纯度水平相对一致时，色彩的搭配也就很容易达到调和的效果，随着纯度高低的不同，色彩的搭配也会有不一样的视觉感受。

图3-21所示画面中纯度一致的色彩搭配在一起带来亮丽的感觉，使人感受到生机、活力，与活动的氛围一致。

图3-21

低纯度色彩的色感比较弱，这种色彩间的搭配容易给人平淡的感觉，中等纯度色彩之间的搭配，没有高纯度色彩那样耀眼，但是会给人稳重大方的感觉，基本用于表现高雅的画面效果，高纯度的几种色彩调和需要在色相和明度上进行变化，给人以鲜艳夺目的感觉。

图3-22所示的某服装网店的首页设计，标题文字是作为画面色彩最好的点缀，柔和的画面让人产生充实的感觉。

图3-22

4. 无彩色

无彩色与无彩色搭配可以传达出经典、永恒的美感，因为无彩色的色彩个性不是很明显，所以与任何色彩搭配都能取得调和的色彩效果。有时候为了达到某种特殊的效果，会通过五彩色调和配对来设计画面。

图3-23

商品图像和主题文字使用有彩色，画面背景和辅助文字使用无彩色，这样的配色让商品的细节和主题文字更加突出。

3.3 淘宝布局细节处理

淘宝店铺布局中有许多细节可以为店铺装修加分，如文字的风格、文字的编排、文字的分割及页面的版式设计等。

3.3.1 字体风格打造精致店面

当登录店铺首页时，是否会有意或者无意地留意到这个店铺特定的字体设计或者使用，从而影响对这个店铺最直观的感受，是精致、优雅、科幻、古典，还是粗糙难看呢？

字体风格形式多变，如何有效地设计与运用字体，是字体更改最为关键的问题。网店装修中常见的字体风格有线型、手写型、书法型、规整型等，不同的字体可以表现出不同的风格。

1. 线型文字

线型的字体是指文字笔画每个部分的宽窄都相当，表现出简洁、明快的感觉，在网店装修设计中较为常用，常用的线型字体有“方正大黑简体”“黑体”等。

图3-24

图3-24所示的线型字体与纤细的线条来修饰画面中的矩形相配，呈现出文字精致、简介的视觉效果，两者风格一直，给人很容易留下清爽的印象。

2. 规整型文字

标准、整齐外形的字体能够准确、直观地传递出商品或者店铺的信息，同时可以给人规整的感觉。在淘宝网店的版面构成中，利用规整字体的排列间隔，结合不同长短的文字可以很好地表现出画面的节奏感，给人大气、端正的印象。

图3-25

在如图3-25所示商品的详情页面中，使用工整的文字对细节进行说明，让画面信息传递更准确、及时，也让画面显得饱满。

3. 手写型字体

手写体是一种使用硬笔或者软笔纯手工写出的文字，手写体文字代表了中国汉字文化的精髓。手写体文字大小不一、形态各异，在计算机字库中很难实现手写体的效果。手写体的形式因人而异，带有较为强烈的个人风格。

在网店中使用手写体，可以表现出不可模仿的随意和不受局限的自由性，适当使用手写型字体，可以让店铺的风格表现得淋漓尽致。如图3-26所示，随意的手写体表现出画面原汁原味的自然风情。

图3-26

4. 书法字体

书法字体就是书法风格的字体。书法字体分为行书字体、草书字体、隶书字体、燕书字体、篆书字体和楷书字体五大类。每大类中又细分为若干小的门类，如篆书分为大篆、小篆，楷书有魏碑、唐楷之分，草书又有章草、今草、狂草之分。

图3-27为双十一期间设计的店铺公告，使用了书法字体进行表现，颇有美感。

图3-27

书法字体是中国独有的一种传统艺术，字体外形自由、流畅，且富有变化，笔画间会表现出洒脱和力道，是一种传神的精神境界。在网店装修的过程中，为了迎合活动的主题，或者是配合商品的风格，很多时候使用书法字体可以让画面的文字设计感增强，表现出独特的韵味。

3.3.2 网店文字的编排准则

为了让网店的画面布局变得更有条理，同时提高整体内容的表述力，使顾客有效地阅读以及接受其主题信息，在装修中还需要考虑整体编排的规整型，并适当加入带有装饰性的设计元素，提升画面美感，让文字编排更加具有设计感。

要做到这些要求，就必须深入了解网店的文字编排规则，即文字描述必须符合版面主题的要求、段落排列的易读性以及整齐布局的美观性。

技巧与提示

在装修中考虑整体编排的规整型，在加入适当的装饰性元素时，要注意整体的排版样式，不能太突兀。以提升画面美感为选择元素的指标，减少累赘，让文字编排更加具有设计感。

1. 准确性

在网店装修设计中，文字编排不但要达到主题内容的要求，其整体排列风格还必须符合设计对象的形象，这样才能保证版面文字准确无误地传达出信息。

在图3-28所示的商品详情页面中，使用简洁的词组来介绍商品的功能特点，让词组与图片产生关联性，同时利用准确的文字描述来提高顾客对商品的认识和理解。

图3-28

2. 易读性

易读性是指通过特定的排列方式使文字能带给顾客更好的阅读体验，让顾客阅读起来更加流畅。在实际的网店装修过程中，可以通过宽松的文字间隔、设置大号字体、多种不同字体进行对比阅读等方式，让段落文字之间产生一定的差异，使文字信息主次清晰，增强文字的易读性，让顾客更快地抓住店铺或商品的重点信息。

在图3-29所示的商品详情页面设计中，可以将版面中的部分文字设定为大号字体，并配以适当的间距，同时使用修饰元素对文字的信息进行分割，提高它们的阅读性，让顾客便于掌握重要信息。

图3-29

3. 审美性

页面的美感是所有网店设计工作中必不可缺的重要因素。整齐布局的审美性就是指通过事物的美感来吸引顾客，使其对画面中的信息和商品产生兴趣。在字体编排方面，可以为字体本身添加一些带有艺术性的设计元素，以从结构上增添它的美感。

在图3-30所示的网店店招设计中，利用色彩之间的设计和位置的巧妙安排，通过添加一些清新的元素，并将其与单一的文字组合在一起，增强其趣味，同时提升了整个文字的艺术性。

图3-30

3.3.3 掌握文字分割方式

在网店的装修设计中，运用合理的文字分割方式，可以对图文进行合理的规划，并使它们之间的关系得到有效协调，从而把握好商品或者模特的图片与文字的搭配效果。根据切割走向的不同，可以将文字的编排方式划分为水平分割和垂直分割两种。

1. 水平分割

水平分割主要包括“上文下图”和“上图下文”两种，下面进行简单介绍。

- “上文下图”在文字的编排中，通过水平切割将画面划分成上下两个部分，同时将文字与图片分别排列在视图的上部和下部，从而构成“上文下图”的排列方式。这种方式可以使视觉结构变得更为沉稳，给人带来上升感，以增强版面整体的表现力。设计者利用“上文下图”的编排方式，加强标题文字和商品介绍在视觉上的表现力，并使顾客能够自然地从上到下阅读，突出文字的重要性。
- “上图下文”将画面进行水平分割，分别将图片与文字置于画面的上端与下端，从而构成“上图下文”的编排方式。这种方式可以从形式上增强它们之间的关联性，同时借助特殊的排列位置，增强文字整体给人带来的安稳、可靠的感觉，从而增强顾客对版面信息的信赖度。

技巧与提示

在使用“上图下文”的编排方式时，如果编排的目的在于突出文字的视觉效果，可以选择使用一些没有个性效果的图片要素放在文字的下方，用于补充文字信息。

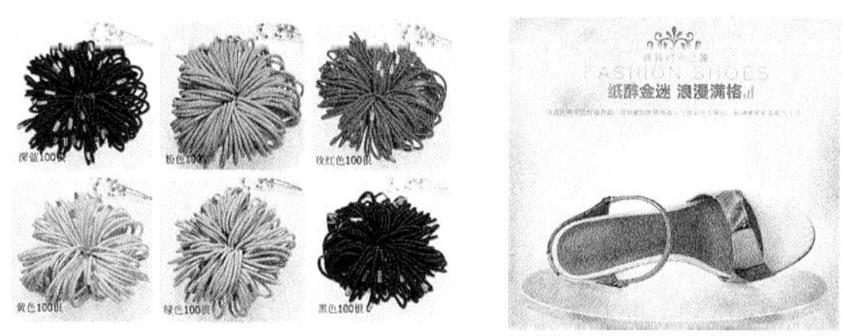

图3-31

图3-31中的各组商品使用上图下文的方式进行编排，以突出图片信息在视觉上的表现力，同时选用轴对称来对齐文字与图片，加强商品图片与文字之间的空间关联性。

2. 垂直分割

垂直分割主要包括左图右文和左文右图两种类型，下面进行简单介绍。

- 左图右文

通过垂直切割将版面分列成左右两个部分，把商品或者模特图片与文字分别排列在版面的左边与右边，从而形成左图右文的排列形式。这种方式使版面产生由左至右的视觉流程，符合人们的阅读习惯，在结构上可以给顾客带来顺遂、流畅的感觉。

图3-32

图3-32所示的商品详情页面设计，以左图右文形式排列在画面中，依次形成由左至右的阅读顺序，该排列方式不仅迎合了顾客的阅读习惯，也增强了商品发夹和文字在版面上的共存性。

- 左文右图

该分割方式与左图右文相反，而是将文字放在画面的左侧，把商品或者模特的图片放在右侧。左文右图的分割方式可以借助图片的吸引力，使画面产生由右至左的视觉效果，与人们的阅读喜好相反，可以在视觉上给顾客带来一种新奇的感觉，也是网店首页海报常用的一种方式。

如图3-33所示，以左图右文的排列方式打破人们常规的阅读习惯，从而在视觉上形成奇特的布局样式，给顾客留下了深刻的印象。

图3-33

3.3.4 页面版式设计的形式原则

一个完整的网店布局通常包括店招、促销栏（公告、推荐）、产品分类导航、签名、产品描述、计数器、挂件、欢迎欢送图片、商家在线时间、联系方式等元素，这些元素的布局没有固定的章法可循，主要靠设计师的灵活运用与搭配。

只有在大量的设计实践中熟练运用，才能真正理解版式布局设计的形式原则，并善于运用，从而创作出优秀的网店装修作品。

1. 对称与均衡

对称又称“均齐”，是在统一中求变化；平衡则侧重在变化中求统一。对称与均衡是统一的，都是让顾客在浏览店铺信息的过程中有心理上的稳定感。

对称的图形具有单纯、简洁的美感，以及静态的安定感，对称给人以稳定、沉静、端庄、大方的感觉，产生秩序、理性、高贵、静穆之美。对称的形态在视觉上有安定、自然、均匀、协调、整齐、典雅、庄重、完美的朴素美感，符合人们通常的视觉习惯。均衡的形态设计让人产生视觉与心理上的完美、宁静、和谐之感。静态平衡的格局大致由对称与均衡的形式构成。均衡结构是一种自由稳定的结构形式，一个画面的均衡是指画面的上下、左右取得面积、色彩、重量等量上的大体平衡。

技巧与提示

对称与均衡是一切设计艺术最为普遍的表现形式之一。对称构成的造型要素具有稳定、庄重和整齐的美感，对称属于规则式的均衡的范畴；均衡也称平衡，它不受中轴线和中心点的限制，没有对称的结构，但有对称的重心，主要是指自然式均衡。在设计中，均衡不等于均等，而是根据景观要素的材质、色彩、大小、数量等来判断视觉上的平衡，这种平衡给视觉带来的是和谐。对称与均衡是把无序的、复杂的形态构成具有秩序的、视觉均衡的形式美。

在画面上，对称与均衡产生的视觉效果是不同的，前者端庄静穆，有统一感、格律感，但如过分均等就易显呆板；后者生动活泼，有运动感，但有时因变化过强而易失衡。因此，在设计中要注意把对称、均衡两种有机地结合起来灵活运用。

如图3-34所示的商品详情页面使用左右对称的形式进行设计，但不是绝对的对称，画面中的布局在基本元素的安排上赋予固定的变化，对称均衡更灵活。更生动，是设计中较为常用的表现手段，具有现代感的特征，也让画面中的商品细节与文字搭配更自然和谐。

图3-34

常用的版式布局对齐方式有左对齐、右对齐、居中对齐和组合对齐，具体特点如下。

- 左对齐

左对齐的排列方式有松有紧，有虚有实，具有节奏感。

图3-35所示的网店详情页面设计图，文字与设计元素都使用左对齐的方式，让版面具有很强的节奏感。

图3-35

- 居中对齐

居中对齐是指设计元素以中心轴线对齐的方式，使顾客视线更加集中、突出，具有庄重、优雅的感觉。如图3-36所示。文字与设计元素都使用居中对齐的方式，给人带来视觉上的平衡感。

图3-36

- 右对齐

右对齐的排列方式与左对齐相反，具有很强的视觉性，适合表现一些特殊的画面效果。

图3-37所示的店铺主图装修设计效果，文字与设计元素都使用右对齐的方式，整个画面的视觉中心向右偏移，让人们的阅读习惯产生新鲜感，显得新颖有趣，可以提高顾客的兴趣。

图3-37

2. 节奏与韵律

节奏与韵律是物质运动的一种周期性表现形式，有规律的重复、有组织的变化现象，是艺术造型中求得整体统一和变化，从而形成艺术感染力的一种表现形式。韵律是通过节奏的变化来产生的，版面只有在组织上符合某种规律并具有一定的节奏感，才能形成某种韵律。

在网店的装修设计中，合理运用节奏与韵律，可以将复杂的信息以轻松、优雅的形式表现出来。

在图3-38所示的商品展示装修设计图中，图片的色彩和布局统一，相同形式的构图体现出画面的韵律感，每个画面中的商品形态和内容各不相同，这样又表现出节奏的变化，节奏的重复使组成节奏的各个元素都能够得到体现，让商品信息的展示更加轻松。

图3-38

3. 对比与调和

从文字内容分析，对比与调和是一对充满矛盾的综合体，但它们实质上又是相辅相成的统一体。在网店的装修设计中，画面中的各种设计元素都存在相互对比的关系，但为了找到视觉和心理上的平衡，设计师往往会在不断地对比中寻求能够相互协调的因素，让画面同时具备变化和和谐的审美情趣。

- 对比

对比是差异性的强调。对比的因素存在于相同或相异的性质之间，也就是把相对的两要素互相比较之下，产生大小、明暗、黑白、强弱、粗细、疏密、高低、远近、动静、轻重等对比。对比的最基本要素是显示主从关系和统一变化的效果。

图3-39

图3-39所示商品与左侧的文字，在明度上相似，但是在面积和疏密关系上存在明显的差异，因此整个画面既有色彩和面积上的对比，又显得和谐、统一。

- 调和

调和是指适合、舒适、安定、统一，是近似性的强调，使两者或两者以上的要素相互具有共性。对比与调和是相辅相成的，在网店的版面构成中，一般整体版面宜采用调和，局部版面宜采用对比，画面中下面采用两张较小的图片排列整齐，且大小一致，虽然与上方较大的图片在色彩与外形上采用了同样的表现形式，但是整体画面既对立，又和谐地组合在一起。如图3-40所示。

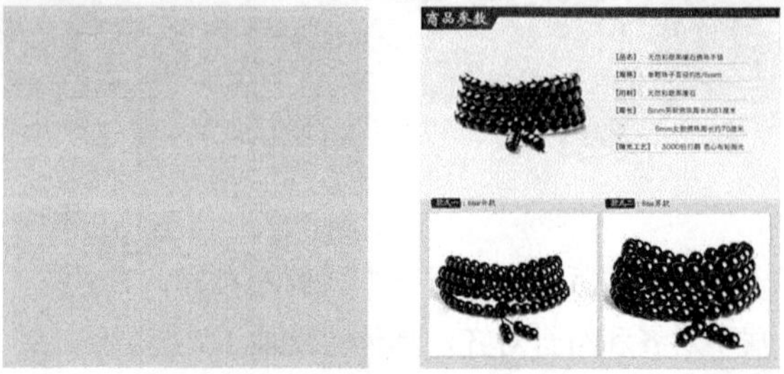

图3-40

4. 虚实与留白

虚实与留白是网店版面设计中重要的视觉传达方式。

任何形体都具有一定的实体空间，而在形体之外或形体背后呈现的细弱或朦胧的文字、图形和色彩就是虚的空间。主要用于为版面增添灵气和制造空间感。两者都是采用对比与衬托的方式将版面中的主体部分烘托出来，使版面结构主次更加清晰，同时使版面更具层次感。

在如图3-41所示的商品描述页面中，将商品细节以曲线的方式排列在画面的左下方，右上方则利用背景图片进行修饰，在画面中表现出明显的轻重感，让顾客被左下方的信息吸引，给人留下深刻的印象。

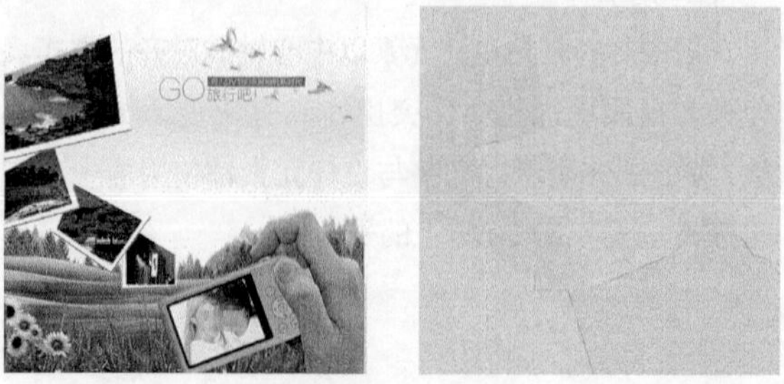

图3-41

中国传统美学上有"计白守黑"这一说法。就是指编排的内容是"黑"，也就是实体，斤斤计较的却是虚实的"白"，也可为细弱的文字、图形或色彩，这要根据内容而定。留白是版面未放置任何图文空间，它是"虚"的特殊表现手法。其形式、大小、比例决定着版面的质量。留白给人轻松的感觉，最大的作用是引人注意。在排版设计中，巧妙地留白，讲究空白之美，是为了更好地衬托主题，集中视线和形成版面的空间层次。

留白即指版面中未配置任何图文的空间，在版面中巧妙地留出空白区域，使留白空间更好地衬托主体，将读者的视线集中在画面主题之上。留白的手法在版式设计中运用广泛，可使版面更富空间感，给人丰富的想象空间。如图3-42所示，设计者利用大面积的白色背景突出画面中心的产品形象，画面干净、简洁，给人留下深刻的印象。

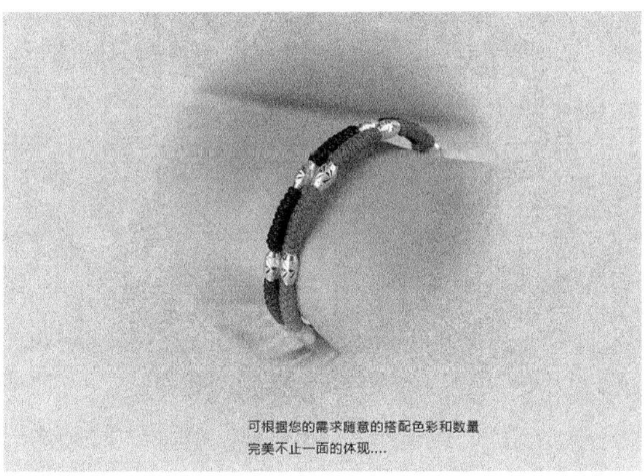

图3-42

在大面积的空白区域里，实体金手链清晰地展现在画面之中，而利用较虚弱的人手作为虚的背景，很好地突出主体。虚实空间形成良好的互动，画面富有写意感。

任何形体都具有一定的实体空间，而在形体之外或形体背后呈现的细弱或朦胧的文字、图形和色彩就是虚拟空间。实体空间与虚拟空间之间没有绝对的分界，画面中每一个形体在占据一定的实体空间后，常常会需要利用一定的虚的空间来获得视觉上的动态与扩张感。版面虚实相生，主体得以强调，画面更具连贯性。

3.3.5 网店画面的布局与处理

在网店的装修设计中，图片是除了文字外的另一个重要的传递信息途径，也是网络销售和微营销中最需要重点设计的设计元素。店铺中的商品图片不但是其装修画面中的一个重要组成部分，而且它比文字的表现力更直接、更快捷、更形象、更有效，可以让商品的信息传递更简洁。

1. 缩放图片，组合布局

同一种商品照片的布局设计如果进行不同比例的缩放，就会获得不同的视觉效果，从而凸显不同的重点。将图片进行缩放，展示出商品的细节，让顾客清晰地了解商品的材质，真实还原商品的质感，更容易获得顾客的认可，给人逼真的触感。在处理图片的过程中，通过实拍照片展示商品的整体效果，凸显出商品的外形特点，让顾客对商品的注意力更加集中，如图3-43所示。

图3-43

需要注意的是，网店装修设计与普通的网页设计不同，它重点展示的是商品本身，因此，适当遮盖商品以外的图像，可以突显商品的特点，获得顾客更多的关注。如图3-44所示，画面中心的商品造型在粉色留白背景中显得轮廓清晰而醒目，利用光影的强弱对比，使得主体商品突出且富有立体感。

图3-44

2. 裁剪抠图，提炼精华

大部分商品图片都是由摄影师拍摄的照片，它们的表现形式大都固定不变，或者只有一部分内容符合装修需要，此时需要裁剪图片或者进行抠图处理，使它们符合版面设计的需求。

如图3-45所示，将手表从繁杂的背景中抠取出来，以直观、直接的方式呈现出来，让顾客一目了然，对商品的展示具有非常积极的作用，也让商品的外形、特点更加醒目，避免过多的信息影响顾客的阅读体验。

图3-45

3.4 本章小结

本章通过学习色彩的概念、色彩三要素、色彩倾向、冷暖色系的表达效果、对比色与调和色的应用手法，以及淘宝网店的版式布局等，对淘宝网店设计的配色与布局有基本的认识。

技巧与提示

网店装修设计的整体思路如下。

（1）店铺装修目标：做客户喜欢、值得信赖的店铺。

（2）指导思想：从客户的角度来装修店铺。

（3）实现方法：店铺布局、色调、产品图片、产品描述、公司介绍等各个细节都体现专业化、人性化。

第4章

Photoshop软件基本操作

内容摘要

Photoshop CC是Adobe公司推出的Photoshop的最新版本，它是目前世界上最优秀的平面设计软件之一，被广泛用于广告设计、图像处理、图形制作、影像编辑和建筑效果图设计等行业。它简洁的工作界面及强大的功能深受广大用户的青睐。

课堂学习目标

安装与卸载Photoshop CC

Photoshop CC的新增功能

4.1 安装与卸载 Photoshop CC

Photoshop是目前最流行的图像处理软件之一，它经过近23年的发展完善，已经成为功能相当强大，应用极其广泛的应用软件，被誉为“神奇的魔术师”。

4.1.1 Photoshop概述

Photoshop是美国Adobe公司开发的优秀图形图像处理软件，它的理论基础是色彩学，通过对图像中各像素的数字描述，实现了对数字图像的精确调控。Photoshop可以支持多种图像格式和色彩模式，能同时进行多图层处理，运用其选择工具、图层工具、滤镜工具能得到各种手工处理或其他软件无法得到的美妙图像效果。不但如此，Photoshop还具有开放式结构，能兼容大量的图像输入设备，如扫描仪和数码相机等。

Photoshop是图形处理软件，广泛用于对图片和照片的处理以及对在其他软件中制作的图片做后期效果加工。例如，将在Coreldraw、Illustrator中编辑的矢量图像，输入Photoshop中做后期加工，创建网页上使用的图像文件或用于印刷的图像作品。

4.1.2 Photoshop的发展历史

Photoshop的主要设计师Thomas Knoll的父亲Glenn Knoll是密执根大学教授，同时也是一个摄影爱好者，如图4-1所示。他的两个儿子Thomas和John从小就跟着父亲玩暗房，但John似乎对当时刚刚开始发行的个人电脑更感兴趣。此后Thomas也迷上了个人电脑，并在1987年买了一台苹果电脑（Mac Plus）用来帮助撰写他的博士论文。

图4-1

Thomas发现当时的苹果电脑无法显示带灰度的黑白图像，因此他自己写了一个程序Display。而他兄弟John这时在电影《星球大战》导演Lucas的电影特殊效果制作公司Industry Light Magic工作，对Thomas的程序很感兴趣。两兄弟在此后的一年多里，把Display不断修改为功能更为强大的图像编辑程序，经过多次改名后，在一个展会上他们接受了一个参展观众的建议把程序改名为Photoshop。此时的Display/Photoshop已经有Level、色彩平衡、饱和度等调整。此外，John还写了一些程序，这些程序后来成为插件（Plug-in）的基础。

他们第一个商业成功是把Photoshop交给一个扫描仪公司搭配卖，名字叫作BarneyscanXP，版本是0.87。与此同时，John继续在找其他买家，包括SuperMac和Aldus都没有成功。最终他们找到了RussellBrown——Adobe的艺术总监。看过Photoshop以后，他认为Knoll兄弟的程序更有前途。1988年8月，他们口头决定合作，而真正的法律合同到次年4月才完成。

经过Thomas和其他Adobe工程师的努力，Photoshop1.0.7于1990年2月正式发行。JohnKnoll也参与了一些插件的开发。第一个版本只有一个800KB的软盘（Mac）。

Photoshop 2.0的重要功能包括支持Adobe矢量编辑软件Illustrator文件、Duotones以及Pentool（笔工具）；最低内存需求从2MB增加到4MB，这对提高软件稳定性有着非常大的影响。从这个版本开始，Adobe内部开始使用代号，2.0的代号是Fast Eddy，在1991年6月正式发行。下一个版本，Adobe决定开发支持Windows的版本，代号为Brimstone，而Mac版本为Merlin，这个版本增加了Palettes和16-bit文件支持。

3.0版本的重要新功能是Layer，Mac版本在1994年9月发行，而Windows版本在11月发行。尽管当时有另外一个软件Live Picture也支持Layer的概念，而且业界当时也有传言Photoshop工程师抄袭了Live Picture的概念。实际上Thomas很早就开始研究Layer的概念。

4.0版本主要改进用户界面。Adobe在此时决定把Photoshop的用户界面和其他Adobe产品统一化，此外程序使用流程也有所改变。一些老用户对此有抵触，甚至一些用户到在线网站上抗议。但经过一段时间使用以后，他们还是接受了新改变；Adobe这时意识到Photoshop的重要性，他们决定把Photoshop版权全部买断，Knoll兄弟为此赚了多少钱细节无法得知，但一定不少。

5.0版本引入了History（历史）的概念，这和一般的Undo不同，在当时引起业界的欢呼。色彩管理也是5.0的一个新功能，尽管当时引起一些争议，此后被证明这是Photoshop历史上的一个重大改进。5.0版本在1998年5月正式发行。

1999年Adobe又一次发行了X.5版本，这次是5.5版本，主要增加了支持Web功能和包含Image Ready2.0。2000年9月发行的6.0版本主要改进了其他Adobe工具交换的流畅，但真正的重大改进要等到7.0版本，这是2002年3月的事情。

7.0版本增加了Healing Brush等图片修改工具，还有一些基本的数码相机功能，如EXIF数据、文件浏览器等。

2003年9月，Adobe再次给Photoshop用户带来惊喜，新版本Photoshop不再延续原来的叫法，称之为Photoshop 8.0。CS版本改进原来的原始文件并成为CS的一部分，更多新功能为数码相机而开发，如智能调节不同地区亮度、镜头畸变修正、镜头模糊滤镜等。

Photoshop之所以取得成功，与其准确的定位及其适时地出现有着紧密关系。随着全球电脑的普及，Photoshop逐渐推出多国语言版本。例如，Adobe公司推出了Photoshop 5.02中文版，并开通了中文站点，成立了Adobe中国公司，而Photoshop一开始的良好市场定位，亦为其成为行业霸主奠定了良好的基础。

4.1.3 安装Photoshop CC

Photoshop CC的安装时间较长，在安装的过程中需要耐心等待。如果计算机中已经有其他的版本，不需要卸载其他的版本，但需要将正在运行的软件关闭。

课堂案例	安装Photoshop CC
案例位置	无
视频位置	视频>第4章>课堂案例——安装Photos hop CC.mp4
难易指数	★★☆☆☆
学习目标	掌握安装Photos hop CC的方法

01 打开Photoshop CC的安装软件文件夹，双击Setup.exe图标，安装软件开始初始化。初始化之后，会显示一个“欢迎”界面，选择“试用”选项，如图4-2所示。

图4-2

02 进入“需要登录”界面，单击“登录”按钮，如图4-3所示。

图4-3

03 进入相应界面，单击“以后登录”按钮（需要断开网络连接），如图4-4所示。

图4-4

04 进入“Adobe软件许可协议”界面，单击“接受”按钮，如图4-5所示。

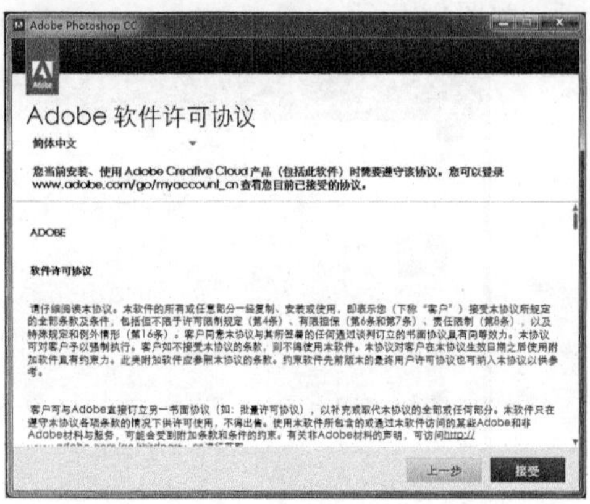

图4-5

05 进入“选项”界面，在“位置”文本框中设置相应的安装位置，然后单击“安装”按钮，如图4-6所示。

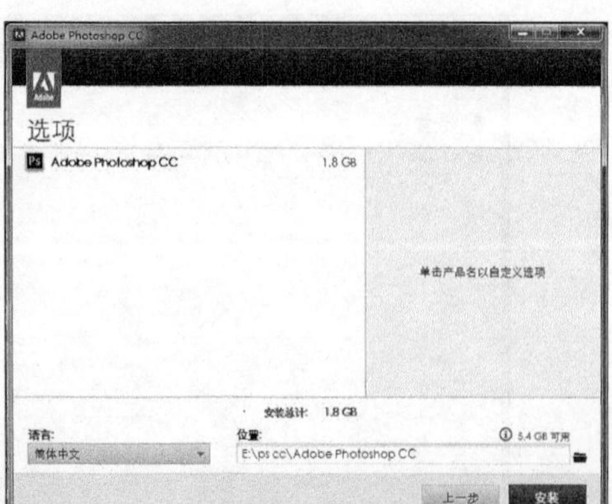

图4-6

06 系统会自动安装软件，进入“安装”界面，显示安装进度，如图4-7所示。如果需要取消，单击左下角的“取消”按钮即可。

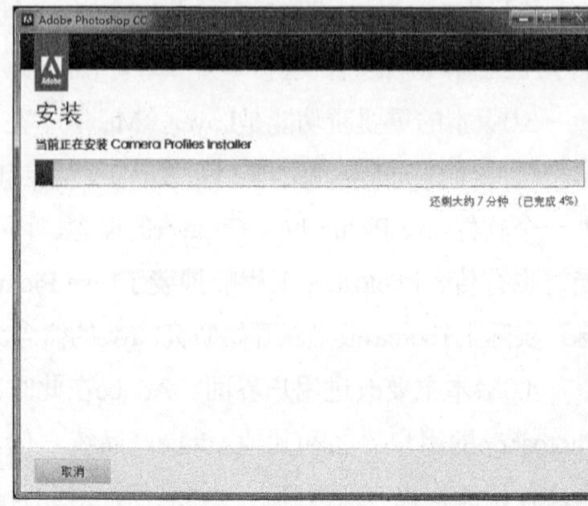

图4-7

07 在弹出的相应窗口中提示此次安装完成，然后单击右下角的“关闭”按钮，如图4-8所示，即可完成Photoshop CC的安装。

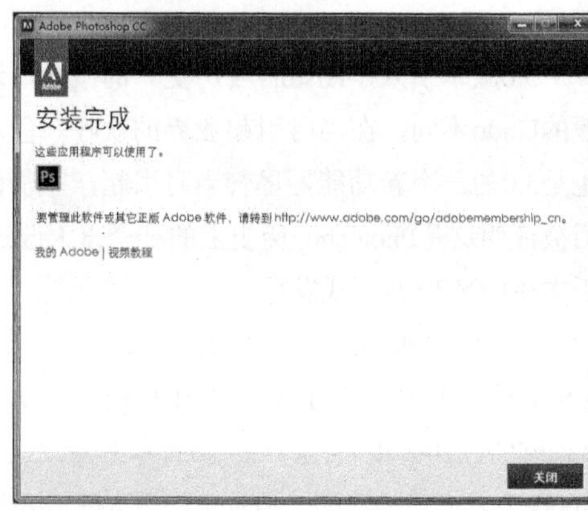

图4-8

4.1.4 卸载Photoshop CC

Photoshop CC的卸载方法比较简单，这里需要借助Windows的卸载程序进行操作，或者运用杀毒软件中的卸载功能来卸载。如果想要彻底移除Photoshop相关文件，就需要找到Photoshop的安装路径，删除这个文件夹即可。

课堂案例	卸载Photos hop CC
案例位置	无
视频位置	视频>第4章>课堂案例——卸载Photos hop CC.mp4
难易指数	★★☆☆☆
学习目标	掌握卸载Photoshop CC的方法

01 在Windows操作系统中打开“控制面板”窗口，单击“程序和功能”图标，在弹出的窗口中选择Adobe Photoshop CC选项，然后单击“卸

载”按钮，如图4-9所示。

图4-9

02 在弹出的“卸载选项”窗口中选中需要卸载的软件，然后单击右下角的“卸载”按钮，如图4-10所示。

图4-10

03 进入系统开始卸载，进入“卸载”窗口，显示软件卸载进度，如图4-11所示。

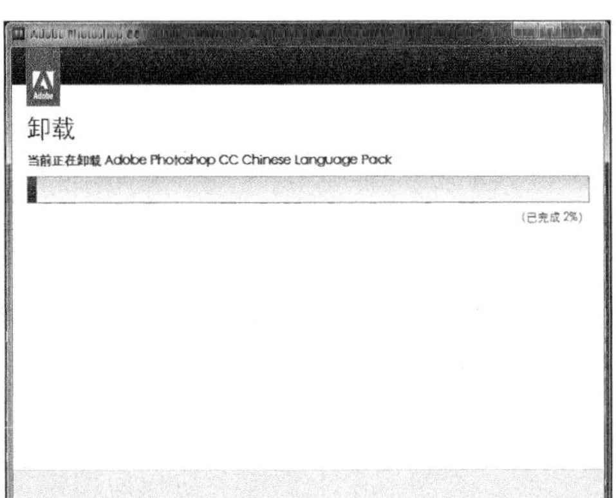

图4-11

04 稍等片刻，弹出相应窗口，单击右下角的“关闭”按钮，如图4-12所示，即可完成卸载。

图4-12

技巧与提示

在安装Photoshop时如果没有安装成功，原因可能有以下两点。

- 原有安装包没有卸载有冲突，所以需要卸载原有的安装包。
- 电脑运行的其他工作软件，如杀毒软件等与安装系统产生冲突，需要关闭。

4.2 Photoshop CC的新增功能

新软件的变化，最直观的当属其工作界面。Photoshop CC采用色调更暗、类似苹果摄影软件Aperture的界面风格，取代之前的灰色风格。图4-13为Photoshop CC的启动界面。

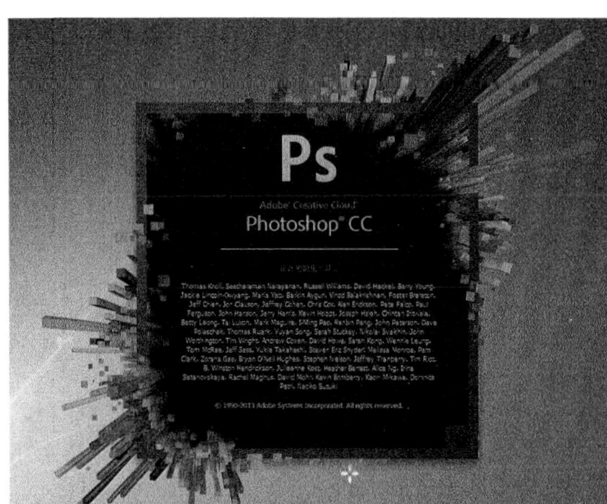

图4-13

4.2.1 相机防抖功能

Photoshop CC具有智能化机制，可自动减少由相机运动产生的图像模糊。在必要时，可以通过“滤镜”|“锐化”|“防抖”命令来进一步锐化图像，如图4-14所示。

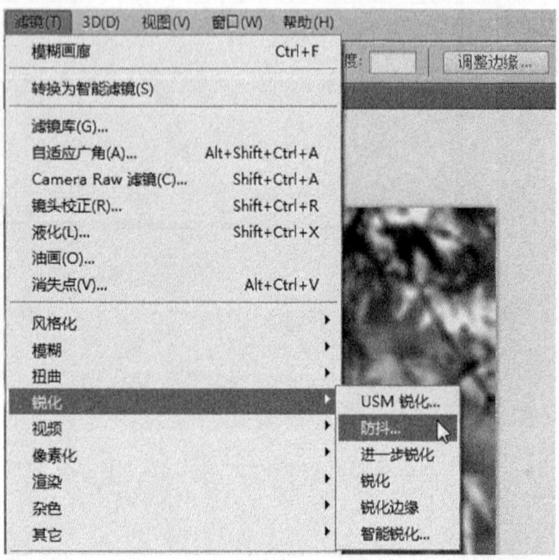

图4-14

技巧与提示

“防抖”滤镜可减少由某些相机运动类型产生的模糊，包括线性运动、弧形运动、旋转运动和Z字形运动。

“防抖”滤镜可以挽救因为相机抖动而失败的照片，不论模糊是由于慢速快门，还是长焦距造成的，该功能都能通过分析曲线来恢复照片的清晰度，效果如图4-15所示。

图4-15

4.2.2 Camera Raw修复功能改进

在Photoshop CC中，用户可以将Camera Raw所做的编辑以滤镜方式应用到Photoshop内的任何图层或文档中，然后再随心所欲地加以美化。在Adobe Camera Raw 8.1中，可以更加精确地修改图片、修正扭曲的透视，可以像使用画笔一样使用污点修复画笔工具在想要去除的图像区域绘制，效果如图4-16所示。

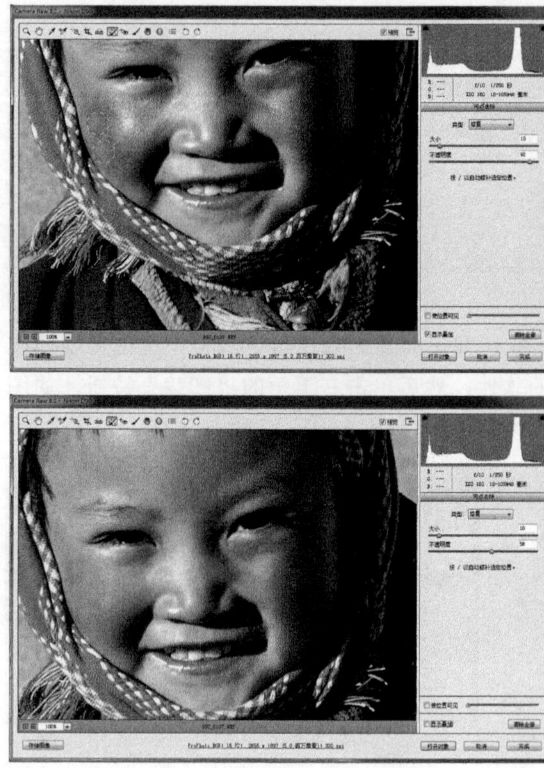

图4-16

技巧与提示

使用Adobe Camera Raw 8.1的径向滤镜可以突出展示想要引起观众注意的图像的特定部分。例如，可以使用径向滤镜工具 在主体周围绘制椭圆形状，然后增加该形状中区域的曝光度和清晰度，以提高对主体的关注度。另外，主体可以不在照片中心，可位于照片中的任何地方。

4.2.3 Camera Raw径向滤镜

使用Photoshop CC的Camera Raw 8.1，用户可以在图像上创建出圆形的径向滤镜，用来实现多种效果，就像所有的Camera Raw调整效果一样，都是无损调整。使用全新径向滤镜工具（单击Camera Raw | “径向滤镜”命令，即可在弹出的Camera Raw对话框上方找到径向滤镜工具 ）

以定义椭圆选框，然后将局部校正应用到这些区域，可以在选框区域的内部或外部应用校正。可以在一张图像上放置多个径向滤镜，并为每个径向滤镜应用一套不同的调整。图4-17为拍摄的图像，图4-18为使用径向滤镜处理成晕影效果而变得清晰的图像。

图4-17

图4-18

4.2.4 Camera Raw自动垂直功能

在Camera Raw 8.1中，用户可以利用自动垂直功能很轻易地修复扭曲的透视，并且有很多选项来修复透视扭曲的照片。在Camera Raw对话框中，切换至“镜头校正”|“手动”选项卡，设置自动拉直图像内容。垂直模式会自动校正照片中元素的透视，该功能具主要有以下4个设置。

- 自动：平衡透视校正。
- 色阶：透视校正以横向细节衡量。
- 垂直：透视校正以纵向细节衡量。
- 全部：色阶、垂直和自动透视校正的组合。

用户可以循环使用各个设置，然后选择最适合照片的设置。应用透视校正之前的示例图像如图4-19所示；使用自动设定垂直功能之后的图像如图4-20所示。

图4-19

图4-20

技巧与提示

此外，在Camera Raw对话框的现有设置中添加了“长宽比”滑块，可以水平或垂直修改图像的长宽。例如，将控件滑动到左边会修改照片的水平长宽，滑动到右边会修改垂直长宽。

4.2.5 保留细节重采样模式

保留细节重采样模式可将低分辨率的图像放大，使其拥有更优质的印刷效果，或者将一张大尺寸图像放大成海报和广告牌的尺寸。新的图像提升采样功能可以保留图像细节并且不会因为放大而生成噪点。

单击“编辑”|“图像大小”命令，弹出“图像大小”对话框，在“重新采样”下拉列表框中选择“保留细节”选项，即可在放大图像时提供更好的锐度，如图4-21所示。

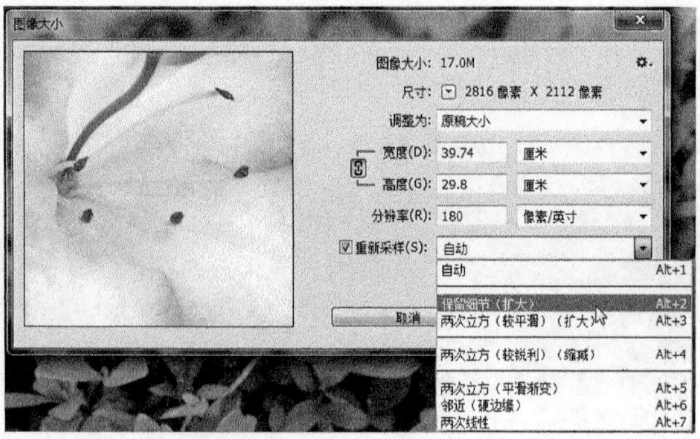

图4-21

- 通过窗口显示调整参数的预览图像，调整对话框的大小也将调整预览窗口的大小。
- 单击对话框右上角的齿轮按钮⚙启用或禁用“缩放样式”选项。
- 从“尺寸”下拉列表框中，选取其他度量单位显示最终输出的尺寸。
- 单击“链接”图标🔗，可在启用或禁用“约束比例”选项之间切换。
- “重新取样”选项按使用情况排列，包含新的边缘保留方法。
- 图4-22为原始未裁剪的图像；图4-23为锐化已调整大小的图像并保留细节。

图4-22

图4-23

4.2.6 改进的智能锐化

Photoshop CC改进了只能锐化功能，使锐化过的图像更加富有质感，同时产生清爽的边缘和丰富的细节。智能锐化是至今为止最为先进的锐化技术，该技术会分析图像，将清晰度最大化并同时将噪点和色斑最小化，以取得外观自然的高品质效果，如图4-24所示。

图4-24

4.2.7 改进形状图层的属性面板

在Photoshop CC中，用户可以重新改变形状的尺寸，并且可重复编辑，无论是在创建前，还是创建后，甚至可以随时改变圆角矩形的圆角半径，可以选择多条路径、形状或矢量蒙版来批量修改它们。即使在有许多路径的多层文档中，也可以使用新的滤镜模式，直接在画布上锁定路径和任何图层。

Photoshop CC的“路径”面板如图4-25所示。

图4-25

可以在“路径”面板中，执行以下操作。

- 在“路径”面板中按住【Shift】键并单击以选择多个路径。
- 按住【Ctrl】键的同时，单击以选择非连续路径。
- 即使路径位于不同的图层，也可以拖动“路径选择”工具和“直接选择”工具对多个路径进行操控。
- 在“路径”面板中按住【Alt】键并拖动路径可复制该路径。
- 在“路径”面板中拖动路径，可以重新排列路径，但只能对非形状、文字或矢量蒙版路径重新排序。
- 可以同时删除多个选定的路径。

4.2.8 隔离层

在Photoshop CC中，用户可以在复杂的层结构中建立隔离层，这是一个神奇的简化设计者工作的新方法。在相应图层的图像编辑窗口中单击鼠标右键，在弹出的快捷菜单中选择“隔离图层”选项，如图4-26所示，即可得到隔离层。

使用隔离层可以在一个特定的图层或图层组中工作，而不用看到所有图层，如图4-27所示。

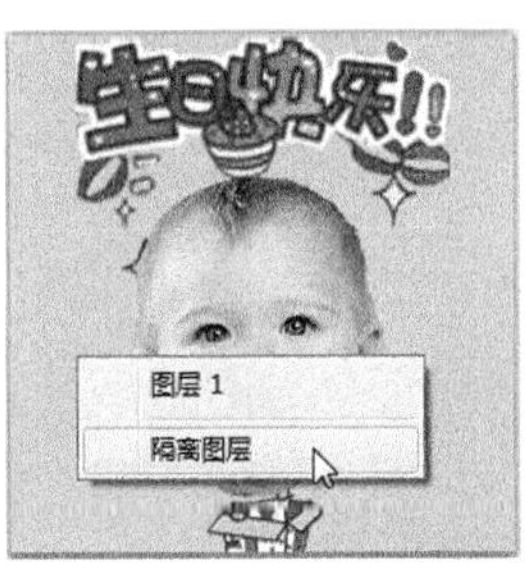

图4-26

图4-27

4.2.9 同步设置

在Photoshop CC中，经常有更新的版本，可以使用云端的同步设置功能来使不同计算机上的设置保持一致。单击“编辑”|“首选项”|“同步设置”命令，弹出“首选项”对话框，切换至“同步设置”选项卡，如图4-28所示，即可在此设置云端的同步功能。

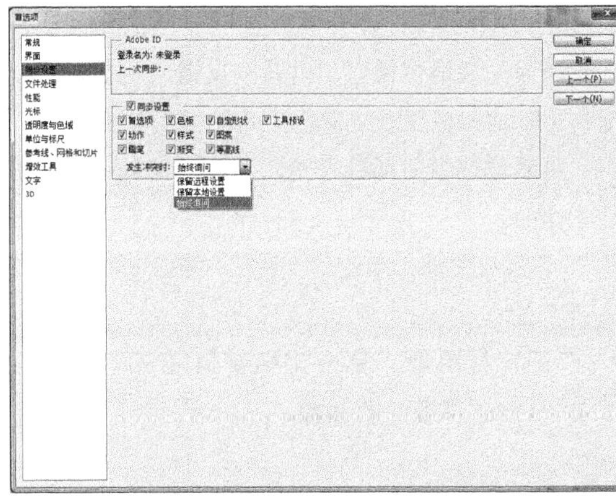

图4-28

4.2.10 将图层提取为资源

在Photoshop CC中，可以将图层的内容提取为JPEG、PNG和GIF资源。在导出资源时，用户可以轻松地调整所需的输出品质。单击“文件”|“保存”命令，弹出“另存为”对话框，选中“图层”复选框，如图4-29所示。单击“保存”按钮，即可将该图层的内容提取为资源。

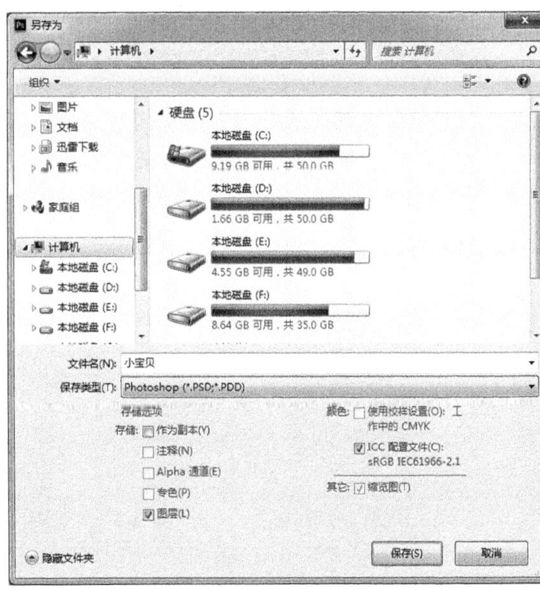

图4-29

4.2.11 在Behance上共享作品

可以直接从Photoshop CC内部将正在设计的创意图像作品上传至Behance。Behance是居于行业领先地位的联机平台，可展示和发现具有创造力的作品。使用Behance，用户可以创建自己的作品集，并广泛而高效地传播它，以获取反馈，用户还可以上传全新的图像以及之前已上传图像的修订版。

可以通过以下两种方式，从Photoshop CC内部共享作品。

- 打开素材图像，单击“文件”|“在Behance上共享”命令。
- 打开素材图像，单击文档窗口左下角的“在Behance上共享”按钮。

技巧与提示

目前Behance与Photoshop CC的集成仅在英语语言环境下可用，且法国、日本和中国不提供Behance与Photoshop CC的集成。

4.2.12 3D绘画增强

Photoshop CC提供了多种增强功能，可让用户在绘制3D模型时，实现更精确的控制和更高的准确度。

不同的绘画方法适于不同的用例，Photoshop CC提供以下几种3D绘画方法。

- 实时3D绘画（Photoshop CC中的默认方法）：在“3D模型”视图或纹理视图中创建的画笔描边会实时反映在其他视图中，可提供高品质低失真的图像，如图4-30所示。在默认的“实时3D绘画”模式下绘画时，用户可以看到自己的画笔描边会同时在3D模型视图纹理视图中实时更新，这样也可显著提升性能。

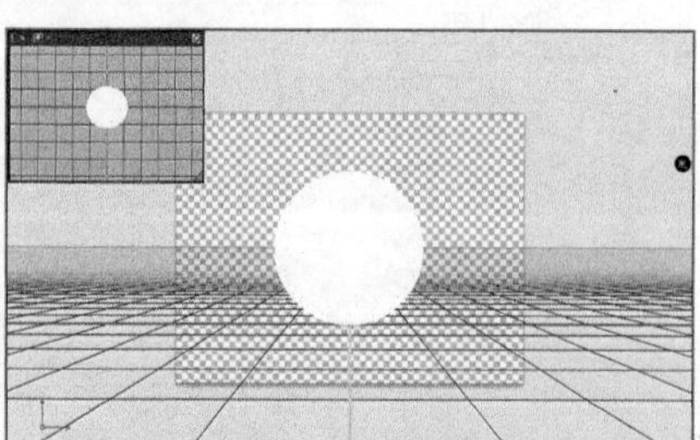

图4-30

- 图层投影绘画（Photoshop CC中的增强）：渐变工具和滤镜使用此绘画方法。“图层投影绘画”方法是将绘制的图层与下层3D图层合并，在合并操作期间，Photoshop会自动将绘画投影到相应的目标纹理上。
- 投影绘画（Photoshop CS6中的唯一方法）：投影绘画适用于同时绘制多个纹理或绘制两个纹理之间的接缝。但一般该绘画方法效率较低，并可能在绘制复杂的3D对象时导致裂缝。
- 纹理绘画：可以打开2D纹理直接在上面绘画。

4.2.13 3D面板更新

Photoshop CC提供改进的3D面板，可让用户更轻松地处理3D对象。重新设计的3D面板效仿“图层”面板，被构建为具有根对象和子对象的场景图/树，如图4-31所示。

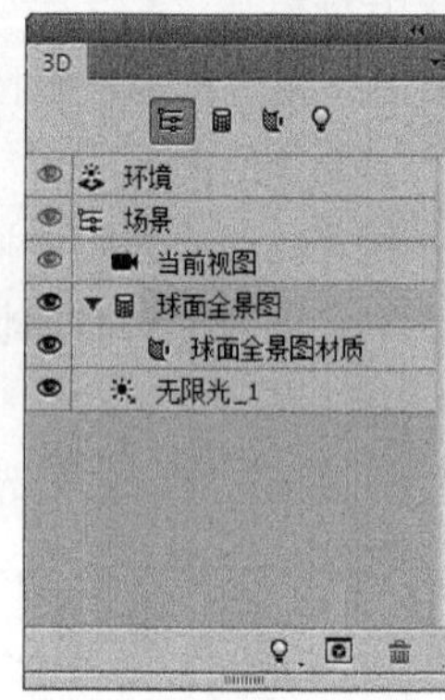

图4-31

4.2.14 “最小值”“最大值”滤镜增强

在Photoshop CC中，更新了“最大值”和“最小值”滤镜。

例如，单击“滤镜”|“其它”|“最大值”命令，弹出“最大值”对话框，如图4-32所示。用户可以在指定半径值时，从“保留”下拉列表框中选取所需的方形或圆度。

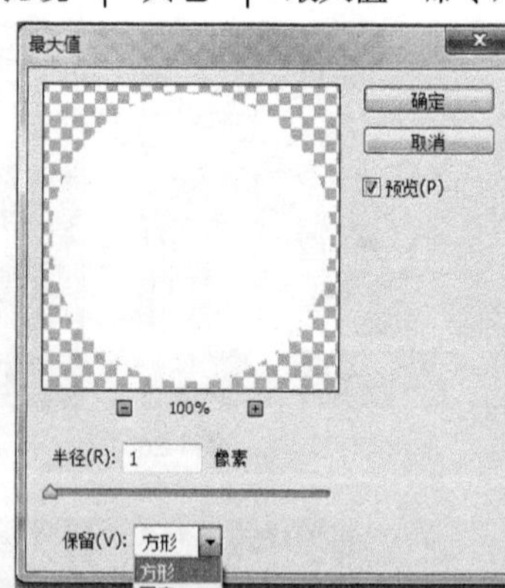

图4-32

技巧与提示

Photoshop CC提供了全新的文字系统消除锯齿功能，可使文字在网页上的显示效果更加逼真。另外，Photoshop Extended CS6中的所有功能均能在Photoshop CC中使用，Photoshop CC也不再提供单独的Extended版本。

4.2.15 污点去除工具

在Photoshop CC的Camera Raw对话框中添加了污点去除工具 ，这个新功能与Photoshop中的修复画笔工具类似。使用污点去除工具在照片的某个元素上涂抹，选择要应用在所选区域上的源区域，该工具会帮助用户完成剩下的工作。也可以按【/】键，让Camera Raw自动选择源区域。

尽管污点去除工具能使用户移去可见缺陷，但是照片中的某些缺陷在常规视图中可能无法观察到（如人像上的微尘、污点或瑕疵）。污点去除工具中的“显示污点”选项能让用户看到更小、更不起眼的缺陷。选中“显示污点”复选框时，图像会以反相显示。用户可以改变反转图像的对比度级别，以便更加清楚地查看缺陷，然后即可在此视图中使用污点去除工具来移除缺陷。

4.2.16 支持多种印度语言

在Photoshop CC中，可以用10种印度语系在Photoshop文档中键入文字：孟加拉语、古吉拉特语、北印度语、坎那达语、马拉雅拉姆语、马拉地语、奥里雅语、旁遮普语、泰米尔语和泰卢固语。要启用印度语系支持，可选择“编辑”|“首选项”|“文字”命令，弹出“首选项”对话框，选中“中东和南亚”单选按钮即可，如图4-33所示。单击“确定”按钮保存设置，会对创建的下一个文档生效。

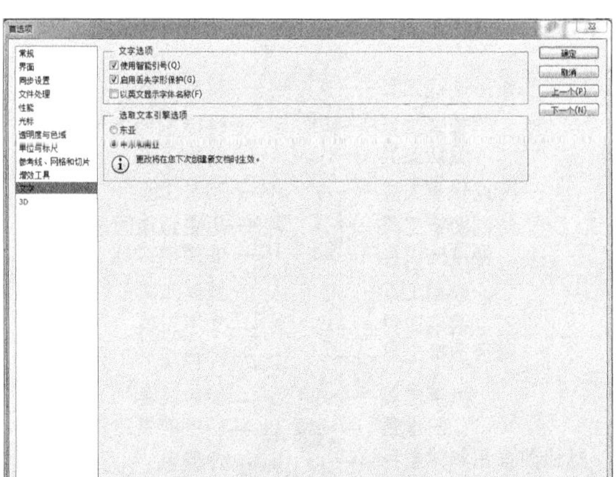

图4-33

4.3 全新的Photoshop CC工作界面

Photoshop CC的工作界面在原有基础上进行了创新，许多功能更加界面化、按钮化，如图4-34所示。Photoshop CC的工作界面主要由菜单栏、工具栏、工具属性栏、图像编辑窗口、状态栏和浮动面板6个部分组成。下面简单介绍各组成部分。

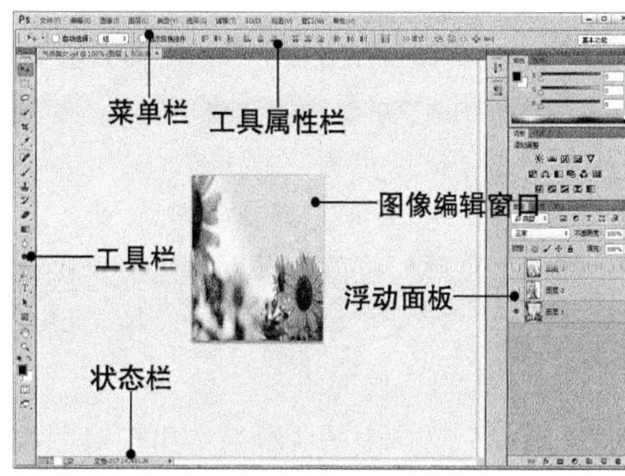

图4-34

- 菜单栏包含可以执行的各种命令，单击菜单名称即可打开相应的菜单。
- 工具属性栏用来设置工具的各种选项，它会随着所选工具的不同而变换内容。
- 工具箱包含用于执行各种操作的工具，如创建选区、移动图像绘画等。
- 状态栏显示打开文档的大小、尺寸、当前工具和窗口缩放比例等信息。
- 文档窗口是编辑图像的窗口。
- 浮动面板用来帮助用户编辑图像，设置编辑内容和设置颜色属性。

4.3.1 菜单栏

菜单栏位于整个窗口的顶端，由“文件”“编辑”“图像”“图层”“选择”“滤镜”“分析”“3D”“视图”“窗口”和“帮助”11个菜单命令组成，如图4-35所示。

图4-35

单击任意一个菜单项都会弹出其包含的命

令，Photoshop CC中的绝大部分功能都可以利用菜单栏中的命令来实现。

菜单栏的右侧还显示了控制文件窗口显示大小的最小化、窗口最大化（还原窗口）、关闭窗口等几个快捷按钮。

技巧与提示

Photoshop CC的菜单栏相对于Photoshop CS6的变化不大，其中标题栏和菜单栏也是合并在一起的。另外，如果菜单中的命令呈现灰色，则表示该命令在当前编辑状态下不可用；如果菜单命令右侧有一个三角形符号，则表示此菜单包含子菜单，将鼠标指针移动到该菜单上，即可打开其子菜单；如果菜单命令右侧有省略号“…”，则执行此菜单命令时会弹出与之有关的对话框。

菜单栏中，各菜单的含义如下。

- 单击“文件”菜单可以在弹出的下级菜单中执行新建、打开、存储、关闭、植入以及打印等一系列针对文件的命令。
- “编辑”菜单中的各种命令用于对图像进行编辑，包括还原、剪切、复制、粘贴、填充、变换以及定义图案等命令。
- “图像”菜单中的命令主要是针对图像模式、颜色、大小等进行调整及设置。
- “图层”菜单中的命令主要是针对图层进行相应的操作，如新建图层、复制图层、蒙版图层、文字图层等，这些命令便于运用和管理图层。
- “类型”菜单主要用于创建和设置文字对象，包括创建工作路径、转换为形状、变形文字以及字体预览大小等。
- “选择”菜单中的命令主要是针对选区进行操作，可以对选区进行反向、修改、变换、扩大、载入选区等操作，这些命令结合选区工具，更便于对选区的操作。
- “滤镜”菜单中的命令可以为图像设置各种特殊效果，在制作特效方面更是功不可没。
- 3D菜单针对3D图像执行操作，通过这些命令可以执行打开3D文件、将2D图像创建为3D图形、进行3D渲染等操作。
- “视图”菜单中的命令可对整个视图进行调整及设置，包括缩放视图、改变屏幕模式、显示标尺、设置参考线等。
- “窗口”菜单主要用于控制Photoshop CC工作界面中的工具箱和各个面板的显示和隐藏。
- “帮助”菜单提供了使用Photoshop CC的各种版主信息。在使用Photoshop CC的过程中，若遇到问题，可以查看该菜单，及时了解各种命令、工具和功能的使用。

4.3.2 工具属性栏

工具属性栏一般位于菜单栏的下方，主要用于对所选择工具的属性进行设置，它提供了控制工具属性的选项，其显示的内容会根据所选工具的不同而发生变化。在工具箱中选择相应的工具后，工具属性栏将随之显示该工具可使用的功能。例如，选择工具箱中的画笔工具，属性栏中会出现与画笔相关的参数设置，如图4-36所示。

图4-36

4.3.3 工具箱

工具箱位于工作界面的左侧，共有50多个。单击工具按钮即可在图像编辑窗口中使用该工具。

Photoshop CC的工具箱是以图标形式展现的，从工具的形态可以了解该工具的功能。选取任意工具，可以进行相应的操作，如图4-37所示。

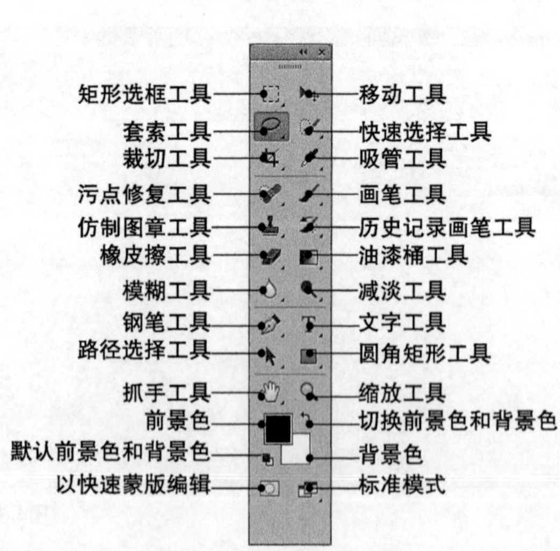

图4-37

若在工具按钮的右下角有一个小三角形，表示该工具按钮还有其他工具，在工具按钮上单击鼠标左键的同时，可弹出隐藏的工具选项，如图4-38所示。

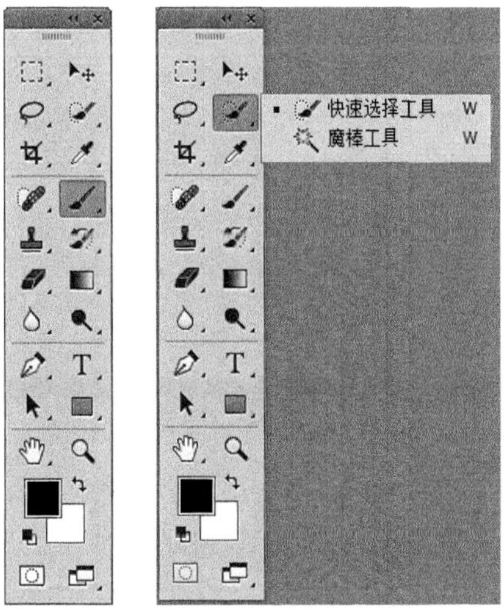

图4-38

在有三角形的工具框按钮上单击鼠标左键，可以看到展开的隐藏选项工具，如图4-39所示。

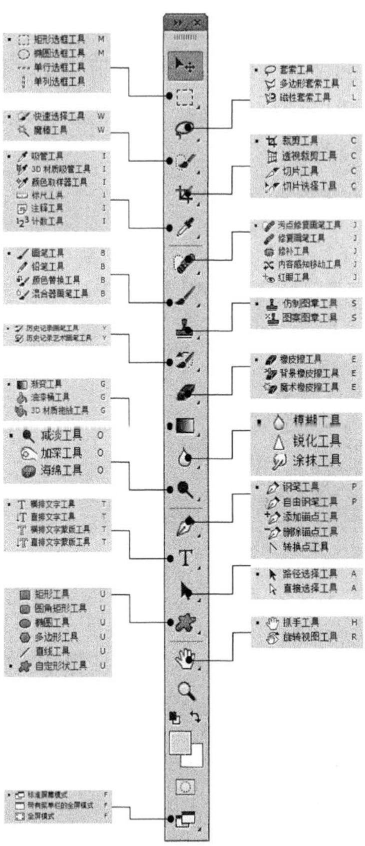

图4-39

4.3.4 状态栏

状态栏位于图像编辑窗口的底部，主要用于显示当前所编辑图像的显示参数值及当前文档图像的相关信息，主要由显示比例、文件信息和提示信息3部分组成。

状态栏左侧的数值框用于设置图像编辑窗口的显示比例，在该数值框中输入图像显示比例后，按【Enter】键，当前图像即可按照设置的比例显示。

状态栏的右侧显示图像文件信息，单击文件信息右侧的三角形按钮，即可弹出菜单，用户可以根据需要选择相应选项，如图4-40所示。

图4-40

在图4-40中，主要选项的含义如下。

- Adobe Drive：显示文档的VersionCue工作组状态。Adobe Drive可以帮助用户链接到VersionCue CC服务器，链接成功后，可以在Window资源管理器或Mac OS Finder中查看服务器的项目文件。
- 文档配置文件：显示图像所有使用的颜色配置文件的名称。
- 测量比例：查看文档的比例。
- 效率：查看执行操作实际花费的时间百分比。当效率为100时，表示当前处理的图像在内存中生成；如果低于100，则表示Photoshop正在使用暂存盘，操作速度也会变慢。
- 当前工具：可以查看当前使用的工具名称。

- 存储进度：可以读取当前文档的保存进度。
- 文档大小：显示有关图像中的数据量的信息。选择该选项后，状态栏中会出现两组数字，左边的数字显示了拼合图层并存储文件后的大小，右边的数字显示了包图层和通道的近似大小。
- 文档尺寸：查看图像的尺寸。
- 暂存盘大小：查看关于处理图像的内存和Photoshop暂存盘的信息，选择该选项后，状态栏中会出现两组数字，左边的数字表示程序用来显示所有打开图像的内存量，右边的数字表示用于处理图像的总内存量。
- 计时：可以查看完成上一次操作所用的时间。
- 32位曝光：调整预览图像，以便在计算机显示器上查看32位/通道高动态范围图像的选项。只有文档窗口显示HDR图像时，该选项才可以使用。

4.3.5 浮动控制面板

浮动控制面板主要用于对当前图像的颜色、图层、样式及相关的操作进行设置。面板位于工作界面的右侧，用户可以进行分离、移动和组合等操作。

若要选择某个浮动面板，可单击浮动面板窗口中相应的标签；若要隐藏某个浮动面板，可单击“窗口”菜单中带标记的命令，如图4-41所示。

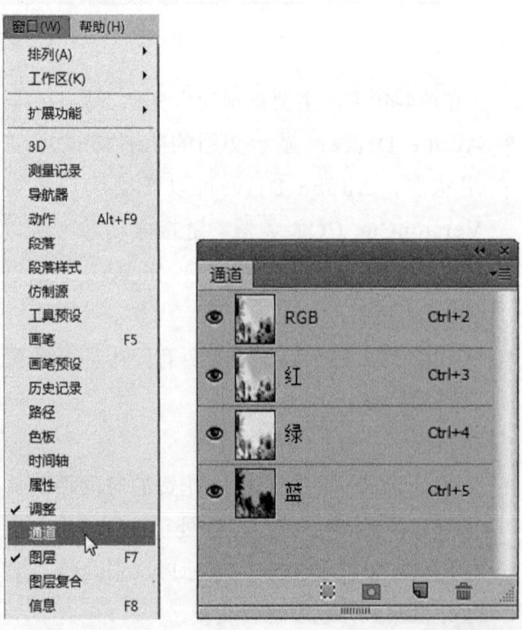

图4-41

技巧与提示

默认情况下，浮动面板分为6种：图层、通道、路径、创建、颜色、属性。

用户可根据需要将它们进行任意分离、移动和组合。例如，将“颜色”浮动面板脱离原来的组合面板窗口，使其成为独立的面板，在“颜色”标签上单击鼠标左键并将其拖曳至其他位置即可，若要使面板复位，只需要将其拖回原来的面板控制窗口内即可。

另外，按【Tab】键可以隐藏工具箱和所有浮动面板；按【Shift+Tab】组合键可以隐藏所有浮动面板，并保留工具箱的显示。

4.3.6 图像编辑窗口

在Photoshop CC工具界面的中间，呈灰色区域显示的即为图像编辑工作区。

打开一个文档时，工作区中将显示该文档的图像窗口，图像窗口是编辑的主要工作区域，图形的绘制或者图像的编辑都是在此区域中进行的。

在图像编辑窗口中可以实现Photoshop CC的所有功能，也可以对图像窗口进行多种操作，如改变窗口大小和位置等。当新建或打开多个文件，图像标题栏的显示呈灰白色时，即为当前编辑窗口，如图4-42所示。

图4-42

此时，所有操作将只针对该图像编辑窗口；若想对其他图像编辑窗口进行编辑，单击需要编辑的图像窗口即可。

4.4 设置商品文件操作环境

在使用Photoshop处理商品文件时，可以根据个人的操作习惯来设置Photoshop的操作环境。

4.4.1 创建自定义工作区

用户创建自定义工作区时，可以将经常使用的面板组合在一起，简化工作界面，从而提高工作的效率。

课堂案例	创建自定义工作区
案例位置	无
视频位置	视频>第4章>课堂案例——创建自定义工作区.mp4
难易指数	★★☆☆☆
学习目标	掌握创建自定义工作区的使用方法

01 单击“窗口”|“工作区”|“新建工作区”命令，如图4-43所示。

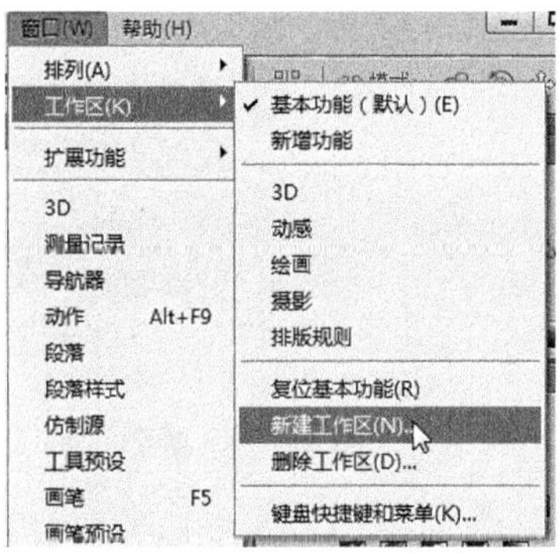

图4-43

02 弹出“新建工作区”对话框，在“名称”文本框中设置工作区的名称，如图4-44所示，单击“存储”按钮，即可创建自定义工作区。

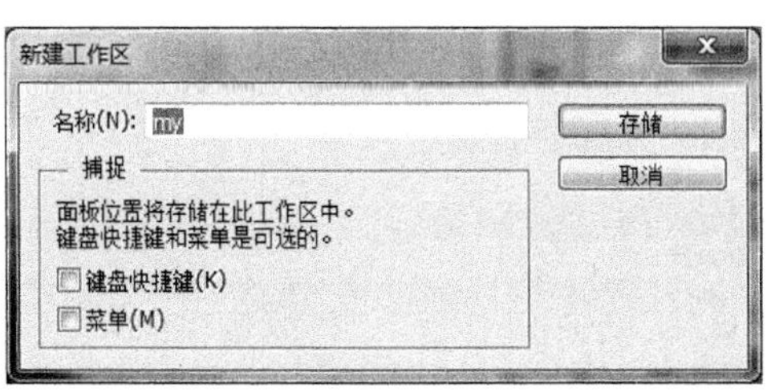

图4-44

技巧与提示

单击“窗口”|“工作区”|“基本功能”命令，可以返回Photoshop CC最原始的工作面板。

4.4.2 设置自定义快捷键

在Photoshop CC中，自定义快捷键可以将经常使用的工具定义为熟悉的快捷键，下面介绍设置自定义快捷键的操作步骤。

课堂案例	设置自定义快捷键
案例位置	无
视频位置	视频>第4章>课堂案例——设置自定义快捷键.mp4
难易指数	★★☆☆☆
学习目标	掌握设置自定义快捷键的方法

01 单击“窗口”|“工作区”|“键盘快捷键和菜单”命令，如图4-45所示。

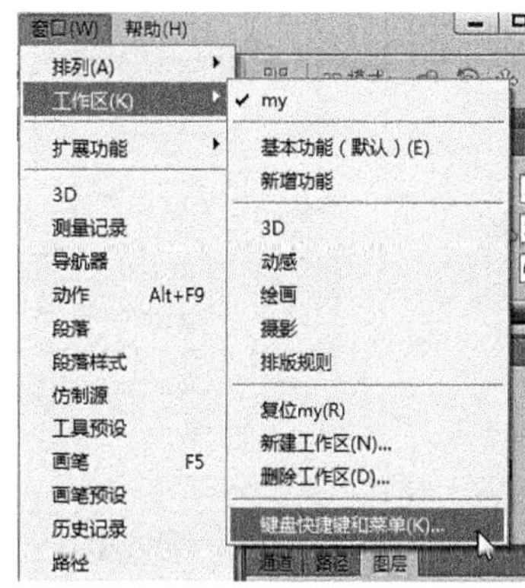

图4-45

02 弹出“键盘快捷键和菜单”对话框，单击“快捷键用于”的下拉按钮，在弹出的下拉列表框中选择“应用程序菜单”选项，如图4-46所示，用户可以根据需要自定义快捷键，然后单击“确定”按钮即可。

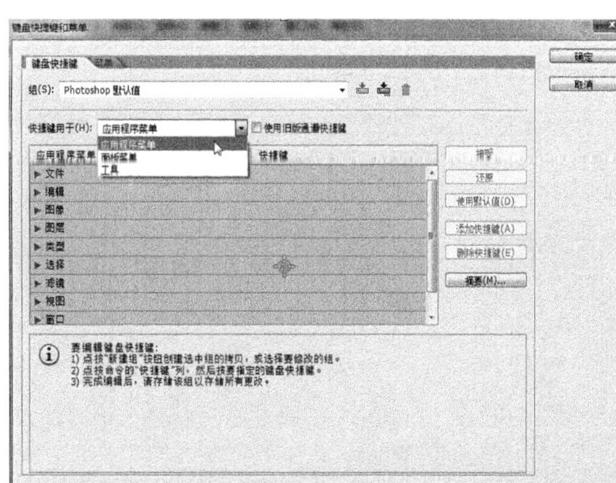

图4-46

> **技巧与提示**
>
> 用户还可以在“快捷键用于”下拉列表框中选择“面板菜单”选项，对Photoshop的快捷键进行整体设置。

4.4.3 设置彩色菜单命令

在Photoshop CC中，用户可以将经常用到某些菜单命令，设定为彩色，以便需要时快速找到相应菜单命令。下面介绍自定义彩色菜单命令的操作方法。

课堂案例	设置彩色菜单命令
案例位置	无
视频位置	视频>第4章>课堂案例——设置彩色菜单命令.mp4
难易指数	★★☆☆☆
学习目标	掌握设置彩色菜单命令的使用方法

01 单击“编辑”|“菜单”命令，如图4-47所示。

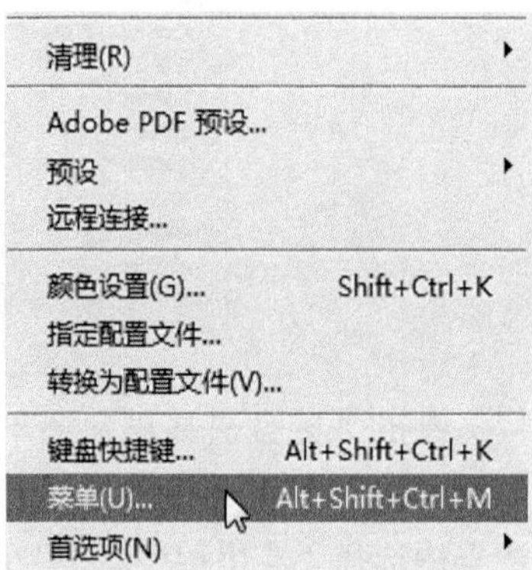

图4-47

02 弹出“键盘快捷键和菜单”对话框，在“应用程序菜单命令”下拉列表框中单击“图像”左侧的三角形按钮，如图4-48所示。

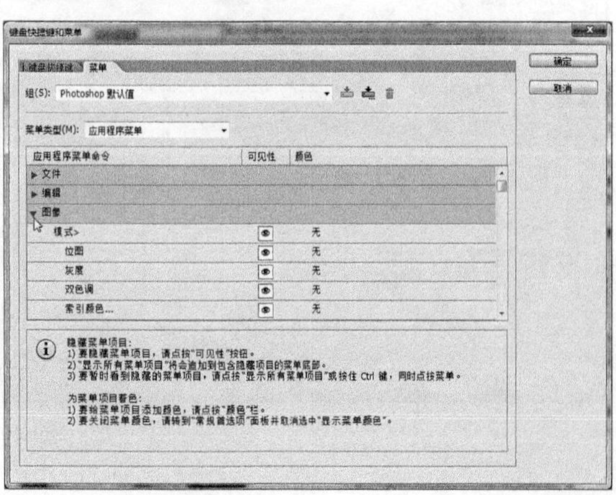

图4-48

03 单击“模式”右侧的下拉按钮，在弹出的下拉列表框中选择“蓝色”选项，单击“确定”按钮，如图4-49所示。

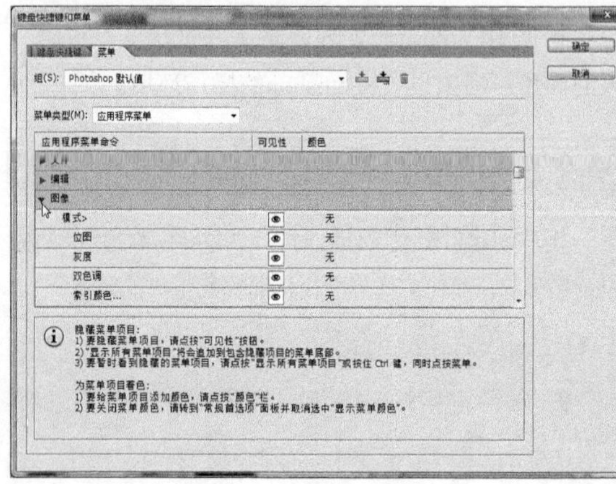

图4-49

04 在“图像”菜单中可以查看“模式”命令显示为蓝色，如图4-50所示。

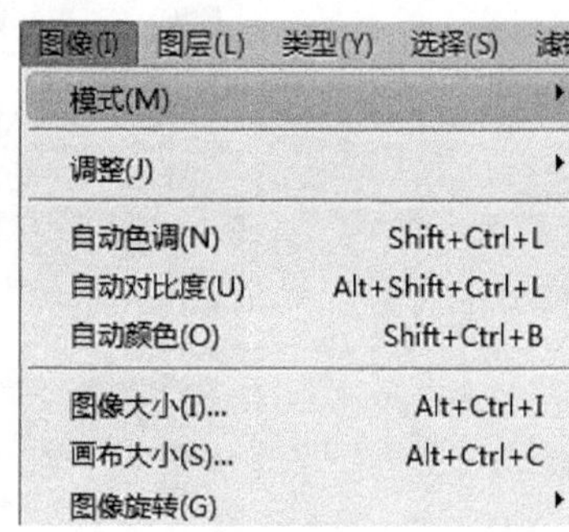

图4-50

4.4.4 展开/折叠面板

单击面板组右上角的双三角形按钮，可以将面板折叠为图标状，再次单击双三角形按钮，可重新将其折叠回面板组。

课堂案例	展开/折叠面板
案例位置	无
视频位置	视频>第4章>课堂案例——展开折叠面板.mp4
难易指数	★★☆☆☆
学习目标	掌握展开/折叠面板的使用方法

01 将鼠标指针移至控制面板上方的灰色区域内，单击鼠标右键，在弹出的快捷菜单中选择“展开面板”选项，如图4-51所示。

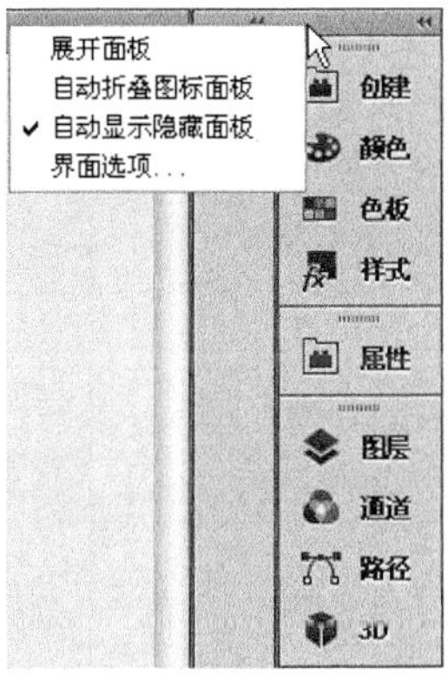

图4-51

02 执行操作后，即可在图像编辑窗口中展开控制面板，如图4-52所示。

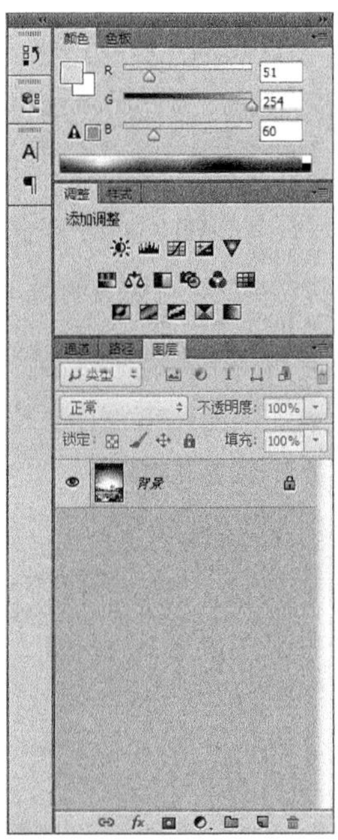

图4-52

技巧与提示

除了运用上述方法展开面板外，还有以下两种方法。

（1）将鼠标指针移至控制面板上方的 按钮处，单击鼠标左键，即可展开控制面板。

（2）将鼠标移至控制面板上方的灰色区域中双击，即可展开控制面板。

03 将鼠标指针移至控制面板上方的灰色区域内，单击鼠标右键，在弹出的快捷菜单中选择“折叠为图标”选项，如图4-53所示。

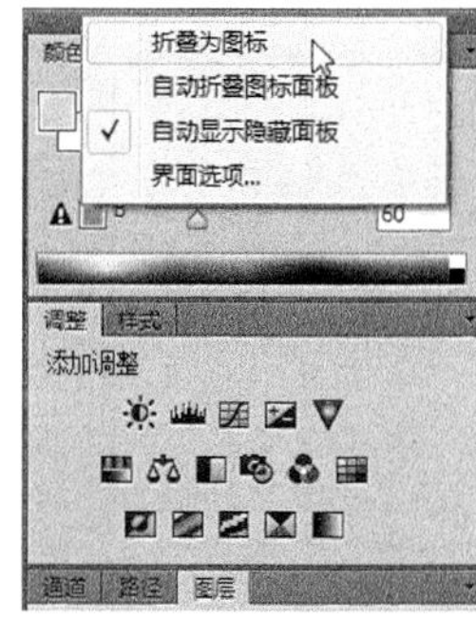

图4-53

04 执行操作后，已展开的控制面板即可转换为折叠状态，如图4-54所示。

图4-54

4.4.5 移动/组合面板

在Photoshop CC中，移动/组合面板可以将两个或者多个面板组合在一起，将一个面板拖曳到另一个面板的标题栏上出现蓝色虚框时释放鼠标，即可将其与目标面板组合。

下面介绍移动/组合面板的操作方法。

课堂案例	移动/组合面板
案例位置	无
视频位置	视频>第4章>课堂案例——移动组合面板.mp4
难易指数	★★☆☆☆
学习目标	掌握移动/组合面板的使用方法

01 按【Ctrl＋O】组合键，打开一幅素材图像4.4.5.jpg，将鼠标指针移至“图层”面板的上方，如图4-55所示。

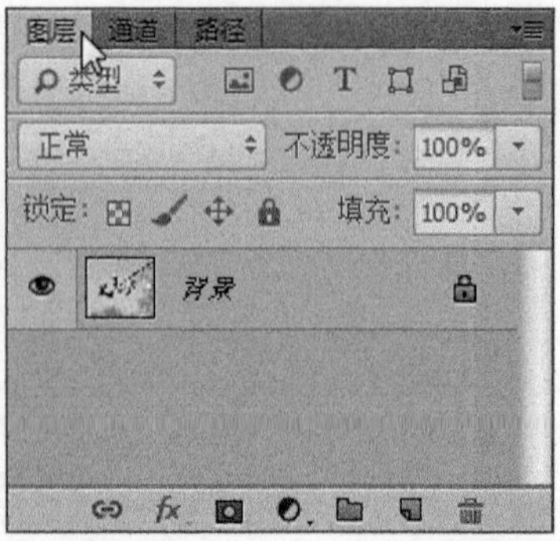

图4-55

02 按住鼠标左键拖曳至合适位置后，释放鼠标左键，即可移动“图层”面板，如图4-56所示。

图4-56

03 将鼠标指针移至面板上方的灰色区域内，单击鼠标左键的同时拖曳，如图4-57所示，此时面板呈半透明状态显示。

图4-57

04 鼠标指针所在处出现蓝色虚框时释放鼠标左键，两个面板即可组合，如图4-58所示。

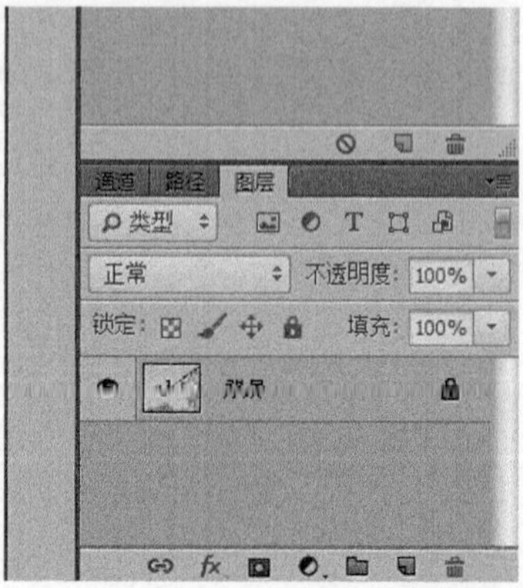

图4-58

4.4.6 隐藏面板

在Photoshop中，为了最大限度地利用图像编辑窗口，可以隐藏面板，下面介绍隐藏面板的操作方法。

课堂案例	隐藏面板
案例位置	无
视频位置	视频>第4章>课堂案例——隐藏面板.mp4
难易指数	★★☆☆☆
学习目标	掌握隐藏面板的使用方法

01 将鼠标指针移至控制面板上方的灰色区域内，单击鼠标右键，弹出快捷菜单，选择“关闭”选项，如图4-59所示。

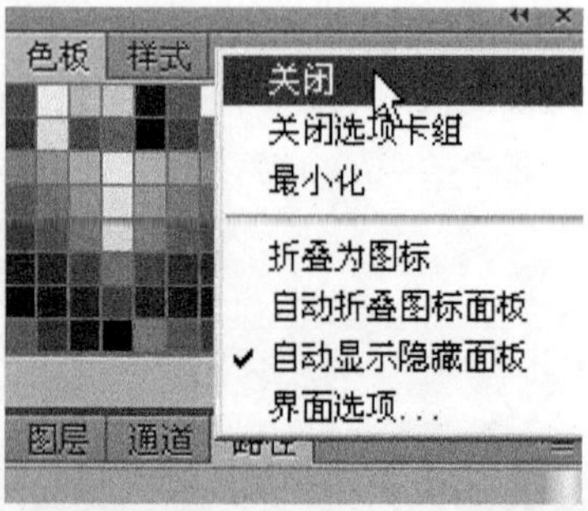

图4-59

02 执行操作后，即可隐藏“色板”控制面板，如图4-60所示。

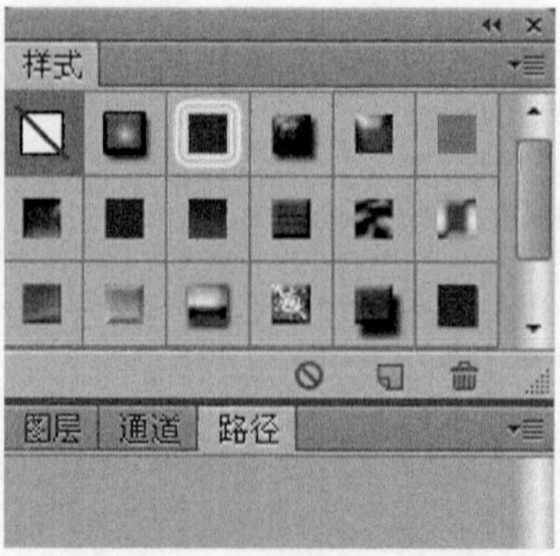

图4-60

4.4.7 调整面板大小

在Photoshop中，为创造舒适的工作环境，用户可以根据需要控制面板的大小，下面介绍控制面板大小的操作方法。

课堂案例 调整面板大小
案例位置 无
视频位置 视频>第4章>课堂案例——调整面板大小.mp4
难易指数 ★★☆☆☆
学习目标 掌握调整面板大小的方法

01 按【Ctrl+O】组合键，打开一幅素材图像4.4.6.jpg，如图4-61所示。

图4-61

02 将鼠标指针移至面板边缘处，当鼠标指针呈双向箭头形状时↕，按住鼠标左键并拖曳，调整控制面板的大小，如图4-62所示。

图4-62

4.5 本章小结

本章主要学习Photoshop的安装与卸载以及了解Photoshop CC一系列的新增功能，基础知识方面，重点学习Photoshop CC的工作界面以及设置的操作环境。

4.6 习题测试——新建文件

案例位置 无
难易指数 ★★☆☆☆
学习目标 掌握新建文件操作方法

本章课后习题需要掌握新建文件的方法。单击“文件”|“新建”命令，如图4-63所示。

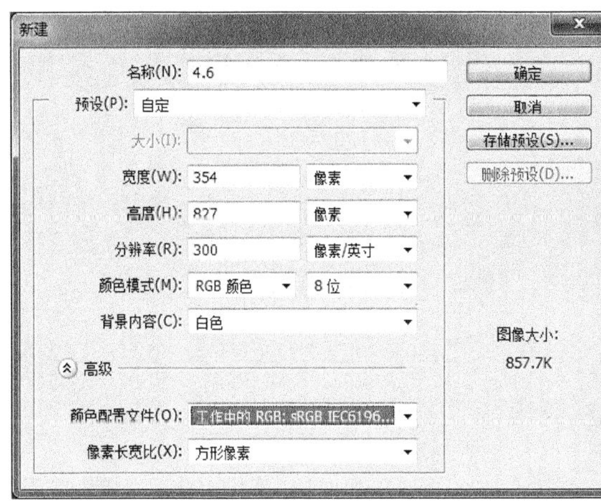

图4-63

第5章

编辑与调整商品图像文件

内容摘要

Photoshop CC是一个专门的图像处理软件，在绘图和图像处理方面有很大的优势，用户可以通过调整图像尺寸、分辨率，裁剪图像和变化图像等操作来调整与管理图像，以此优化图像的质量，设计出更好的作品。本章主要介绍编辑与调整商品图像文件的操作方法。

课堂学习目标

编辑商品图像文件　　撤销与恢复商品图像文件

5.1 编辑商品图像文件

在Photoshop CC中，用户可以借助图像辅助工具编辑商品图像。

5.1.1 显示商品图像标尺

Photoshop CC软件中的标尺显示了当前鼠标指针所在位置的坐标，应用标尺可以精确选取商品图像的范围和更准确地对齐商品图像。下面介绍显示商品图像标尺的具体操作方法。

课堂案例	显示商品图像标尺
案例位置	无
视频位置	视频>第5章>课堂案例——显示商品图像标尺.mp4
难易指数	★★★☆☆
学习目标	掌握显示商品图像标尺的方法

01 在菜单栏中单击“文件”|“打开”命令，打开商品图像素材5.1.1.jpg，如图5-1所示。

图5-1

02 在菜单栏中单击“视图”|“标尺”命令，如图5-2所示。

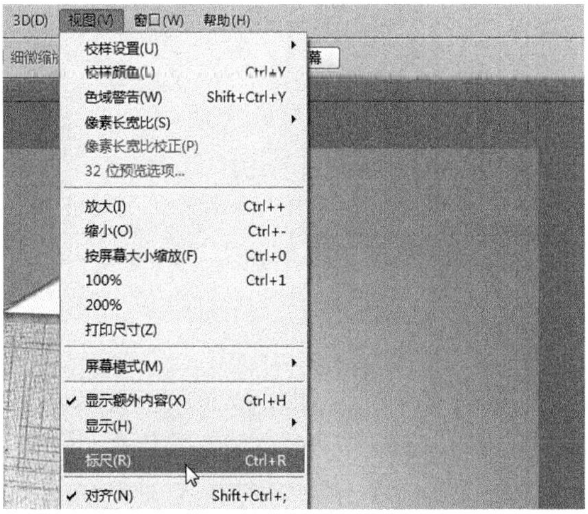

图5-2

03 执行上述操作后，即可显示标尺，如图5-3所示。

图5-3

04 将鼠标移至水平标尺与垂直标尺的相交处，如图5-4所示。

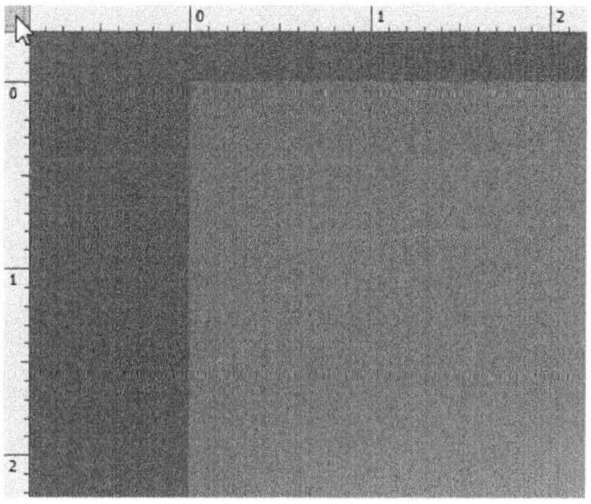

图5-4

05 单击鼠标左键的同时拖曳至商品图像编辑窗口中的合适位置，释放鼠标左键，即可更改标尺的原点，如图5-5所示。

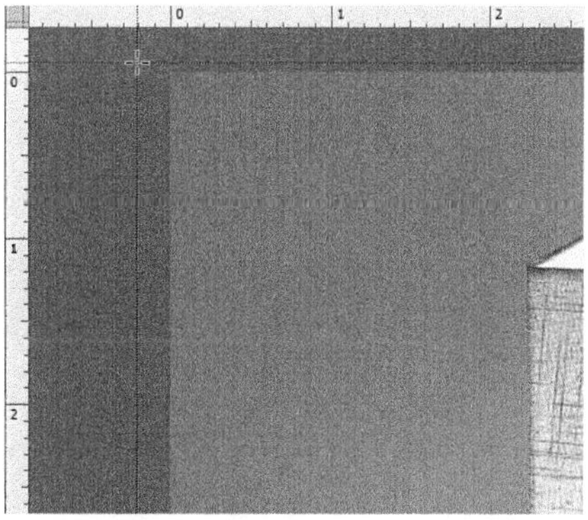

图5-5

06 在菜单栏中再次单击“视图”|“标尺”命令，即可取消标尺，如图5-6所示。

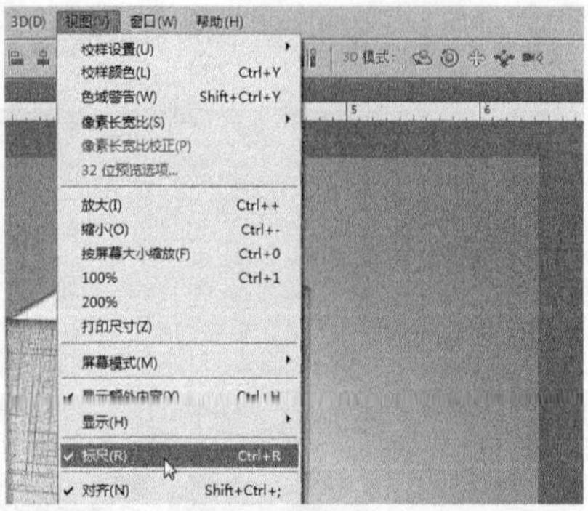

图5-6

技巧与提示

除了运用上述方法隐藏标尺外，还可以按【Ctrl＋R】组合键，在图像编辑窗口中隐藏或显示标尺。

5.1.2 测量商品图像尺寸

Photoshop CC中的标尺工具用来测量商品图像任意两点之间的距离与角度，应用标尺可以确定商品图像窗口中图像的大小和位置，还可以用来校正倾斜的商品图像，显示标尺后，不论放大或缩小，标尺的测量数据始终以商品图像尺寸为准。

如果显示标尺，则标尺会出现在当前商品图像文件窗口的顶部和左侧，标尺内的标记可显示指针移动时的位置。

下面介绍测量商品图像尺寸的具体操作方法。

课堂案例	测量商品图像尺寸
案例位置	无
视频位置	视频>第5章>课堂案例——测量商品图像尺寸.mp4
难易指数	★★★☆☆
学习目标	掌握测量商品图像尺寸的方法

01 在菜单栏中单击“文件”|“打开”命令，打开商品图像素材5.1.2.jpg，如图5-7所示。

图5-7

02 选取工具箱中的标尺工具，如图5-8所示，将鼠标指针移动至图像编辑窗口中，此时鼠标指针呈形状。

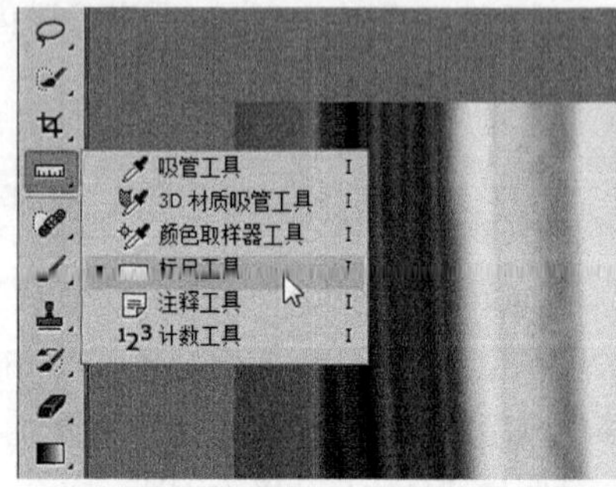

图5-8

03 在图像编辑窗口中确认测量的起始位置，单击鼠标左键并拖曳，确认测试长度，如图5-9所示。

图5-9

04 在菜单栏中单击“窗口”|“信息”命令，即可打开“信息”面板，查看测量的信息，如图5-10所示。

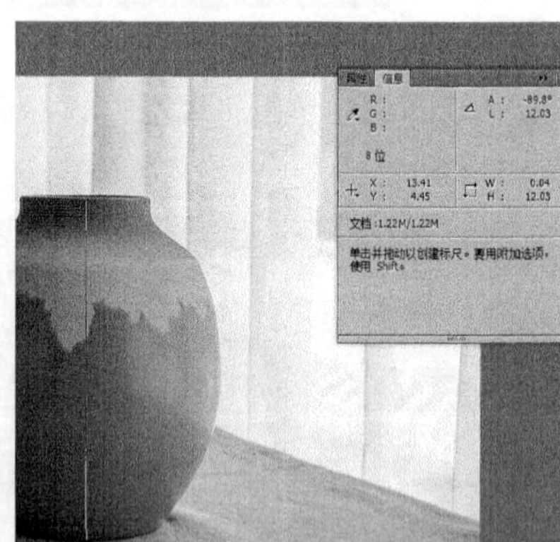

图5-10

技巧与提示

在Photoshop CC中，按住【Shift】键的同时，单击鼠标左键并拖曳，可以沿水平、垂直或45°角的方向进行测量。将鼠标指针移至测量的支点上，单击鼠标左键并拖曳，即可改变测量的长度和方向。

5.1.3 编辑商品图像参考线

在Photoshop CC软件中，参考线主要用于协助商品图像的对齐和定位操作，它是浮动在整个商品图像上却不被打印的直线，用户可以随意移动、删除或锁定参考线。

下面介绍编辑商品图像参考线的具体操作方法。

课堂案例	编辑商品图像参考线
案例位置	无
视频位置	视频>第5章>课堂案例——编辑商品图像参考线.mp4
难易指数	★★★☆☆
学习目标	掌握编辑商品图像参考线的方法

01 在菜单栏中单击“文件”|“打开”命令，打开商品图像素材5.1.3.jpg，如图5-11所示。

图5-11

02 在菜单栏中单击“视图”|“新建参考线”命令，如图5-12所示。

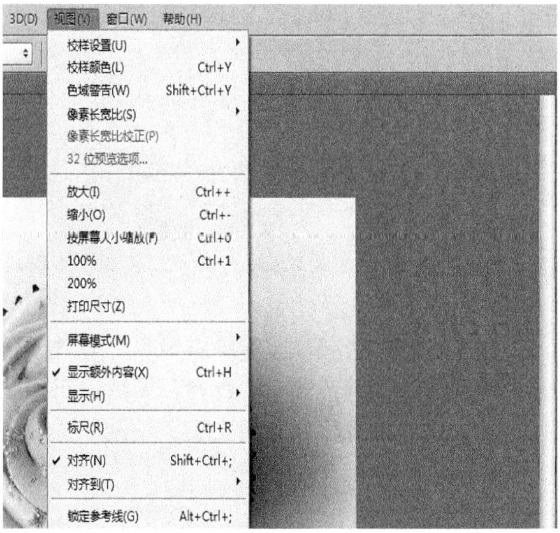

图5-12

03 执行上述操作后，弹出“新建参考线”对话框，选中“垂直”单选按钮，在“位置”文本框中输入“12厘米”，如图5-13所示。

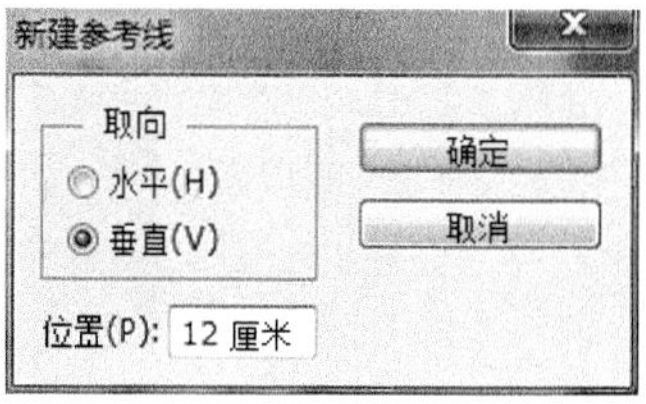

图5-13

04 单击“确定”按钮，即可新建垂直参考线，如图5-14所示。

图5-14

技巧与提示

通过“新建参考线”对话框，可以精确地建立参考线。在此之前，用户应了解商品图像的尺寸，这样才能输入精确数值来设置参考线。若不清楚商品图像的尺寸，则可以先新建参考线，不输入数值，然后使用移动工具选择参考线，按住鼠标左键拖动参考线至相应位置即可。

在Photoshop CC软件中，单击“视图”|“清除参考线”命令，可以删除所有的参考线。若只需删除某一条参考线，则选择移动工具，然后将参考线拖曳至编辑窗口以外即可。

05 在菜单栏中单击“视图”|“新建参考线”命令，弹出“新建参考线”对话框，选中“水平”单选按钮，在“位置”文本框中输入“12厘米”，如图5-15所示。

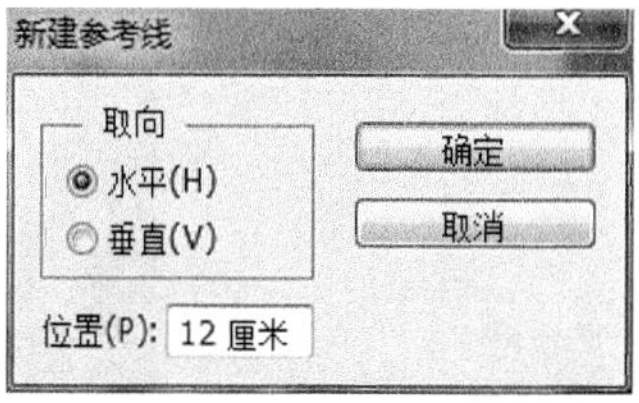

图5-15

06 单击“确定”按钮，即可新建水平参考线，如图5-16所示。

图5-16

技巧与提示

显示标尺后，使用移动工具在标尺上单击鼠标左键，再向窗口中拖曳鼠标即可新建自定义参考线。在编辑参考线时，可以配合以下快捷键进行操作。

按住【Ctrl】键的同时拖曳鼠标，即可移动参考线。

按住【Shift】键的同时拖曳鼠标，可使参考线与标尺上的刻度对齐。

按住【Alt】键的同时拖曳参考线，可切换参考线的水平和垂直方向。

5.1.4 给商品添加注释

在Photoshop CC软件中，使用注释工具可以在商品图像的任何区域添加文字注释，标记制作说明或其他有用信息。

处理好商品一部分图像后，若需要接着处理另一部分时，需要在商品图像上添加部分注释，内容就是用户需要的处理效果。当后续处理图像的人打开商品图像时，即可看到添加的注释，知道应该如何处理商品图像。

课堂案例	给商品添加注释
案例位置	效果>第5章>5.1.4.jpg
视频位置	视频>第5章>课堂案例——给商品添加注释.mp4
难易指数	★★★☆☆
学习目标	掌握给商品添加注释的方法

本案例的最终效果如图5-17所示。

图5-17

01 在菜单栏中单击“文件”|“打开”命令，打开商品图像素材5.1.4.jpg，如图5-18所示。

图5-18

02 选取工具箱中的注释工具，移动鼠标指针至图像编辑窗口中，单击鼠标左键，弹出“注释”面板，在“注释”面板文本框中输入说明文字“抱枕”，即可创建注释，如图5-19所示。

图5-19

03 将鼠标指针移动至图像编辑窗口中的合适位置，单击鼠标左键，弹出“注释”面板，在“注释”面板文本框中输入说明文字“花朵”，如图5-20所示。

技巧与提示

注释工具用来协同处理图像，是为了更好地记录详细的商品图片信息，能提高工作效率和工作配合度。

图5-20

04 将鼠标指针移动至“注释”面板左下方的“选择上一注释”按钮上，单击鼠标左键，即可切换注释，如图5-21所示。

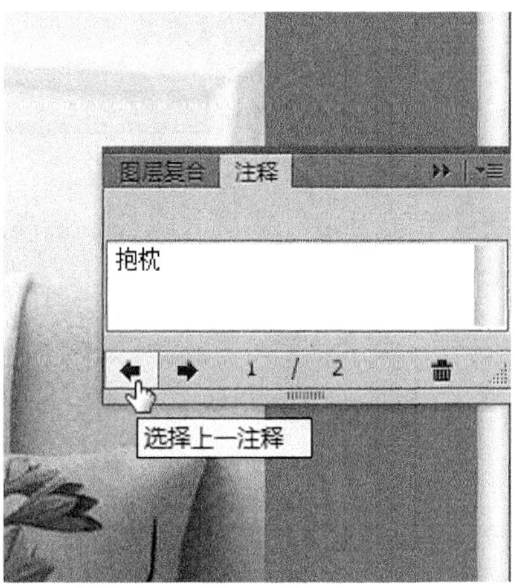

图5-21

05 在工具属性栏中，单击“注释颜色”色块，在弹出的“拾色器（注释颜色）”对话框中，设置RGB参数值分别为158、166、89，如图5-22所示。

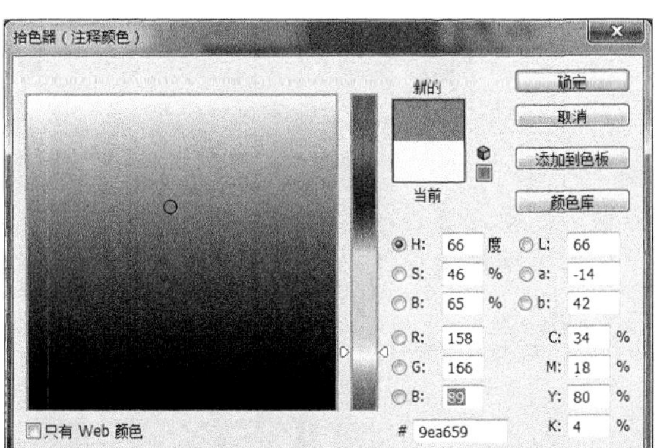

图5-22

06 单击“确定”按钮，即可更改注释颜色，如图5-23所示。

图5-23

07 单击工具属性栏上的“清除全部”按钮，如图5-24所示，弹出信息提示框，单击“确定”按钮，即可清除注释。

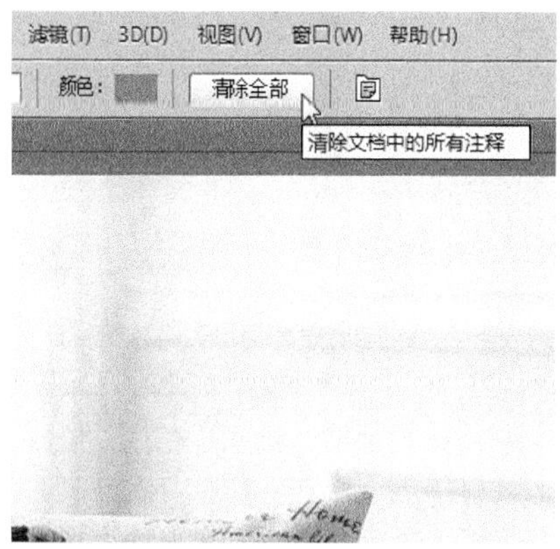

图5-24

5.2 撤销与恢复商品图像文件

在处理图像的过程中，可以对已完成的操作进行撤销和重做，熟练运用撤销和重做功能将会给工作带来极大的方便。

5.2.1 撤销错误还原操作

处理商品图像时，Photoshop会自动将已执行的操作记录在“历史记录”面板中。在处理商品图片过程中出现操作失误时，在没有关闭商品图像文件的前提下，可以使用该面板撤销前面进行的任何操作。

下面介绍撤销错误还原操作的具体使用方法。

课堂案例	撤销错误还原操作
案例位置	无
视频位置	视频>第5章>课堂案例——撤销错误还原操作.mp4
难易指数	★★★★☆
学习目标	掌握撤销错误还原操作的方法

01 在菜单栏中单击“文件”|“打开”命令，打开商品图像素材5.2.1.jpg，如图5-25所示。

02 选取工具箱中的矩形选框工具，移动鼠标指针至图像编辑窗口的合适位置，按住鼠标左键不放并拖曳鼠标创建矩形选框，如图5-26所示。

图5-25

图5-26

技巧与提示

在“历史记录”面板中，单击前一个步骤给商品图像还原时，该步骤以下的操作会全部变暗；如果此时继续进行其他操作，则该步骤后面的记录会被新的操作代替。

03 按【Ctrl+J】组合键复制图层，选择“图层”面板中的“背景”图层，单击鼠标右键，在弹出的快捷菜单中选择“删除图层”选项，如图5-27所示。

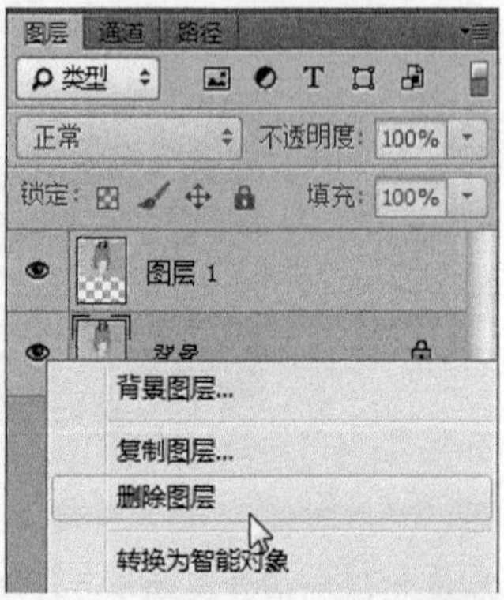

图5-27

04 弹出“删除图层”对话框，如图5-28所示。

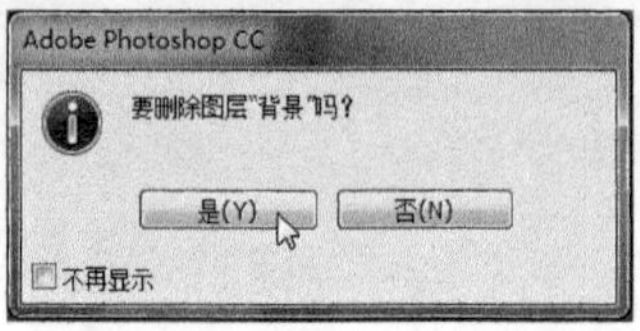

图5-28

05 单击“是”按钮，即可删除背景图层，如图5-29所示。

图5-29

06 展开“历史记录”面板，选择“打开”选项，如图5-30所示。

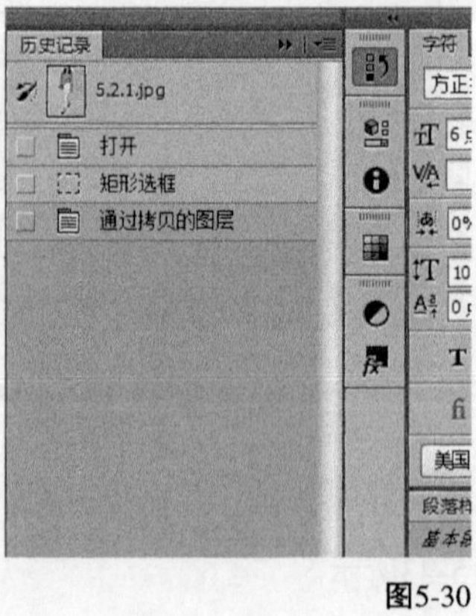

图5-30

07 执行上述操作后，即可恢复图像至打开时的状态，如图5-31所示。

图5-31

08 选择“矩形选框”选项，即可还原到操作该步骤时的效果，如图5-32所示。

图5-32

5.2.2 商品图像的恢复和清理

使用Photoshop CC软件处理商品图像时，软件会自动保存大量的中间数据，在这期间如果不定期处理，就会影响计算机的速度，使之变慢。定期对磁盘进行清理，能加快系统的处理速度，也有助于提升处理商品图像的速度。

下面介绍恢复和清理商品图像的具体操作方法。

课堂案例	商品图像的恢复和清理
案例位置	无
视频位置	视频>第5章>课堂案例——商品图像的恢复和清理.mp4
难易指数	★★★☆☆
学习目标	掌握商品图像的恢复和清理的方法

01 在菜单栏中单击“文件”|“打开”命令，打开商品图像素材5.2.2.jpg，如图5-33所示。

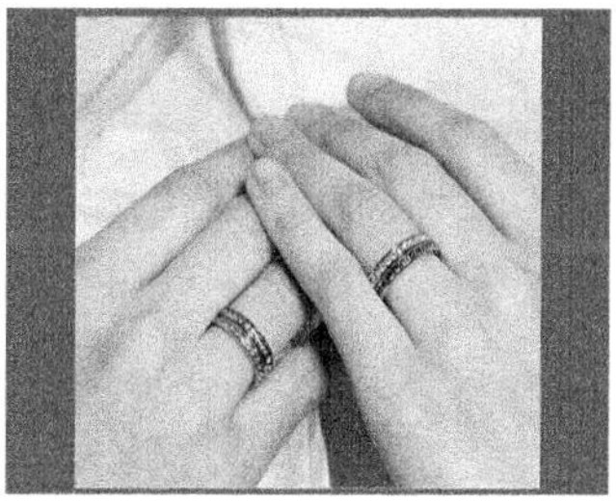

图5-33

02 在菜单栏中，单击“图像”|“图像旋转”|“水平翻转画布”命令，如图5-34所示。

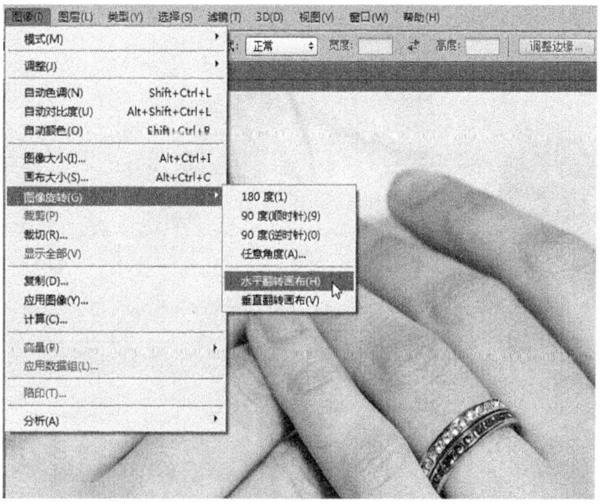

图5-34

03 执行上述操作后，即可翻转图像，如图5-35所示。

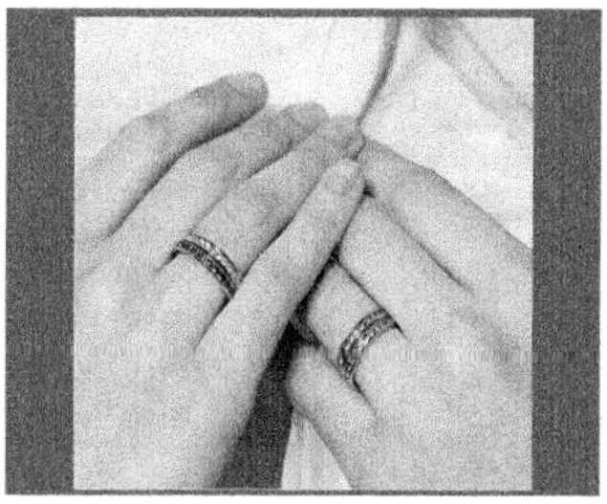

图5-35

04 在菜单栏中单击“文件”|“恢复”命令，如图5-36所示。

05 执行上述操作后，即可恢复图像，如图5-37所示。

06 复制相应选区内容，在菜单栏中单击“编辑”|“清理”|“剪贴板”命令，即可清除剪贴板的内容，如图5-38所示。

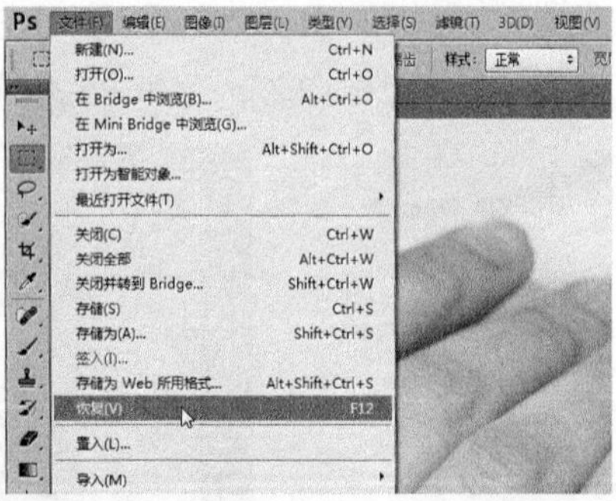

图5-36

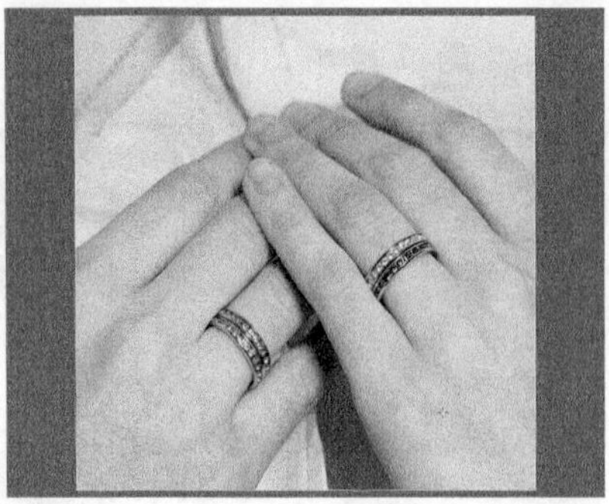

图5-37

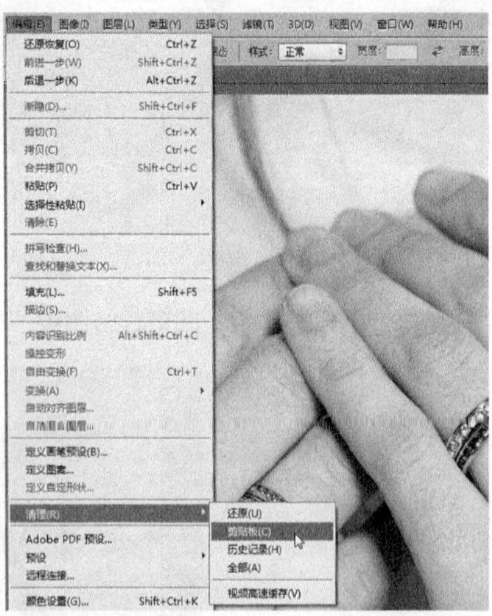

图5-38

技巧与提示

“清理”下拉菜单中的“历史记录”和“全部”命令不仅会清理当前文档的历史记录，还会作用于在Photoshop中打开的其他文件。

07 在菜单栏中单击“编辑”|“清理”|“历史记录”命令，即可清除历史记录的内容，如图5-39所示。

08 在菜单栏中单击“编辑”|“清理”|“全部”命令，即可清除全部的内容，如图5-40所示。

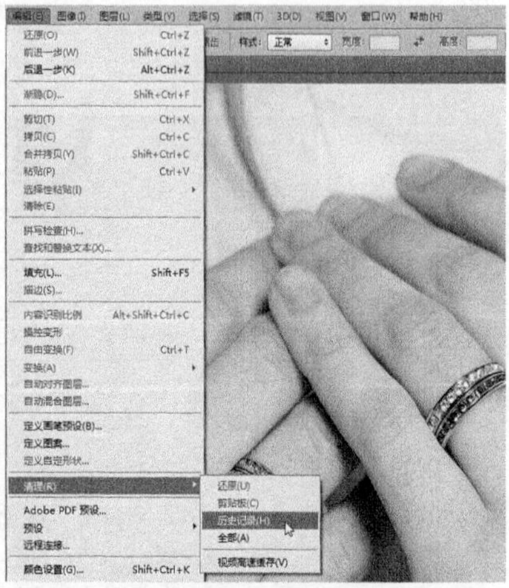

图5-39

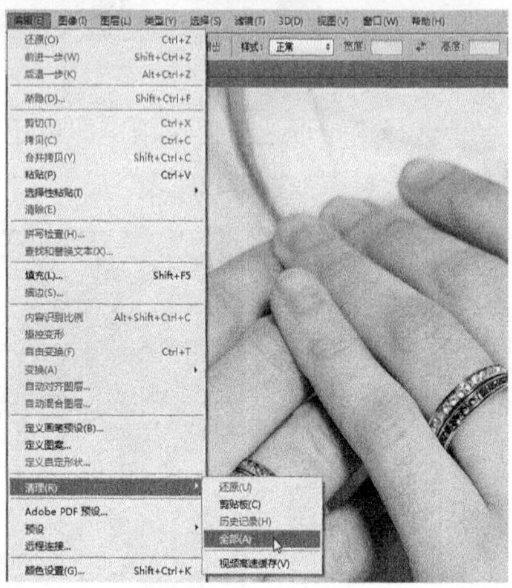

图5-40

5.2.3 优化系统界面设置

在Photoshop CC中，用户可以根据需要优化操作界面，这样不仅可以美化图像编辑窗口，还可以使用户在执行设计操作时更加得心应手。

下面介绍优化软件操作界面的具体操作方法。

课堂案例	优化系统界面设置
案例位置	无
视频位置	视频>第5章>课堂案例——优化系统界面设置.mp4
难易指数	★★★☆☆
学习目标	掌握优化系统界面设置的方法

01 在菜单栏中单击“文件”|“打开”命令，打开商品图像素材5.2.3.jpg，如图5-41所示。

02 在菜单栏中单击“编辑”|“首选项”|“界面”命令，如图5-42所示。

03 弹出的“首选项”对话框如图5-43所示。

图5-41

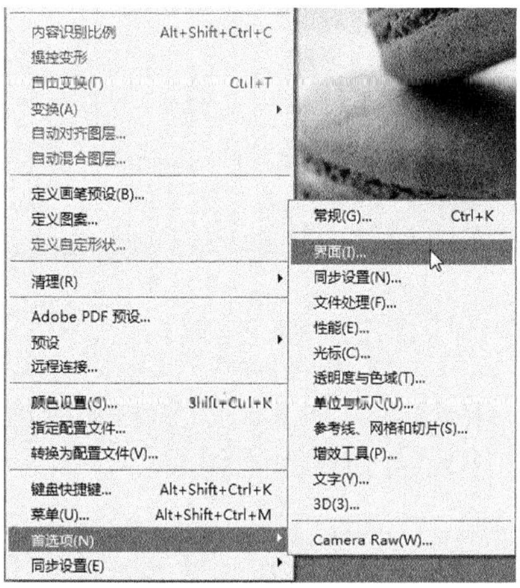

图5-42

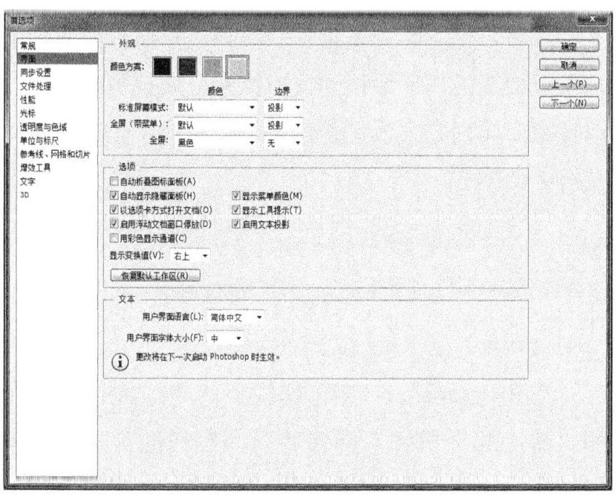

图5-43

04 单击“标准屏幕模式”下拉列表框，选择“选择自定颜色”选项，如图5-44所示。

技巧与提示

除了运用上述方法转换标准屏幕模式颜色外，还可以在编辑窗口的灰色区域内单击鼠标右键，在弹出的快捷菜单中可以根据需要选择“灰色”“黑色”“自定”以及“自定颜色”选项。

05 弹出“拾色器（自定画布颜色）”对话框，设置RGB参数值为229、188、202，如图5-45所示。

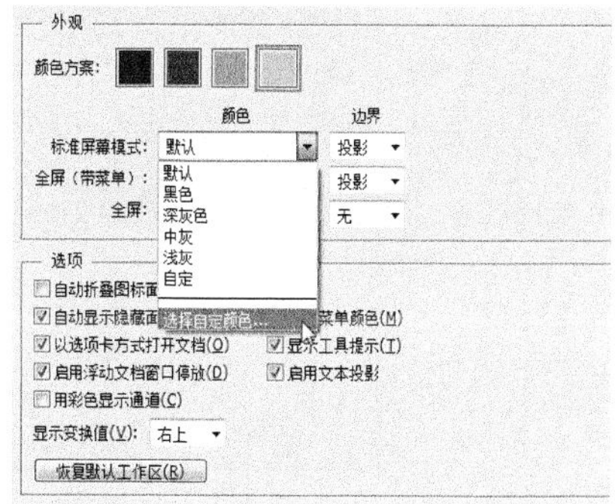

图5-44

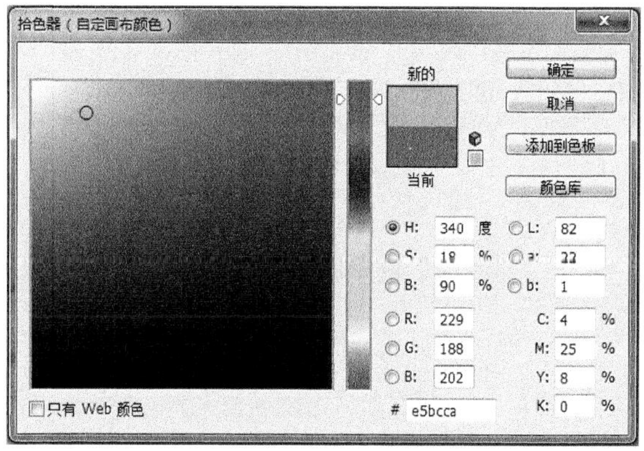

图5-45

在“文件存储选项”选项区中的“图像预览”列表框中，还有“总不询问”和“总是询问”两个选项，用户可以根据需要进行相关的设置。

06 单击“确定”按钮，返回“首选项”对话框，单击“确定”按钮，标准屏幕模式即可以自定颜色显示，如图5-46所示。

图5-46

07 在菜单栏中单击“编辑”|“首选项”|“文件处理”命令，弹出“首选项”对话框，如图5-47所示。

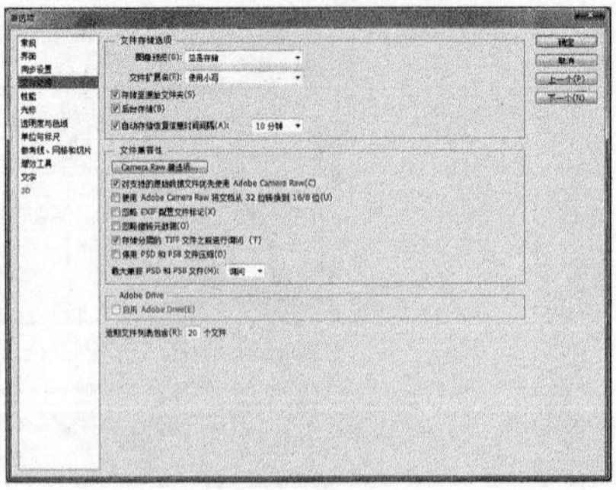

图5-47

08 在“图像预览”下拉列表框中选择“存储时询问”选项，单击“确定”按钮，即可优化文件处理，如图5-48所示。

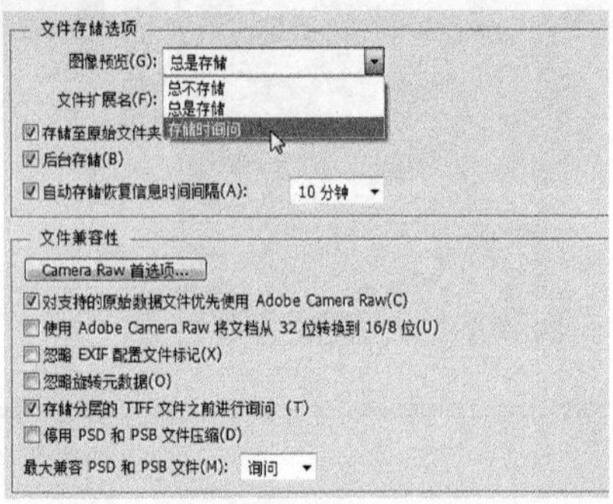

图5-48

09 在菜单栏中单击“编辑”|“首选项”|“性能”命令，弹出“首选项”对话框，如图5-49所示。

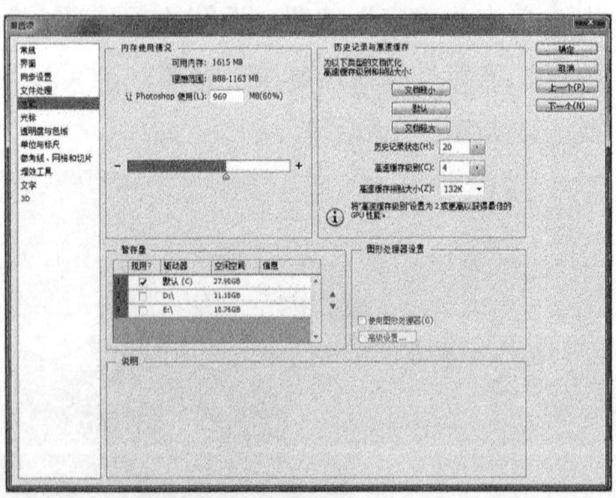

图5-49

10 在“暂存盘”选项区中，选择“D：\”复选框，单击“确定”按钮，即可优化暂存盘，如图5-50所示。

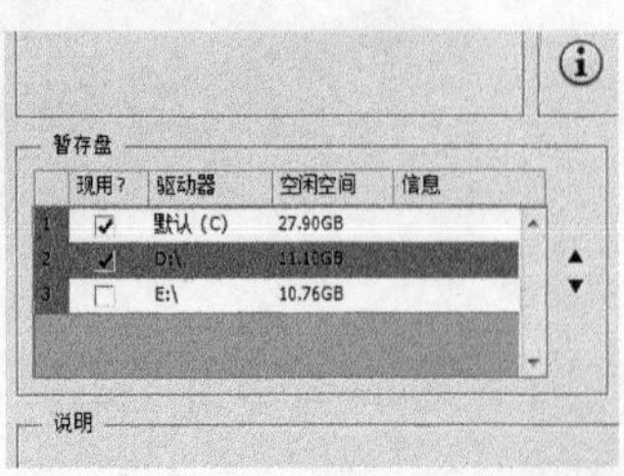

图5-50

技巧与提示

暂存盘的作用是当Photoshop处理较大的图像文件时，并且在内存存储已满的情况下，将暂存盘的磁盘空间作为缓存来存放数据。可以在“暂存盘”选项区中，设置系统磁盘空间最大的分区作为第一暂存盘。需要注意的是，最好不要把系统盘作为第一暂存盘，防止频繁地读写硬盘数据，影响操作系统的运行速度。

技巧与提示

在使用Photoshop软件处理商品图像文件的过程中，用户可以根据需要对Photoshop的操作环境进行相应的优化设置，这样有助于提高工作效率。经常对文件处理选项进行相应优化设置，不仅不会占用计算机内存，而且能加快浏览商品图像的速度，更加方便操作。

在使用Photoshop软件处理商品图像文件时，设置优化暂存盘可以让系统有足够的空间存放数据，防止空间不足，丢失商品图像文件数据。

5.2.4 最大化、最小化显示产品图片

在Photoshop CC中，可以同时打开多个商品图像文件，其中当前图像编辑窗口将会显示在最前面。用户可以根据工作需要移动窗口位置、调整窗口大小、改变窗口排列方式或在各窗口之间切换，让工作环境变得更加简洁。

课堂案例	最大化最小化显示产品图片
案例位置	无
视频位置	视频>第5章>课堂案例——最大化最小化显示产品图片.mp4
难易指数	★★★☆☆
学习目标	掌握最大化最小化显示产品图片的方法

单击Photoshop CC标题栏上的“最大化”按钮和“最小化”按钮，即可将商品图像的窗口以最大化或最小化显示。

01 在菜单栏中单击“文件”|“打开”命令，打开商品图像素材5.2.4.jpg，将鼠标移动至图像窗口的标题栏上，单击鼠标左键的同时并向下拖曳，如图5-51所示。

02 将鼠标指针移动至图像编辑窗口标题栏上的“最大化”按钮上，单击鼠标左键，即可最大化窗口，如图5-52所示。将鼠标指针移动至图像编辑窗口标题栏上的“最小化”按钮上，单击鼠标左键，即可最小化窗口。

图5-51

图5-52

5.3 调整窗口图像显示方式

在Photoshop CC中，用户可以借助命令调整商品图像窗口的显示方式。

5.3.1 调整商品图像窗口排列方式

在Photoshop CC软件中，当打开多个商品图像文件时，每次只能显示一个图像编辑窗口内的商品图像。若需要比较多个窗口中的内容，则可将各窗口以水平平铺、浮动、层叠和选项卡等方式排列。

课堂案例	调整商品图像窗口排列
案例位置	无
视频位置	视频>第5章>课堂案例——调整商品图像窗口排列.mp4
难易指数	★★☆☆☆
学习目标	掌握调整商品图像窗口排列的方法

01 在菜单栏中单击“文件”|“打开”命令，选择并打开多个商品图像素材5.3.1（1）.jpg、5.3.1（2）.jpg、5.3.1（3）.jpg、5.3.1（4）.jpg，如图5-53所示。

02 在菜单栏中单击“窗口”|“排列”|“平铺”命令，如图5-54所示。

图5-54

03 执行上述操作后，即可平铺窗口中的商品图像，如图5-55所示。

图5-55

04 在菜单栏中单击“窗口”|“排列”|“在窗口中浮动”命令，如图5-56所示。

图5-56

05 执行上述操作后，即可使当前编辑窗口浮动排列，如图5-57所示。

图5-57

06 在菜单栏中单击“窗口”|“排列”|“使所有内容在窗口中浮动”命令，即可使所有内容在窗口中浮动，如图5-58所示。

图5-58

07 在菜单栏中单击“窗口”|“排列”|“将所有内容合并到选项卡中”命令，如图5-59所示。

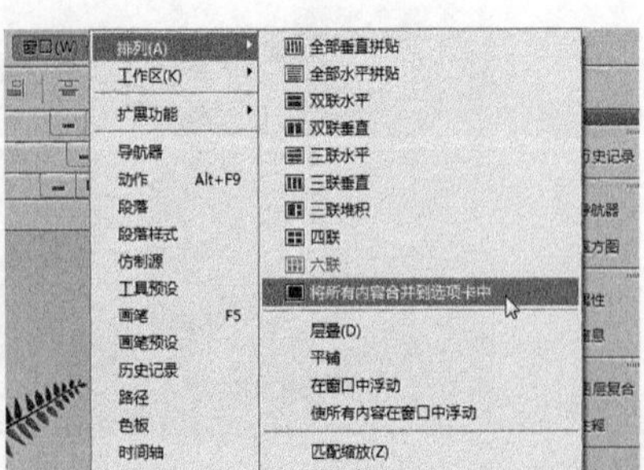

图5-59

08 执行上述操作后，即可使图像窗口以选项卡的方式排列，如图5-60所示。

09 在菜单栏中单击“窗口”|“排列”|“平铺”命令，调整5.3.1（4）商品图像素材显示的位置，如图5-61所示。

图5-60

图5-61

10 在菜单栏中单击“窗口”|“排列”|“匹配位置”命令，即可使图像以“匹配位置”的方式排列，如图5-62所示。

图5-62

5.3.2 切换商品图像编辑窗口

用户在处理商品图像过程中，如果在图像编辑窗口中同时打开多幅商品图像，则可以根据需要在各窗口之间切换，让工作界面变得更加方便、快捷，从而提高工作效率。

在菜单栏中单击“文件”|“打开”命令，打开多个图像素材5.3.2（1）.jpg、5.3.2（2）.jpg，将所有图像设置在窗口中浮动，如图5-63所示。

图5-63

将鼠标指针移动至5.3.1（1）图像素材的编辑窗口上，单击鼠标左键，即可将素材图像置为当前编辑窗口，如图5-64所示。

图5-64

技巧与提示

除了运用本实例的方法切换图像编辑窗口外，还有以下3种方法。

- 按【Ctrl+Tab】组合键。
- 按【Ctrl+F6】组合键。
- “窗口”菜单列表最下方会列出当前打开的所有素材图像的名称，单击任意名称，即可切换窗口。

5.3.3 商品图像的放大和缩小

用户在编辑商品图像过程中有时需要查看图像精细部分，此时可以灵活运用缩放工具，随时对商品图像进行放大或缩小。

下面介绍放大和缩小商品图像的具体操作方法。

课堂案例	商品图像的放大和缩小
案例位置	无
视频位置	视频>第5章>课堂案例——商品图像的放大和缩小.mp4
难易指数	★★★☆☆
学习目标	掌握商品图像的放大和缩小的方法

01 在菜单栏中单击“文件”|“打开”命令，打开商品图像素材5.3.3.jpg，如图5-65所示。

图5-65

02 选取工具箱中的缩放工具，在工具属性栏中单击“放大”按钮，如图5-66所示。

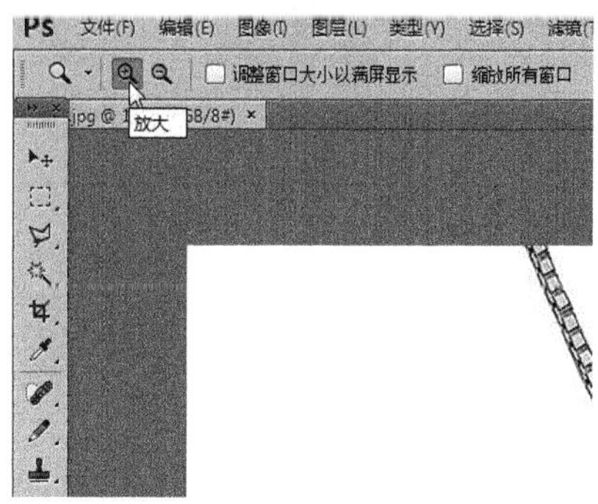

图5-66

技巧与提示

除了运用上述方法放大显示图像外，还有以下3种方法。

- 按命令：单击“视图”|“放大”命令。
- 快捷键1：按【Ctrl++】组合键，可以逐级放大图像。
- 快捷键2：按【Ctrl+空格】组合键，当鼠标指针呈带加号的放大镜形状时，单击鼠标左键，即可放大图像。

选取缩放工具后，每单击一次鼠标左键，图像就会缩小1/2。例如，图像以200%的比例显示在屏幕上，在图像中单击鼠标左键，则图像将缩小至原图像的100%。

03 将鼠标指针移至图像编辑窗口中，此时鼠标指针呈带加号的放大镜形状，在图像编辑窗口中单击鼠标左键，即可将图像放大，如图5-67所示。

图5-67

04 在工具属性栏中单击“缩小”按钮，将鼠标移至图像编辑窗口中，单击鼠标左键，即可缩小图像，如图5-68所示。

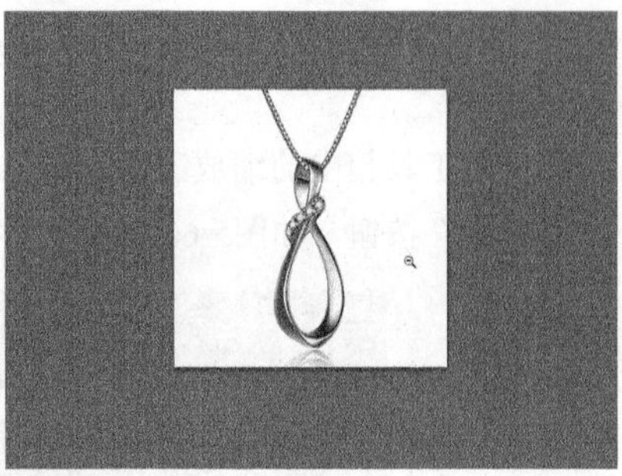

图5-68

5.3.4 通过抓手工具移动商品图像

当商品图像尺寸较大，或者由于窗口显示比例较大而不能显示全部商品图像时，可以使用抓手工具移动画面，查看和编辑商品图像的不同区域。

下面介绍运用抓手工具移动商品图像的具体操作方法。

课堂案例	通过抓手工具移动商品图像
案例位置	无
视频位置	视频>第5章>课堂案例——通过抓手工具移动商品图像.mp4
难易指数	★★☆☆☆
学习目标	掌握通过抓手工具移动商品图像的方法

技巧与提示

除了使用菜单栏中的“文件”|“打开”命令选取抓手工具以外，还可使用快捷键【H】。

使用绝大多数工具时，按住【空格】键不放都可切换为抓手工具，放开【空格】键后即可还原为之前正在使用的工具。

01 在菜单栏中单击“文件”|“打开”命令，打开商品图像素材5.3.4.jpg，如图5-69所示。

图5-69

02 选取工具箱中的缩放工具，在工具属性栏中单击“放大”按钮，将鼠标移动至图像编辑窗口中，此时鼠标指针呈带加号的放大镜形状，在图像编辑窗口中单击鼠标左键，即可将图像放大，如图5-70所示。

图5-70

03 选取工具栏中的抓手工具，将鼠标移动至图像编辑窗口，如图5-71所示。

图5-71

04 单击鼠标左键并拖曳鼠标，即可移动图像，如图5-72所示。

图5-72

5.3.5 按区域显示商品图像

如果用户只需要查看商品图像的某个区域，就可以运用缩放工具，局部放大区域图像，或者运用导航器面板进行查看。

下面介绍按区域显示商品图像的具体操作方法。

课堂案例	按区域显示商品图像
案例位置	无
视频位置	视频>第5章>课堂案例——按区域显示商品图像.mp4
难易指数	★★★☆☆
学习目标	掌握按区域显示商品图像的方法

01 在菜单栏中单击“文件”|“打开”命令，打开商品图像素材5.3.5.jpg，如图5-73所示。

图5-73

02 在工具箱中选取缩放工具，将鼠标移动到需要放大的图像区域，单击鼠标左键的同时拖曳鼠标，如图5-74所示。

图5-74

03 拖至合适位置后释放鼠标左键，即可放大显示框选的区域，如图5-75所示。

图5-75

04 在菜单栏中单击“窗口”|“导航器”命令，如图5-76所示。

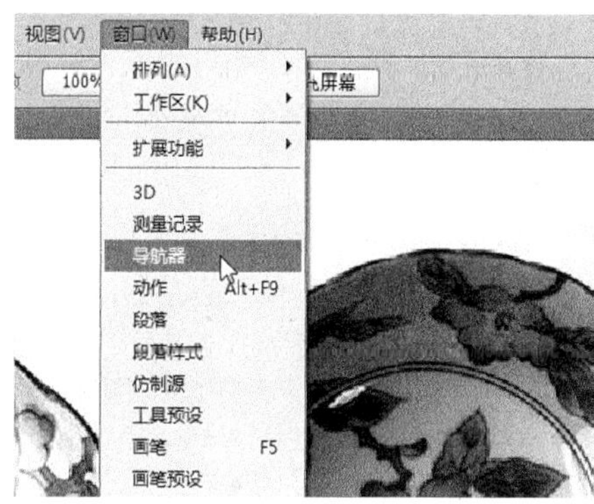

图5-76

05 执行上述操作后，弹出“导航器”面板，如图5-77所示。

06 将鼠标移至红色方框内，单击鼠标并拖曳，即可按区域查看局部放大图片，如图5-78所示。

图5-77

图5-78

在“导航器”面板中，各选项含义如下。

- 代理预览区域：将光标移到此处，单击鼠标左键可以移动画面。
- 缩放文本框：用于显示窗口的显示比例，可以根据需要设置缩放比例。
- 缩放滑块：拖动该滑块可以放大和缩小窗口。
- “缩小”按钮：单击“缩小”按钮，可以缩小窗口的显示比例。
- “放大”按钮：单击“放大”按钮，可以放大窗口的显示比例。

技巧与提示

除了使用上述方法移动导航器面板中图像显示区域外，还有以下5种方法。

（1）按键盘上的【Home】键可将“导航器”面板中的显示框移动到左上角。

（2）按【End】键可将显示框移动到右下角。

（3）按【Page Up】或【Page Down】键可将显示框向上或向下滚动。

（4）按【Ctrl＋Page Up】或【Page Down】组合键可将显示框向左或向右滚动。

（5）按【Page Up】键、【Page Down】键、【Ctrl＋Page Up】组合键和【Ctrl＋Page Down】组合键的同时，按【Shift】键可将显示框分别向上、向下、向左和向右滚动10像素。

5.3.6 按适合屏幕显示商品图像

当商品图像被放大到一定程度，需要恢复全图时，可在工具属性栏中单击“适合屏幕”按钮，按适合屏幕大小显示商品图像。

在菜单栏中单击“文件”|“打开”命令，打开商品图像素材，选取工具箱中的缩放工具，将素材图像放大，如图5-79所示。

图5-79

在工具属性栏中，单击“适合屏幕”按钮，即以适合屏幕的大小显示图像，如图5-80所示。

图5-80

技巧与提示

在Photoshop中还有以下两种方法调整图像大小。

- 工具：双击工具箱中的抓手工具。
- 当鼠标指针呈放大镜形状时，单击鼠标右键，在弹出的快捷菜单中，选择“按屏幕大小缩放”选项。

5.4 调整商品图像画面尺寸

图像大小与图像像素、分辨率、实际打印尺寸之间有着密切的关系，它决定存储文件所需的硬盘空间大小和图像文件的清晰度。因此，调整图像的尺寸及分辨率也决定着整幅画面的大小。

5.4.1 调整商品图像尺寸

在Photoshop CC软件中，商品图像尺寸越大，所占的空间也越大。更改商品图像的尺寸，会直接影响商品图像的显示效果。

下面介绍调整商品图像尺寸的具体操作方法。

课堂案例	调整商品图像尺寸
案例位置	效果>第5章>5.4.1.jpg
视频位置	视频>第5章>课堂案例——调整商品图像尺寸.mp4
难易指数	★★☆☆☆
学习目标	掌握调整商品图像尺寸的方法

本案例的最终效果如图5-81所示。

图5-81

01 在菜单栏中单击“文件”|“打开”命令，打开商品图像素材5.4.1.jpg，如图5-82所示。

图5-82

02 在菜单栏中单击“图像”|“图像大小”命令，如图5-83所示。

03 在弹出的“图像大小”对话框中，设置“宽度”为9厘米，单击“确定”按钮，即可完成调整图像尺寸的操作，如图5-84所示。

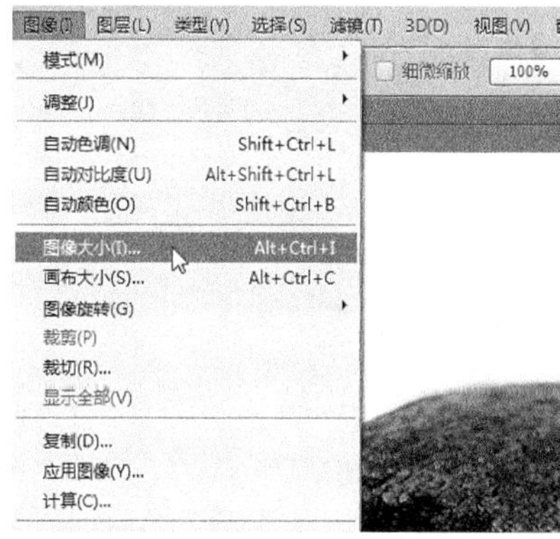

图5-83

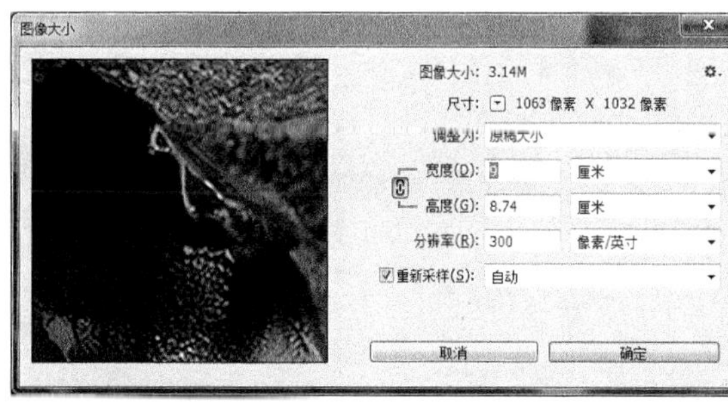

图5-84

5.4.2 调整商品图像画布尺寸

在Photoshop CC软件中，画布指的是实际打印的工作区域，图像画布尺寸的大小是指当前商品图像周围工作空间的大小，改变画布大小会直接影响商品图像最终的输出效果。

下面介绍调整商品画布尺寸具体操作方法。

课堂案例	调整商品图像画布尺寸
案例位置	效果>第5章>5.4.2.jpg
视频位置	视频>第5章>课堂案例——调整商品图像画布尺寸.mp4
难易指数	★★★☆☆
学习目标	掌握调整商品图像画布尺寸的方法

本案例最终效果如图5-85所示。

图5-85

01 在菜单栏中单击“文件”|“打开”命令，打开商品图像素材5.4.2.jpg，如图5-86所示。

图5-86

02 在菜单栏中单击“图像”|“画布大小”命令，如图5-87所示。

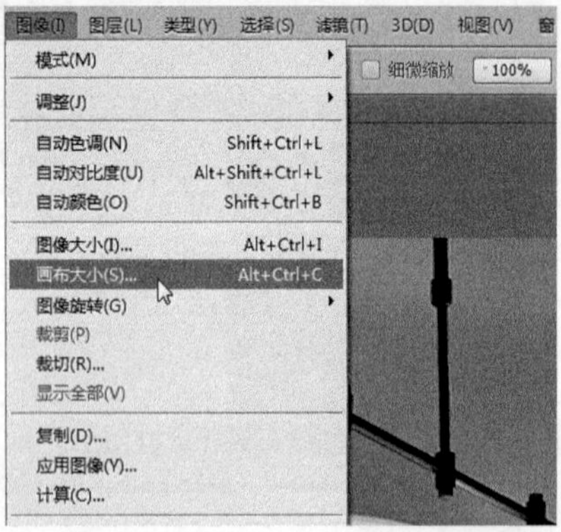

图5-87

03 弹出“画布大小”对话框，在“新建大小”选项区设置“宽度”为35厘米、“画布扩展颜色”为“背景”，单击“确定”按钮，即可完成“画布大小”调整，如图5-88所示。

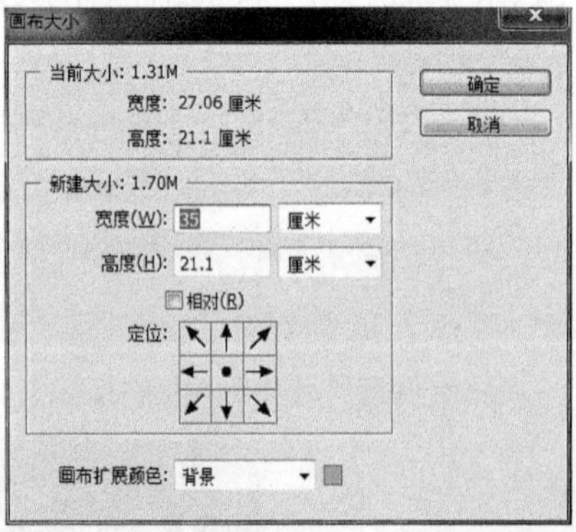

图5-88

技巧与提示

在“画布大小”对话框中，各主要选项含义如下。

- 当前大小：显示的是当前画布的大小。
- 新建大小：用于设置画布的大小。
- 定位：显示一个九宫格，里面有8个方向的箭头，想把空白放在原图的哪个区域，就将原点放置在哪个区域。
- 画布扩展颜色：在“画布扩展颜色”下拉列表中可以选择填充新画布的颜色。

5.4.3 调整商品图像分辨率

在Photoshop CC中，商品图像的品质取决于分辨率的大小，分辨率指的是单位长度上像素的数目，通常用“像素/英寸”或“像素/厘米”表示。

图像的分辨率是指位图图像在每英寸上包含的像素数量，单位是dpi（dots per inch）。分辨率越高，商品图像文件就越大，商品图像也就越清晰，处理速度就会相应变慢；反之，分辨率越低，商品图像文件就越小，商品图像就越模糊，处理速度就会相应变快。

下面介绍调整商品图像分辨率的具体操作方法。

课堂案例	调整商品图像分辨率
案例位置	效果>第5章>5.4.3.jpg
视频位置	视频>第5章>课堂案例——调整商品图像分辨率.mp4
难易指数	★★☆☆☆
学习目标	掌握调整商品图像分辨率的方法

本案例的最终效果如图5-89所示。

图5-89

01 在菜单栏中单击“文件”|“打开”命令，打开商品图像素材5.4.3.jpg，如图5-90所示。

02 在菜单栏中单击“图像”|“图像大小”命令，如图5-91所示。

03 弹出“图像大小”对话框，设置“分辨率”为400像素/英寸，如图5-92所示。单击“确定”按钮，即可调整图像分辨率。

图5-90

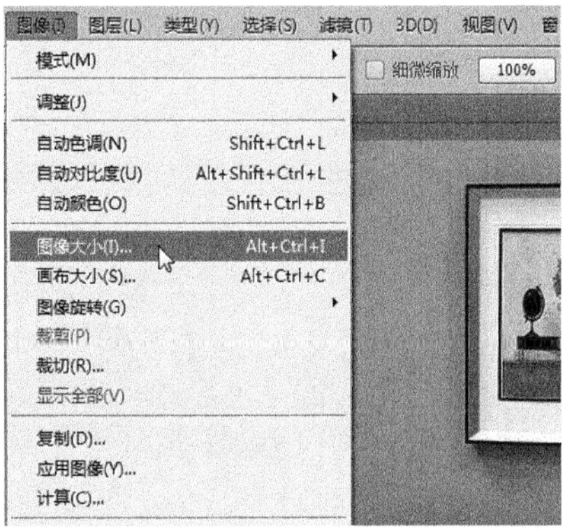

图5-91

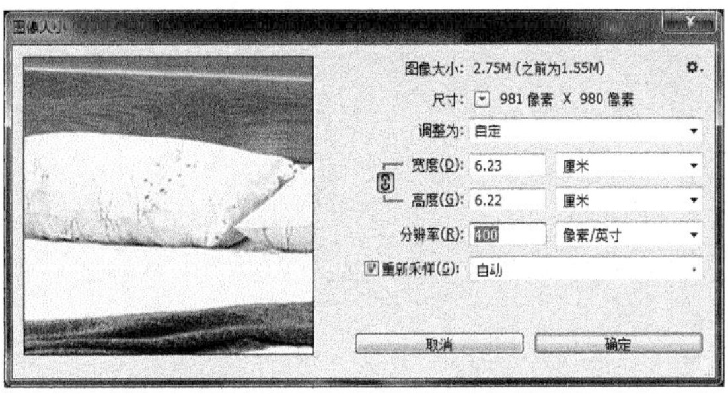

图5-92

5.5 本章小结

本章主要介绍了Photoshop CC中的调整图像与编辑图像的功能，包括编辑商品图像文件、撤销与恢复商品图像文件、调整窗口图像显示方式以及调整商品图像画面尺寸。

通过本章的学习，用户可以对使用Photoshop CC编辑和调整图像有基础的理解，熟悉部分工作界面以及项目文件的基础操作，为后面的深入学习奠定基础。

5.6 习题测试——复制与删除商品图像的图层

案例位置	效果\第5章\5.6.psd
难易指数	★★☆☆☆
学习目标	掌握复制与删除商品图像的图层的方法

本章将对图层方面的知识进行扩展和补充，要求读者掌握复制与删除商品图像图层的方法，打开如图5-93所示的图像素材，删除图层的对话框如图5-94所示。

图5-93

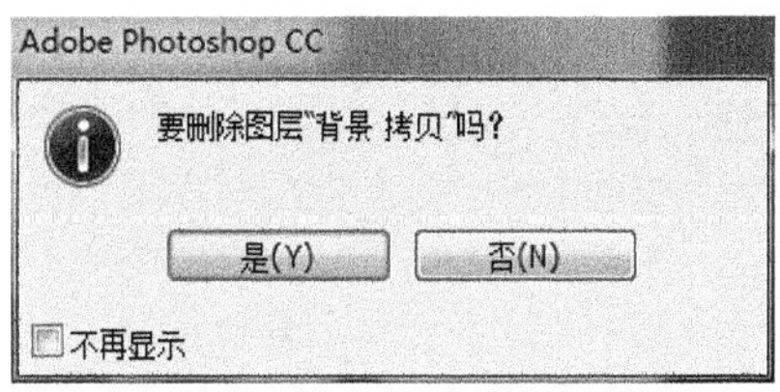

图5-94

第6章

裁剪与处理商品图像文件

内容摘要

Photoshop软件拥有强大的图片处理功能，使用工具箱中的工具可以简单快速地处理及修补各类商品图像文件。本章主要介绍网店各类商品图像的简单处理技巧，希望读者熟练掌握本章的内容，从而在处理商品图像时更加得心应手。

课堂学习目标

- 裁剪商品图像的方法
- 旋转商品图像的方法
- 变形与透视商品图像文件
- 修饰商品图像文件的方法

6.1 裁剪商品图像

在网店的设计中，处理商品图片会经常用到一些常用的操作，裁剪是比较简单，使用较多的一种处理方法，裁剪能够使商品展示的内容更为丰富。

6.1.1 手动裁剪商品图像

在网店卖家处理商品图片时，由于拍摄布局不合理，经常需要调整商品在画面中的布局，使商品主体更加突出，这可以通过裁剪工具来实现。在Photoshop CC软件中，裁剪工具可以对商品图像进行裁剪，重新定义画布的大小。

下面介绍手动裁剪商品图像的具体操作方法。

课堂案例	手动裁剪商品图像
案例位置	效果>第6章>6.1.1.psd
视频位置	视频>第6章>课堂案例——手动裁剪商品图像.mp4
难易指数	★★☆☆☆
学习目标	掌握手动裁剪商品图像的方法

本案例的最终效果如图6-1所示。

图6-1

01 按【Ctrl＋O】组合键，打开商品图像素材6.1.1.jpg，如图6 2所示。

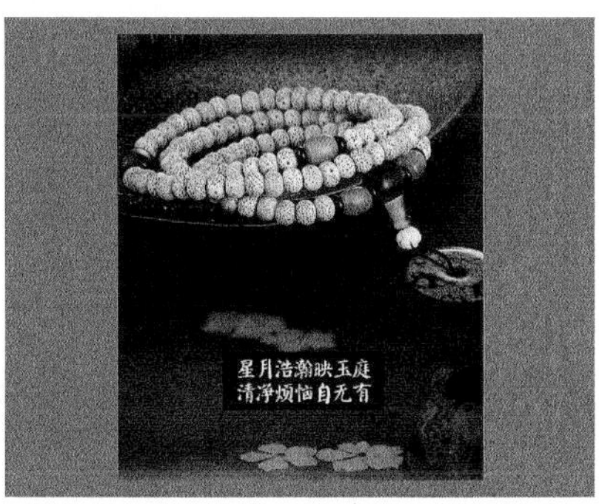

图6-2

02 选取工具箱中的裁剪工具，如图6-3所示。

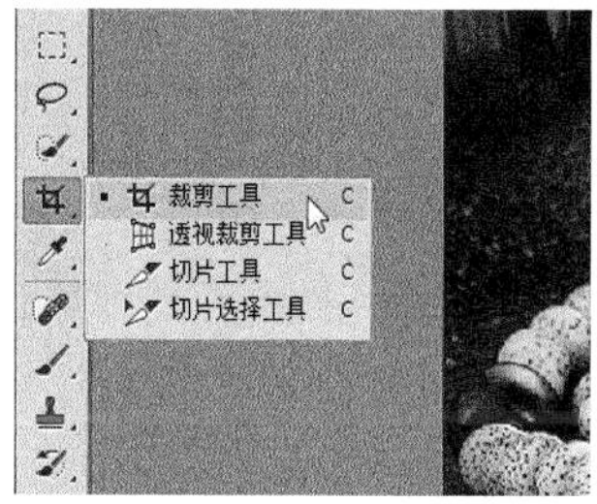

图6-3

03 执行上述操作后，在图像边缘显示一个裁剪控制框，如图6-4所示。

04 移动鼠标至图像边缘，当鼠标呈时拖动鼠标，即可调整裁剪区域的大小。

图6-4

05 将鼠标移动至裁剪控制框边缘处，单击鼠标左键的同时拖曳鼠标，确认剪裁区域，如图6-5所示。

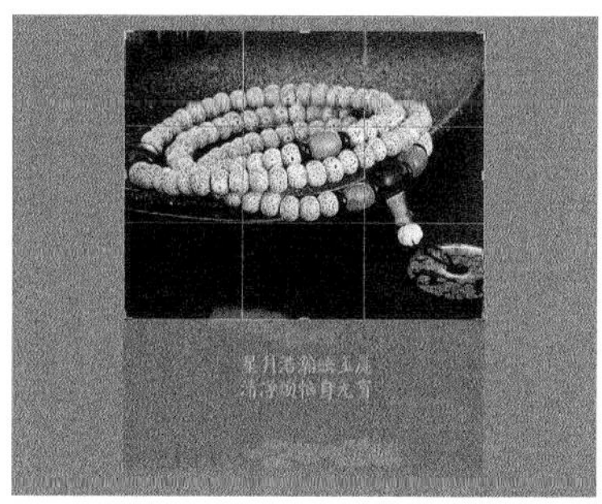

图6-5

06 按【Enter】键确认，即可完成图像的裁剪，如图6-6所示。

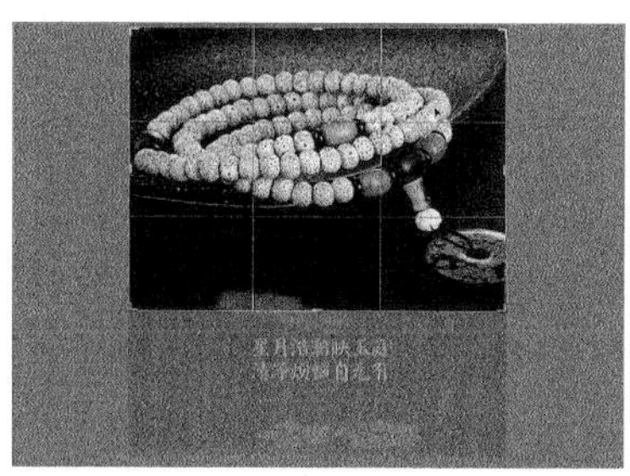

图6-6

技巧与提示

除了上述方法以外，还可以利用菜单栏的“裁剪”命令来裁剪商品图像。在变换控制框中，可以适当调整裁剪区域。将鼠标指针移动至控制框四周的8个控制点上，当指针呈双向箭头形状时，单击鼠标左键的同时并拖曳，即可放大或缩小裁剪区域；将鼠标指针移动至控制框外，当指针呈（D87.6-2.1.05）形状时，可对其裁剪区域进行旋转。

6.1.2 精确裁剪商品图像

网店卖家在上传商品图片时，必须规范商品图片尺寸，这就需要通过精确裁剪来实现。在Photoshop CC软件中，精确裁剪图像可用于制作等分拼图。在裁剪工具属性栏上设置固定的“宽度”“高度”“分辨率”，即可裁剪同样大小的商品图像。

下面介绍精确裁剪商品图像的具体操作方法。

课堂案例	精确裁剪商品图像
案例位置	效果>第6章>6.1.2.psd
视频位置	视频>第6章>课堂案例——精确裁剪商品图像.mp4
难易指数	★★☆☆☆
学习目标	掌握精确裁剪商品图像的方法

本案例的最终效果如图6-7所示。

图6-7

01 按【Ctrl+O】组合键，打开商品图像素材，如图6-8所示。

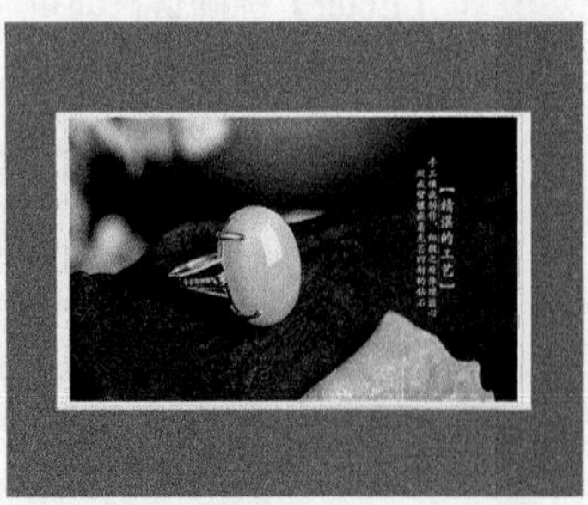

图6-8

02 选取工具箱中的裁剪工具，即可调出裁剪控制框，如图6-9所示。

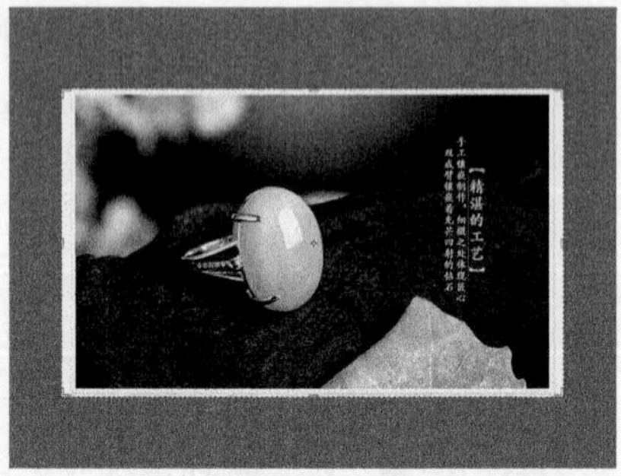

图6-9

03 选取工具箱中的裁剪工具时，工具属性栏如图6-10所示。

图6-10

技巧与提示

裁剪工具属性栏各选项的含义如下：

- 受约束文本框：用来输入图像裁剪比例，裁剪后图像的尺寸由输入的数值决定，与裁剪区域的大小没有关系。
- 视图：设置裁剪工具视图选项。
- 删除裁剪的像素：确定裁剪框以外透明度像素数据是保留还是删除。

04 在工具属性栏中设置剪裁比例为4:6，如图6-11所示，调整裁剪的区域，按【Enter】键确认，即可精确裁剪图像。

图6-11

6.2 旋转商品图像

商品图像往往会因为要满足客户的视觉感受或者排版需要，而更换调整角度，这个角度与原图拍摄出来的成品角度不同。因此网店卖家经常通过旋转图像来调整商品角度。

6.2.1 运用“旋转”命令调整商品图像角度

在商品拍摄时，经常会因为拍摄角度的问题导致商品倾斜，所以在后期修图需要调整商品图像角度。可以通过旋转图像来调整商品图像角度，将倾斜的商品图像纠正。

下面介绍旋转调整商品图像角度的具体操作方法。

课堂案例	运用“旋转”命令调整商品图像角度
案例位置	效果>第6章>6.2.1.psd
视频位置	视频>第6章>课堂案例——运用“旋转”命令调整商品图像角度.mp4
难易指数	★★☆☆☆
学习目标	掌握运用“旋转命令”调整商品角度的方法

本案例的最终效果如图6-12所示。

图6-12

01 按【Ctrl+O】组合键，打开商品图像素材6.2.1.jpg，如图6-13所示。

图6-13

02 按【Ctrl+J】组合键复制“背景”图层，得到“图层1”图层，展开“图层”面板，单击“背景”图层的“指示图层可见性”图标隐藏“背景”图层，如图6-14所示。

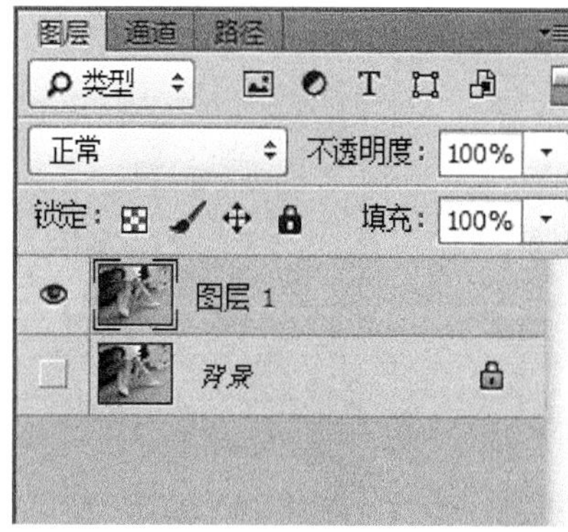

图6-14

03 在“图层”面板中选择“图层1”图层，在菜单栏中单击“编辑”|“变换”|“旋转”命令，如图6-15所示。

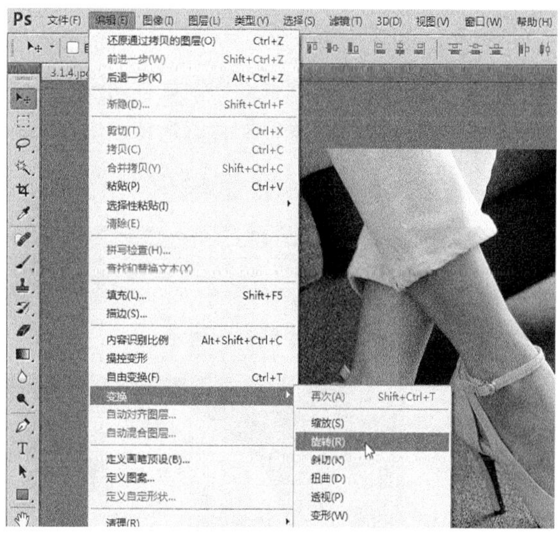

图6-15

04 调出变换控制框，如图6-16所示。

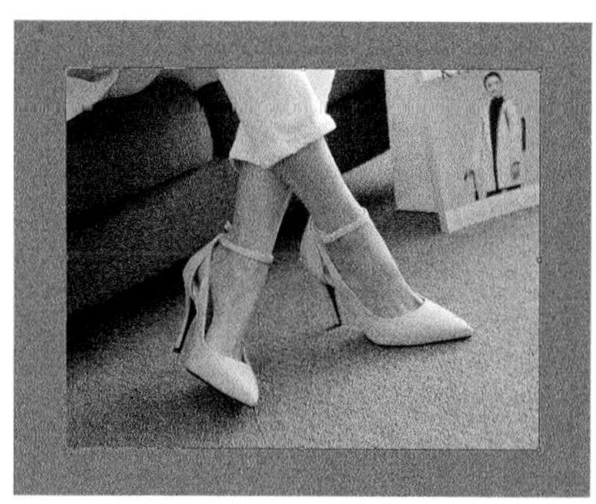

图6-16

05 将鼠标移动至变换控制框外侧，鼠标指针呈状时，单击鼠标左键并拖曳鼠标，效果如图6-17所示。然后将图像旋转至合适角度，释放鼠标，按

【Enter】键确认，即可旋转图像。

图6-17

6.2.2 运用“变换”命令翻转商品图像

在Photoshop CC软件中，当用户打开的商品图像颠倒、倾斜时，可以对商品图像进行翻转操作。

下面介绍翻转调整商品图像的具体操作方法。

课堂案例	应用“变换”命令翻转商品图像
案例位置	效果>第6章>6.2.2.psd
视频位置	视频>第6章>课堂案例——运用“变换”命令翻转商品图像.mp4
难易指数	★★☆☆☆
学习目标	掌握运用“变换”命令翻转商品图像的方法

本案例的最终效果如图6-18所示。

图6-18

01 按【Ctrl＋O】组合键，打开商品图像素材6.2.2.jpg，如图6-19所示。

02 按【Ctrl＋J】组合键复制图层，在菜单栏中单击“编辑”|“变换”|“水平翻转”命令，如图6-20所示。

03 执行上述操作后，即可水平翻转图像，如图6-21所示。

图6-19

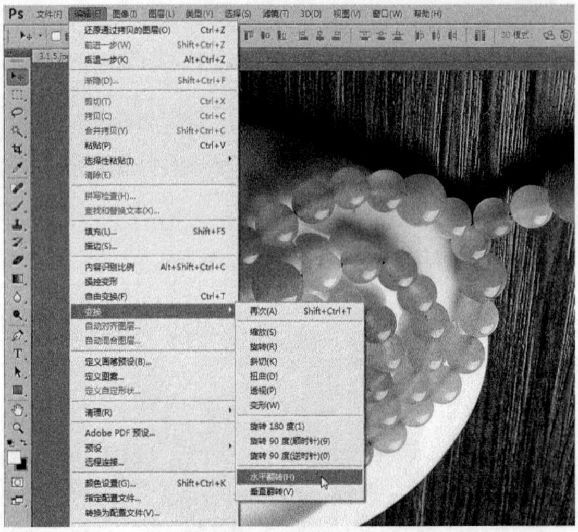

图6-20

图6-21

04 在菜单栏中单击“编辑”|“变换”|“垂直翻转”命令，即可垂直翻转图像，如图6-22所示。

图6-22

6.3 变形与透视商品图像文件

在淘宝装修店铺中有一些惯用的手法，可以使商品在原有的基础上变得更加出彩。

6.3.1 运用“斜切”命令制作商品投影效果

在处理商品图像时，有时商品画面过于单调，显得商品效果不真实，用户可以通过Photoshop软件中的“斜切”命令斜切图像，制作出逼真的倒影效果。下面介绍通过斜切制作商品投影效果的具体操作方法。

课堂案例	运用“斜切”命令制作商品投影效果
案例位置	效果>第6章>6.3.1.psd
视频位置	视频>第6章>课堂案例——运用“斜切”命令制作商品投影效果.mp4
难易指数	★★★★☆
学习目标	掌握运用“斜切”命令制作商品投影效果的方法

本案例的最终效果如图6-23所示。

图6-23

01 按【Ctrl+O】组合键，打开多个商品图像素材6.3.1（1）.jpg、6.3.1（2）.jpg，如图6-24所示。

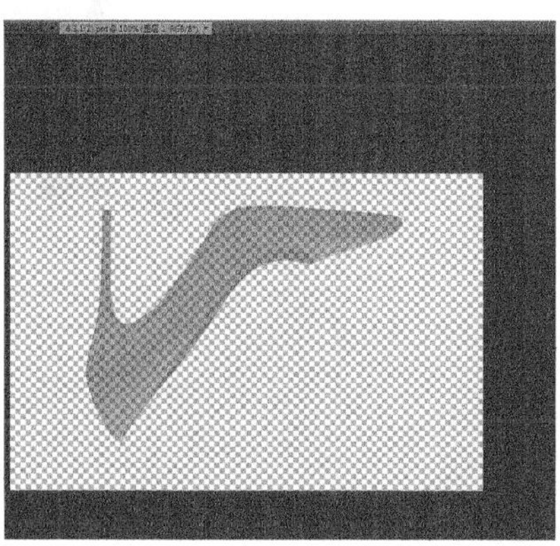

图6-24

02 在6.3.1（2）图像编辑窗口的工具箱中，选取移动工具，将6.3.1（2）素材图像移动至6.3.1（1）图像编辑窗口中，如图6-25所示。

图6-25

03 展开“图层”面板，选择“图层1”图层，如图6-26所示。

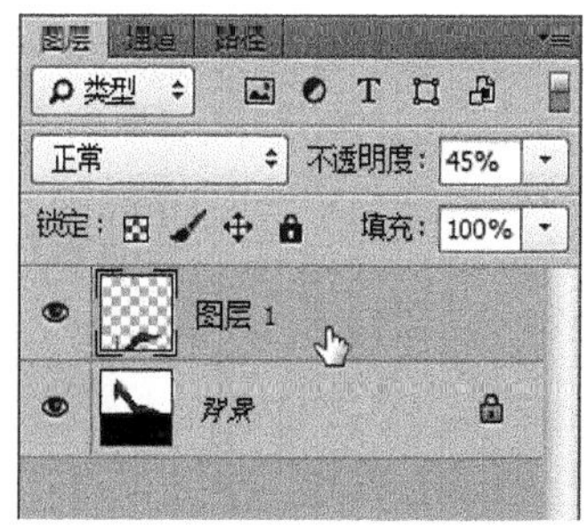

图6-26

04 选取工具箱中的移动工具，移动图像至合适位置，如图6-27所示。

图6-27

05 在菜单栏中单击“编辑”|“变换”|“斜切”命令，如图6-28所示，即可调出变换控制框。

06 将鼠标移动至变换控制框的控制柄上，指针呈白色三角形状时，单击鼠标左键并向上拖曳至合适位置，如图6-29所示。

图6-28

图6-29

07 按【Enter】键确认，完成斜切命令操作，执行上述操作后，将图像移动至合适位置，效果如图6-30所示。

图6-30

6.3.2 运用“扭曲”命令还原商品图像

有时由于商品拍摄角度的问题，图片中商品显示存在变形的情况。在Photoshop CC软件中，可以根据需要对某一些商品图像进行扭曲操作，还原商品图像。

下面介绍通过“扭曲”命令还原商品图像的具体操作方法。

课堂案例	运用“扭曲”命令还原商品图像
案例位置	效果>第6章>6.3.2.psd
视频位置	视频>第6章>课堂案例——运用“扭曲”命令还原商品图像.mp4
难易指数	★★☆☆☆
学习目标	掌握运用“扭曲”命令还原商品图像的方法

本案例的最终效果如图6-31所示。

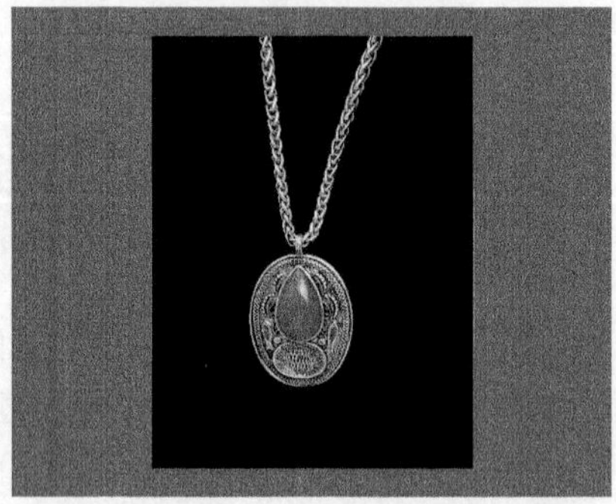

图6-31

01 按【Ctrl＋O】组合键，打开商品图像素材6.3.2.psd，如图6-32所示。

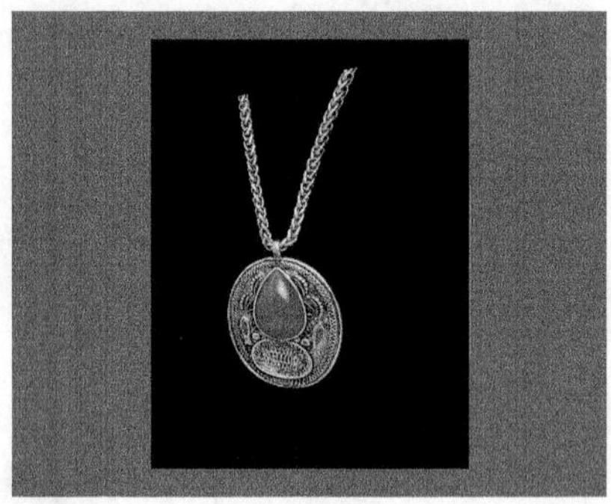

图6-32

02 在菜单栏中单击“编辑”|“变换”|“扭曲”命令，如图6-33所示。

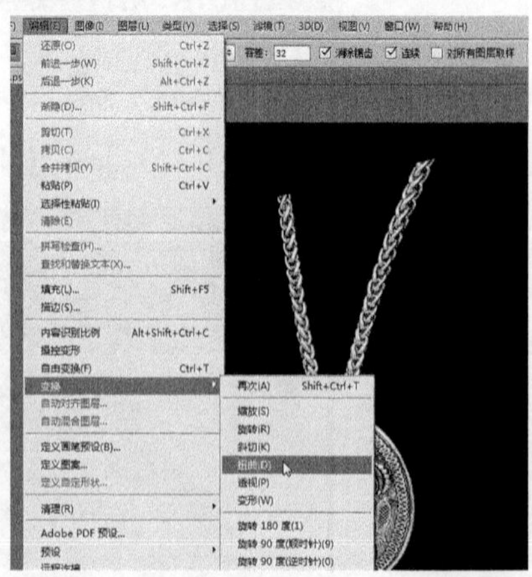

图6-33

03 执行上述操作后，即可调出变换控制框，如图6-34所示。

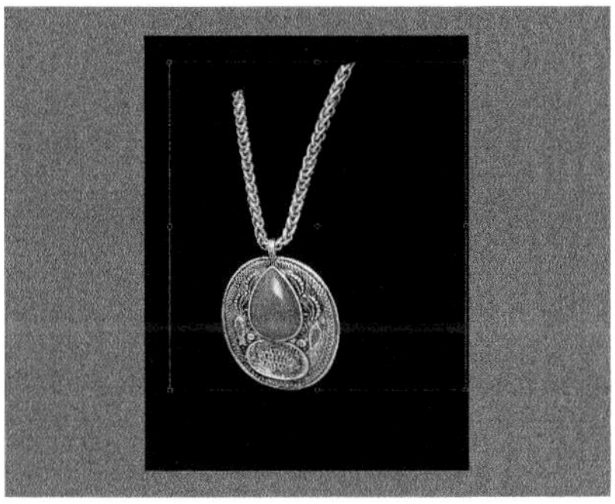

图6-34

技巧与提示

与斜切不同的是，执行扭曲操作时，控制点可以随意拖动，不受调整边框方向的限制，若在拖曳鼠标的同时按住【Alt】键，可以制作出对称扭曲效果，斜切则会受到调整边框的限制。

04 将鼠标移动至变换控制框的控制柄上，鼠标指针呈白色三角▷形状时，单击鼠标左键的同时拖曳鼠标至合适位置后，释放鼠标左键，如图6-35所示。

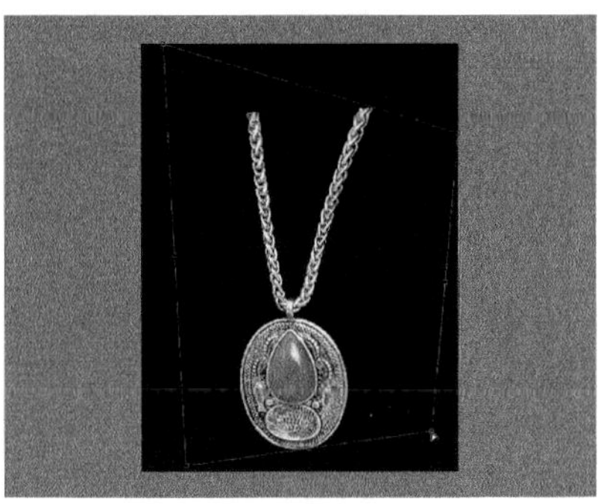

图6-35

05 按【Enter】键确认操作，在图层面板中选择“图层1”图层，将素材图像移动至合适位置，即可完成操作，如图6-36所示。

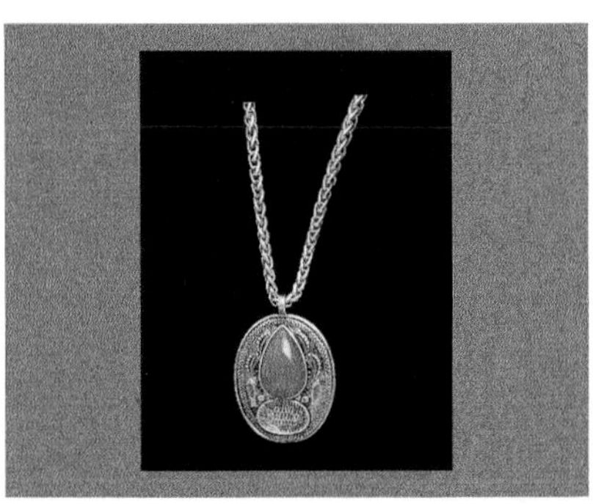

图6-36

6.3.3 运用“透视”命令透视商品图像

网店卖家在处理商品图片时，如果需要将平面图变换为透视效果，就可以运用透视功能进行调节。下面介绍透视商品图像的具体操作方法。

课堂案例	运用“透视”命令透视商品图像
案例位置	效果>第6章>6.3.3.psd
视频位置	视频>第6章>课堂案例——运用“透视”命令透视商品图像.mp4
难易指数	★★☆☆☆
学习目标	掌握运用透视命令透视商品图像的方法

本案例的最终效果如图6-37所示。

图6-37

01 按【Ctrl+O】组合键，打开商品图像素材6.3.3.psd，如图6-38所示。

图6-38

02 在菜单栏中单击“编辑”|“变换”|“透视”命令，如图6-39所示。

图6-39

03 执行上述操作后，即可调出变换控制框，如图6-40所示。

图6-40

04 将鼠标移动至变换控制框右上方的控制柄上，鼠标指针呈白色三角形状▷时，单击鼠标左键并拖曳，如图6-41所示。

图6-41

05 再一次对图像进行微调，按【Enter】键确认操作，即可透视图像，如图6-42所示。

图6-42

6.4 修饰商品图像文件

商品图像文件在放到店铺上进行排版时，主图效果需要经过一系列的修饰，才能得到主体鲜明的图片，不会误导看到图片的人。下面介绍如何应用Photoshop的工具，打造主体鲜明的主图效果。

6.4.1 运用模糊工具虚化商品背景

在处理商品图片时，经常发现商品图片整体画面主体不明确，这时可通过模糊工具对商品图像进行适当的修饰，虚化商品背景，使商品图像主体更加突出、清晰，从而使画面富有层次感。

下面介绍通过模糊工具虚化商品背景的具体操作方法。

课堂案例	运用模糊工具虚化商品背景
案例位置	效果>第6章>6.4.1.psd
视频位置	视频>第6章>课堂案例——运用模糊工具虚化商品背景.mp4
难易指数	★★☆☆☆
学习目标	掌握运用模糊工具虚化商品背景的方法

本案例的最终效果如图6-43所示。

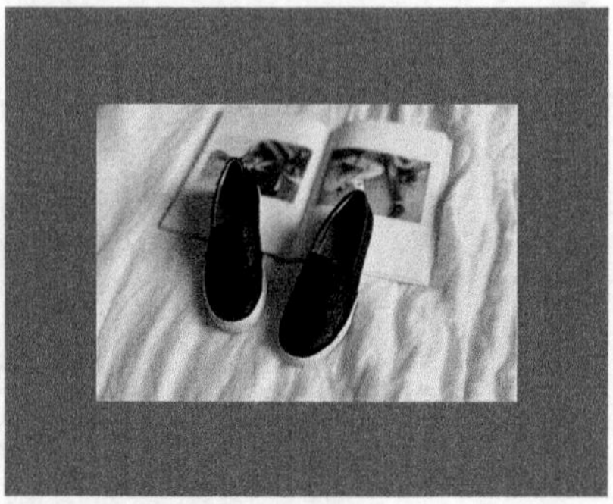

图6-43

01 按【Ctrl+O】组合键，打开商品图像素材6.4.1.jpg，如图6-44所示。

图6-44

02 在工具箱中选取模糊工具，如图6-45所示。

03 选取模糊工具后，其工具栏属性如图6-46所示。

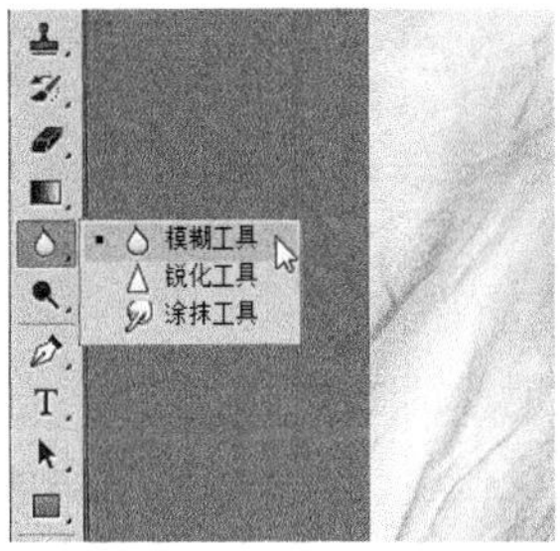

图6-45

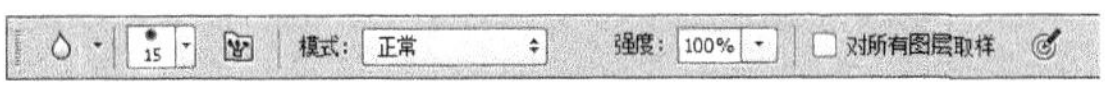

图6-46

技巧与提示

模糊工具属性栏中，主要选项的含义如下。

- 强度：用来设置工具的强度。
- 对所有图层取样：如果文档中包含多个图层，可以选中该复选框，表示使用所有可见图层中的数据进行处理；取消选中该复选框，则只使用当前图层中的数据。

04 在工具属性栏中，设置“强度”为100%，“大小”为119像素，将鼠标移动至素材图像上，如图6-47所示，按住鼠标左键不放的同时，在图像背景上进行涂抹，即可模糊图像背景。

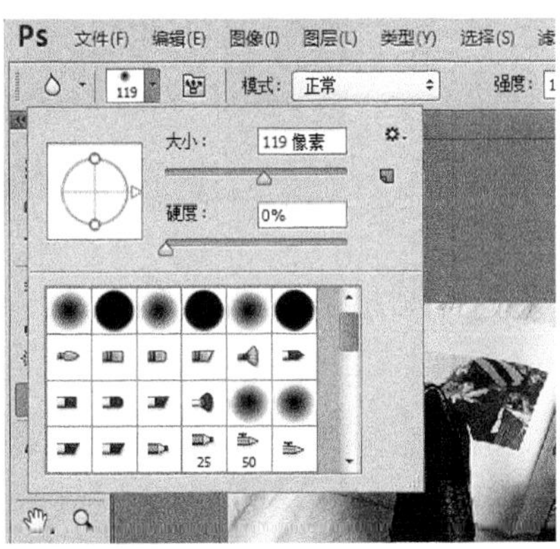

图6-47

6.4.2 运用锐化工具清晰显示商品

在处理商品图片时，经常发现由于拍摄效果不佳而导致商品图片模糊不清，这时可使用锐化工具清晰显示商品。锐化工具与模糊工具的作用相反，它用于锐化图像的部分像素，使被编辑的图像更加清晰，效果对比如图6-48所示。

图6-48

下面介绍通过锐化工具清晰显示商品的具体操作方法。

课堂案例	运用锐化工具清晰显示商品
案例位置	效果>第6章>6.4.2psd
视频位置	视频>第6章>课堂案例——运用锐化工具清晰显示商品.mp4
难易指数	★★☆☆☆
学习目标	掌握运用锐化工具清晰显示商品的方法

本案例的最终效果如图6-49所示。

图6-49

01 按【Ctrl＋O】组合键，打开商品图像素材6.4.2.jpg，如图6-50所示。

02 在工具箱中选取锐化工具，如图6-51所示。

03 在工具属性栏中，设置“强度”为100%、“大小”为71像素，如图6-52所示。将鼠标移动至素材图像上，按住鼠标左键不放的同时，在图像上进行涂抹，即可清晰显示图像。

图6-50

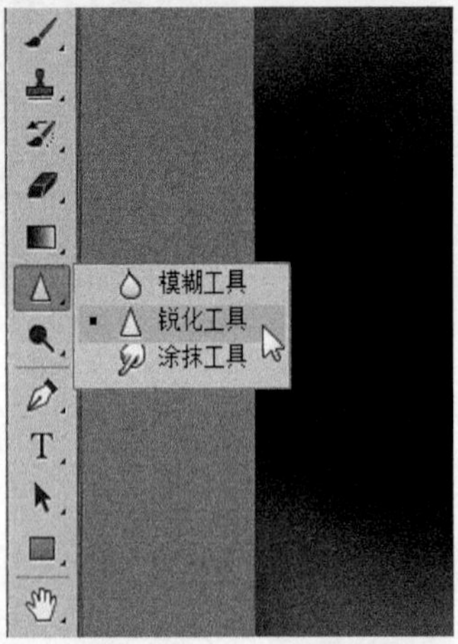

图6-51

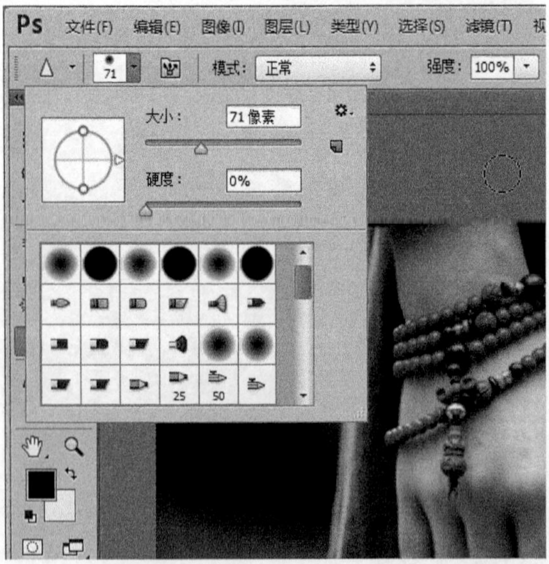

图6-52

技巧与提示

锐化工具可增加相邻像素的对比度，将较软的边缘明显化，使图像聚焦。此工具不适合过度使用，因为将会导致图像严重失真。

6.4.3 运用仿制图章工具去除商品背景杂物

在网店卖家进行商品图片后期处理时，经常发现背景图像太过复杂，无法突出商品主体，这时可以使用仿制图章工具去除背景杂物。在Photoshop CC软件中使用仿制图章工具可以将商品图像中的指定区域按原样复制到同一幅商品图像或其他商品图像中。

下面介绍通过仿制图章工具去除商品背景杂物的具体操作方法。

课堂案例	运用仿制图章工具去除商品背景杂物
案例位置	效果>第6章>6.4.3.psd
视频位置	视频>第6章>课堂案例——运用仿制图章工具去除商品背景杂物.mp4
难易指数	★★★★☆
学习目标	掌握运用仿制图章工具去除商品背景杂物的方法

本案例的最终效果如图6-53所示。

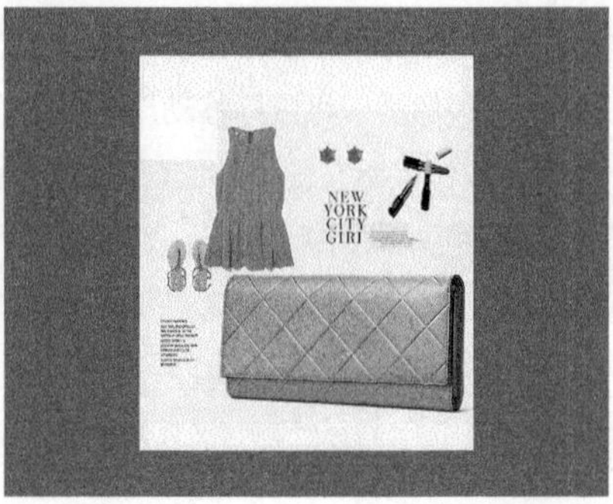

图6-53

01 按【Ctrl+O】组合键，打开商品图像素材6.4.3.jpg，如图6-54所示。

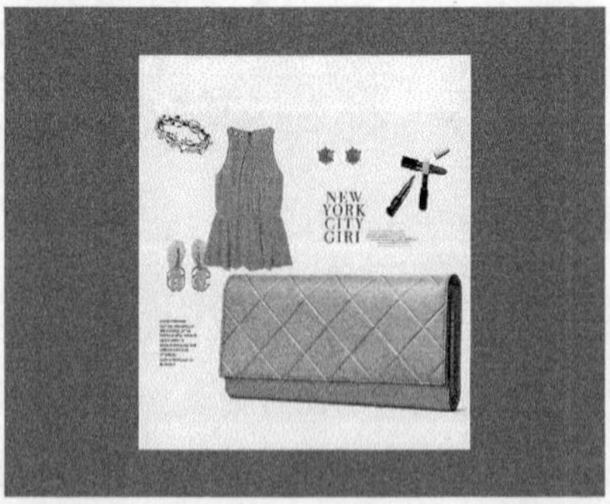

图6-54

02 选取工具箱中的仿制图章工具，如图6-55所示。

图6-55

03 选取仿制图章工具后，其工具属性栏如图6-56所示。

图6-56

技巧与提示

仿制图章工具属性栏各选项的含义如下。

- 不透明度：用于设置应用仿制图章工具时的不透明度。
- 流量：用于设置扩散速度。
- 对齐：选中该复选框后，可以在使用仿制图章工具时应用对齐功能，对图像进行规则复制。
- 样本：在此下拉列表中，可以选择定义源图像时选取的图层范围，其中包括“当前图层”“当前和下方图层”及“所有图层”三个选项。

04 将鼠标移动至图像窗口中的适当位置，按住【Alt】键的同时单击鼠标左键，进行取样，如图6-57所示。释放【Alt】键，将鼠标移动至图像编辑窗口中的合适位置，按住鼠标左键并拖曳，即可复制样本对象，覆盖杂物。

图6-57

6.4.4 运用图案图章工具复制商品图像

网店卖家经常会需要批量给商品图片添加网店标识、店铺标识和水印等，这时可以使用图案图章工具将需要添加的图案内容定义好，然后复制到商品图像中，它能在目标商品图像上连续绘制出选定区域的图像，批量处理可以快速提高工作效率。

下面介绍通过图案图章工具复制商品图像的具体操作方法。

课堂案例	运用图案图章工具复制商品图像
案例位置	效果>第6章>6.4.4.psd
视频位置	视频>第6章>课堂案例——运用图案图章工具复制商品图像.mp4
难易指数	★★★★☆
学习目标	掌握运用图案图章工具复制商品图像的方法

本案例的最终效果如图6-58所示。

图6-58

01 按【Ctrl+O】组合键，打开多个商品图像素材6.4.4（1）.jpg、6.4.4（2）.psd，如图6-59所示。

图6-59

02 选取图案图章工具后，其工具属性栏如图6-60所示。

图6-60

技巧与提示

图案图章工具属性栏各选项的含义如下。

- 不透明度：用于设置应用图案图章工具时的不透明度。
- 流量：用于设置扩散速度。
- 对齐：选中该复选框后，可以保持图案与原始起点的连续性，即使多次单击鼠标也不例外；取消选中该复选框后，则每次单击鼠标都重新应用图案。
- 印象派效果：选中该复选框，可以对选取的图像产生模糊、朦胧的印象派效果。

03 在6.4.4（2）图像编辑窗口的菜单栏中单击“编辑”|“定义图案”命令，弹出“图案名称”对话框，如图6-61所示。

图6-61

04 单击“确定”按钮，切换至6.4.4（1）图像编辑窗口，选取工具箱中的图案图章工具，在工具属性栏中，设置“图案”为6.4.4（2），如图6-62所示。在图像编辑窗口的合适位置按住鼠标左键并拖曳，即可复制图像。

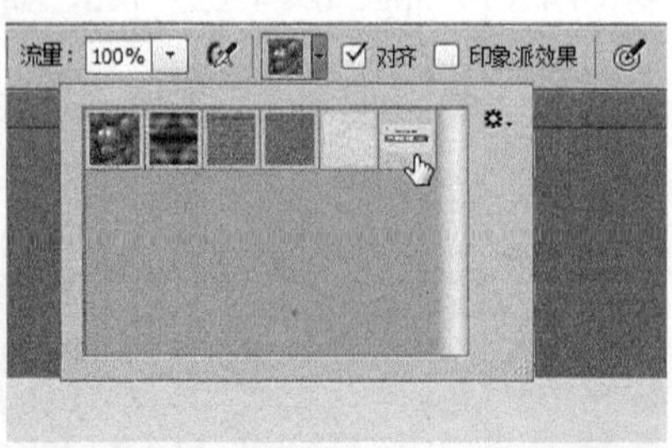

图6-62

技巧与提示

使用图案图章工具时，先自定义一个图案，用矩形选框工具选定图案中的一个范围之后，单击“编辑”|“定义图案”命令，如果这时该命令呈灰色，即处于隐藏状态，这种情况下定义图案实现不了，这可能是在操作时设置了羽化值。选取矩形选框工具后，在工具属性栏中不要设置“羽化”即可。

6.5 修复和修补商品图像文件

商品图片在需要修补和修复时，通常会用到Photoshop中的污点修复和修复画笔等工具，本节将介绍它们的用途。

污点修复画笔工具属性栏各选项的含义如下。

- 模式：用来设置修复图像时使用的混合模式。
- 类型：“近似匹配”用于将所涂抹的区域以周围的像素进行覆盖；“创建纹理”用于以其他的纹理进行覆盖；“内容识别”是由软件自动分析周围图像的特点，将图像进行拼接组合后，填充在该区域并进行融合，从而达到快速无缝的拼接效果。
- 对所有图层取样：选中该复选框，可以从所有的可见图层中提取数据。

6.5.1 运用污点修复画笔工具修复商品

网店卖家在处理商品图片时，经常会发现拍摄的商品图片上有污点或瑕疵，这时可使用污点修复画笔工具修复商品图片。下面介绍通过污点修复画笔工具修复商品图像的具体操作方法。

课堂案例	运用污点修复画笔工具修复商品
案例位置	效果>第6章>6.5.1.psd
视频位置	视频>第6章>课堂案例——运用污点修复画笔工具修复商品.mp4
难易指数	★★☆☆☆
学习目标	掌握运用污点修复画笔工具修复商品的方法

本案例的最终效果如图6-63所示。

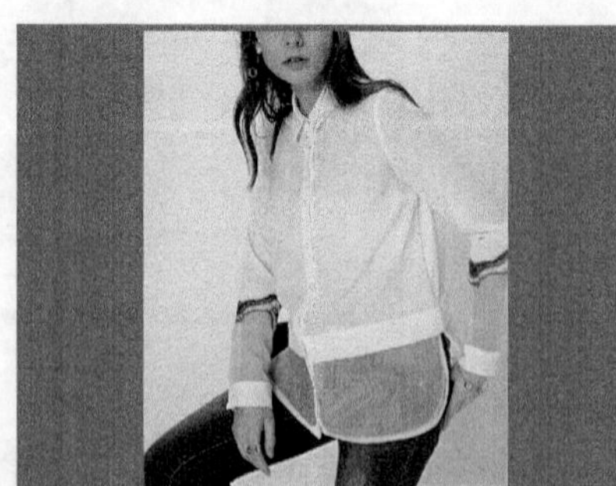

图6-63

01 按【Ctrl+O】组合键，打开商品图像素材6.5.1.jpg，如图6-64所示。

图6-64

02 选取工具箱中的污点修复画笔工具，如图6-65所示。

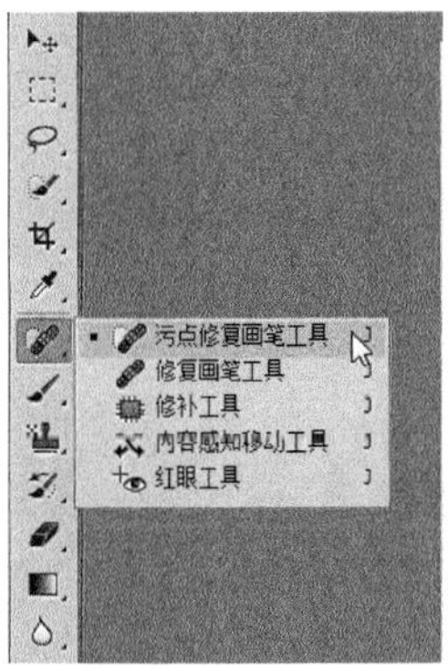

图6-65

03 选取污点修复画笔工具后，其工具属性栏如图6-66所示。

图6-66

04 移动鼠标指针至图像编辑窗口中的合适位置，按住鼠标左键并拖曳，进行涂抹，鼠标涂抹过的区域呈黑色显示，如图6-67所示。释放鼠标左键，即可使用污点修复画笔工具修复图像。

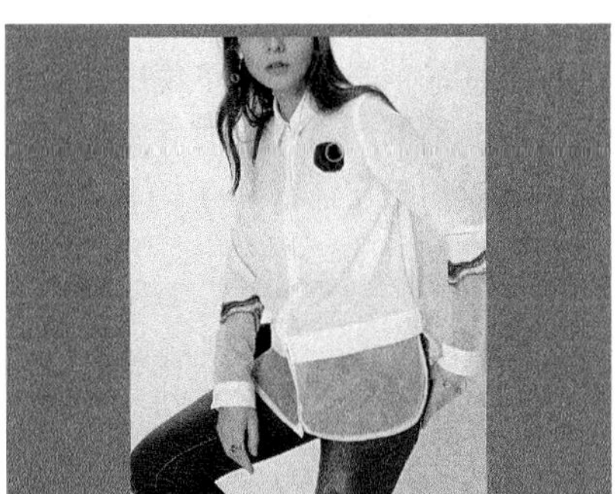

图6-67

在Photoshop CC软件中，污点修复画笔工具不需要指定采样点，只需要在商品图像中有杂色或污渍的地方单击鼠标左键，即可修复商品图像。Photoshop CC能够自动分析鼠标单击处及其周围商品图像的不透明度、颜色与质感，进行采样与修复操作。

6.5.2 运用修补工具修补商品图像

用户在编辑商品图片时，经常遇到商品图片上被添加了文字或水印，这时可通过修补工具进行修补。修补工具可以用其他区域或图案中的像素来修复选区内的商品图像。

下面介绍通过修补工具修补商品图像的具体操作方法。

课堂案例	运用修补工具修补商品图像
案例位置	效果>第6章>6.5.2.psd
视频位置	视频>第6章>课堂案例——运用修补工具修补商品图像.mp4
难易指数	★★☆☆☆
学习目标	掌握运用修补工具修补商品图像的方法

本案例的最终效果如图6-68所示。

图6-68

01 按【Ctrl+O】组合键，打开商品图像素材6.5.2.jpg，如图6-69所示。

02 选取工具箱中的修补工具，如图6-70所示。

图6-69

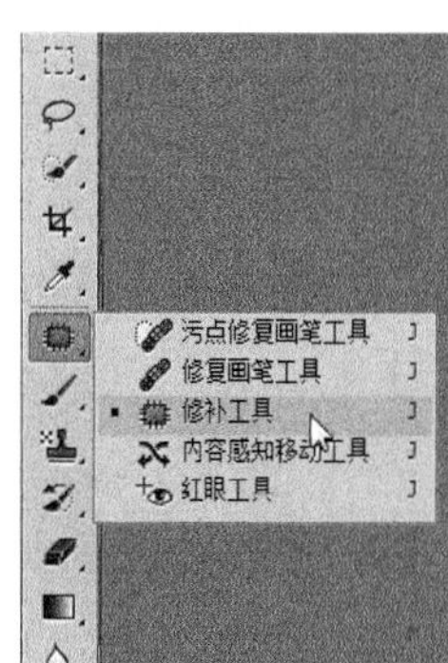

图6-70

03 选取修补工具后，其工具属性栏如图6-71所示。

图6-71

技巧与提示

修补工具属性栏各选项的含义如下。

- 运算按钮：是针对应用创建选区的工具进行的操作，可以对选区进行添加等操作。
- 修补：用来设置修补方式。选中“源”单选按钮，将选区拖曳至要修补的区域以后，释放鼠标左键就会用当前选区中的图像修补原来选中的内容；选中“目标”单选按钮，会将选中的图像复制到目标区域。
- 透明：该复选框用于设置所修复图像的透明度。
- 使用图案：选中该按钮后，可以应用图案对所选区域进行修复。

04 移动鼠标至图像编辑窗口中，在需要修补的位置单击鼠标左键并拖曳，创建一个选区，如图6-72所示。

图6-72

05 移动鼠标至选区内，单击鼠标左键并拖曳选区至图像颜色相近的位置，如图6-73所示。

06 释放鼠标左键，即可完成修补操作，如图6-74所示。按【Ctrl+D】组合键取消选区。

技巧与提示

与修复画笔工具一样，修补工具会将样本像素的纹理、光照和阴影与原像素进行匹配。

图6-73

图6-74

6.5.3 运用橡皮擦工具清除商品信息

网店卖家发布的商品图片经常会根据活动更换而变更商品信息，这时可使用橡皮擦工具擦除商品图片上的商品信息。下面介绍通过橡皮擦工具清除商品信息的具体操作方法。

课堂案例	运用橡皮擦工具清除商品信息
案例位置	效果>第6章>6.5.3.psd
视频位置	视频>第6章>课堂案例——运用橡皮擦工具清除商品信息.mp4
难易指数	★★☆☆☆
学习目标	掌握运用橡皮擦工具清除商品信息的方法

本案例的最终效果如图6-75所示。

01 按【Ctrl+O】组合键，打开商品图像素材6.5.3.jpg，如图6-76所示。

02 选取工具箱中的橡皮擦工具，如图6-77所示。

图6-75

图6-76

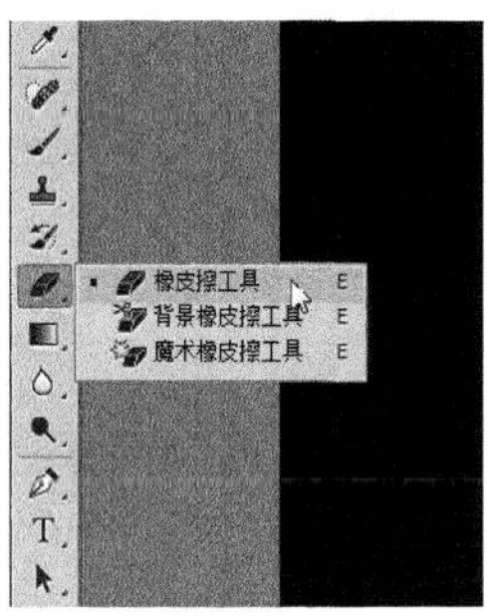

图6-77

03 选取橡皮擦工具后，其工具属性栏如图6-78所示。

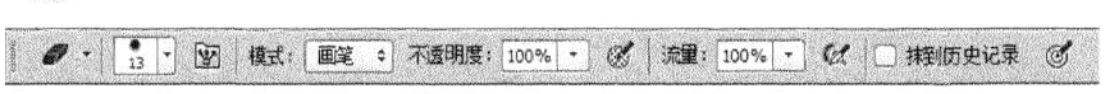

图6-78

> **技巧与提示**
>
> 橡皮擦工具属性栏中各选项的含义如下。
>
> - 模式：可以选择橡皮擦的种类。选择“画笔”选项，可以创建柔边擦除效果；选择“铅笔”选项，可以创建硬边擦除效果；选择“块”选项，擦除的效果为块状。
> - 不透明度：设置工具的擦除强度，100%的不透明度可以完全擦除像素，较低的不透明度将部分擦除像素。
> - 流量：用来控制工具的涂抹速度。
> - 抹到历史记录：选中该复选框后，橡皮擦工具就具有了历史记录画笔的功能。

04 单击背景色色块，弹出“拾色器（背景色）”对话框，设置RGB参数值均为0，如图6-79所示。单击“确定”按钮，移动鼠标至图像编辑窗口中，单击鼠标左键，将需要擦除的区域擦除，在被擦除的区域以背景色填充。

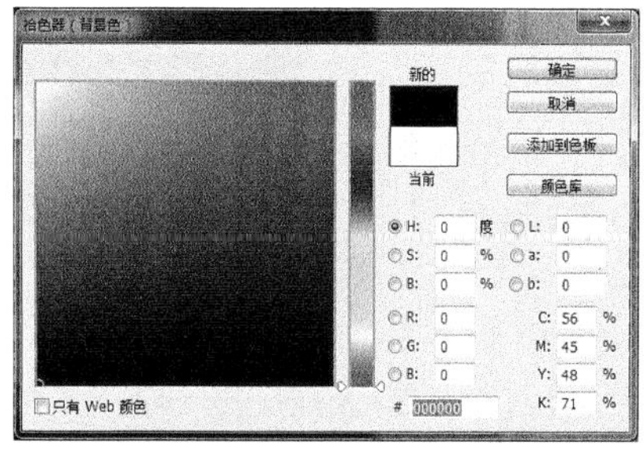

图6-79

> **技巧与提示**
>
> 如果处理的是“背景”图层或锁定了透明区域的图层，涂抹区域会显示为背景色；处理其他图层时，可以擦除涂抹区域的像素。

6.6 商品图像文件的基本调色技巧

在处理商品图片的过程中会出现一些颜色上的偏差，可以运用颜色调整类工具来修正颜色偏差，从而达到更好的表现效果。

6.6.1 运用填充工具更改商品图像背景颜色

若需更换商品图片背景颜色，可使用填充工具来快速实现，这是更换商品图像背景最常用的方法。

填充工具对商品图像整体或局部使用单色、多色或复杂的图案进行覆盖。

下面介绍如何通过Photoshop中的填充工具更改商品背景颜色的具体操作方法。

课堂案例	运用填充工具更改商品背景颜色
案例位置	效果>第6章>6.6.1.psd
视频位置	视频>第6章>课堂案例——运用填充工具更改商品背景颜色.mp4
难易指数	★★★★☆
学习目标	掌握运用填充工具更改商品背景颜色的方法

本案例的最终效果如图6-80所示。

图6-80

01 按【Ctrl+O】组合键，打开商品图像素材6.6.1.jpg，如图6-81所示。

02 在工具箱中选取魔棒工具，在商品图像编辑窗口中单击鼠标创建选区，如图6-82所示。

03 单击背景色色块，弹出“拾色器（背景色）”对话框，设置RGB参数值均为201，如图6-83所示。

04 单击“确定”按钮，在菜单栏中单击“编辑”|“填充”命令，弹出“填充”对话框，设置“使用”为“背景色”，如图6-84所示。

图6-81

图6-82

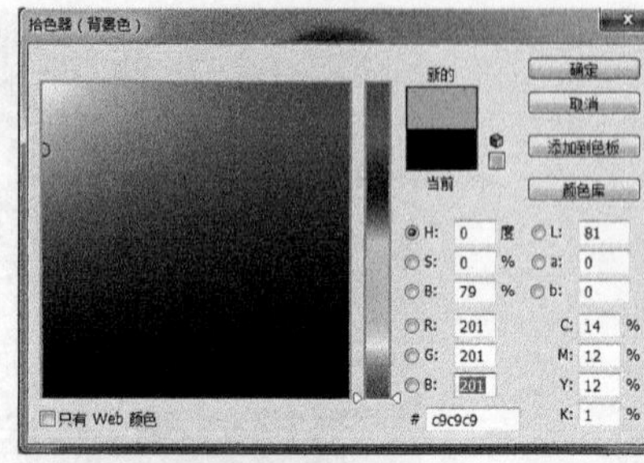

图6-83

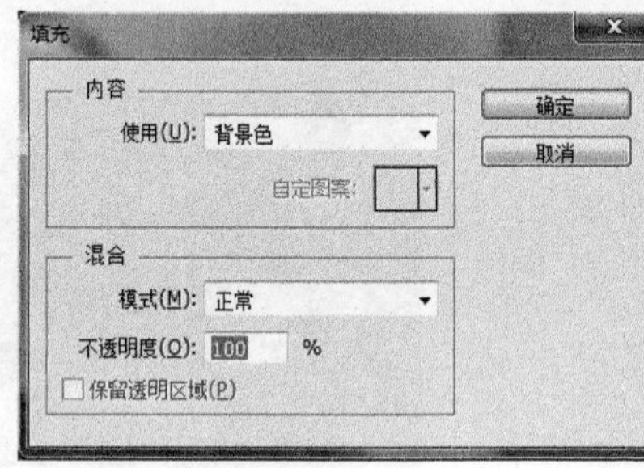

图6-84

技巧与提示

“填充”对话框中，主要选项的含义如下。

- 使用：在该列表框中可以选择9种填充类型，包括前景色、背景色、自定义颜色、黑色、白色、灰色、图案、内容识别和历史记录。
- 模式/不透明度：该选项的参数与画笔工具属性栏中的参数意义相同。
- 自定图案：在“使用”下拉列表框中选择“图案”选项后，该下拉列表被激活，单击其图案缩览图，在弹出的“自定图案”面板中可以选择一个用于填充的图案。
- 保留透明区域：如果当前填充的图层中含有透明区域，选择该选项后，则只填充含有像素的区域。

05 单击“确定”按钮，即可运用“填充”命令填充颜色，如图6-85所示。最后按【Ctrl+D】组合键取消选区。

图6-85

6.6.2 运用油漆桶工具改变商品图像颜色

在处理商品图片时，若需改变某些区域的颜色，可使用油漆桶工具。油漆桶工具可以快速、便捷地为图像填充颜色，填充的颜色以前景色为准。

技巧与提示

油漆桶工具与“填充”命令非常相似，主要用于在图像或选区中填充颜色或图案，但油漆桶工具在填充前会对鼠标单击位置的颜色进行取样，从而常用于填充颜色相同或相似的图像区域。

下面介绍通过油漆桶工具改变商品图像颜色的具体操作方法。

课堂案例	运用油漆桶工具改变商品图像颜色
案例位置	效果>第6章>6.6.2.psd
视频位置	视频>第6章>课堂案例——掌握运用油漆桶工具改变商品图像颜色.mp4
难易指数	★★★★☆
学习目标	掌握运用油漆桶工具改变商品图像颜色的方法

本案例的最终效果如图6-86所示。

图6-86

01 按【Ctrl+O】组合键，打开商品图像素材6.6.2.jpg，如图6-87所示。

图6-87

02 在工具箱中选取魔棒工具，在工具属性栏中单击“添加到选区”按钮，在图像编辑窗口中需要改变颜色的区域单击鼠标左键创建选区，如图6-88所示。

图6-88

03 单击工具箱下方的“设置前景色”色块，如图6-89所示。

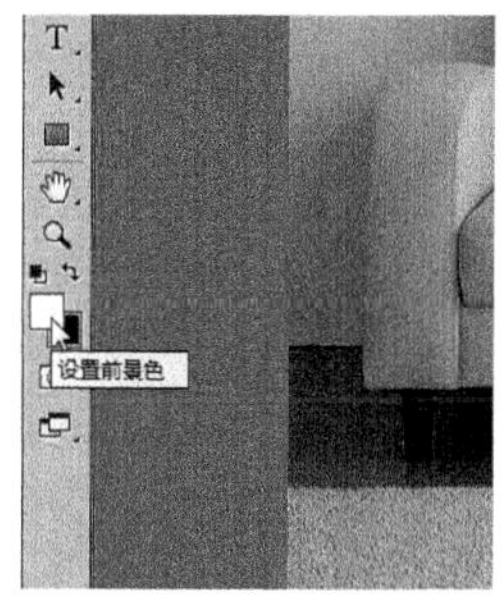

图6-89

04 弹出“拾色器（前景色）”对话框，设置RGB参数值分别为63、96、144，如图6-90所示。

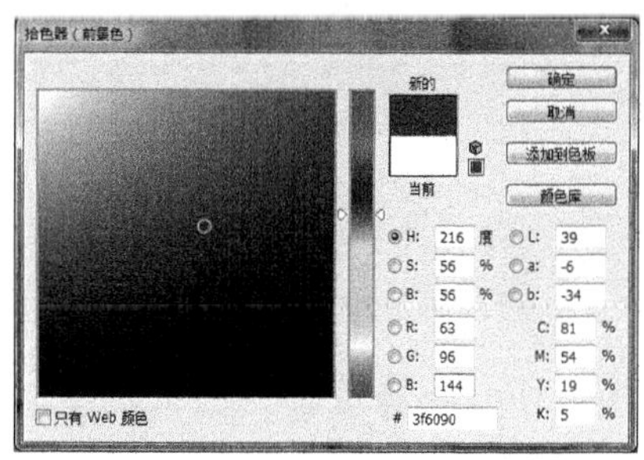

图6-90

05 单击“确定”按钮，即可更改前景色。选取工具箱中的油漆桶工具，在选区中单击鼠标左键，即可填充颜色，如图6-91所示。按【Ctrl+D】组合键取消选区。

图6-91

6.6.3 运用吸管工具改变商品图像颜色

网店卖家在处理商品图像时，经常需要从商品图像中获取颜色来改变商品颜色，此时就需要用到吸管工具。

下面介绍通过吸管工具吸取并改变商品图像颜色的具体操作方法。

课堂案例	运用吸管工具改变商品图像颜色
案例位置	效果>第6章>6.6.3.psd
视频位置	视频>第6章>课堂案例——掌握运用吸管工具改变商品图像颜色.mp4
难易指数	★★★☆☆
学习目标	掌握运用运用吸管工具改变商品图像颜色的方法

本案例的最终效果如图6-92所示。

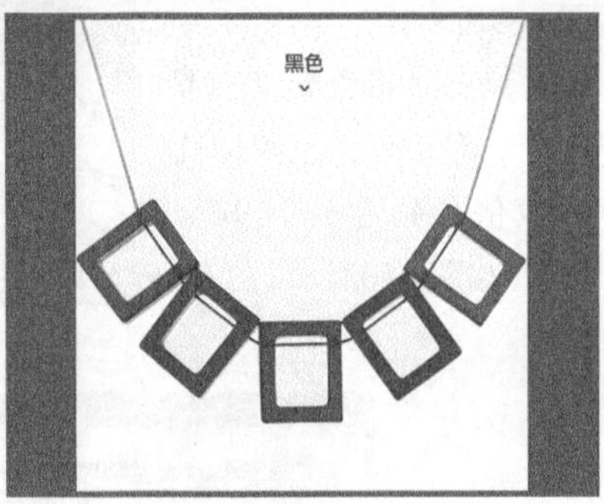

图6-92

01 按【Ctrl+O】组合键，打开商品图像素材6.6.3.jpg，如图6-93所示。

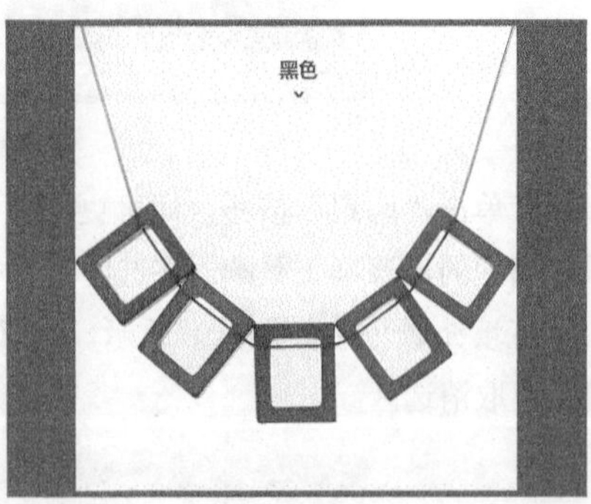

图6-93

02 在工具箱中选取吸管工具，将鼠标移动至红色字体上单击鼠标，即可吸取颜色，如图6-94所示。

技巧与提示

除了运用上述方法选取吸管工具外，按【I】快捷键也可以选取吸管工具。

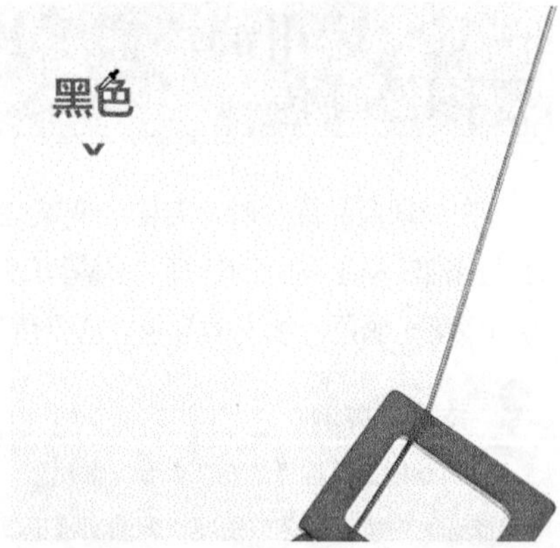

图6-94

03 在工具箱中选取魔棒工具，在工具属性栏中单击“添加到选区”按钮，在图像编辑窗口中需要改变颜色的区域单击鼠标左键创建选区，如图6-95所示。按【Alt+Delete】组合键，填充前景色，按【Ctrl+D】组合键，取消选区。

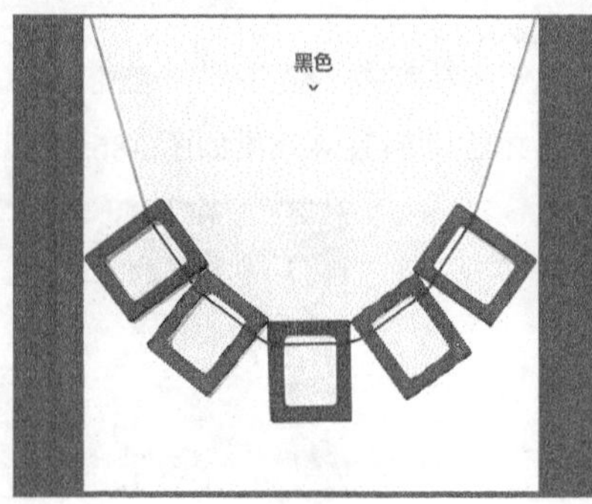

图6-95

6.6.4 运用减淡工具加亮商品图像

在拍摄商品时，经常由于光线原因导致商品图片太暗，商品质感无法达到最佳，这时可使用减淡工具加亮商品图像，通过提高商品图像的亮度来校正曝光。

下面介绍通过减淡工具加亮商品图像的具体操作方法。

课堂案例	调运用减淡工具加亮商品图像
案例位置	效果>第6章>6.6.4.psd
视频位置	视频>第6章>课堂案例——运用减淡工具加亮商品图像.mp4
难易指数	★★☆☆☆
学习目标	掌握运用减淡工具加亮商品图像的方法

本案例的最终效果如图6-96所示。

01 按【Ctrl+O】组合键，打开商品图像素材6.6.4.jpg，如图6-97所示。

图6-96

图6-97

02 在工具箱中选取减淡工具，如图6-98所示。

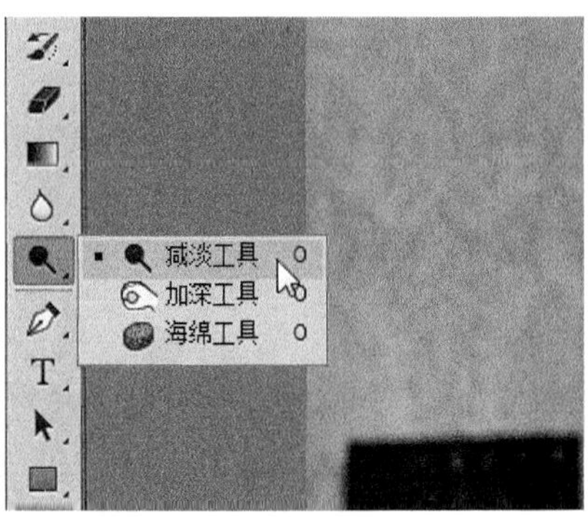

图6-98

03 选取减淡工具后，其工具属性栏如图6-99所示。

图6-99

技巧与提示

减淡工具属性栏中，主要选项的含义如下。

- 范围：可以选择要修改的色调。选择"阴影"选项，可以处理图像的暗色调；选择"中间调"选项，可以处理图像的中间调；选择"高光"选项，则处理图像的亮部色调。
- 曝光度：可以为减淡工具或加深工具指定曝光。该值越高，效果越明显。
- 保护色调：如果希望操作后图像的色调不发生变化，选中该复选框即可。

04 在工具属性栏中，设置"曝光度"为70%，如图6-100所示。随后按住鼠标左键不放的同时，在图像编辑窗口中涂抹，即可加亮商品图像。

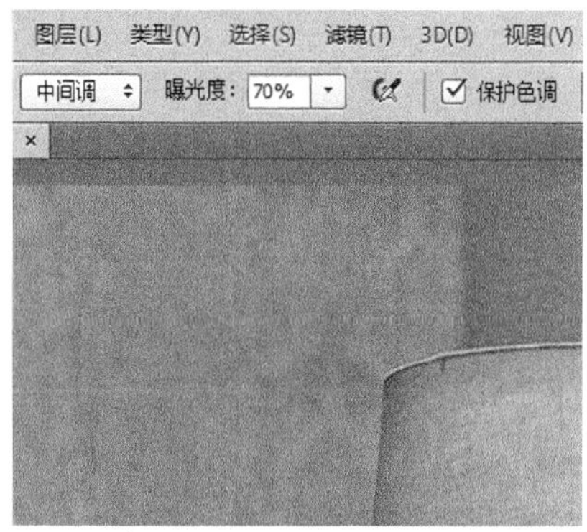

图6-100

6.6.5 运用加深工具调暗商品图像

在商品拍摄时，经常由于光线太强而导致商品图片太亮，商品的质感和效果无法达到最佳，这时使用加深工具可以将图像中被操作的区域变暗，增强商品立体感。

下面介绍通过加深工具调暗商品图像的具体操作方法。

课堂案例	运用加深工具调暗商品图像
案例位置	效果>第6章>6.6.5.psd
视频位置	视频>第6章>课堂案例——运用加深工具调暗商品图像.mp4
难易指数	★★☆☆☆
学习目标	掌握运用加深工具调暗商品图像的方法

本案例的最终效果如图6-101所示。

图6-101

01 按【Ctrl+O】组合键，打开商品图像素材6.6.5.jpg，如图6-102所示。

图6-102

02 在工具箱中选取加深工具，如图6-103所示。

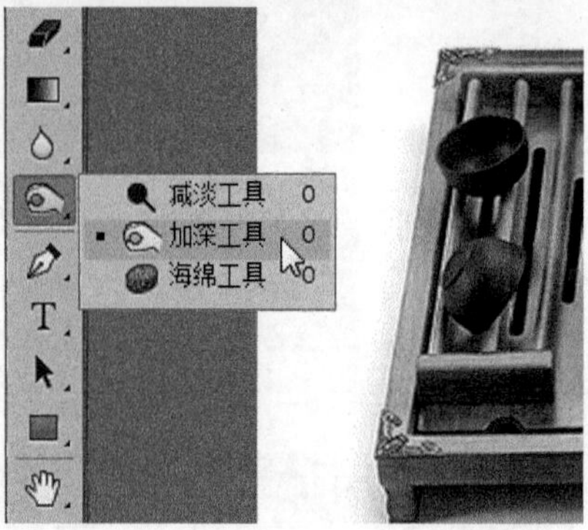

图6-103

03 在工具属性栏中，设置“曝光度”为85%，如图6-104所示。随后按住鼠标左键不放的同时，在图像编辑窗口中涂抹，即可调暗商品图像。

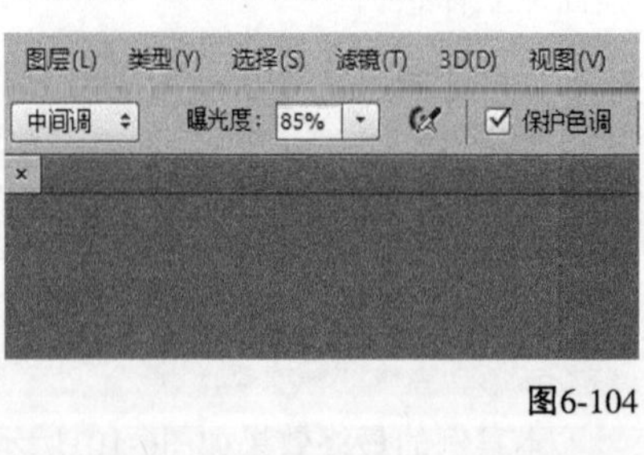

图6-104

6.7 本章小结

本章主要介绍了Photoshop CC裁剪、旋转变形透视、模糊锐化、仿制图章、污点修复、填充吸管、加深减淡工具的使用。

通过本章的学习，用户可以对使用Photoshop CC编辑和调整图像有基础的理解，熟悉了部分工作界面以及项目文件的础操作，为后面的深入学习奠定基础。

6.8 习题测试——运用仿制图章工具

案例位置 效果\第6章\6.8.psd
难易指数 ★★★★☆
学习目标 掌握运用仿制图章工具的操作方法

本习题需要掌握运用仿制图章工具去除商品背景杂物的操作方法，素材（6.8.jpg）如图6-105所示，最终效果如图6-106所示。

图6-105

图6-106

第7章

商品基本抠图技巧

内容摘要

网店卖家除了需要自己耐心学习摄影、不断尝试拍照外，还必须学会抠图。如果拍摄的商品背景不好，或者希望将商品应用于更多的场合，需要使用Photoshop进行抠图处理。本章主要介绍使用命令、工具及选区进行商品图像抠图的操作。

课堂学习目标

选区的基本知识

运用工具抠取商品图像

7.1 选区的基本知识

选区在图像编辑过程中有着非常重要的作用，它限制着图像编辑的范围和区域。灵活、巧妙地应用选区，能得到许多意想不到的效果，本章将介绍选区的使用方法。

7.1.1 选区概述

在Photoshop CC中，创建选区是为了限制图像编辑的范围，从而得到精确的效果。

选区建立之后，选区的边界会显现出不断交替闪烁的虚线，此虚线框表示选区的范围，如图7-1所示。

图7-1

当图像中的一部分被选中时，可以对图像选定的部分进行移动、复制、填充、添加滤镜、颜色校正等操作，选区外的图像不受影响。原图与创建选区后填充选区的效果如图7-2所示。

图7-2

7.1.2 常用选区创建方法

在Photoshop CC中建立选区的方法非常多，用户可以根据不同形状选择对象的形状、颜色等特征决定采用的工具和方法。

技巧与提示

选区的外轮廓和选区的面积大小间接影响创建选区使用的工具。

1. 创建规则形状选区

规则选区中包括矩形、圆形等规则形态的图像，运用选框工具可以框选出选择的区域范围，这是Photoshop CC创建选区最基本的方法。使用选框工具创建的选区如图7-3所示。

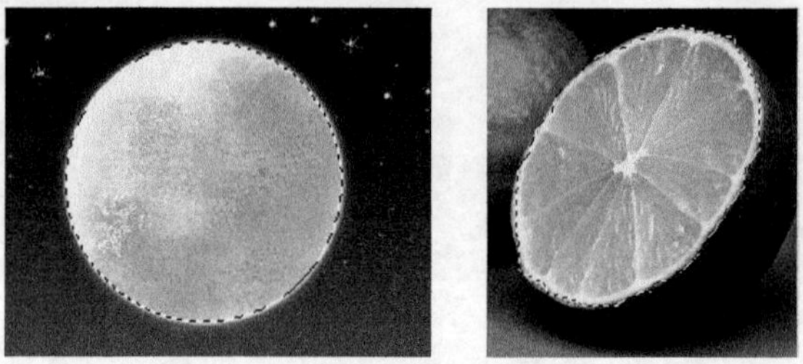

图7-3

2. 创建不规则选区

当图片的背景颜色比较单一，且与选择对象的颜色存在较大的反差时，可以运用快速选择工具、魔棒工具、多边形套索工具等。在使用过程中，只需要注意在拐角及边缘不明显处手动添加一些节点，即可快速将图像选中。使用魔棒工具创建的选区如图7-4所示。

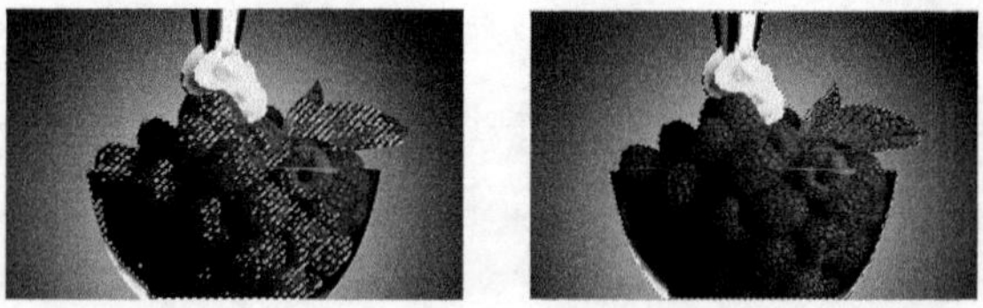

图7-4

3. 通过通道或蒙版创建选区

运用通道和蒙版创建选区是所有创建选区方法中功能最为强大的一个，因为它创建选区不是用虚线选框，而是用灰阶图像，这样就可以像编辑图像一样来编辑选区，画笔、橡皮擦工具、色调调整工具、滤镜都可以自由使用。

4. 通过图层或路径创建选区

图层和路径都可以转换为选区。只需在按住【Ctrl】键的同时，单击图层左侧的缩览图，即可得到该图层非透明区域的选区。

运用路径工具创建的路径非常光滑，而且可以反复调节各锚点的位置和曲线的曲率，因而常用来建立复杂和边界较为光滑的选区。将路径转换为选区的效果如图7-5所示。

图7-5

7.1.3 选区的运算方式

第一次创建的选区一般很难得到理想的选择范围，因此要进行第二次，甚至第三次的选择，此时可以使用选区范围加减运算功能，这些功能都可直接通过工具属性栏中的图标来实现。

1. 运用“新选区”按钮创建选区

在Photoshop CC中，要创建新选区时，单击“新选区”按钮，即可在图像中创建不重复选区。

课堂案例	运用“新选区”按钮创建选区
案例位置	效果>第7章>7.1.3（1）.jpg
视频位置	视频>第7章>课堂案例——运用“新选区”按钮创建选区.mp4
难易指数	★★★☆☆
学习目标	掌握运用“新选区”按钮创建选区的方法。

本案例的最终效果如图7-6所示。

图7-6

01 按【Ctrl＋O】组合键，打开一幅素材图像7.1.3（1）.jpg，如图7-7所示。

02 选取魔棒工具，单击工具属性栏中的“新选区”按钮，在图像中创建选区，如图7-8所示。

图7-7

图7-8

03 单击前景色按钮，在弹出的“拾色器（前景色）”对话框中设置RGB参数值分别为224、237、1，如图7-9所示。

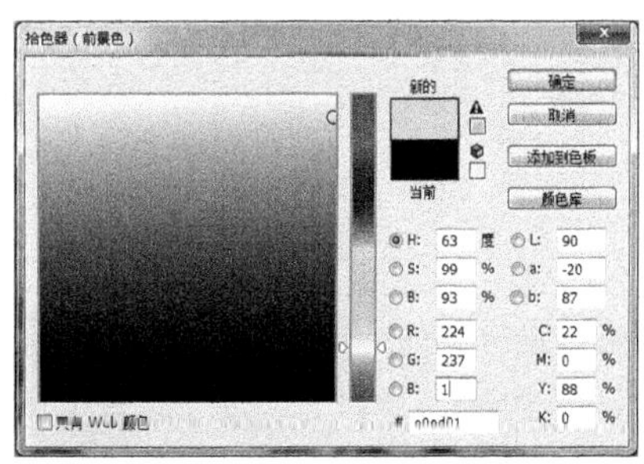

图7-9

04 单击“确定”按钮，再按【Alt＋Delete】组合键，在选区内填充前景色，如图7-10所示。

图7-10

05 执行上述操作后，在图像中央的圆形上单击鼠标左键，即可选择新区域，如图7-11所示。

图7-11

06 按【Alt+Delete】组合键，填充前景色，按【Ctrl+D】组合键取消选区。

2. 运用“添加到选区”按钮添加选区

如果要在已经创建的选区之外再加上另外的选区，就需要用到选框工具。创建一个选区后，单击“添加到选区”按钮，即可得到两个选区范围的并集。

课堂案例	运用“添加到选区”按钮添加选区
案例位置	效果>第7章>7.1.3（2）.psd
视频位置	视频>第7章>课堂案例——运用“添加到选区”按钮添加选区.mp4
难易指数	★★★☆☆
学习目标	掌握运用“添加到选区”按钮添加选区的方法

本案例的最终效果如图7-12所示。

图7-12

01 按【Ctrl+N】组合键，弹出“新建”对话框，设置相应选项，如图7-13所示，单击“确定”按钮。

02 单击前景色按钮，在弹出的“拾色器”对话框中设置RGB参数值分别为240、230、7，如图7-14所示。

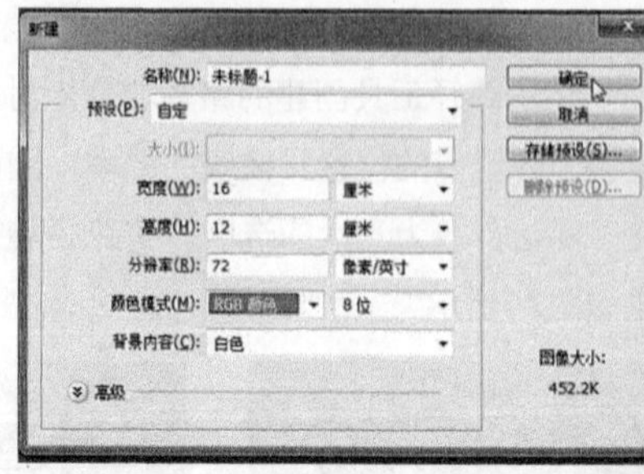

图7-13

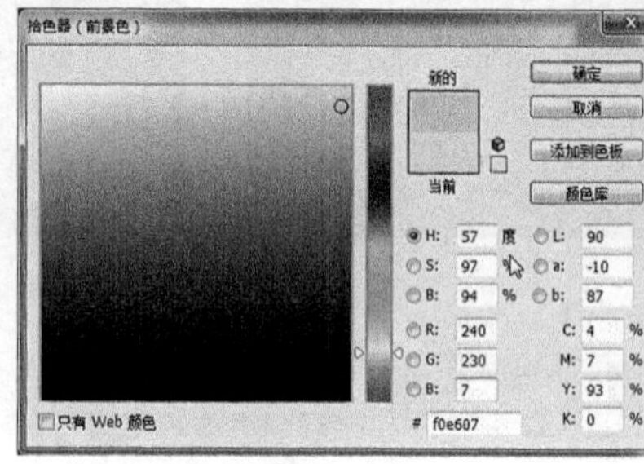

图7-14

03 单击“确定”按钮，然后按【Alt+Delete】组合键，填充前景色，如图7-15所示。

图7-15

04 选取工具箱中的椭圆选框工具，单击工具属性栏上的“添加到选区”按钮，创建选区，如图7-16所示。

图7-16

05 设置前景色为黑色（RGB参数值均为0），然后按【Alt＋Delete】组合键，填充前景色，如图7-17所示。按【Ctrl＋D】组合键取消选区。

图7-17

3. 运用“从选区减去”按钮减少选区

运用“从选区减去”按钮，可以将原有选区减去一部分。

课堂案例	运用“从选区减去”按钮减少选区
案例位置	效果>第7章>7.1.3（3）.psd
视频位置	视频>第7章>课堂案例——运用“从选区减去”按钮减少选区.mp4
难易指数	★★★☆☆
学习目标	掌握运用“添加到选区”按钮添加选区的方法

本案例的最终效果如图7 18所示。

图7-18

01 打开上一个案例效果文件，选取椭圆选框工具，在图像编辑窗口中创建选区，如图7-19所示。

图7-19

02 选取椭圆选框工具，单击工具属性栏上的“从选区减去”按钮，创建椭圆选框，即可减去椭圆选区，如图7-20所示。

图7-20

03 设置前景色为红色（RGB参数值分别为250、0、0），按【Alt＋Delete】组合键，填充前景色，并取消选区，效果如图6-21所示。

图7-21

4. 运用“与选区交叉”按钮减少选区

交集运算是两个选区范围重叠的部分。创建一个选区后，单击“与选区交叉”按钮，再创建另外一个选区，可以得到两个选区的交集。

课堂案例	运用“与选区交叉”按钮减少选区
案例位置	效果>第7章>7.1.3（4）.psd
视频位置	视频>第7章>课堂案例——运用“与选区交叉”按钮减少选区.mp4
难易指数	★★★☆☆
学习目标	掌握运用“与选区交叉”按钮添加选区的方法

本案例的最终效果如图7-22所示。

图7-22

01 打开上一个案例效果文件7.1.3（3）.psd，如图7-23所示。

图7-23

02 选取椭圆选框工具，在图像编辑窗口中创建一个选区，如图7-24所示。

图7-24

03 单击工具属性栏上的“与选区交叉”按钮，即可创建与选区相交的选区，如图7-25所示。

图7-25

04 设置前景色为红色，按【Alt+Delete】组合键，填充前景色，然后按【Ctrl+D】组合键取消选区。

7.2 运用工具抠取商品图像

在处理商品图像过程中，经常需要借助选区来确定操作对象区域，选区用于准确限制抠图的范围，从而得到精确的效果。

7.2.1 运用魔棒工具抠取商品

运用魔棒工具可以创建与图像颜色相近或相同像素的选区，在颜色相近的图像上单击鼠标左键，即可选取图像上相近的颜色范围。

下面介绍通过魔棒工具抠取商品的操作方法。

课堂案例	运用魔棒工具抠取商品
案例位置	效果>第7章>7.2.1.psd
视频位置	视频>第7章>课堂案例——运用魔棒工具抠取商品.mp4
难易指数	★★☆☆☆
学习目标	掌握运用魔棒工具抠取商品的方法

本案例的最终效果如图7-26所示。

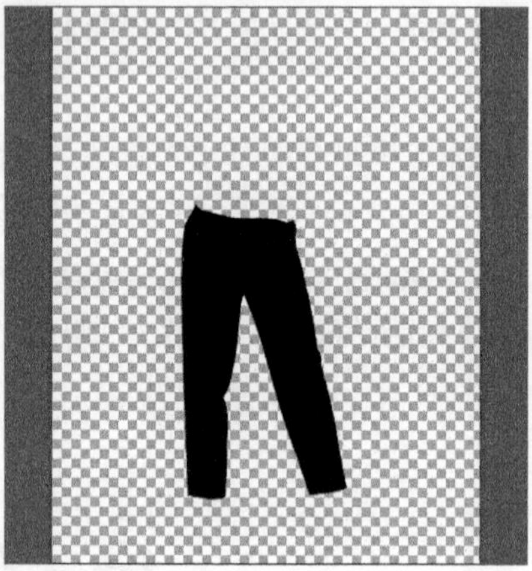

图7-26

01 按【Ctrl+O】组合键，打开商品图像素材7.2.1.jpg，如图7-27所示。

图7-27

02 选取工具箱中的魔棒工具，如图7-28所示。

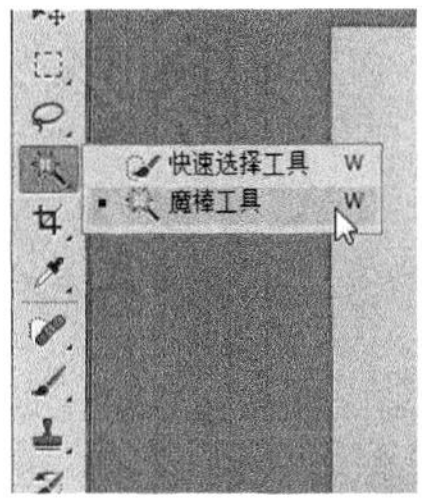

图7-28

03 在工具箱中选取魔棒工具后，其工具属性栏如图7-29所示。

图7-29

> **技巧与提示**
>
> 魔棒工具属性栏中，主要选项的含义如下。
>
> - 消除锯齿：用来模糊羽化边缘的像素，使其与背景像素产生颜色过渡，从而消除边缘明显的锯齿。
> - 连续：在使用“魔棒工具”选择图像时，在工具属性栏中选中“连续”复选框，只选取与单击处相邻、容差范围内的颜色区域。
> - 对所有图层取样：用于有多个图层的文件，选中该复选框后，可以选取图像文件中所有图层中相近颜色的区域；不选中时，只选取当前图层中相近颜色的区域。

04 在工具属性栏上设置“容差”为32，在合适位置单击创建选区，如图7-30所示。按【Ctrl＋J】组合键，并复制一个新图层，然后隐藏“背景”图层，即可抠取商品图像。

图7-30

容差：用来控制创建选区范围的大小。数值越小，所要求的颜色越相近，数值越大，则颜色相差越大。

在魔棒工具属性栏中的“容差”文本框中可以设置0～255的数值，用于确定选择范围的容差，默认值为32。设置的数值越小，选择的颜色范围越相近，选择的范围也就越小，如图7-31所示。

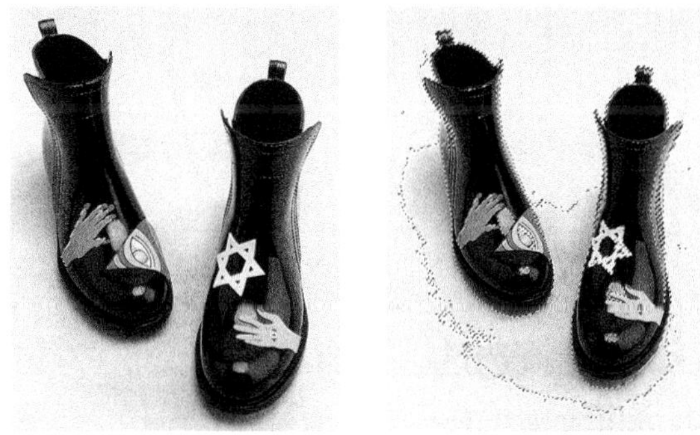

容差为32的选取效果　　容差为70的选取效果

图7-31

1. 通过单一选区抠商品

单一选区是指每次单击魔棒工具，在处理商品图像时，只能选择一个区域，再次进行单击选取时，前面选择的区域将自动取消选择。单一选区抠商品的效果如图7-32所示。

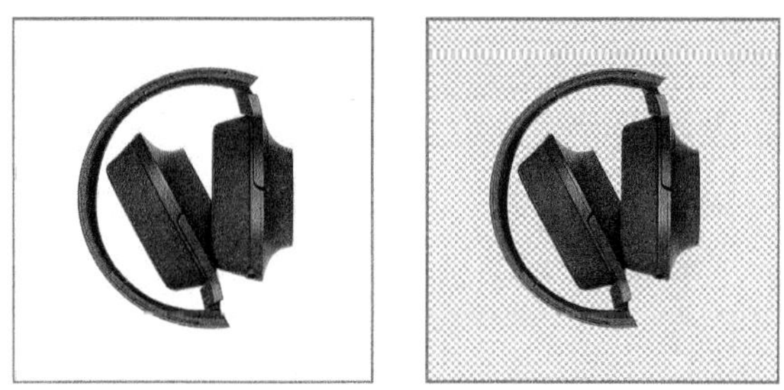

图7-32

2. 通过添加选区抠商品

使用魔棒工具时，在工具属性栏中单击“添加到选区”按钮，可以在原有选区的基础上添加新选区，将新建的选区与原来的选区合并成为新的选区。

选取工具箱中的魔棒工具，在工具属性栏中选中“连续”复选框，在图像编辑窗口单击背景区域，在工具属性栏中单击“添加到选区”按钮，多次单击背景区域，使背景全部被选中，单击“选择”|“反向”命令，反选选区，按【Ctrl＋J】组合键，复制选区内的图像，建立“图层1”图层，并隐藏“背景”图层，抠取商品，如图7-33所示。

图7-33

3. 通过减选选区抠商品

使用魔棒工具时，在工具属性栏中单击“从选区减去”按钮，可以从原有选区中减去不需要的部分，从而得到新的选区。

选取工具箱中的魔棒工具，在工具属性栏中，单击“从选区减去”按钮，单击“选择”|“反向”命令，反选选区，按【Ctrl+J】组合键，拷贝选区内的图像，建立“图层1”，并隐藏“背景”图层，抠取商品，如图7-34所示。

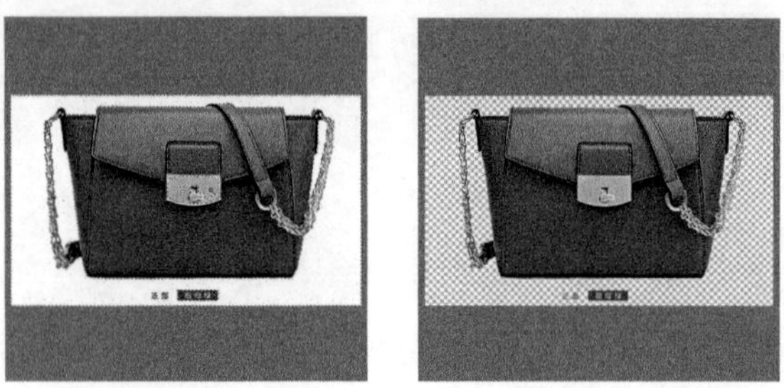

图7-34

4. 通过交叉选区抠商品

交叉选区是指使用选框工具或套索工具在图形中创建选区，如果新创建的选区与原来的选区有相交部分，结果会将相交的部分作为新的选区。

选取工具箱中的矩形选框工具，在图像编辑窗口中的合适位置，绘制一个矩形选区，如图7-35所示。

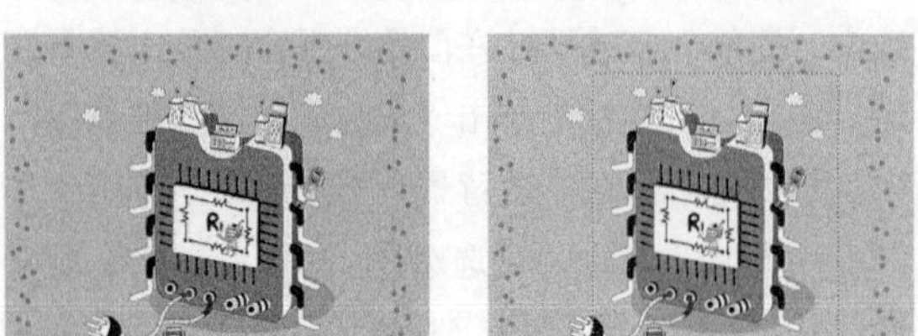

图7-35

技巧与提示

在“新选区”状态下，按住【Shift】键的同时，单击相应区域，可快速切换到“添加到选区”状态。

选取工具箱中的魔棒工具，在工具属性栏中单击“与选区交叉”按钮，在中间蓝色区域单击鼠标左键，按【Ctrl+J】组合键，复制选区内的图像，建立“图层1”图层，并隐藏“背景”图层，抠取商品，如图7-36所示。

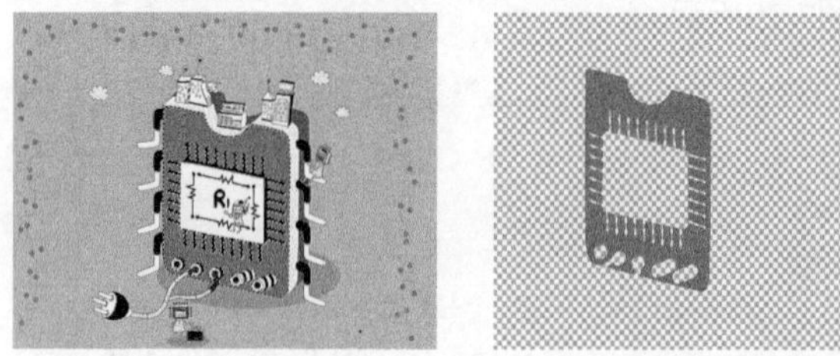

图7-36

7.2.2 运用快速选择工具抠取商品

网店卖家在美化商品时，若背景复杂，商品图像颜色简单，可以使用快速选择工具将商品图像快速抠取出来，以便进行后期的商品美化处理。

下面介绍通过快速选择工具抠取商品的具体操作方法。

课堂案例	运用快速选择工具抠取商品
案例位置	效果>第7章>7.2.2.psd
视频位置	视频>第7章>课堂案例——运用快速选择工具抠取商品.mp4
难易指数	★★★★☆
学习目标	掌握运用快速选择工具抠取商品的方法

本案例的最终效果如图7-37所示。

图7-37

01 按【Ctrl+O】组合键，打开商品图像素材7.2.2.jpg，如图7-38所示。

图7-38

02 选取工具箱中的快速选择工具，如图7-39所示。

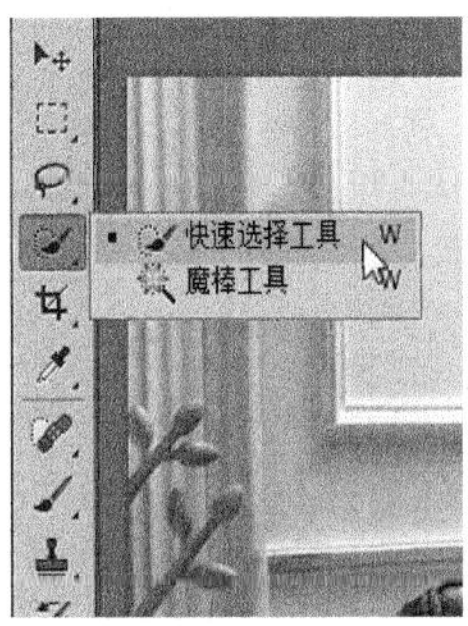

图7-39

03 选取快速选择工具后，其工具属性栏如图7-40所示。

图7-40

技巧与提示

在快速选择工具属性栏中，主要选项的含义如下。

- 选区运算按钮：分别为："新选区"，可以创建一个新的选区；"添加到选区"，可在原选区的基础上添加新的选区；"从选区减去"，可以在原选区的基础上减去当前绘制的选区。
- "画笔拾取器"：单击该按钮，可以设置画笔笔尖的大小、硬度、间距。
- 对所有图层取样：可基于所有图层取样创建选区。
- 自动增强：可以减少选区边界的粗糙度和块效应。

04 在工具属性栏中，设置画笔"大小"为30像素，如图7-41所示。

05 将鼠标移动至图像编辑窗口中单击，创建选区，如图7-42所示。

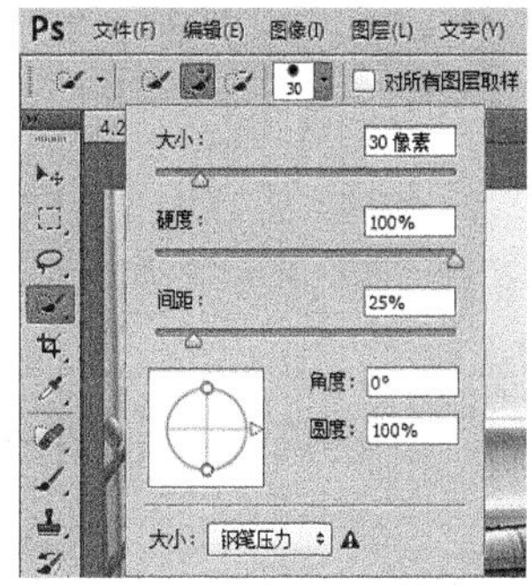

图7-41

图7-42

06 连续在图像上单击鼠标左键，直至选择整个图像，如图7-43所示。

07 按【Ctrl+J】组合键，得到"图层1"，单击"背景"图层的"指示图层可见性"图标，隐藏"背景"图层。

图7-43

技巧与提示

在连续选择过程中，如果有多选或少选的现象，可以单击工具属性栏中的“添加到选区”或“从选区减去”按钮，在相应区域适当拖动，进行调整。

7.2.3 运用矩形选框工具抠取商品

在编辑图像时，若商品图像是矩形的，就可通过矩形选框工具快速抠取商品图像。

下面介绍通过矩形选框工具抠取商品的具体操作方法。

课堂案例	运用矩形选框抠取商品
案例位置	效果>第7章>7.2.3.psd
视频位置	视频>第7章>课堂案例——运用矩形选框抠取商品.mp4
难易指数	★★★★☆
学习目标	掌握运用矩形选框抠取商品的方法

本案例的最终效果如图7-44所示。

01 按【Ctrl＋O】组合键，打开商品图像素材7.2.3.jpg，如图7-45所示。

图7-44

图7-45

技巧与提示

在Photoshop中，选区用来定义操作范围。有了选区的限定，就可以对局部图像进行处理，如果没有选区，则操作将对整个图像产生影响。

02 在工具箱中选取矩形选框工具，如图7-46所示。

03 选择矩形选框后，其工具属性栏如图7-47所示。

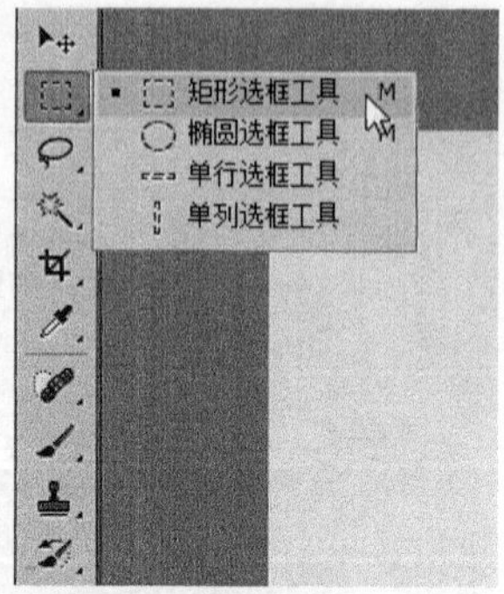

图7-46

图7-47

技巧与提示

在矩形选框工具属性栏中，主要选项的含义如下。

- 羽化：用来设置选区的羽化范围。
- 样式：用来设置创建选区的方法。选择“正常”选项，可以通过拖曳鼠标创建任意大小的选区；选择“固定比例”选项，可在右侧设置“宽度”和“高度”；选择“固定比例”选项，可在右侧设置“宽度”和“高度”。单击按钮，可以切换“宽度”和“高度”值。
- 调整边缘：用来对选区进行平滑、羽化等处理。

04 执行上述操作后，将鼠标移动至图像编辑窗口，在合适位置单击鼠标左键并拖曳鼠标至合适位置后释放鼠标，创建选区，如图7-48所示。

图7-48

05 按【Ctrl＋J】组合键，得到“图层1”，单击“背景”图层的“指示图层可见性”图标，隐藏“背景”图层，完成商品抠图操作。

7.2.4 运用椭圆选框工具抠取商品

在编辑图像时，若商品图像是椭圆或圆形，就可以通过椭圆选框工具快速抠取商品图像。

下面介绍通过椭圆选框抠取商品的具体操作方法。

课堂案例	运用椭圆选框工具抠取商品
案例位置	效果>第7章>7.2.4.psd
视频位置	视频>第7章>课堂案例——运用椭圆选框工具抠取商品.mp4
难易指数	★★★★☆
学习目标	掌握运用椭圆选框工具抠取商品的方法

本案例的最终效果如图7-49所示。

图7-49

01 按【Ctrl+O】组合键，打开商品图像素材7.2.4.jpg，如图7-50所示。

图7-50

02 在工具箱中选取椭圆选框工具，在图像适当位置单击鼠标左键并拖曳鼠标创建一个椭圆选区，如图7-51所示。

03 移动鼠标至椭圆选区内，当鼠标呈▷时，拖曳鼠标，如图7-52所示。

04 执行上述操作后，即可移动选区至合适位置，如图7-53所示。

图7-51

图7-52

图7-53

技巧与提示

- 按【Shift+M】组合键，可快速选择椭圆选框工具。
- 按【Shift】键，可创建正圆选区。
- 按【Alt】键，可创建以起点为中心的椭圆选区。
- 按【Alt+Shift】组合键，可创建以起点为中心的正圆选区。

05 按【Ctrl+J】组合键，得到“图层1”，单击“背景”图层的“指示图层可见性”图标，如图7-54所示，即可隐藏“背景”图层。

图7-54

7.2.5 运用套索工具抠取商品

在美化商品图像时，若商品图像呈不规则形状，就可通过套索工具抠取商品图片。

下面介绍通过套索工具抠取商品的具体操作方法。

课堂案例	运用套索工具抠取商品
案例位置	效果>第7章>7.2.5.psd
视频位置	视频>第7章>课堂案例——运用套索工具抠取商品.mp4
难易指数	★★★★☆
学习目标	掌握运用套索工具抠取商品的方法

本案例的最终效果如图7-55所示。

图7-55

01 按【Ctrl+O】组合键，打开多个商品图像素材7.2.5（1）.jpg、7.2.5（2）.jpg，如图7-56所示。

02 切换至7.2.5（2）素材图像编辑窗口，选取工具箱中的套索工具，如图7-57所示。

03 移动鼠标至图像窗口，单击鼠标左键并拖曳鼠标创建一个不规则选区，如图7-58所示。

图7-56

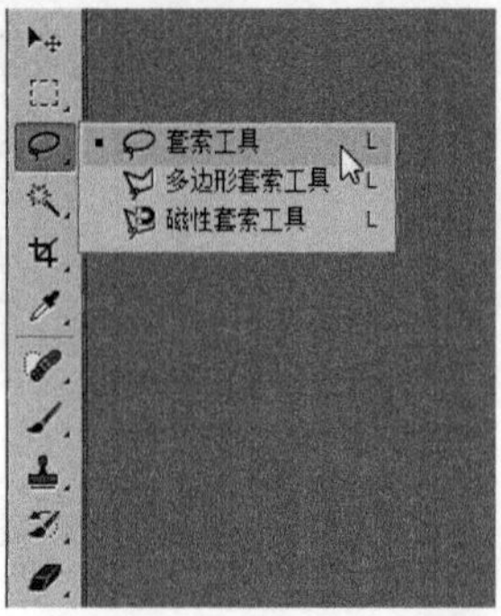

图7-57

图7-58

04 按【Ctrl+J】组合键复制一个新图层，选取工具箱中的移动工具，将素材图像拖曳至7.2.5（2）图像编辑窗口中，如图7-59所示。

图7-59

05 按【Ctrl+T】组合键，调整图像大小，如图7-60所示。

图7-60

技巧与提示

套索工具主要用来选取对选区精度要求不高的区域，该工具的最大优势是选取选区的效率很高。

06 按【Enter】键确认，再将图像调整至合适位置，效果如图7-61所示。

07 在“图层”面板中，设置“图层1”的“混合模式”为“正片叠底”，如图7-62所示，即可更改“图层1”的“混合模式”。

图7-61

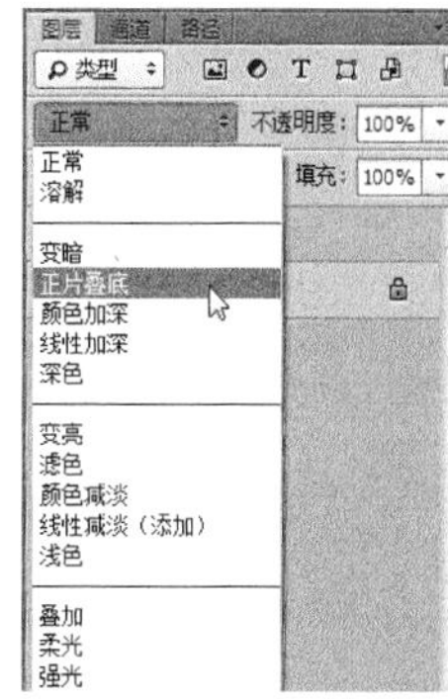

图7-62

7.2.6 运用磁性套索工具抠取商品

在美化商品图像时，若商品图像背景较复杂、选择区域与背景有较高对比度，就可通过磁性套索工具抠取商品图片，磁性套索工具可以根据商品图像的对比度自动跟踪商品图像的边缘，这样可以快速抠取商品，提高工作效率。

技巧与提示

运用磁性套索工具自动创建边界选区时，按【Delete】键可以删除上一个节点和线段。若选择的边框没有贴近被选图像的边缘，可以在选区上单击鼠标左键，手动添加一个节点，然后将其调整至合适位置。

下面介绍通过磁性套索工具抠取商品的具体操作方法。

课堂案例	运用磁性套索工具抠取商品
案例位置	效果>第7章>7.2.6.psd
视频位置	视频>第7章>课堂案例——运用磁性套索工具抠取商品.mp4
难易指数	★★★★☆
学习目标	掌握运用磁性套索工具抠取商品的方法

本案例的最终效果如图7-63所示。

图7-63

01 按【Ctrl+O】组合键，打开商品图像素材7.2.6.jpg，如图7-64所示。

图7-64

02 选取工具箱中的磁性套索工具，如图7-65所示，在工具属性栏中设置“羽化”为0像素。

03 选择磁性套索工具后，其工具属性栏如图7-66所示。

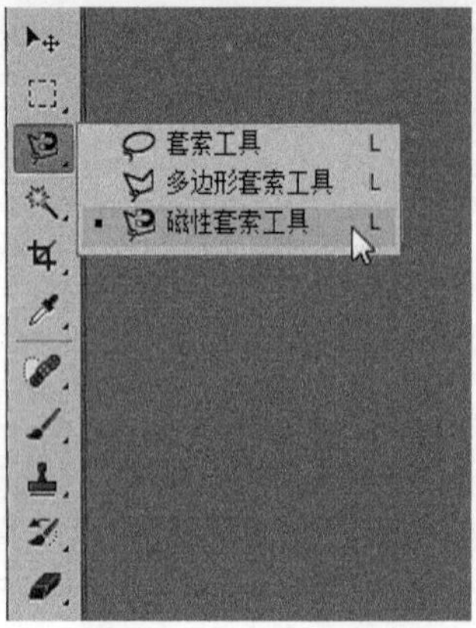

图7-65

图7-66

技巧与提示

磁性套索工具属性栏中，主要选项的含义如下。

- 宽度：表示以光标中心为准，其周围有多少个像素能够被工具检测到。如果对象的边界不是特别清晰，需要使用较小的宽度值。
- 对比度：用来设置工作感应图像边缘的灵敏度。如果图像的边缘清晰，可将该数值设置得高一些；反之，则设置得低一些。
- 频率：用来设置创建选区时生成锚点的数量。
- 使用绘图板压力以更改钢笔宽度：在计算机配置有数位板和压感笔时，单击此按钮，Photoshop会根据压感笔的压力自动调整工具的检测范围。

04 将鼠标移至图像编辑窗口中，沿着商品图像的边缘拖动鼠标，如图7-67所示。

图7-67

05 拖至起始点处单击，即可创建选区，如图7-68所示。

图7-68

06 按【Ctrl+J】组合键，得到“图层1”，单击“背景”图层的“指示图层可见性”图标，如图7-69所示。

07 执行上述操作后，隐藏“背景”图层，效果如图7-70所示。

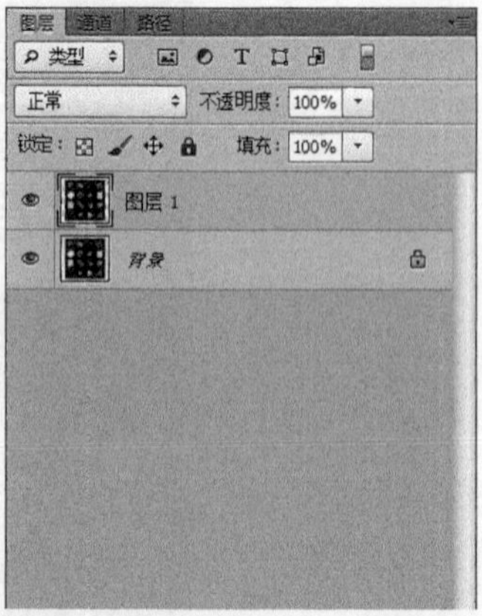

图7-69

图7-70

7.2.7 运用多边形套索工具抠取商品

在美化商品图像时，若商品图像边缘轮廓呈直线，则可使用多边形套索工具。多边形套索工具可以创建直边的选区，其优点是只需要单击就可以选取边界规则的图像，并在两点之间以直线连接。

课堂案例	运用多边形套索工具抠取商品
案例位置	效果>第7章>7.2.7.psd
视频位置	视频>第7章>课堂案例——运用多边形套索工具抠取商品.mp4
难易指数	★★★★☆
学习目标	掌握运用多边形套索工具抠取商品的方法

本案例的最终效果如图7-71所示。

01 按【Ctrl+O】组合键，打开商品图像素材7.2.7.jpg，如图7-72所示。

图7-71

图7-72

02 选取工具箱中的多边形套索工具，如图7-73所示，在工具属性栏中设置“羽化”为0像素。

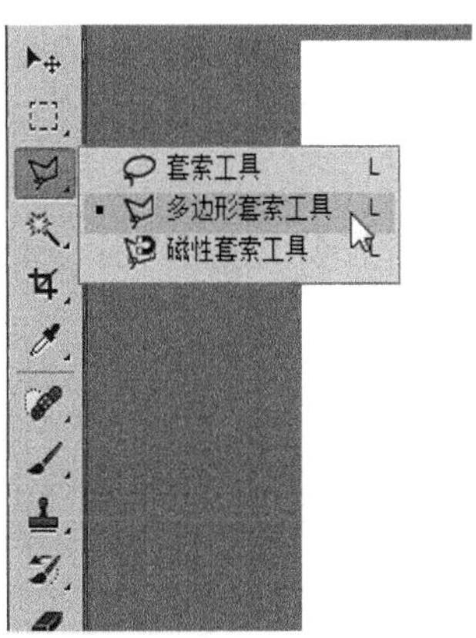

图7-73

技巧与提示

运用多边形套索工具创建选区时，按住【Shift】键的同时单击鼠标左键，可以沿水平、垂直或45°方向创建选区。在运用套索工具或多边形套索工具时，按【Alt】键可以在两个工具之间切换。

03 将鼠标移至图像编辑窗口中的合适位置，单击鼠标左键指定起点，并在转角处单击鼠标，指定第二点，如图7-74所示。

04 用与上述同样的方法，沿商品图像边缘依次单击其他点，最后在起始点处单击鼠标左键即可创建选区，如图7-75所示。

图7-74

图7-75

05 按【Ctrl+J】组合键，得到“图层1”，单击“背景”图层的“指示图层可见性”图标，如图7-76所示，隐藏“背景”图层。

图7-76

7.2.8 运用橡皮擦工具抠取商品

橡皮擦工具的用途比较灵活，接下来讲解应用橡皮擦工具抠取商品图像的方法。

课堂案例	运用橡皮擦工具抠取商品
案例位置	效果>第7章>7.2.8.jpg
视频位置	视频>第7章>课堂案例——运用橡皮擦工具抠取商品.mp4
难易指数	★★★☆☆
学习目标	掌握运用橡皮擦工具抠取商品的方法

本案例的最终效果如图7-77所示。

图7-77

01 按【Ctrl＋O】组合键，打开商品图像素材7.2.8.jpg，如图7-78所示。

图7-78

02 选取工具箱中的橡皮擦工具，如图7-79所示。

03 在工具属性栏中，设置画笔为“硬边圆”、“大小”为60像素，如图7-80所示。

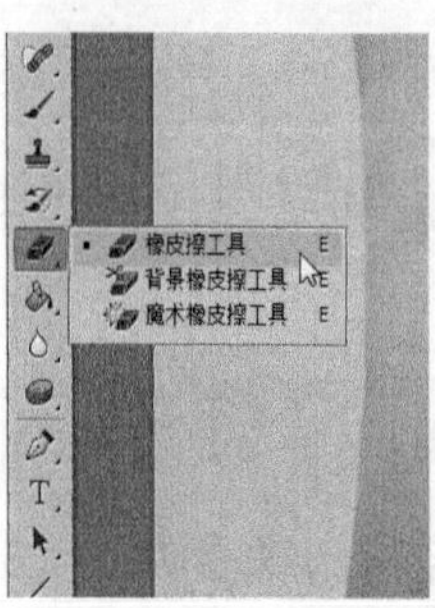

图7-79

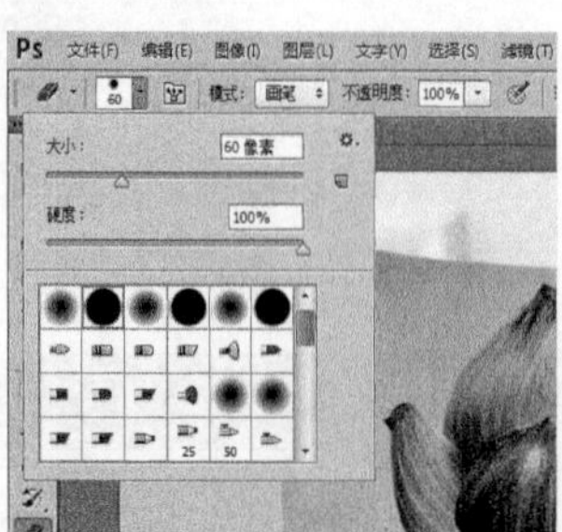

图7-80

04 设置背景色为白色（RGB参数值均为255），如图7-81所示。

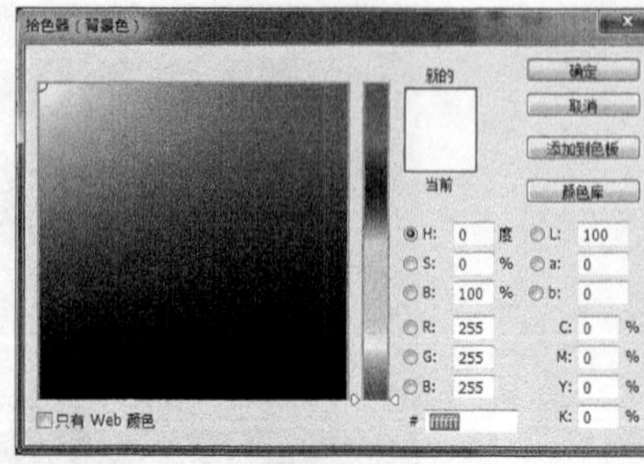

图7-81

05 移动鼠标至图像编辑窗口中单击，擦除背景区域，如图7-82所示。

图7-82

7.2.9 运用背景橡皮擦工具抠取商品

如果拍摄的商品图像背景颜色是单一的，则可使用背景橡皮擦工具快速擦除背景抠取商品。

下面介绍通过背景橡皮擦工具抠取商品的具体操作方法。

课堂案例	运用背景橡皮擦工具抠取商品
案例位置	效果>第7章>7.2.9.psd
视频位置	视频>第7章>课堂案例——运用背景橡皮擦工具抠取商品.mp4
难易指数	★★★☆☆
学习目标	掌握运用背景橡皮擦工具来抠取商品的方法

本案例的最终效果如图7-83所示。

图7-83

01 按【Ctrl＋O】组合键，打开商品图像素材7.2.9.jpg，如图7-84所示。

图7-84

02 选择工具箱中的吸管工具，在图像灰色背景上单击鼠标左键，即可吸取背景色，单击"切换前景色和背景色"按钮，并选取工具箱中的背景橡皮擦工具，如图7-85所示。

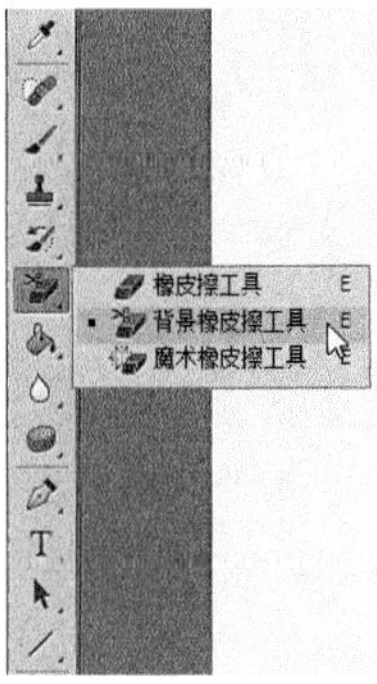

图7-85

03 选取工具箱中的背景橡皮擦工具后，其工具属性栏如图7-86所示。

图7-86

技巧与提示

在背景橡皮擦工具属性栏中，主要选项的含义如下。

- 取样：用来设置取样方式。
- 限制：定义擦除时的限制模式。选择"不连续"选项，可以擦除出现在光标下任何位置的样本颜色；选择"连续"选项，只擦除包含样本颜色并且互相连接的区域；选择"查找边缘"选项，可擦除包含样板颜色的连续区域，同时更好地保留形状边缘的锐化程度。
- 容差：用来设置颜色的容差范围。低容差仅限于擦除与样本颜色非常相似的区域，高容差可擦除范围更广的颜色。
- 保护前景色：选中该复选框后，可以防止擦除与前景色匹配的区域。

04 在工具属性栏中，设置"大小"为100像素，并单击"取样：背景色板"按钮，如图7-87所示。在图像编辑窗口中单击鼠标左键并拖曳鼠标，即可擦除图像背景。

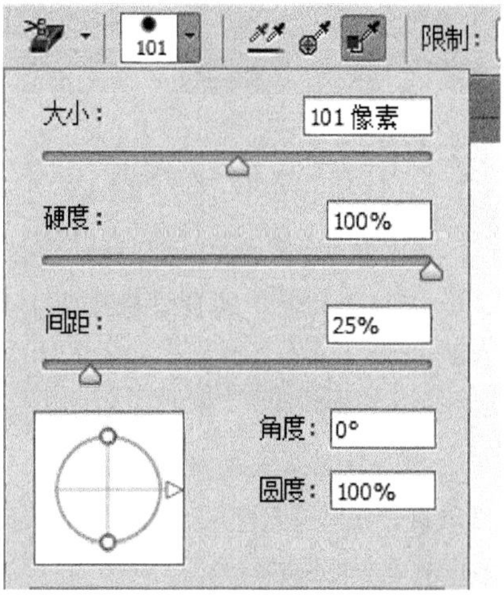

图7-87

1. 通过取样一次抠商品

在处理商品图像时，可以通过取样一次抠取商品。

选取工具箱的背景橡皮擦工具，在工具属性栏中，单击"取样：一次"按钮，如图7-88所示。

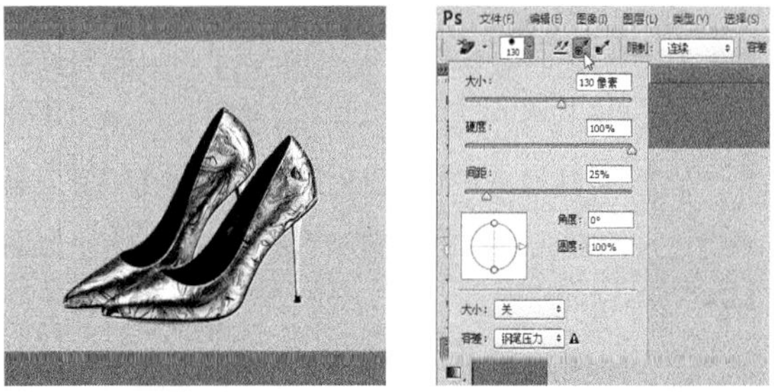

图7-88

技巧与提示

橡皮擦的快速取样不是所有的商品都适用，橡皮擦快速取样比较适合轮廓规整的商品。

将鼠标移至需要擦除的背景图像上，然后按住鼠标左键不放，在整个图像中的背景区域拖动，擦除图像，即可抠取商品，如图7-89所示。

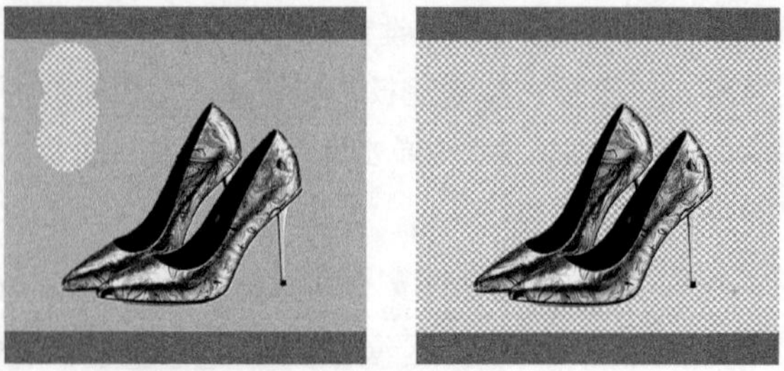

图7-89

2. 通过连续取样抠商品

在处理商品图像时，可以通过连续取样抠取商品。

选取工具箱中的背景橡皮擦工具，在工具属性栏中，单击“取样：连续”按钮，移动鼠标至图像编辑窗口中，在图像适当位置取样并拖曳鼠标，擦除背景区域，继续拖曳鼠标，在相应位置连续取样，擦除背景区域，如图7-90所示。

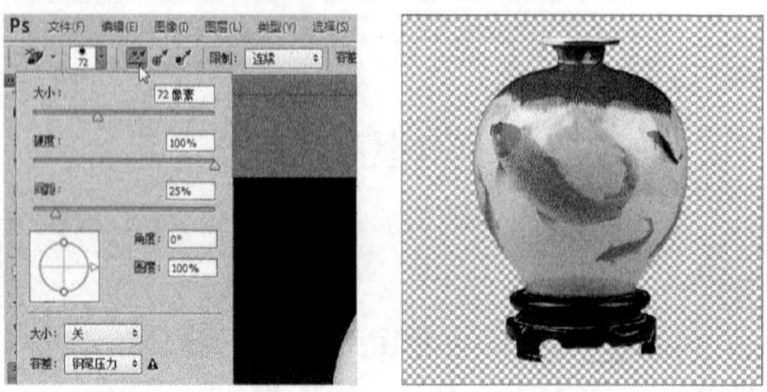

图7-90

3. 通过背景色板抠商品

在处理商品图像时，可以通过背景色板取样抠取商品。

选取工具箱中的背景橡皮擦工具，在工具属性栏中，单击“取样：背景色板”按钮，如图7-91所示。

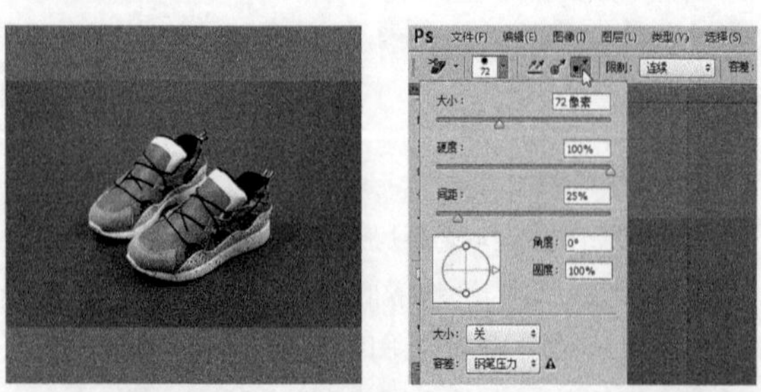

图7-91

设置背景颜色，将鼠标移至需要擦除的背景图像上，按住鼠标左键不放，在整个图像中的背景区域拖动鼠标，擦除图像，即可抠取商品，如图7-92所示。

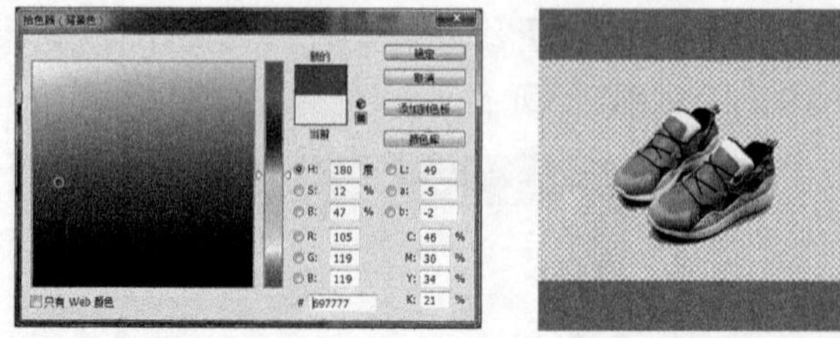

图7-92

4. 通过“查找边缘”选项抠商品

背景橡皮擦工具属性栏中的“限制”下拉列表框中包含“查找边缘”“不连续”“连续”几个选项，它们都是用来控制擦除的限制模式，也就是说在拖曳鼠标时，是擦除连接的像素，还是擦除工具范围内所有相似的像素。

技巧与提示

“查找边缘”与“连续”选项的作用有些相似，但是选择“连续”限制模式会破坏物体的边缘，而选择“查找边缘”限制模式能很好地区分图像的边缘，不会破坏物体边缘。

选择“查找边缘”选项以后，不但能擦除包含取样颜色的连续取样，还能更好地保留形状边缘的锐化程度，如图7-93所示。

图7-93

7.2.10 运用魔术橡皮擦工具抠取商品

处理商品图片时，可使用魔术橡皮擦工具快速擦去单一颜色的背景，抠取商品图像。

下面介绍通过魔术橡皮擦工具抠取商品的具体操作方法。

课堂案例	运用魔术橡皮擦抠取商品
案例位置	效果>第7章>7.2.10.psd
视频位置	视频>第7章>课堂案例——运用魔术橡皮擦抠取商品.mp4
难易指数	★★★☆☆
学习目标	掌握运用魔术橡皮擦抠取商品的方法

本案例的最终效果如图7-94所示。

01 按【Ctrl＋O】组合键，打开商品图像素材7.2.10.jpg，如图7-95所示。

图7-94

图7-95

02 选取工具箱中的魔术橡皮擦工具，如图7-96所示。

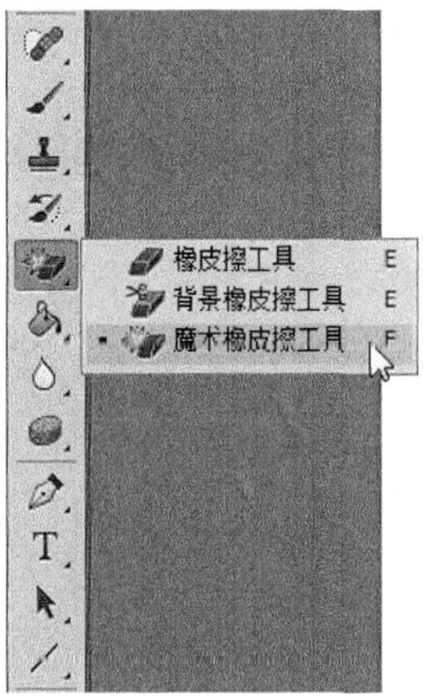

图7-96

03 选取魔术橡皮擦工具后，其工具属性栏如图7-97所示。

图7-97

技巧与提示

在魔术橡皮擦工具属性栏中，主要选项的含义如下。

- 消除锯齿：选中该复选框，可以使擦除边缘平滑。
- 连续：选中该复选框后，擦除仅与单击处相邻的且在容差范围内的颜色；若不选中该复选框，则擦除图像中所有符合容差范围内的颜色。
- 不透明度：设置所要擦除图像区域的不透明度，数值越大，图像被擦除得越彻底。

04 在工具属性栏中设置容差为32，取消选中“连续”复选框，如图7-98所示。移动鼠标至图像编辑窗口中的白色区域单击，即可擦除背景。

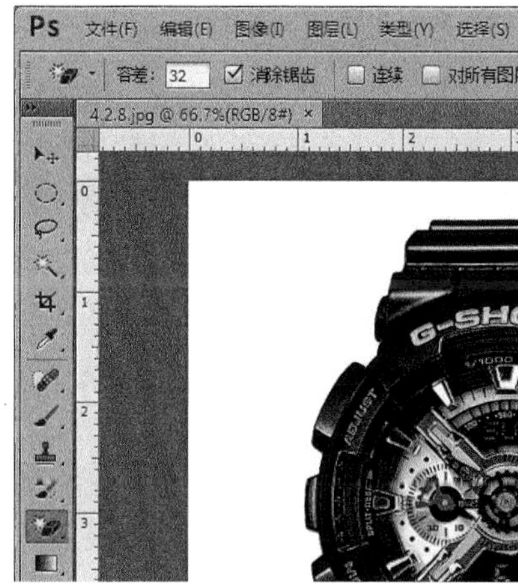

图7-98

1. 通过设置容差抠商品

在处理商品素材图像时，使用魔术橡皮擦工具进行抠图，可以根据需要设置容差，容差数值设置得越大，擦除的颜色范围就越广。

技巧与提示

在“容差”数值框中输入数值，可以定义擦除的颜色范围，低容差会擦除颜色值范围内与单击像素非常相似的像素，而高容差会擦除范围更广的像素。

选取工具箱中的魔术橡皮擦工具，保持默认设置，在红色区域单击鼠标左键，即可擦除背景，如图7-99所示。

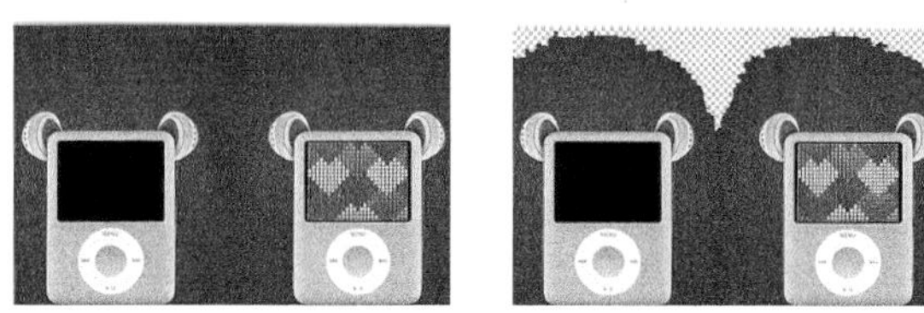

图7-99

在“历史记录”面板中单击“打开”步骤，恢复到打开状态，在工具属性栏中设置“容差”为50，再次在红色区域单击鼠标左键，擦除背景，抠取商品，如图7-100所示。

图7-100

2. 通过透明效果抠商品

在处理商品素材图像时，使用魔术橡皮擦工具不仅可以安全擦除图像，还可以通过工具属性栏的“不透明度”选项来设置图像的透明属性。

选择“图层1”，选取工具箱中的魔术橡皮擦工具，保持默认设置，单击白色区域，擦除背景，在工具属性栏中设置属性，在镜片图像上单击鼠标左键，擦除透明效果，继续在左侧的镜片图像上单击鼠标左键，擦除透明效果，抠取商品，如图7-101所示。

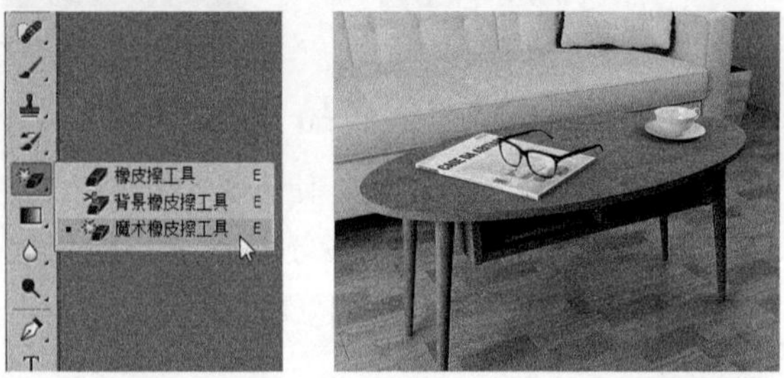

图7-101

7.3 运用命令抠取商品图像

本节主要介绍运用“全部”“反向”“色彩范围”“扩大选取”和“选取相似”命令抠取商品图像。

7.3.1 运用“反向”命令抠取商品

在处理单一背景的商品素材图像时，可以先选取背景，然后通过“反向”命令来抠取商品图片。

下面介绍通过“反向”命令抠取商品的具体操作方法。

课堂案例	运用“反向”命令抠取商品
案例位置	效果>第7章>7.3.1.psd
视频位置	视频>第7章>课堂案例——运用“反向”命令抠取商品商品.mp4
难易指数	★★★★☆
学习目标	掌握运用“反向”命令抠取商品的方法

本案例的最终效果如图7-102所示。

01 按【Ctrl+O】组合键，打开商品图像素材7.3.1.jpg，如图7-103所示。

图7-102

图7-103

02 选取工具箱中的魔棒工具，在工具属性栏中设置“容差”为10，如图7-104所示。

03 在白色背景位置单击鼠标左键，创建选区，如图7-105所示。

04 在菜单栏中单击“选择”|“反向”命令，如图7-106所示。

05 执行上述操作后即可反选选区，如图7-107所示。

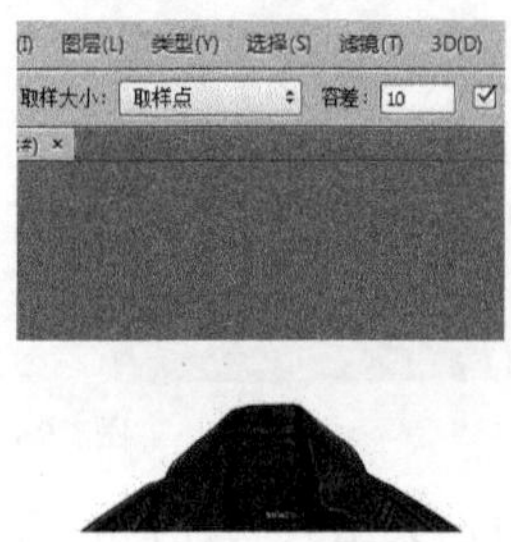

图7-104

图7-105

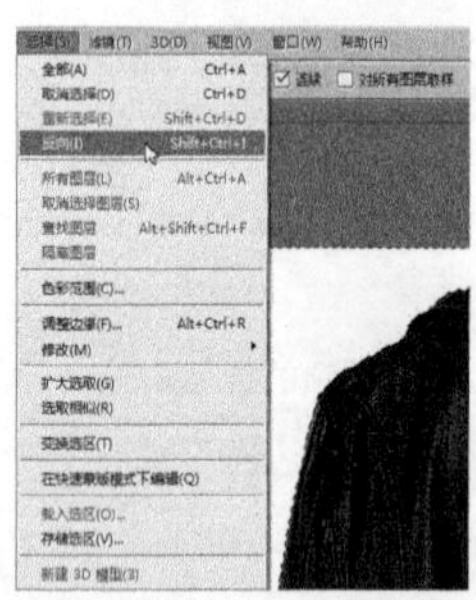

图7-106

图7-107

06 按【Ctrl+J】组合键，得到“图层1”，单击“背景”图层的“指示图层可见性”图标，隐藏“背景”图层，完成商品的抠图操作。

7.3.2 运用“色彩范围”命令抠取商品

在处理商品图片时，若商品复杂不好抠取，则可通过“色彩范围”命令利用图像中的颜色变化关系来抠取商品图像。

下面介绍通过“色彩范围”命令抠取商品的具体操作方法。

课堂案例	运用“色彩范围”命令抠取商品
案例位置	效果>第7章>7.3.2.psd
视频位置	视频>第7章>课堂案例——运用“色彩范围”命令抠取商品.mp4
难易指数	★★★☆☆
学习目标	掌握运用“色彩范围”命令抠取商品的方法

本案例的最终效果如图7-108所示。

图7-108

01 按【Ctrl＋O】组合键，打开商品图像素材7.3.2.jpg，如图7-109所示。

02 在菜单栏中单击“选择”|“色彩范围”命令，如图7-110所示。

图7-109

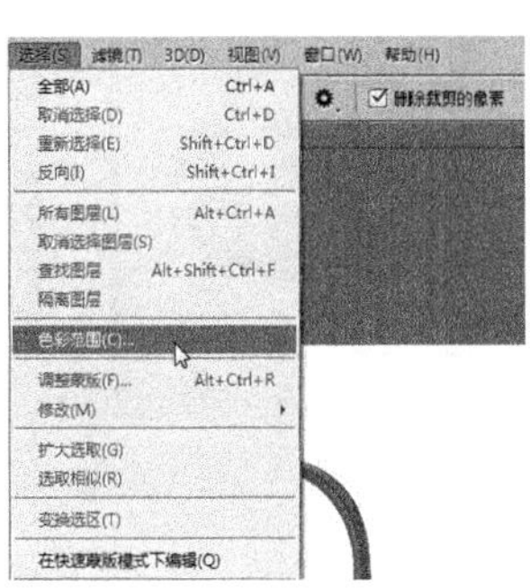

图7-110

03 弹出“色彩范围”对话框，设置“颜色容差”为80，选中“选择范围”单选按钮，如图7-111所示。

图7-111

技巧与提示

在“色彩范围”对话框中，主要选项的含义如下。

- 选择：用来设置选区的创建方式。选择“取样颜色”选项时，可将光标放在文档窗口中的图像上，或在“色彩范围”对话中的预览图像上单击，对颜色进行取样。
- 本地化颜色簇：当选中该复选框后，拖动“范围”滑块可以控制要包含在蒙版中的颜色与取样的最大和最小距离。
- 颜色容差：用来控制颜色的选择范围，该值越大，包含的颜色越广。
- 选区预览图：选区预览图包含两个单选按钮，选中“选择范围”单选按钮时，预览区的图像中，呈白色的表示被选择的区域；选中“图像”单选按钮时，预览区会出现彩色图像。
- 选区预览：设置文档选区的预览方式。选择“无”选项，表示不在窗口中显示选区；选择“灰度”选项，可以按照选区在灰度通道中的外观来显示选区；选择“黑色杂边”选项，可在未选择的区域上覆盖一层黑色；选择“白色杂边”选项，可在未选择的区域上覆盖一层白色；选择“快速蒙版”选项，可以显示选区在快速蒙版状态下的效果，此时，未选择的区域会覆盖一层红色。
- 载入/存储：单击“存储”按钮，可将当前的设置保存为选区预设；单击“载入”按钮，可以载入存储的选区预设文件。
- 反相：选中该复选框，可以反转选区。

04 将鼠标移至商品图像空白处并单击鼠标左键，单击“确定”按钮，即可选中空白区域，效果如图

7-112所示。

05 在菜单栏中单击“选择”|“反向”命令，如图7-113所示。

图7-112

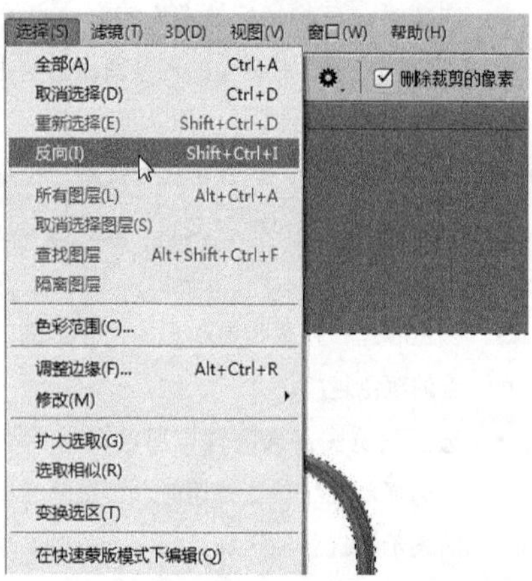

图7-113

06 执行上述操作后，即可反向选择商品图像，效果如图7-114所示。

图7-114

技巧与提示

应用“色彩范围”命令指定颜色范围时，可以调整选区的预览方式。通过“选区预览”选项可以设置预览方式，包括“灰色”“黑色杂边”“白色杂边”和“快速蒙版”4种预览方式。

07 按【Ctrl+J】组合键，得到“图层1”，如图7-115所示，单击“背景”图层的“指示图层可见性”图标，隐藏“背景”图层。

图7-115

7.4 本章小结

本章主要介绍选区的基础知识、利用工具抠取商品图像以及运用命令抠取商品图像。本章重点介绍商品图像的简单抠取方法，在熟悉Photoshop工具和命令的同时，学会应用工具和命令进行初级的抠图学习与训练。

7.5 习题测试——通过“选取相似”命令抠取商品

案例位置 效果\第7章\7.5.psd

难易指数 ★★★★☆

学习目标 掌握通过“选取相似”命令抠取商品图像的方法

本习题需要掌握通过“选取相似”命令抠取商品的方法，素材（7.5.jpg）如图7-116所示，最终效果如图7-117所示。

图7-116

图7-117

第8章

商品复杂抠图技巧

内容摘要

网店卖家除了要学会简单抠图外，还需要掌握一些复杂的抠图方法。如果拍摄的商品背景可以叠加，或者希望将商品应用于更多的场合，需要通过Photoshop进行复杂抠图处理。

本章主要介绍使用路径、图层、蒙版及通道抠取商品图像的操作。

课堂学习目标

制作精美商品文字效果	通道抠图的基础知识
运用钢笔工具抠取商品图像	运用路径抠取商品图像
运用通道抠取商品图像	运用图层模式抠取商品图像

8.1 制作精美商品文字效果

在使用矢量工具创建路径时，必须了解什么是路径，路径由什么组成，下面讲解路径的概念及其组成。

8.1.1 理解路径的概念

路径是Photoshop CC的强大功能之一，它是基于“贝塞尔”曲线建立的矢量图形，所有使用矢量绘图软件或矢量绘图工具制作的线条，原则上都可以称为路径。

路径是通过钢笔工具或形状工具创建出的直线和曲线，且是矢量图像，因此，无论创建的路径缩小或放大都不会影响其分辨率，并保持原样。

路径多用锚点来标记路线的端点或调整点，当创建的路径为曲线时，每个选中的锚点上将显示一条或两条方向线和一个或两个方向点，并附带相应的控制柄；方向线和方向点的位置决定了曲线段的大小和形状，调整控制柄，方向线或方向点随之改变，且路径的形状也将改变。图8-1为路径示意图。

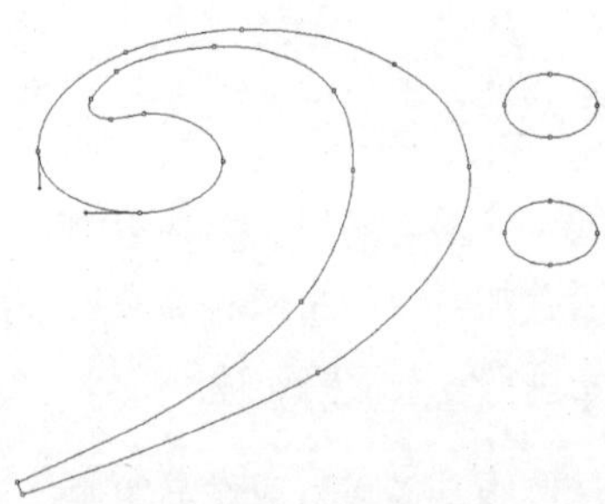

图8-1

8.1.2 “路径”控制面板

单击“窗口”|“路径”命令，打开“路径”面板，创建路径后，“路径”面板上会自动创建一个新的工作路径，如图8-2所示。

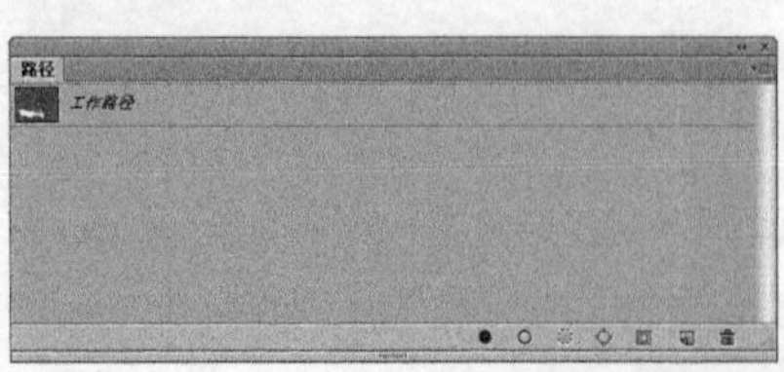

图8-2

- 工作路径：显示当前文件中包含的路径、临时路径和矢量蒙版。
- 用前景色填充路径：可以用当前设置的前景色填充路径包围的区域。
- 用画笔描边路径：可以按当前选择的绘画工具和前景色沿路径进行描边。
- 将路径作为选区载入：可以将创建的路径作为选区载入。
- 从选区生成工作路径：可以将当前创建的选区生成为工作路径。
- 创建新路径：可以用来创建一个新路径层。
- 删除当前路径：可以删除当前选择的工作路径。

8.2 通道抠图的基础知识

在Photoshop中通道被用来存放图像的颜色信息及自定义的选区，不仅可以使用通道得到非常特殊的选区，以辅助制图，还可以改变通道中存放的颜色信息来调整图像的色调。

无论是新建文件、打开文件或扫描文件，当一个图像文件调入Photoshop后，Photoshop就为其创建图像文件固有的通道，即颜色通道或称原色通道，原色通道的数目取决于图像的颜色模式。

8.2.1 通道的作用

通道是一种很重要的图像处理方法，它主要用来存储图像的色彩信息和图层中的选择信息。使用通道可以复原扫描失真严重的图像，还可以对图像进行合成，从而创作出一些意想不到的效果。

8.2.2 “通道”面板

“通道”面板是存储、创建和编辑通道的主要场所。在默认情况下，“通道”面板显示的均为原色通道。

当图像的色彩模式为CMYK模式时，面板中有4个原色通道，即“青”通道“洋红”通道、“黄”通道和“黑”通道，每个通道都包含对应的颜色信息。

当图像的色彩模式为RGB色彩模式时，面板中有3个原色通道，即“红”通道、“绿”通道、“蓝”通道和一个合成通道，即RGB通道。将“红”通道、“绿”通道、“蓝”通道合成在一起，就得到一幅色彩绚丽的RGB模式图像。

在Photoshop CC界面中，单击“窗口”|“通道”命令，弹出如图8-3所示的“通道”面板，此面板中列出了图像的所有通道。

图8-3

8.3 运用钢笔工具抠取商品图像

可使用路径功能先绘制路径然后转换为选区抠取商品。

8.3.1 运用钢笔工具绘制直线路径抠取商品

网店卖家处理商品图片时，若所拍摄的商品轮廓呈多边形，可使用钢笔工具先绘制直线路径，然后转换为选区抠取商品。

下面介绍通过钢笔绘制直线路径抠取商品的具体操作方法。

课堂案例	运用钢笔工具绘制直线路径抠取商品
案例位置	效果>第8章>8.3.1.psd
视频位置	视频>第8章>课堂案例——运用钢笔工具绘制直线路径抠取商品.mp4
难易指数	★★★★★
学习目标	掌握运用钢笔工具绘制直线路径抠取商品的方法

本案例的最终效果如图8-4所示。

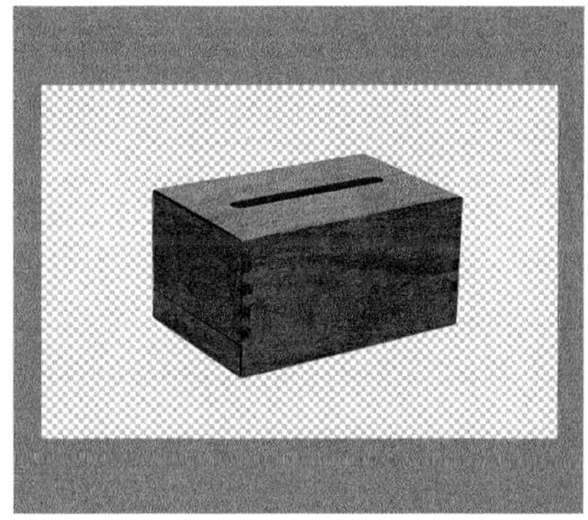

图8-4

01 按【Ctrl＋O】组合键，打开商品图像素材8.3.1.jpg，如图8-5所示。

图8-5

02 选取工具箱中的钢笔工具，如图8-6所示。

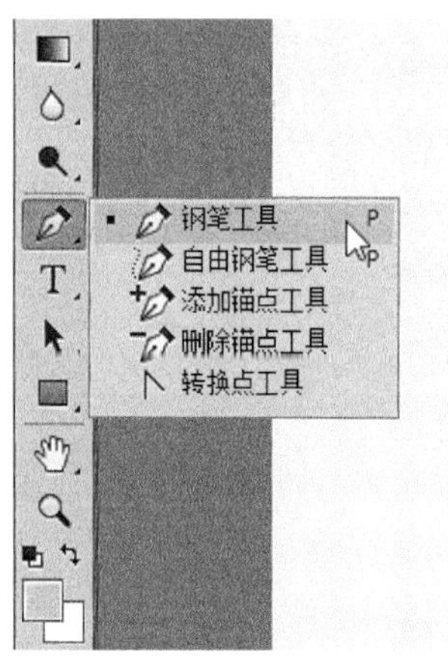

图8-6

03 选取钢笔工具后，其工具属性栏如图8-7所示。

图8-7

技巧与提示

钢笔工具属性栏中，主要选项的含义如下。

- 选择工具模式：该列表框中包括图形、路径和像素3个选项。
- 建立：该选项区中包括“选区”“蒙版”和“形状”3个按钮，使用相应的按钮可以创建选区、蒙版和图形。
- 对齐：单击该按钮，在弹出的列表框中，可以选择相应的选项对齐路径。
- 自动添加/删除：选中该复选框，钢笔工具就有了智能增加和删除锚点的功能。

04 将鼠标移至图像编辑窗口中，沿图像边缘单击鼠标左键创建锚点绘制路径，如图8-8所示。

图8-8

05 在菜单栏中单击“窗口”|“路径”命令，如图8-9所示。

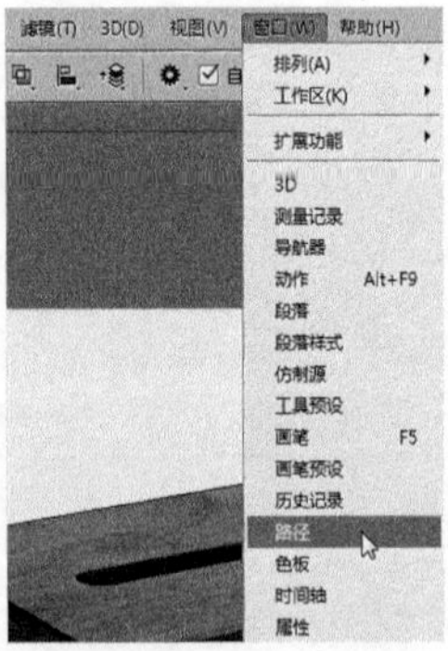

图8-9

技巧与提示

使用钢笔工具绘制路径时，按住【Shift】键，如果在已经绘制好的路径上单击鼠标，则表示禁止自动添加和删除锚点的操作，如果在路径之外单击鼠标，则表示强制绘制的路径为45°的倍数。

路径的类型由其具有的锚点决定，直线型路径的锚点没有控制柄，因此，其两侧的线段为直线。

06 展开“路径”面板，单击“将路径作为选区载入”按钮，如图8-10所示。

图8-10

07 执行上述操作后，即可创建选区，效果如图8-11所示。

图8-11

08 展开“图层”面板，按【Ctrl+J】组合键，得到“图层1”，单击“背景”图层的“指示图层可见性”图标，如图8-12所示，隐藏“背景”图层。

图8-12

8.3.2 运用钢笔工具绘制曲线路径抠取商品

网店卖家在修改商品图片时，如拍摄的商品边缘平滑，可使用钢笔工具绘制曲线路径抠取商品。

下面介绍通过钢笔工具绘制曲线路径抠取商品的具体操作方法。

课堂案例	运用钢笔工具绘制曲线路径抠取商品
案例位置	效果>第8章>8.3.2.psd
视频位置	视频>第8章>课堂案例——运用钢笔工具绘制曲线路径抠取商品.mp4
难易指数	★★★★☆
学习目标	掌握运用钢笔工具绘制曲线路径抠取商品的方法

本案例的最终效果如图8-13所示。

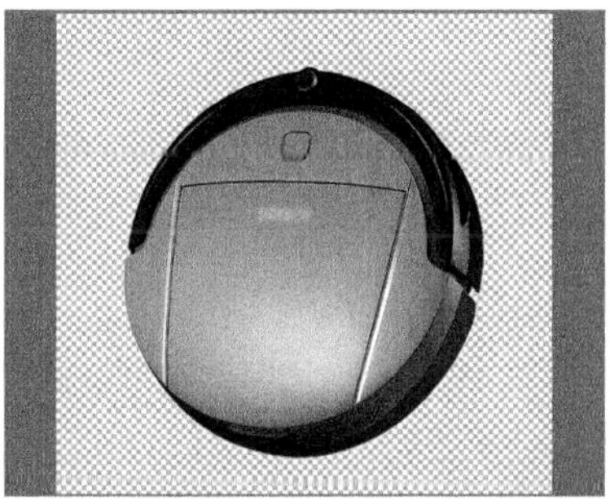

图8-13

01 按【Ctrl＋O】组合键，打开商品图像素材8.3.2.jpg，如图8-14所示。

图8-14

02 选取工具箱中的钢笔工具，如图8-15所示。

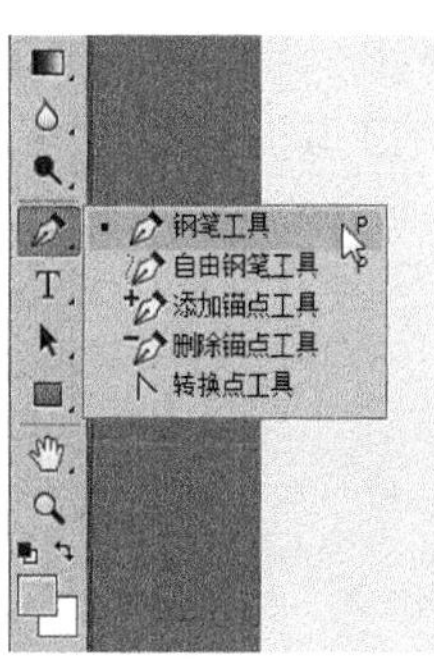

图8-15

03 将鼠标移至图像窗口中，在合适位置单击鼠标左键，绘制第一个曲线锚点，如图8-16所示。

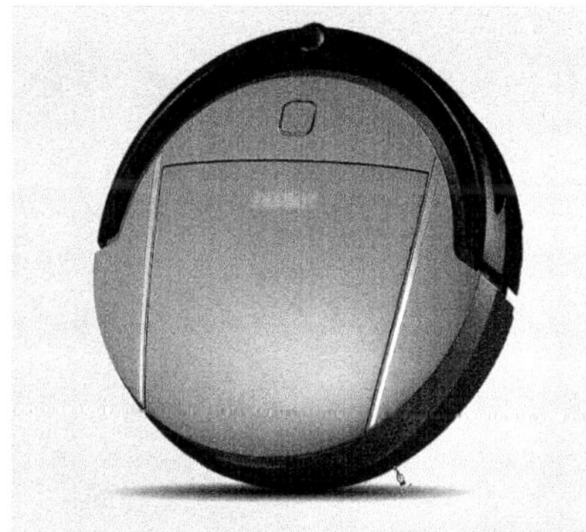

图8-16

04 释放鼠标后，移动鼠标指针至合适位置单击鼠标左键并拖曳鼠标，将曲线调至和图像边缘重合位置，释放鼠标即可绘制第二个曲线锚点，如图8-17所示。

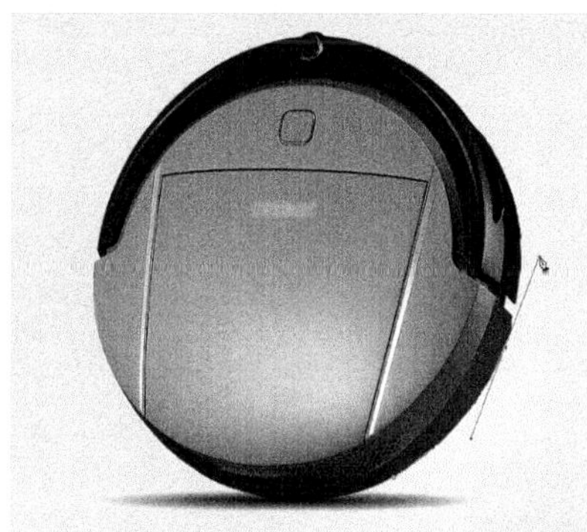

图8-17

05 按住【Alt】键，将鼠标指针移至第二个曲线锚点上，当鼠标指针呈时单击鼠标左键，即可删除一条控制柄，再次移动鼠标指针至合适位置单击鼠标左键并拖曳鼠标，将曲线调至和图像边缘重合位置，释放鼠标即可绘制第3个锚点，如图8-18所示。

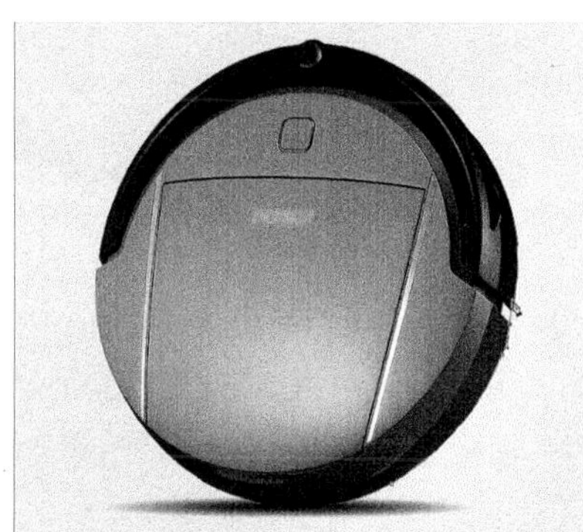

图8-18

06 重复以上操作，沿图像边缘绘制闭合路径，效果如图8-19所示。

图8-19

07 展开“路径”面板，单击“将路径作为选区载入”按钮，如图8-20所示。

图8-20

08 执行上述操作后，即可创建选区，效果如图8-21所示。

图8-21

09 展开“图层”面板，按【Ctrl+J】组合键，得到“图层1”，单击“背景”图层的“指示图层可见性”图标，如图8-22所示，隐藏“背景”图层。

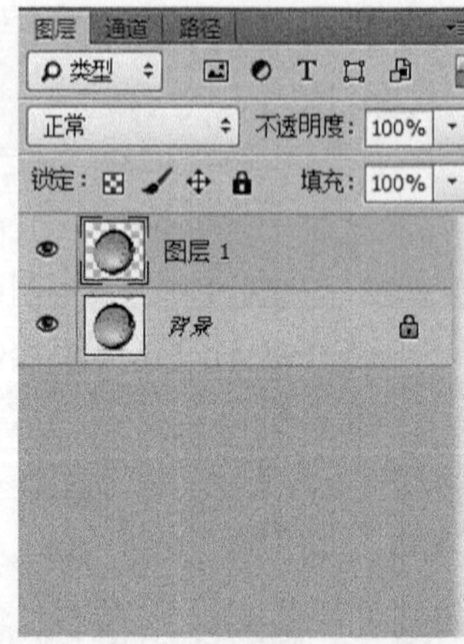

图8-22

8.3.3 运用自由钢笔工具绘制路径抠取商品

若商品图片边缘不规则，可使用自由钢笔工具绘制路径抠取商品。

下面介绍通过自由钢笔绘制路径抠取商品的具体操作方法。

课堂案例	运用自由钢笔工具绘制路径抠取商品
案例位置	效果>第8章>8.3.3.psd
视频位置	视频>第8章>课堂案例——运用自由钢笔工具绘制路径抠取商品.mp4
难易指数	★★★★☆
学习目标	掌握运用自由钢笔工具绘制路径抠取商品的方法

本案例的最终效果如图8-23所示。

01 按【Ctrl+O】组合键，打开商品图像素材8.3.3.jpg，如图8-24所示。

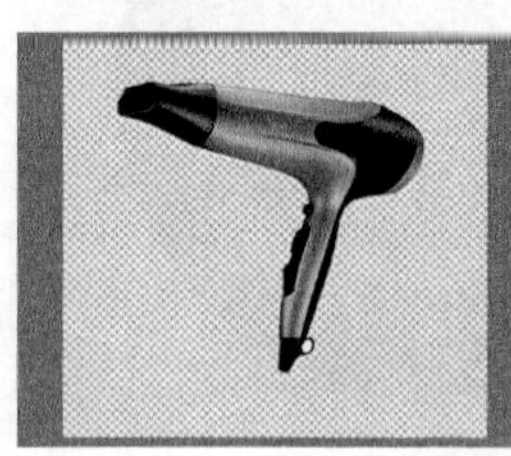

图8-23

图8-24

02 选取工具箱中的自由钢笔工具，如图8-25所示。

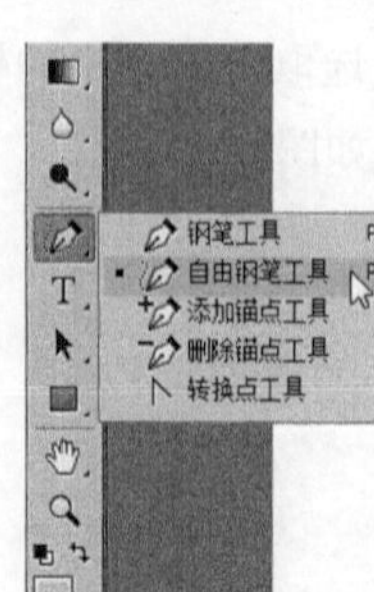

图8-25

03 选取自由钢笔工具后，其工具属性栏如图8-26所示。

图8-26

04 在工具属性栏中选中“磁性的”复选框，如图8-27所示。

05 移动鼠标指针至图像编辑窗口中的合适位置，单击鼠标左键，沿素材图像轮廓拖动鼠标绘制路径，如图8-28所示。

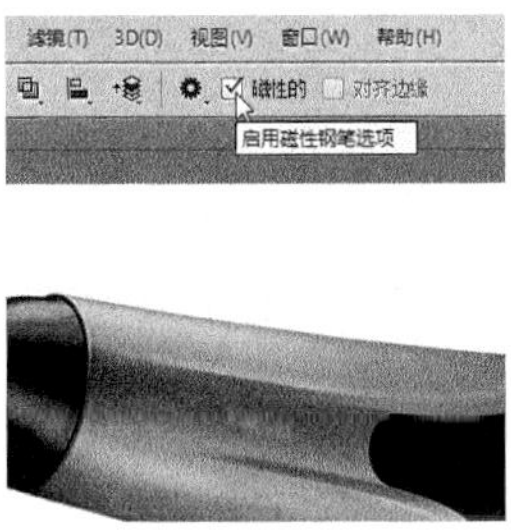

图8-27

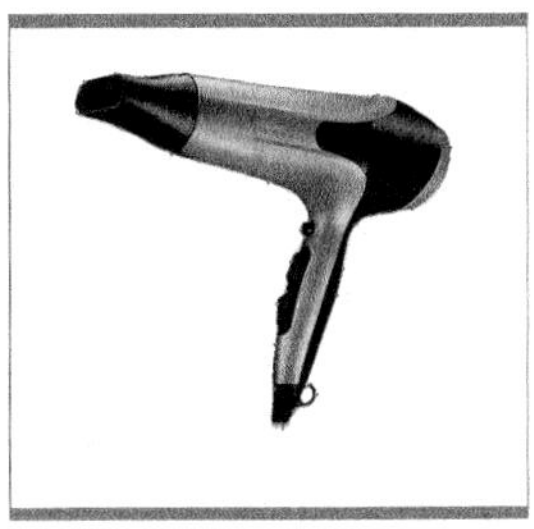

图8-28

06 展开“路径”面板，单击“将路径作为选区载入”按钮，如图8-29所示。

图8-29

技巧与提示

使用自由钢笔工具可以随意绘图，不需要像使用钢笔工具那样通过锚点来创建路径。自由钢笔工具属性栏与钢笔工具属性栏基本一致，只是将“自动添加/删除”变为“磁性的”复选框。

07 执行上述操作后，即可创建选区，效果如图8-30所示。

08 展开“图层”面板，按【Ctrl+J】组合键，得到“图层1”，单击“背景”图层的“指示图层可见性”图标，如图8-31所示，即可隐藏“背景”图层。

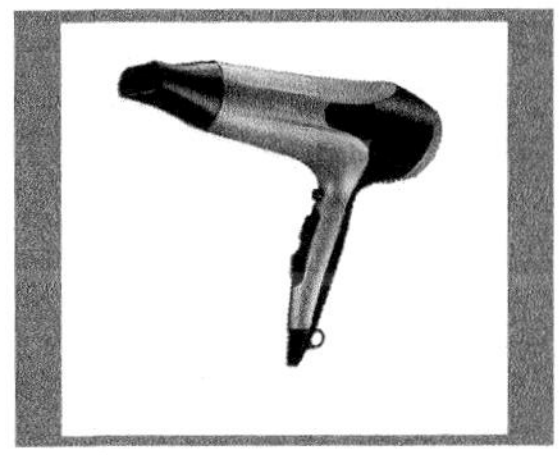

图8-30

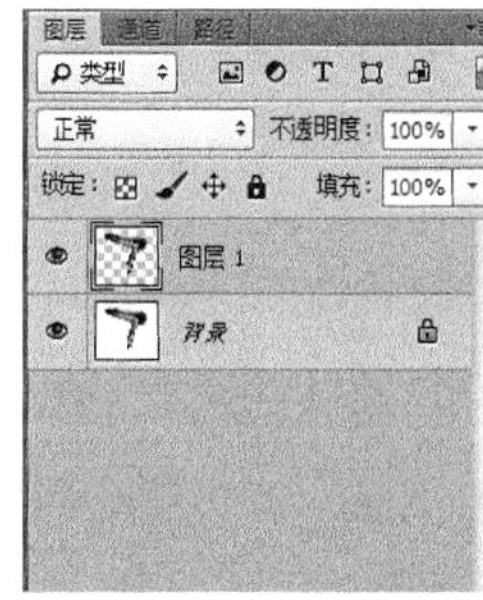

图8-31

8.4 运用路径抠取商品图像

拍摄的商品图像背景可以叠加，或者希望将商品应用于更多的场合，通过Photoshop进行复杂抠图处理，路径抠图就是个不错的选择。

8.4.1 运用矩形路径抠取商品

若商品呈矩形，可使用矩形工具创建路径抠取商品图片。

下面介绍通过绘制矩形路径抠取商品的具体操作方法。

技巧与提示

使用自由钢笔工具在绘制路径时，按住【Ctrl】键，可以临时切换为直接选择工具；按住【Alt+Ctrl】组合键，可以临时切换为路径选择工具；按【Alt】键，可以临时转换为转换点工具。

课堂案例	运用矩形路径抠取商品
案例位置	效果>第8章>8.4.1.psd
视频位置	视频>第8章>课堂案例——运用矩形路径抠取商品.mp4
难易指数	★★★☆☆
学习目标	掌握通过矩形路径抠取商品的方法

本案例的最终效果如图8-32所示。

图8-32

技巧与提示

矩形工具主要用于创建矩形或正方形图形，可以在工具属性栏上设置相应选项，也可以设置矩形的尺寸、固定的宽高比例等。

01 按【Ctrl＋O】组合键，打开商品图像素材8.4.1.jpg，如图8-33所示。

图8-33

02 选取工具箱中的矩形工具，如图8-34所示。

图8-34

03 选取矩形工具后，其工具属性栏如图8-35所示。

图8-35

技巧与提示

矩形工具属性栏中，主要选项的含义如下。

- 选择工具模式：单击该按钮，在弹出的下拉面板中，可以定义工具预设。
- 填充：单击该按钮，在弹出的下拉面板中，可以设置填充颜色。
- 描边：在该选项区中，可以设置创建的路径形状的边缘颜色和宽度等。
- W（宽度）：主要用于设置矩形路径形状的宽度。
- H（高度）：主要用于设置矩形路径形状的高度。

04 在工具属性栏中，设置“选择工具模式”为“路径”，如图8-36所示。

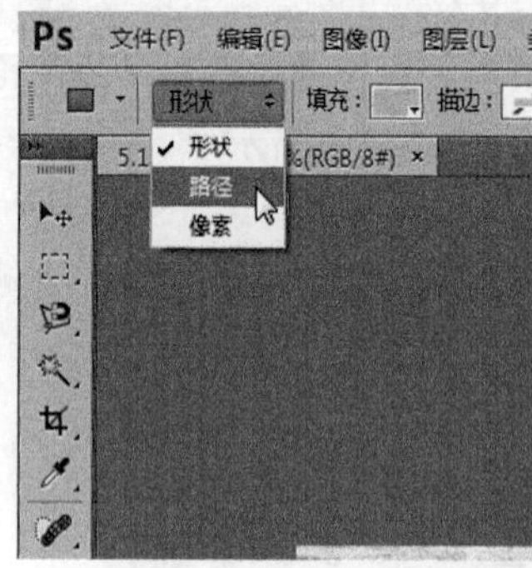

图8-36

05 将鼠标移动至图像编辑窗口中的合适位置，单击鼠标左键并拖曳至合适位置，释放鼠标即可创建一个矩形路径，如图8-37所示。

图8-37

06 在菜单栏中单击“窗口”|“路径”命令，展开“路径”面板，单击“将路径作为选区载入”按钮，如图8-38所示。

07 执行上述操作后，即可创建选区，如图8-39所示。

图8-38

图8-39

08 展开“图层”面板，按【Ctrl+J】组合键，得到“图层1”，单击“背景”图层的“指示图层可见性”图标，如图8-40所示，即可隐藏“背景”图层。

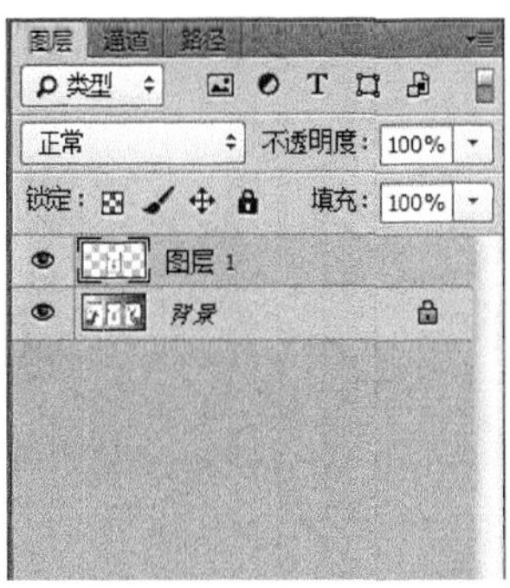

图8-40

技巧与提示

在工具属性栏中，单击齿轮按钮，如图8-41所示，即可设置创建路径的方式。

- 不受约束：拖动鼠标创建任意大小的矩形和正方形。
- 方形：拖动鼠标创建任意大小的正方形。
- 固定大小：可以该文本框中输入数值，然后单击鼠标左键，创建预设大小的矩形。
- 比例：在该文本框中输入数值，此后拖动鼠标时，无论创建多大的矩形，矩形的宽度和高度都保持预设的比例。
- 从中心：以任何方式创建矩形时，鼠标在画面中的单击点即为矩形的中心，拖动鼠标时，矩形将由中心向外扩展。

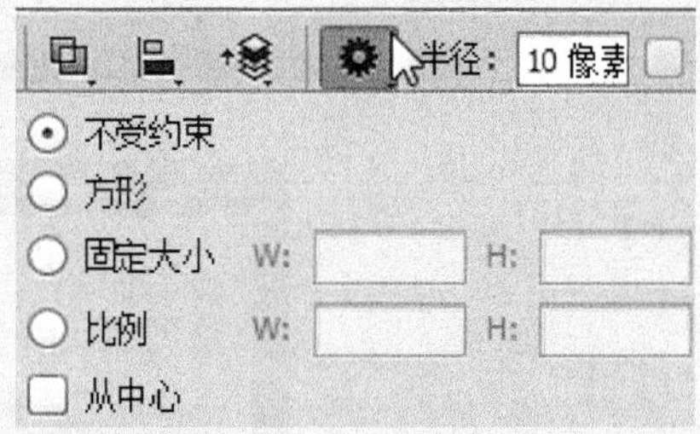

图8-41

8.4.2 运用圆角矩形路径抠取商品

若商品呈圆角矩形，可使用圆角矩形工具创建路径抠取商品图片。

下面介绍通过绘制圆角矩形路径抠取商品的具体操作方法。

课堂案例	运用圆角矩形路径抠取商品
案例位置	效果>第8章>8.4.2.jpg
视频位置	视频>第8章>课堂案例——运用圆角矩形路径抠取商品.mp4
难易指数	★★★☆☆
学习目标	掌握通过圆角矩形路径抠取商品的方法

本案例的最终效果如图8-42所示。

图8-42

01 按【Ctrl+O】组合键，打开商品图像素材8.4.2.jpg，如图8-43所示。

图8-43

02 按【Ctrl+R】组合键，调出标尺，在图像编辑窗口的合适位置，新建一条水平参考线和一条垂直参考线，并隐藏标尺，如8-44所示。

图8-44

03 选取工具箱中的圆角矩形工具，如图8-45所示。

04 在工具属性栏设置“选择工具模式”为“路径”，将鼠标移动至图像编辑窗口中的合适位置，单击鼠标左键并拖曳鼠标至合适位置后释放鼠标，即可创建一个圆角矩形路径，如图8-46所示。

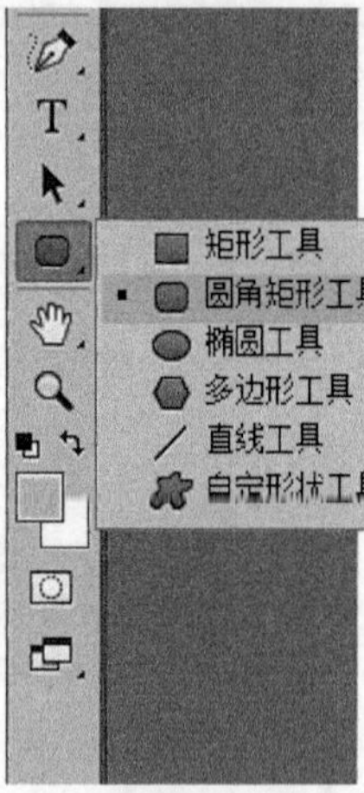

图8-45

图8-46

05 执行上述操作后，弹出“属性”面板，设置“角半径”为22像素，“将角半径值链接到一起”，按【Enter】键确认，如图8-47所示。

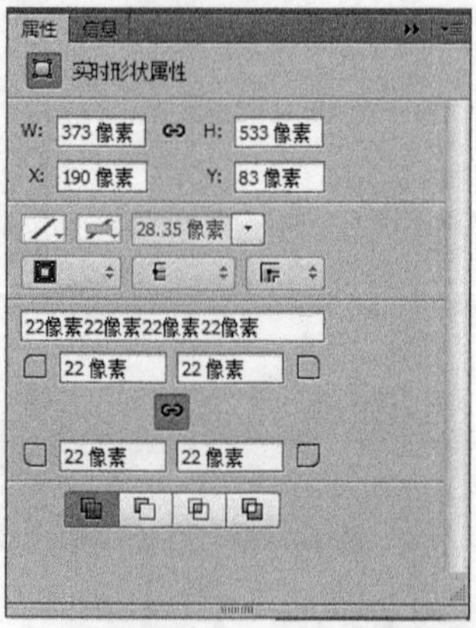

图8-47

06 执行上述操作后，即可改变圆角矩形的角半径，效果如图8-48所示。

图8-48

07 展开“路径”面板，单击“将路径作为选区载入”按钮，如图8-49所示。

图8-49

技巧与提示

在运用圆角矩形工具绘制路径时，在按住【Shift】键的同时，在窗口中单击鼠标左键并拖曳，可绘制一个正圆角矩形路径；按住【Alt】键的同时，在窗口中单击鼠标左键并拖曳，可绘制以起点为中心的圆角矩形路径。

08 执行上述操作后，即可创建选区，如图8-50所示。

图8-50

09 展开“图层”面板，按【Ctrl+J】组合键，得到“图层1”，单击“背景”图层的“指示图层可见性”图标，如图8-51所示。

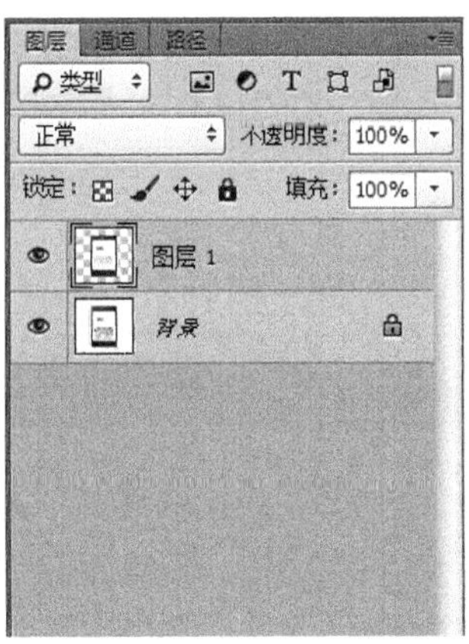

图8-51

10 执行上述操作后，即可隐藏“背景”图层，效果如图8-52所示。

11 在菜单栏中单击“视图”|“清除参考线”命令，如图8-53所示，清除参考线。

图8-52

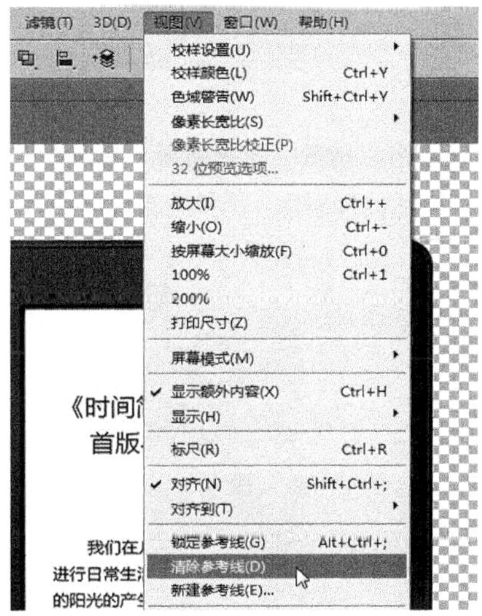

图8-53

8.4.3 运用椭圆路径抠取商品

若商品呈椭圆形，可使用椭圆工具创建路径抠取商品图片。下面介绍通过绘制椭圆路径抠取商品的具体操作方法。

课堂案例	运用椭圆路径抠取商品
案例位置	效果>第8章>8.4.3.psd
视频位置	视频>第8章>课堂案例——运用椭圆路径抠取商品.mp4
难易指数	★★★★☆
学习目标	掌握运用圆角矩形路径抠取商品的方法

本案例的最终效果如图8-54所示。

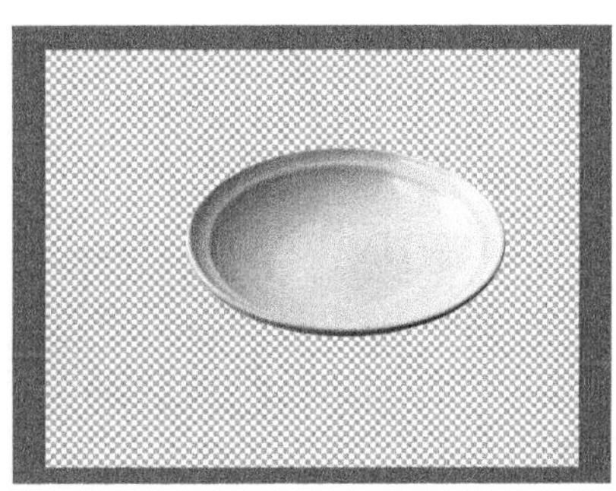

图8-54

01 按【Ctrl＋O】组合键，打开商品图像素材8.4.3.jpg，如图8-55所示。

图8-55

02 在工具箱中选取椭圆工具，在图像编辑窗口中的合适位置创建一个椭圆路径，如图8-56所示。

图8-56

技巧与提示

在运用椭圆工具绘制路径时，在按住【Shift】键的同时，在窗口中单击鼠标左键并拖曳，可绘制一个正圆形路径；按住【Alt】键的同时，在窗口中单击鼠标左键并拖曳，可绘制以起点为中心的椭圆形路径。

03 按【Ctrl＋T】组合键，对椭圆路径进行适当旋转和调整，如图8-57所示。

图8-57

04 按【Enter】键确认调整，按【Ctrl＋Enter】组合键，将路径转换为选区，如图8-58所示。

图8-58

05 按【Ctrl＋J】组合键，得到“图层1”图层，单击“背景”图层的“指示图层可见性”图标，图8-59所示即可隐藏“背景”图层。

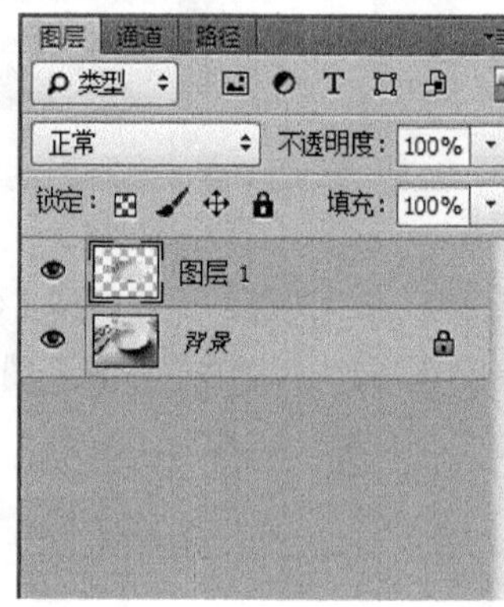

图8-59

8.5 运用通道抠取商品图像

通道的功能很强大，制作特殊的图像效果都离不开通道协助，一般的图片都是由RGB三元素构成的，因此，可以利用通道快速抠图。

8.5.1 运用通道对比的调整抠取商品

在进行抠图时，有些图像与背景过于相近，导致抠图不是那么方便，此时可以利用“通道”面板，结合其他命令对图像进行适当调整。

课堂案例	运用通道对比的调整抠取商品
案例位置	效果>第8章>8.5.1.psd
视频位置	视频>第8章>课堂案例——运用通道对比的调整抠取商品.mp4
难易指数	★★★★☆
学习目标	运用通道对比的调整抠取商品的方法

本案例的最终效果如图8-60所示。

图8-60

01 按【Ctrl＋O】组合键，打开商品图像素材8.5.1.jpg，如图8-61所示。

图8-61

02 展开“通道”面板，分别单击查看通道显示效果，拖动“红”通道至面板底部的“创建新通道”按钮上，复制一个通道，如图8-62所示。

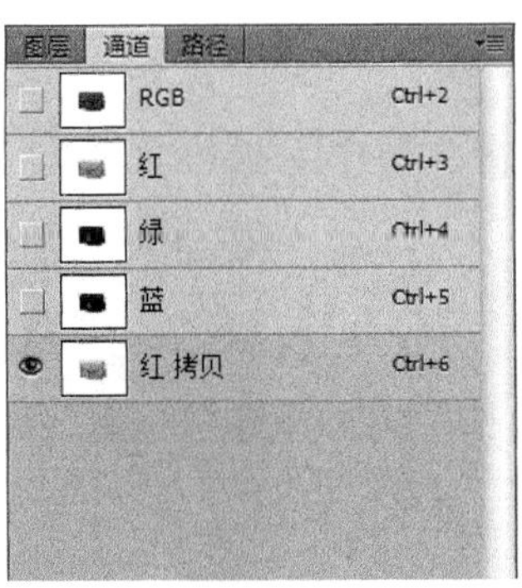

图8-62

技巧与提示

除了运用上述方法复制通道外，还可以在选中某个通道后，单击鼠标右键，在弹出的快捷菜单中选择“复制通道”选项。

03 选择复制的“红 拷贝”通道，单击“图像”|“调整”|“亮度/对比度”命令，弹出“亮度/对比度”对话框，设置各参数，如图8-63所示。

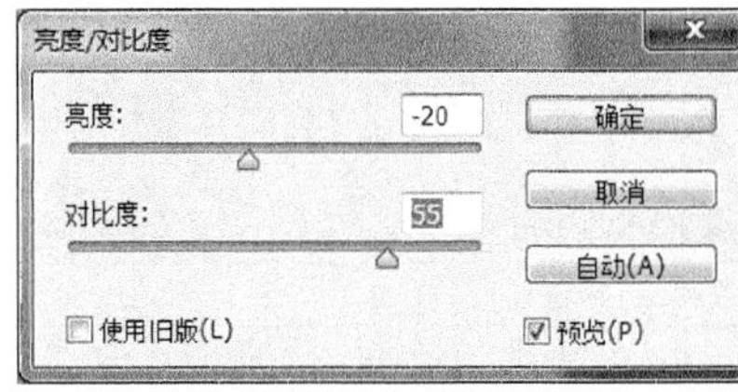

图8 63

04 选取快速选择工具，设置画笔大小为27像素，在商品图像上拖曳鼠标创建选区，如果有多余的部分，单击工具属性栏中的“从选区减去”按钮，将画笔调小，减去多余部分，如图8-64所示。

图8-64

05 在“通道”面板中单击RGB通道，退出通道模式，返回RGB模式，如图8-65所示。按【Ctrl+J】组合键复制一个新的图层，并隐藏“背景”图层。

图8-65

技巧与提示

在“通道”面板中，单击各个通道进行查看，要注意查看哪个通道的商品图像边缘更加清晰，以便于抠图。

8.5.2 运用色阶调整配合通道抠取商品

“色阶”命令是一个很有用的功能，用来设置图像的白场和黑场，利用该功能配合通道可以快速指定颜色选区。

下面介绍色阶调整配合通道抠取商品的具体操作方法。

课堂案例	运用色阶调整配合通道抠取商品
案例位置	效果>第8章>8.5.2.psd
视频位置	视频>第8章>课堂案例——运用色阶调整配合通道抠取商品.mp4
难易指数	★★★☆☆
学习目标	运用通色阶调整配合通道抠取商品的方法

本案例的最终效果如图8-66所示。

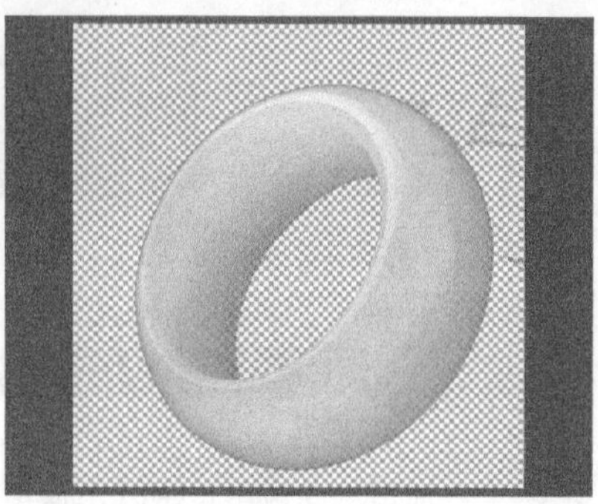

图8-66

技巧与提示

利用色阶抠取图像时要注意选择色差对比大的通道，这样利于白场和黑场的设置。

01 按【Ctrl+O】组合键，打开商品图像素材8.5.2jpg，如图8-67所示。

图8-67

02 展开“通道”面板，通过分析可以看出绿色通道的黑白更分明，拖动“绿”通道至面板底部的“创建新通道”按钮上，复制“绿”通道，如图8-68所示。

03 单击“图像”|“调整”|“色阶”命令，弹出“色阶”对话框，单击“在图像中取样以设置白场”按钮，如图8-69所示。

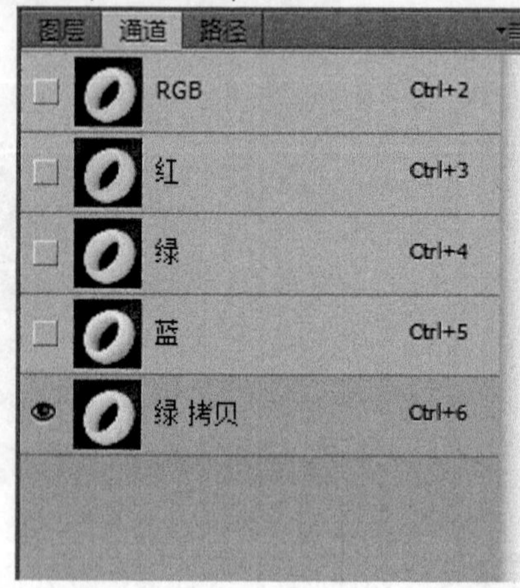

图8-68

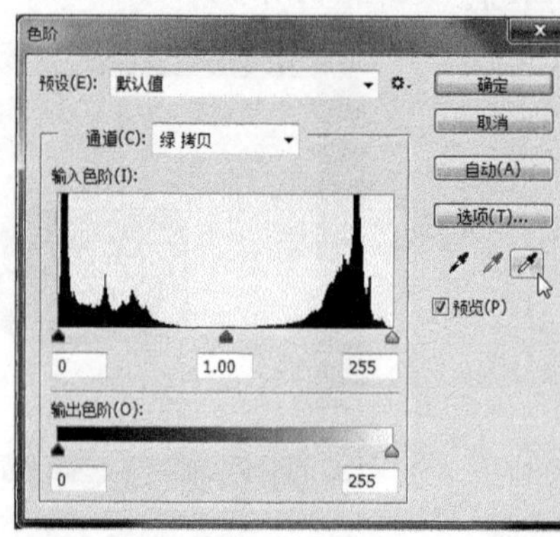

图8-69

04 在图像窗口单击商品图像上的白色部分，以设置白场范围，如图8-70所示。

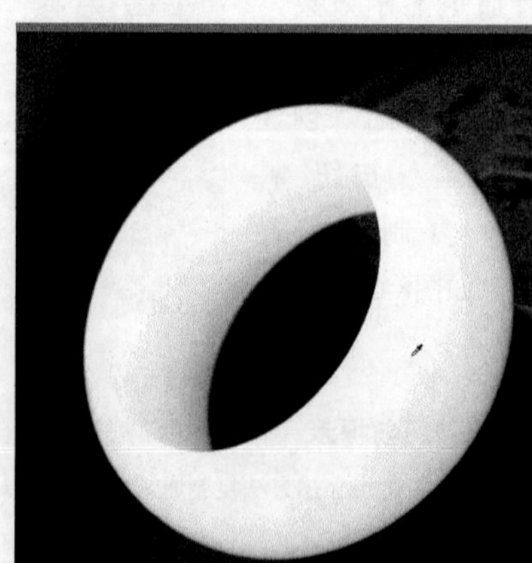

图8-70

05 单击“在图像中取样以设置黑场”按钮，在背景的黑色位置单击，设置黑场范围，如图8-71所示，单击“确定”按钮。

图8-71

06 单击“通道”面板底部的“将通道作为选区载入”按钮，载入选区，如图8-72所示。

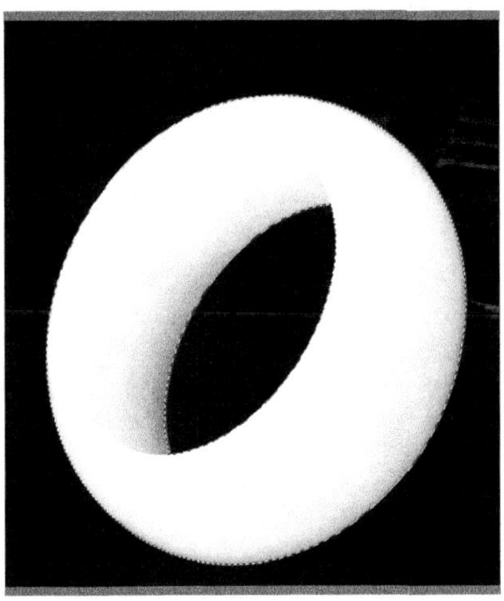

图8-72

07 退出通道模式，按【Ctrl+J】组合键，复制一个新图层，如图8-73所示。单击“背景”图层的“指示图层可见性”图标，即可隐藏“背景”图层。

技巧与提示

除了运用上述方法载入选区外，用户还可以在按住【Ctrl】键的同时单击某个通道，快速将该通道作为选区载入。

图8-73

8.6 运用图层模式抠取商品图像

在处理商品图像时，经常会使用一些素材来美化商品图片。下面介绍通过图层、蒙版的抠图方法灵活使用素材使商品图像更好看的具体操作。

8.6.1 运用“正片叠底”模式抠取商品

在处理商品图像时，经常使用素材美化商品图片，若商品图像非常复杂难以抠取且背景呈白色，就可以使用“正片叠底”模式快速将白色背景图像叠加抠出。

下面介绍通过“正片叠底”模式抠取商品的具体操作方法。

课堂案例	运用“正片叠底”模式抠取商品
案例位置	效果>第8章>8.6.1.psd
视频位置	视频>第8章>课堂案例——运用“正片叠底”模式抠取商品.mp4
难易指数	★★☆☆☆
学习目标	掌握运用“正片叠底”模式抠取商品的方法

本案例的最终效果如图8-74所示。

01 按【Ctrl+O】组合键，打开多个商品图像素材（8.6.1（1）.jpg、8.6.1（2）.jpg），如图8-75所示。

02 在8.6.1（1）图像编辑窗口中，全选图像，选取工具箱中的移动工具，将素材图像移动至8.6.1（2）中，如图8-76所示。

图8-74

图8-75

图8-76

03 按【Ctrl+T】组合键，调整图像大小和位置，如图8-77所示。

04 按【Enter】键确认，在“图层”面板中的“设置图层的混合模式”下拉列表框中，选择“正片叠底”选项，即可用“正片叠底”模式抠图。

图8-77

技巧与提示

“正片叠底”模式可以将当前图层图像颜色值与下层图像颜色值相乘，再除以数值255，得出最终像素的颜色值。

8.6.2 运用“颜色加深”模式抠取商品

在美化商品图片时，经常需要在商品上添加素材，为素材图像和商品颜色相差巨大且无黑色时，可使用“颜色加深”模式抠取图像。

下面介绍通过“颜色加深”模式抠取商品的具体操作方法。

课堂案例	运用“颜色加深”模式抠取商品
案例位置	效果>第8章>8.6.2.psd
视频位置	视频>第8章>课堂案例——运用“颜色加深”模式抠取商品.mp4
难易指数	★★★☆☆
学习目标	掌握运用“颜色加深”模式抠取商品的方法

本案例的最终效果如图8-78所示。

图8-78

01 按【Ctrl+O】组合键，打开多个商品图像素材8.6.2（1）.jpg、8.6.2（2）.jpg，如图8-79所示。

02 在8.6.2（2）图像编辑窗口中，全选图像，选取工具箱中的移动工具，将素材图像移动至8.6.2（1）图像编辑窗口中，如图8-80所示。

图8-79

图8-80

03 按【Ctrl+T】组合键，调整图像大小、角度和位置，如图8-81所示。

图8-81

04 按【Enter】键确认，在“图层”面板中的“设置图层的混合模式”下拉列表框中，选择“颜色加深”选项，即可用“颜色加深”模式抠图。

技巧与提示

“颜色加深”模式可以降低上方图层中除黑色外的其他区域的对比度，使合成图像整体对比度下降，产生下方图层透过上方图层的投影效果。

8.6.3 运用“滤色”模式抠取商品

在美化商品图片时，经常需要在商品图像上使用素材做特殊效果，为素材图像复杂难以抠取且背景呈黑色时，可使用“滤色”模式抠取图像。

下面介绍通过“滤色”模式抠取商品的具体操作方法。

课堂案例	运用“滤色”模式抠取商品
案例位置	效果>第8章>8.6.3.psd
视频位置	视频>第8章>课堂案例——运用“滤色”模式抠取商品.mp4
难易指数	★★☆☆☆
学习目标	掌握运用“滤色”模式抠取商品的方法

本案例的最终效果如图8-82所示。

图8-82

01 按【Ctrl+O】组合键，打开多个商品图像素材8.6.3.（1）.jpg、8.6.3.（2）.jpg，如图8-83所示。

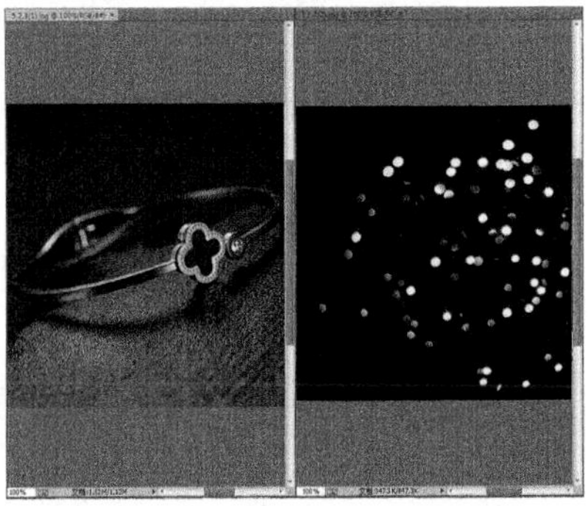

图8-83

02 在8.6.3（2）图像编辑窗口中，全选图像，选取工具箱中的移动工具，将素材图像移动至8.6.3（1）图像编辑窗口中，如图8-84所示。

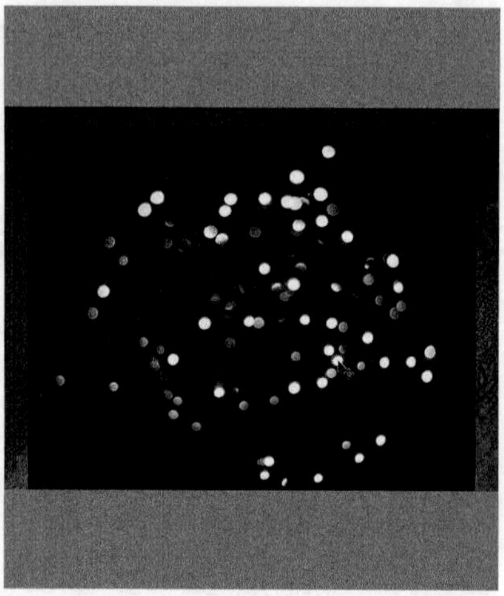

图8-84

技巧与提示

“滤色”模式用于“留白不留黑”的情况，为要进行抠图的图像中有黑色和其他颜色，而要保留除黑色以外的图像时，可以使用此模式抠图。

03 按【Ctrl＋T】组合键，调整图像大小、角度和位置，如图8-85所示。按【Enter】键确认，在“图层”面板中的“设置图层的混合模式”下拉列表框中，选择“滤色”选项，即可用“滤色”模式抠图。

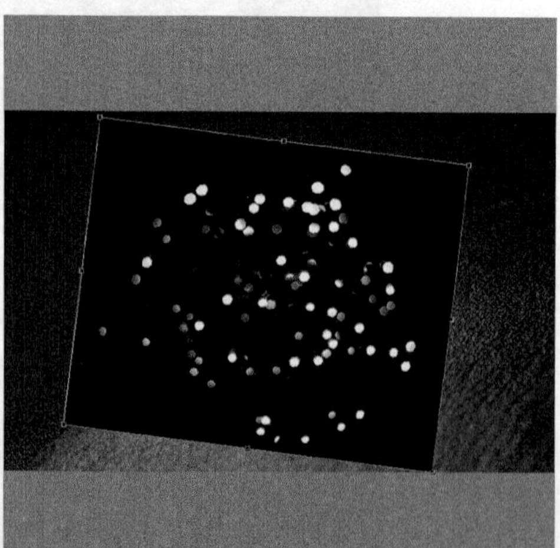

图8-85

8.6.4 运用矢量蒙版抠取商品

在美化商品图片时，若商品图像轮廓分明，可使用矢量蒙版抠取商品图像。矢量蒙版主要借助路径来创建，利用路径选择图像后，通过矢量蒙版可以快速抠取图像。

下面介绍通过矢量蒙版抠取商品的具体操作方法。

课堂案例	运用矢量蒙版抠取商品
案例位置	效果>第8章>8.6.4.psd
视频位置	视频>第8章>课堂案例——运用矢量蒙版抠取商品.mp4
难易指数	★★★★☆
学习目标	掌握运用矢量蒙版抠取商品的方法

本案例的最终效果如图8-86所示。

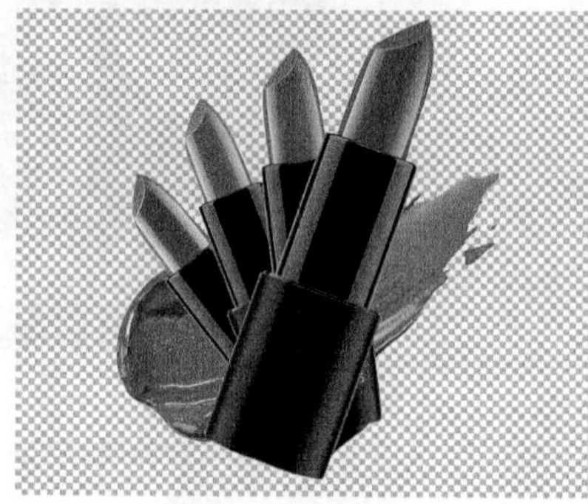

图8-86

01 按【Ctrl＋O】组合键，打开商品图像素材8.6.4.psd，如图8-87所示。

图8-87

02 按【Ctrl＋J】组合键，新建“图层1”，如图8-88所示。

03 展开“路径”面板，选择“工作路径”，如图8-89所示。

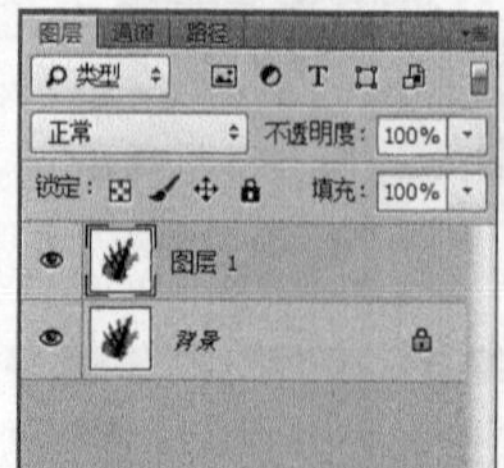

图8-88

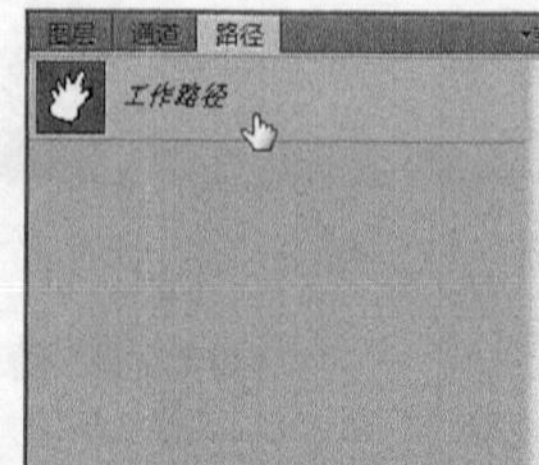

图8-89

04 在菜单栏中单击“图层”|“矢量蒙版”|“当前路径”命令，如图8-90所示。

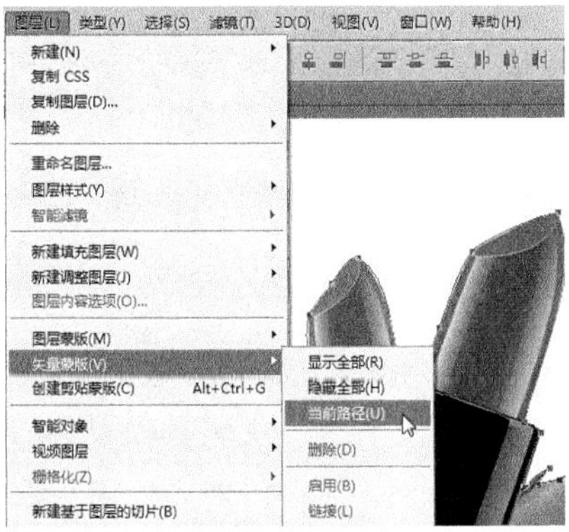

图8-90

05 在“图层”面板中，单击“背景”图层的“指示图层可见性”图标，如图8-91所示，即可隐藏“背景”图层。

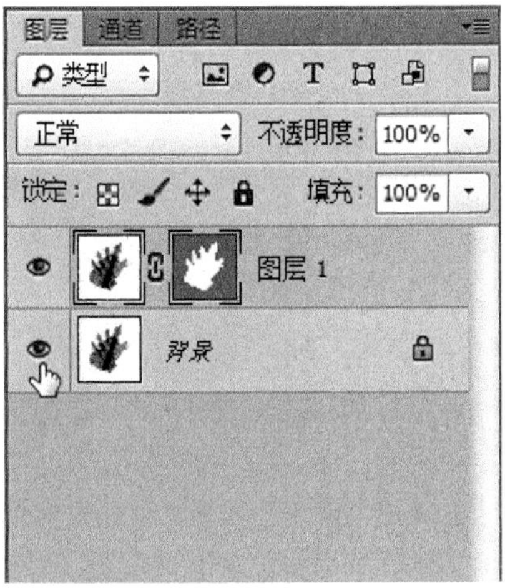

图8-91

技巧与提示

因为在“背景”图层中不能创建矢量蒙版，所以首先要复制“背景”图层。

8.6.5 运用快速蒙版抠取商品

在处理商品图像时，若图片上的商品颜色和背景颜色呈渐变色彩或阴影变化丰富，就可以通过快速蒙版抠取商品图像。

下面介绍通过快速蒙版抠取商品的具体操作方法。

课堂案例	运用快速蒙版抠取商品
案例位置	效果>第8章>8.6.5.psd
视频位置	视频>第8章>课堂案例——运用快速蒙版抠取商品.mp4
难易指数	★★★★☆
学习目标	掌握运用快速蒙版抠取商品的方法

本案例的最终效果如图8-92所示。

图8-92

01 按【Ctrl+O】组合键，打开商品图像素材8.6.5.psd，如图8-93所示。

图8-93

技巧与提示

一般使用“快速蒙版”模式都是从选区开始的，然后从中添加或者减去选区，以建立蒙版。使用快速蒙版可以通过绘图工具进行调整，以便创建复杂的选区。

02 在“路径”面板中，选择“工作路径”，如图8-94所示。

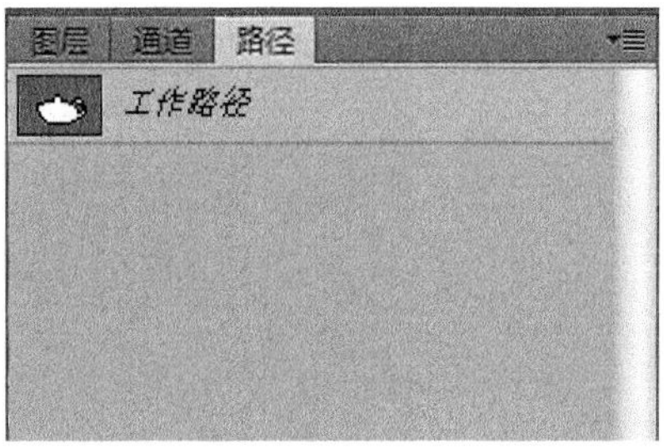

图8-94

03 按【Ctrl+Enter】组合键，将路径转换为选区，如图8-95所示。

图8-95

04 在工具箱底部，单击“以快速蒙版模式编辑”按钮，如图8-96所示。

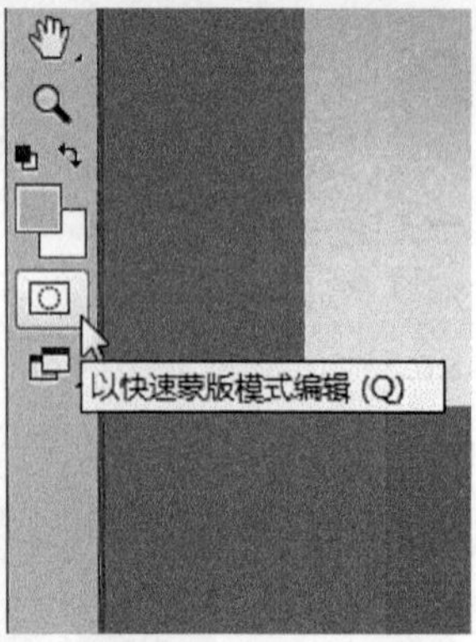

图8-96

05 执行上述操作后，即可启用快速蒙版，可以看到红色的保护区域，以及物体多选的区域，如图8-97所示。

技巧与提示

进入快速蒙版后，运用黑色绘图工具作图时，将在图像中得到红色的区域，即非选区区域；运用白色绘图工具作图时，可以去除红色的区域，即生成的选区；用灰色绘图工具作图时，生成的选区会带有一定的羽化。

图8-97

06 选取工具箱中的画笔工具，设置画笔“大小”为20像素、“硬度”为100%，如图8-98所示。

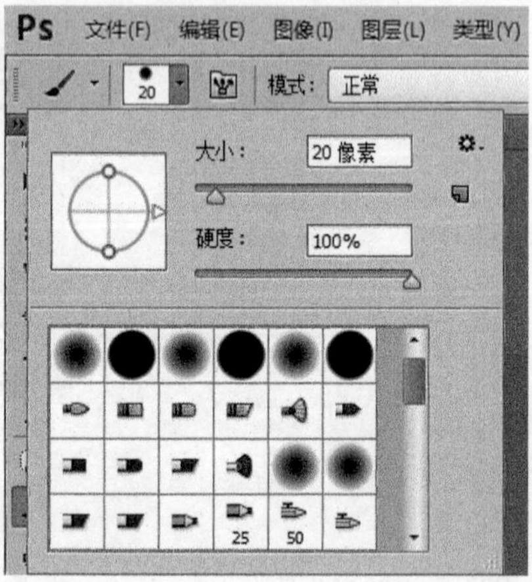

图8-98

07 单击“设置前景色”按钮，弹出“拾色器（前景色）”对话框，设置前景色为白色（RGB值均为255），如图8-99所示。

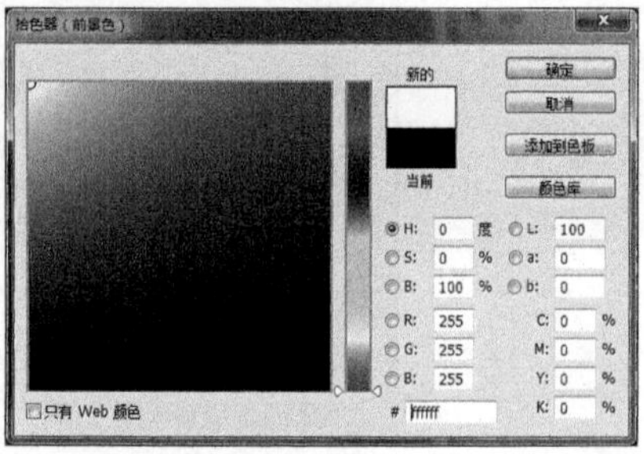

图8-99

08 单击“确定”按钮，移动鼠标指针至图像编辑窗口中，单击鼠标左键并拖曳，进行适当擦除，如图8-100所示。

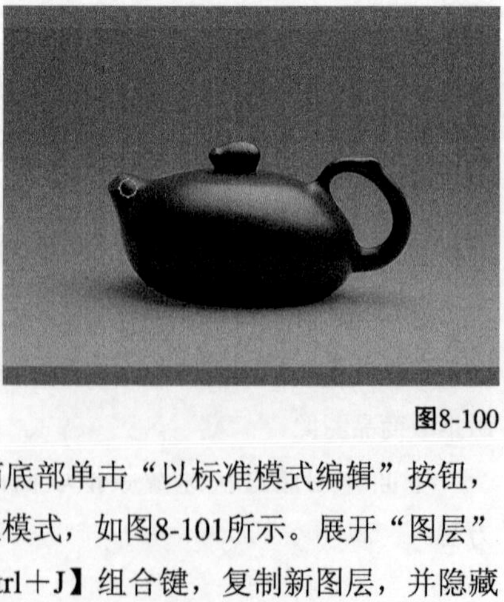

图8-100

09 在工具箱底部单击“以标准模式编辑”按钮，退出快速蒙版模式，如图8-101所示。展开“图层”面板，按【Ctrl+J】组合键，复制新图层，并隐藏“背景”图层。

图8-101

技巧与提示

按【Q】键可以快速启用或者退出快速蒙版模式。

8.7 本章小结

本章主要介绍精美商品文字效果的制作、通道抠图、运用钢笔抠取商品图像、路径抠图以及图层模式抠取商品图像的方法。本章介绍的这些复杂抠图技巧，用于处理情况较为复杂的商品图片。

8.8 习题测试——用通道抠取透明物体

案例位置	效果\第8章\8.8.psd
难易指数	★★★★☆
学习目标	掌握运用通道透明物体的方法

本习题需要掌握用通道抠取透明物体的方法，素材8.8.jpg如图8-102所示，最终效果如图8-103所示。

图8-102

图8-103

第9章

制作商品文字精美特效

内容摘要

不管是在网店设计，还是在商品促销中，文字的使用是非常广泛的。通过对文字进行编排与设计，不但能够更有效地表现活动主题，还可以美化商品图像，从而使文字体现其引导价值，增强网店图像的视觉效果。本章将介绍网店文字编排设计的方法。

课堂学习目标

- 文字概述
- 创建商品文字
- 设置商品文字的属性
- 制作精美商品文字效果

9.1 文字概述

在处理商品图片时，经常需要在商品图片上附上商品的文字介绍和说明，以达到宣传效果。本节主要介绍制作商品文字效果的多种方法。

9.1.1 文字的类型

对文字进行艺术化处理是Photoshop的强项之一。Photoshop中的文字是以数学方式定义的形状组成的，在将文字栅格化之前，Photoshop会保留基于矢量的文字轮廓，用户可以任意缩放文字或调整文字大小而不会产生锯齿。

技巧与提示

文字工具属性栏中，各选项的含义如下。

- 更改文本方向：如果当前文字是横排文字，单击该按钮，可以将其转换为直排文字；如果是直排文字，可以将其转换为横排文字。
- 设置字体：在该下拉列表框中可以选择字体。
- 字体样式：为字符设置样式，包括Regular（规则的）、Ltalic（斜体）、Bold（粗体）和Bold Ltalic（粗斜体），该选项只对部分英文字体有效。
- 字体大小：可以选择字体的大小，或者直接输入数值来调整。
- 消除锯齿的方法：选择消除文字锯齿方法，Photoshop会通过部分填充边缘像素来产生边缘平滑的文字，使文字的边缘混合到背景中而看不出锯齿。
- 文本对齐：根据输入文字时光标的文字来设置文本的对齐方式，包括左对齐文本、居中对齐文本和右对齐文本。
- 文本颜色：单击颜色块，可以在打开的“拾色器”对话框中设置文字的颜色。
- 文本变形：单击该按钮，可以在打开的“变形文字”对话框中为文本添加变形样式，创建变形文字。
- 显示/隐藏字符和段落面板：单击该按钮，可以显示或隐藏“字符”面板和“段落”面板。

Photoshop提供了4种文字类型：横排文字、直排文字、段落文字和选区文字。图9-1为文字效果。

图9-1

9.1.2 文字工具属性栏

输入文字之前，需要在工具属性栏或“字符”面板中设置字符的属性，包括字体、大小和文字颜色等，文字工具属性栏如图9-2所示。

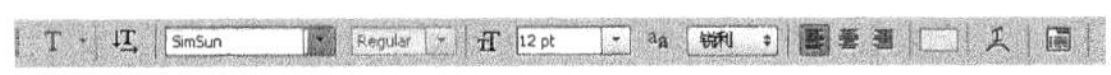

图9-2

9.2 创建商品文字

Photoshop CC提供了4种文字输入工具，分别为横排文字工具、直排文字工具、横排文字蒙版工具和直排文字蒙版工具，选择不同的文字工具可以创建出不同类型的文字效果。

9.2.1 横排商品文字效果的制作

在处理商品图片时，经常需要在商品图片上附上商品说明，这时可通过横排文字工具制作横排商品文字效果。

下面介绍制作横排商品文字效果的操作方法。

课堂案例	横排商品文字效果的制作
案例位置	效果>第9章>9.2.1.psd
视频位置	视频>第9章>课堂案例——横排商品文字效果的制作.mp4
难易指数	★★★★☆
学习目标	掌握横排商品文字效果的制作方法

本案例的最终效果如图9-3所示。

图9-3

01 按【Ctrl+O】组合键，打开商品图像素材9.2.1.jpg，如图9-4所示。

图9-4

技巧与提示

不仅可以在工具属性栏中设置文字的字体、字号、文字颜色以及文字样式等属性，还可以在“字符”面板中，设置文字的各种属性。

02 在工具箱中选取横排文字工具，如图9-5所示。

03 选取横排文字工具后，其工具属性栏如图9-6所示。

04 将鼠标移至图像编辑窗口中，单击鼠标左键确定文字的插入点，如图9-7所示。

05 在工具属性栏中设置“字体”为“幼圆”、“字体大小”为11点，如图9-8所示。

06 在工具属性栏中单击“颜色”色块，弹出“拾色器（文本颜色）”对话框，设置颜色为白色（RGB参数值均为255），如图9-9所示。

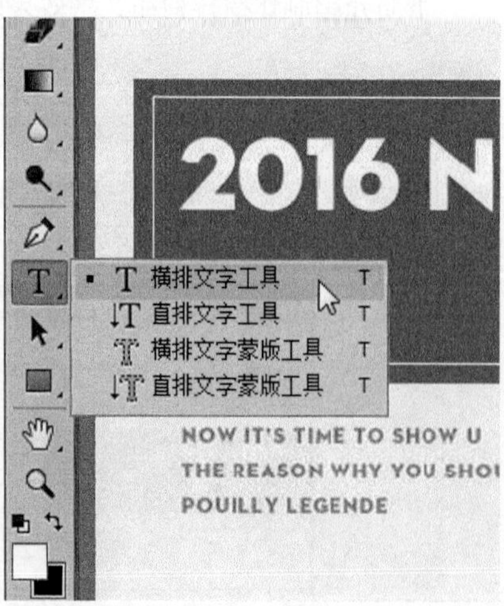

图9-5

图9-6

图9-7

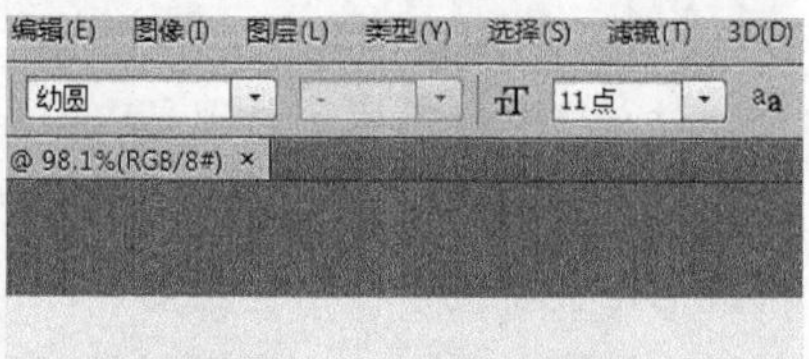

图9-8

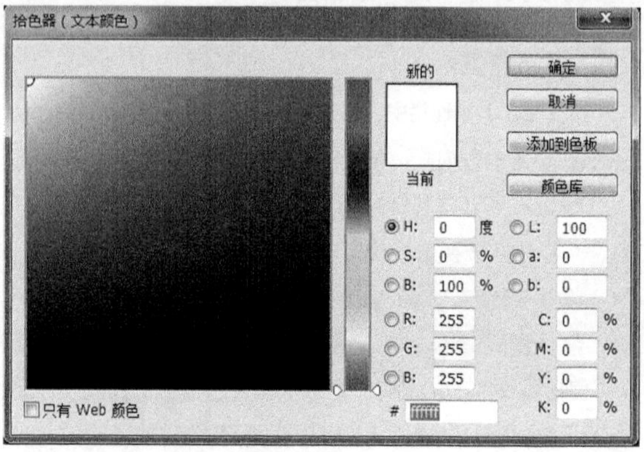

图9-9

07 单击“确定”按钮后，输入文字，效果如图9-10所示。

图9-10

08 单击工具属性栏右侧的“提交所有当前编辑”按钮✓，结束当前文字输入，如图9-11所示。选取工具箱中的移动工具，将文字移动至合适位置。

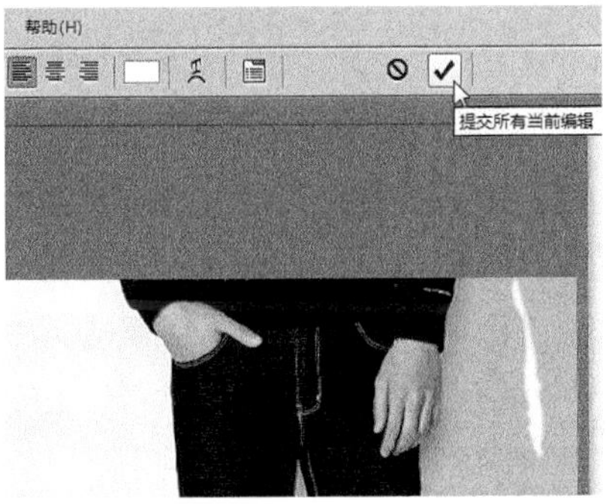

图9 11

9.2.2 直排商品文字效果的制作

在处理商品图片时，经常需要在商品图片上附上文字说明等，这时可通过直排文字工具制作直排商品文字效果。

下面介绍制作直排商品文字效果的操作方法。

课堂案例	直排商品文字效果的制作
案例位置	效果>第9章>9.2.2.psd
视频位置	视频>第9章>课堂案例——直排商品文字效果的制作.mp4
难易指数	★★★★☆
学习目标	掌握直排商品文字效果的制作方法

本案例的最终效果如图9-12所示。

图9-12

01 按【Ctrl+O】组合键，打开商品图像素材9.2.2.jpg，如图9-13所示。

图9-13

02 选取工具箱中的直排文字工具，如图9-14所示。

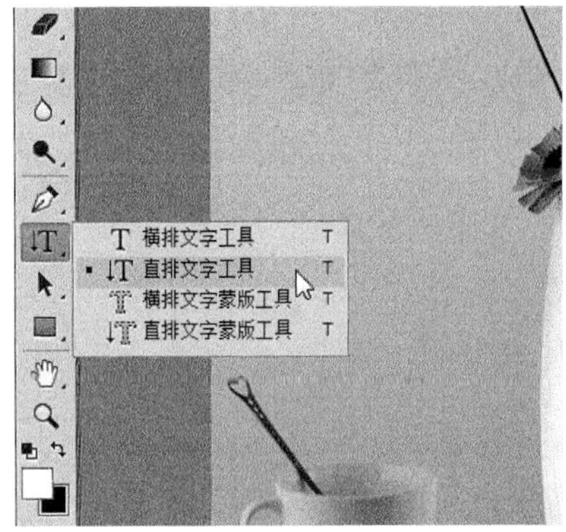

图9-14

03 将鼠标移至图像编辑窗口中，单击鼠标左键确定文字的插入点，如图9-15所示。

图9-15

04 在工具属性栏中，设置“字体”为“微软雅黑”、“字体大小”为24点，如图9-16所示。

图9-16

05 在工具属性栏中单击“颜色”色块，弹出“拾色器（文本颜色）”对话框，设置颜色为黑色（RGB参数值分别为18、8、6），如图9-17所示。

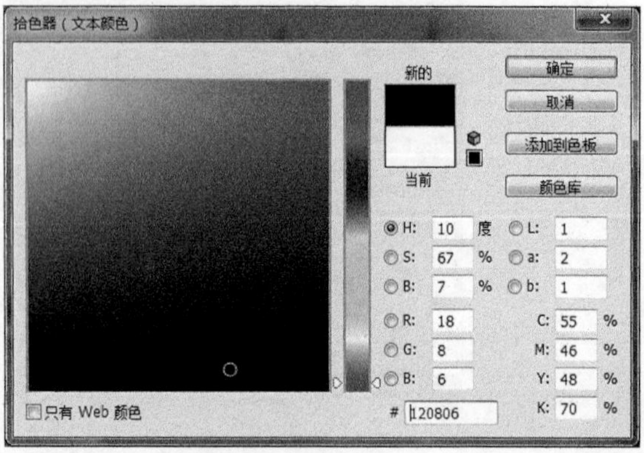

图9-17

06 单击“确定”按钮后，输入文字，如图9-18所示。

图9-18

07 单击工具属性栏右侧的“提交所有当前编辑”按钮✓，结束当前文字输入，如图9-19所示。选取工具箱中的移动工具，将文字移动至合适位置。

图9-19

9.2.3 商品图像段落文本的制作

对商品图片进行后期处理时，经常在商品图片上添加商品描述，若想改变商品描述段落文字显示效果，可设置文字段落属性来实现。

下面介绍设置商品描述段落属性的操作方法。

课堂案例	商品图像段落文本的制作
案例位置	效果>第9章>9.2.3.psd
视频位置	视频>第9章>课堂案例——商品图像段落文本的制作.mp4
难易指数	★★★★☆
学习目标	掌握商品图像段落文本的制作方法

本案例的最终效果如图9-20所示。

图9-20

01 按【Ctrl＋O】组合键，打开商品图像素材9.2.3.psd，如图9-21所示。

图9-21

02 在“图层”面板中，选择文字图层，如图9-22所示。

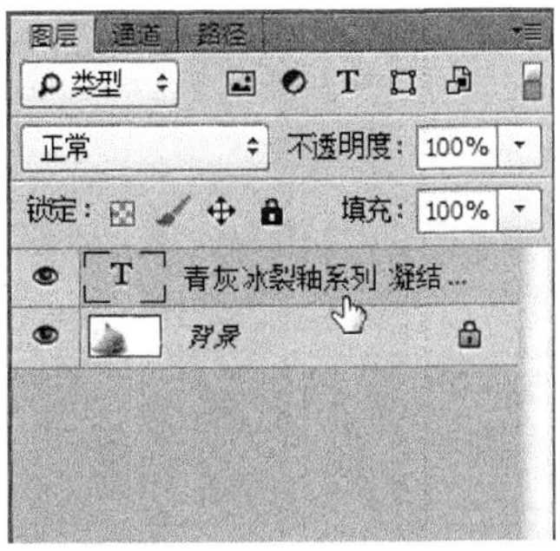

图9-22

03 在菜单栏中单击“窗口”|“段落”命令，如图9-23所示。

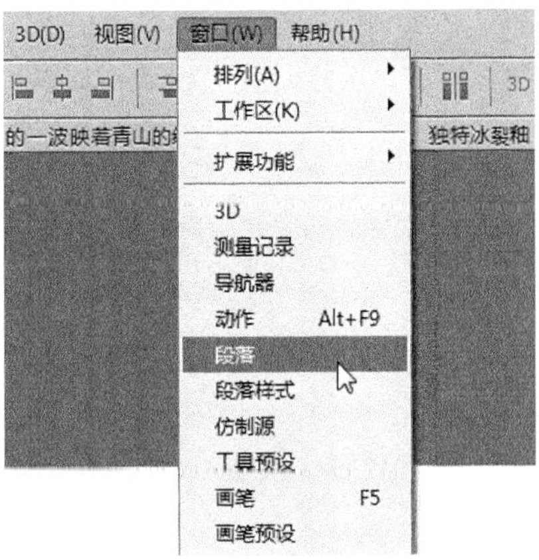

图9-23

> **技巧与提示**
>
> “段落”面板中，各选项的含义如下。
>
> - 对齐方式：对齐方式包括左对齐文本、居中对齐文本、右对齐文本、最后一行左对齐、最后一行居中对齐、最后一行右对齐和全部对齐。
> - 左缩进：设置段落的左缩进。
> - 首行缩进：缩进段落中的首行文字。对于横排文字，首行缩进与左缩进有关；对于直排文字，首行缩进与顶端缩进有关。要创建首行悬挂缩进，必须输入一个负值。
> - 段前添加空格：设置段落与上一行的距离，或全选文字每一段的距离。
> - 右缩进：设置段落的右缩进。
> - 段后添加空格：设置每段文本后的一段距离。

04 展开“段落”面板，如图9-24所示。

图9-24

> **技巧与提示**
>
> 段落文字是一类以段落文字文本框来确定文字位置与换行情况的文字，改变段落文字的文本框时，文本框中的文本会根据文本框的位置自动换行。

05 设置“左缩进”为5点，如图9-25所示，更改文字段落属性，再使用移动工具进行调整。

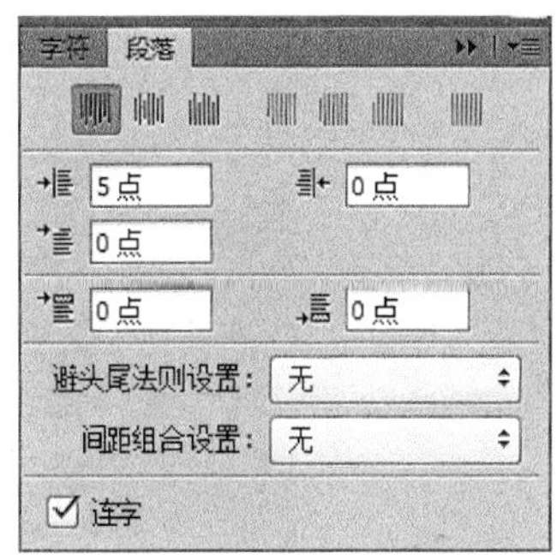

图9-25

9.2.4 商品文字沿路径排列效果的制作

在对商品图片进行后期处理时，若想制作商品文字特殊排列效果，可通过绘制路径，并沿路径排列文字实现。

下面介绍制作商品文字沿路径排列效果的操作方法。

课堂案例	商品文字沿路径排列效果的制作
案例位置	效果>第9章>9.2.4.psd
视频位置	视频>第9章>课堂案例——商品文字沿路径排列效果的制作.mp4
难易指数	★★★★☆
学习目标	掌握商品文字沿路径排列效果的制作方法

本案例的最终效果如图9-26所示。

图9-26

01 按【Ctrl＋O】组合键，打开商品图像素材9.2.4.jpg，如图9-27所示。

图9-27

02 在工具箱中选取钢笔工具，在图像编辑窗口中的合适位置绘制一条曲线路径，如图9-28所示。

图9-28

03 选取工具箱中的横排文字工具，在路径上单击鼠标左键，确定文字输入点，如图9-29所示。

图9-29

04 在工具属性栏中，设置“字体”为“方正颜宋简体”、“字体大小”为8点，如图9-30所示。

图9-30

05 在工具属性栏中单击“颜色”色块，弹出“拾色器（文本颜色）”对话框，设置颜色为咖啡色（RGB参数值分别为157、119、91），如图9-31所示。

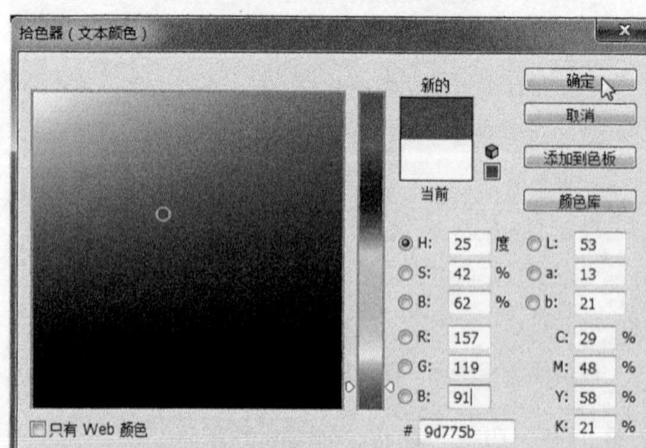

图9-31

技巧与提示

沿路径输入文字时，文字将沿着锚点添加到路径方向。如果在路径上输入横排文字，文字方向将与基线垂直；当在路径上输入直排文字时，文字方向将与基线平行。

06 单击“确定”按钮后，输入文字，按【Ctrl+Enter】组合键，确认文字输入，并隐藏路径，效果如图9-32所示。

图9-32

9.2.5 商品文字路径形状的调整

在对商品图片进行后期处理时，若觉得文字路径形状效果不理想，想改变商品文字排列形状效果，可调整文字路径形状来实现。下面介绍调整商品文字路径形状的操作方法。

课堂案例	商品文字路径形状的调整
案例位置	效果>第9章>9.2.5.psd
视频位置	视频>第9章>课堂案例——商品文字路径形状的调整.mp4
难易指数	★★★☆☆
学习目标	掌握商品文字路径形状调整的方法

本案例的最终效果如图9-33所示。

图9-33

01 按【Ctrl+O】组合键，打开商品图像素材9.2.5.psd，如图9-34所示。

图9-34

02 在“图层”面板中选择“陶艺米饭碗”文字图层，展开“路径”面板，在“路径”面板中，选择文字路径，如图9-35所示。

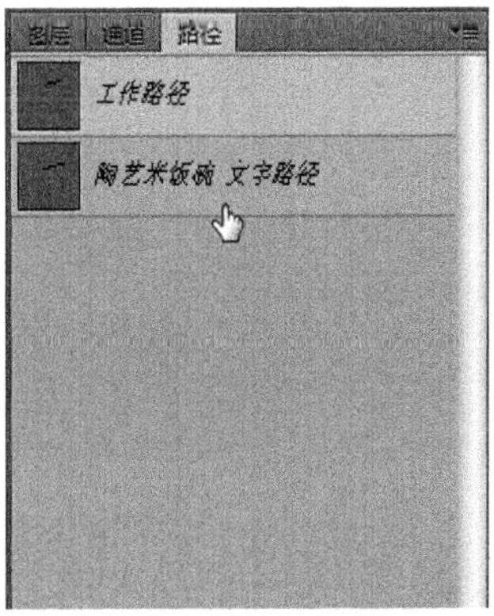

图9-35

03 在工具箱中选取直接选择工具，移动鼠标至图像编辑窗口中的文字路径上，单击鼠标左键并拖曳节点至合适位置，如图9-36所示，按【Enter】键确认，即可调整文字路径的形状。

图9-36

9.2.6 商品横排文字蒙版效果的制作

在处理商品图片时，经常需要在商品图片上添加文字说明，以达到宣传效果，这时可通过横排文字蒙版工具制作商品文字效果。

下面介绍制作横排商品文字蒙版效果的操作方法。

课堂案例	商品横排文字蒙版效果的制作
案例位置	效果>第9章>9.2.6.psd
视频位置	视频>第9章>课堂案例——商品横排文字蒙版效果的制作.mp4
难易指数	★★★★☆
学习目标	掌握商品横排文字蒙版效果的制作方法

本案例的最终效果如图9-37所示。

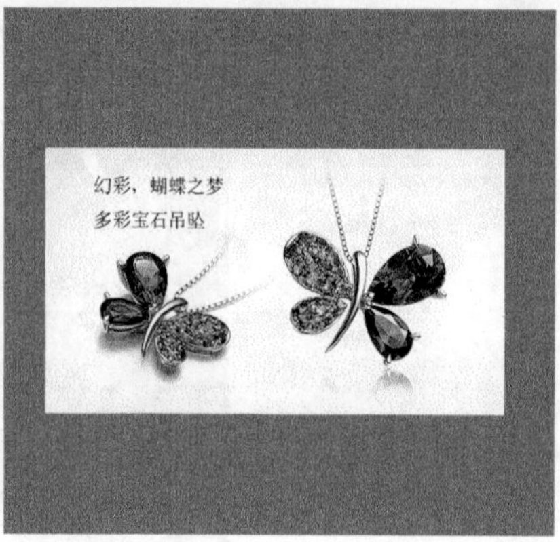

图9-37

01 按【Ctrl+O】组合键，打开商品图像素材9.2.6.jpg，如图9-38所示。

图9-38

02 在工具箱中选取横排文字蒙版工具，如图9-39所示。

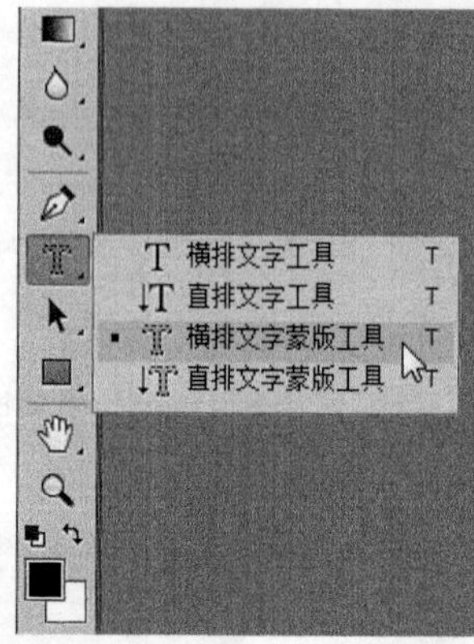

图9-39

03 将鼠标移动至图像编辑窗口中，单击鼠标左键确定文字的插入点，此时图像呈淡红色，如图9-40所示。

图9-40

04 在工具属性栏中，设置“字体”为“创艺简宋体”、“字体大小”为24点，如图9-41所示。

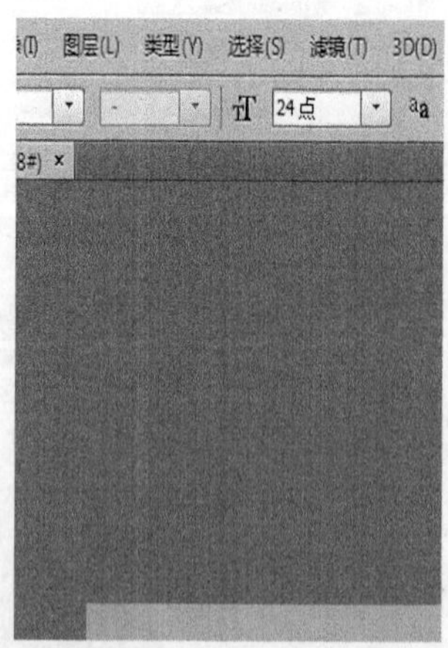

图9-41

05 设置好参数后，输入文字，此时输入的文字呈实体显示，如图9-42所示。

图9-42

06 单击工具属性栏右侧的“提交所有当前编辑”按钮✓，结束当前文字输入，如图9-43所示。

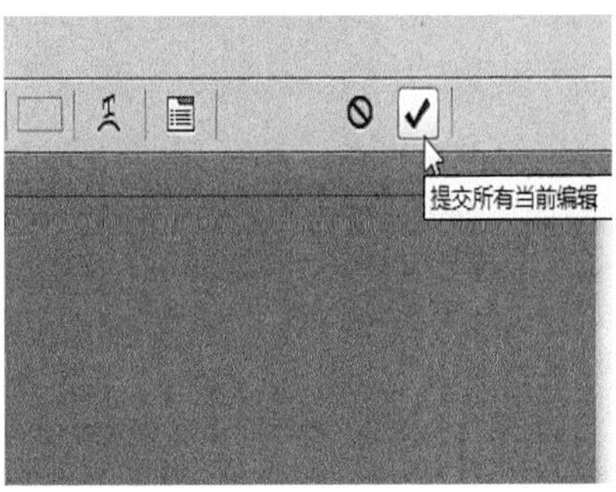

图9-43

07 执行上述操作后，即可创建文字选区，效果如图9-44所示。

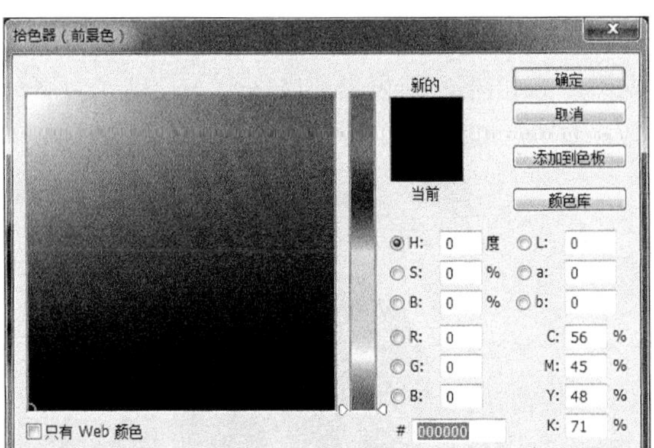

图9-44

08 在工具箱底部，单击“前景色”色块，弹出“拾色器（前景色）”对话框，设置前景色为黑色（RGB参数值均为0），如图9-45所示。

图9-45

09 单击“确定”按钮，按【Alt＋Delete】组合键为选区填充前景色，效果如图9-46所示。按【Ctrl＋D】组合键取消选区。

图9-46

9.2.7　商品直排文字蒙版效果的制作

在处理商品图片时，经常需要在商品图片上添加文字说明，以达到宣传效果，若商品图像呈垂直分布，就可以通过直排文字蒙版工具制作商品文字效果。

下面介绍制作直排商品文字蒙版效果的操作方法。

课堂案例	商品直排文字蒙版效果的制作
案例位置	效果>第9章>9.2.7.psd
视频位置	视频>第9章>课堂案例——商品直排文字蒙版效果的制作.mp4
难易指数	★★★★☆
学习目标	掌握商品直排文字蒙版效果的制作方法

本案例的最终效果如图9-47所示。

图9-47

01 按【Ctrl＋O】组合键，打开商品图像素材9.2.7.jpg，如图9-48所示。

图9-48

02 在工具箱中选取直排文字蒙版工具，如图9-49所示。

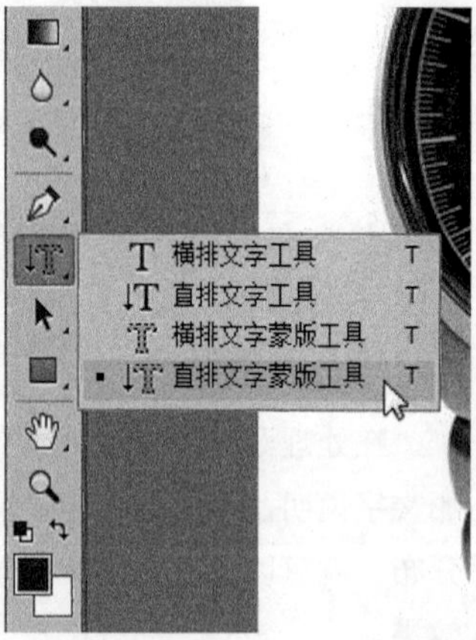

图9-49

03 将鼠标移至图像编辑窗口中，单击鼠标左键确定文字的插入点，此时图像呈淡红色，如图9-50所示。

图9-50

04 在工具属性栏中，设置“字体”为“方正大黑简体”、“字体大小”为8点，如图9-51所示。

图9-51

05 设置好参数后，输入文字，此时输入的文字呈实体显示，单击工具属性栏右侧的“提交所有当前编辑”按钮✔，结束当前文字输入，创建文字选区，如图9-52所示。

图9-52

06 在工具箱底部单击“前景色”色块，弹出“拾色器（前景色）”对话框，设置前景色为灰色（RGB参数值均为45），如图9-53所示。

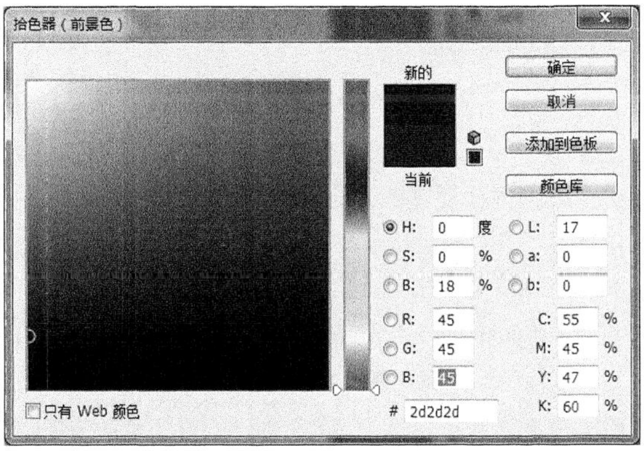

图9-53

07 单击“确定”按钮，按【Alt+Delete】组合键为选区填充前景色，效果如图9-54所示。按【Ctrl+D】组合键取消选区。

图9-54

9.3 设置商品文字的属性

在进行商品图片后期处理时，若文字效果不佳，则需要更改文字属性来调整文字效果，达到美化商品图片的目的。

9.3.1 设置商品文字属性

下面介绍设置商品文字属性的操作方法。

课堂案例	设置商品文字的属性
案例位置	效果>第9章>9.3.1.psd
视频位置	视频>第9章>课堂案例——设置商品文字属性.mp4
难易指数	★★★★☆
学习目标	掌握设置商品文字属性的方法

本案例的最终效果如图9-55所示。

图9-55

01 按【Ctrl+O】组合键，打开商品图像素材，如图9-56所示。

图9-56

02 在“图层”面板中，选择文字图层，如图9-57所示。

图9-57

03 在菜单栏中单击“窗口”|“字符”命令，如图9-58所示。

04 执行上述操作后，展开“字符”面板，如图9-59所示。

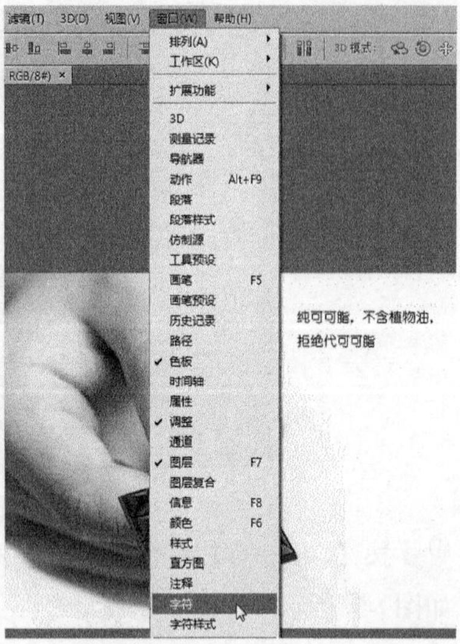

图9-58

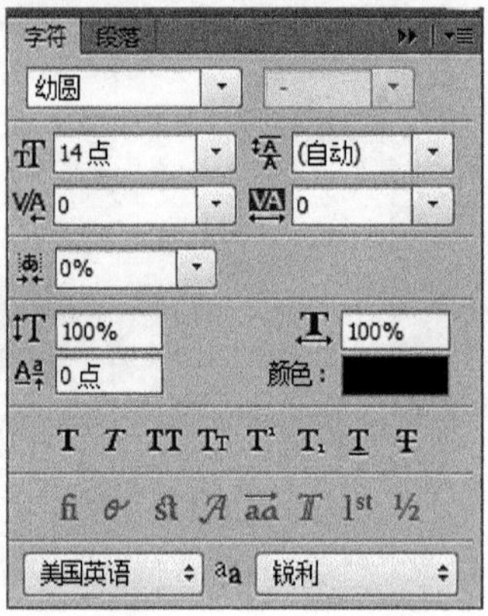

图9-59

技巧与提示

“字符”面板中，主要选项的含义如下。

- 字体幼圆：在该下拉列表框中可以选择字体。
- 字体大小：可以选择字体的大小。
- 字距微调：用于调整两个字符之间的距离，在操作时首先调整两个字符的间距，设置插入点，然后调整数值。
- 水平缩放/垂直缩放：水平缩放用于调整字符的宽度，垂直缩放用于调整字符的高度。这两个百分比相同时，可以进行等比例缩放；不相同时，可以进行不等比缩放。
- 基线偏移：用来控制文字与基线的距离，它可以升高或降低所选文字。
- T状按钮 T T TT Tr T¹ T₁ T T：用来创建仿粗体、斜体等文字样式，以及为字符添加下划线或删除线等。
- 语言：可以对所选字符设置有关连字符和拼写规则语言，Photoshop使用语言词典检查连字符连接。
- 行距：行距是指每行的垂直间距，同一段落的行与行之间可以设置不同的行距，但文字行中的最大行距决定了该行的行距。
- 字距调整：选择部分字符时，可以调整所选字符的间距。
- 颜色：单击颜色块，可以在打开的“拾色器（文本颜色）”对话框中，设置文字的颜色。
- 消除锯齿的方法：选择消除文字锯齿的方法，Photoshop会通过部分填充边缘像素来产生边缘平滑的文字，使文字的边缘混合到背景中而看不出锯齿。

05 设置“字体大小”为24点、“行距”为36点，如图9-60所示。更改文字属性，调整文字至合适位置。

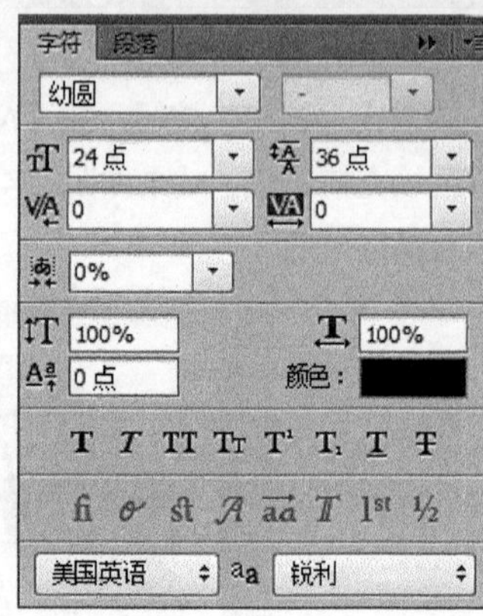

图9-60

技巧与提示

当完成文字的输入后，如果发现文字的属性与整体的效果不太符合，则需要对文字的相关属性进行细节性的调整。

9.3.2 互换商品文字水平与垂直方向

在进行商品图片后期处理时，若想改变商品文字显示效果，可以通过文字水平垂直互换来实现。

下面详细介绍商品文字水平垂直互换的操作方法。

课堂案例	互换商品文字水平与垂直方向
案例位置	效果>第9章>9.3.2.psd
视频位置	视频>第9章>课堂案例——互换商品文字水平与垂直方向.mp4
难易指数	★★★☆☆
学习目标	掌握互换文字水平与垂直方向的方法

本案例的最终效果如图9-61所示。

图9-61

01 按【Ctrl+O】组合键，打开商品图像素材9.3.2.psd，如图9-62所示。

图9-62

02 在“图层”面板选择文字图层，如图9-63所示。

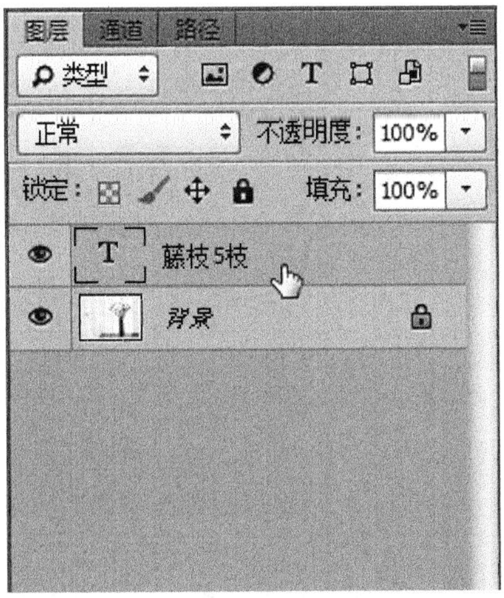

图9-63

03 选取工具箱中的横排文字工具，在工具属性栏中，单击“切换文本取向”按钮，如图9-64所示，即可更改文本的排列方向，切换至移动工具，再次调整文字的位置。

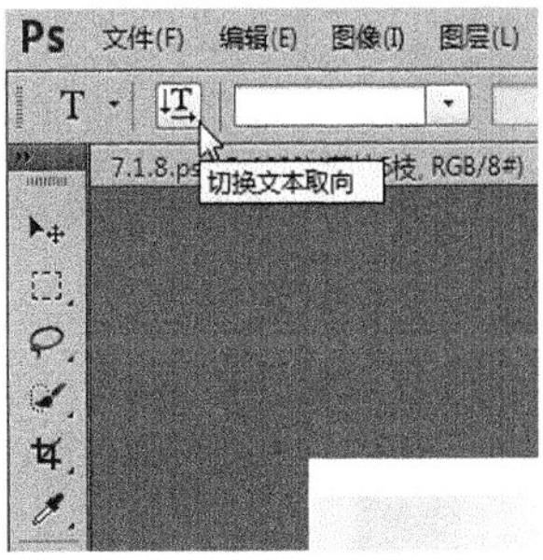

图9-64

技巧与提示

除了上述操作方法以外，还有以下两种方法可以切换文字排列。

- 在菜单栏中单击“图层”|“文字”|“水平”命令，可以在直排文字与横排文字之间相互转换。
- 在菜单栏中单击“图层”|“文字”|“垂直”命令，可以在直排文字与横排文字之间相互转换。

9.3.3 调整商品文字位置与排列顺序

在进行商品图片后期处理时，若想改变商品文字位置排列效果，可通过路径选择工具，调整文字在路径上的起始位置来改变文字的位置排列。

下面详细介绍调整商品文字位置的排列的操作方法。

课堂案例	调整商品文字位置与排列顺序
案例位置	效果>第9章>9.3.3.psd
视频位置	视频>第9章>课堂案例——调整商品文字位置与排列顺序.mp4
难易指数	★★★★☆
学习目标	掌握调整商品文字位置与排列的方法

本案例的最终效果如图9-65所示。

图9-65

01 按【Ctrl＋O】组合键，打开商品图像素材9.3.3.psd，如图9-66所示。

图9-66

02 在“图层”面板中选择文字图层，展开“路径”面板，在“路径”面板中，选择文字路径，如图9-67所示。

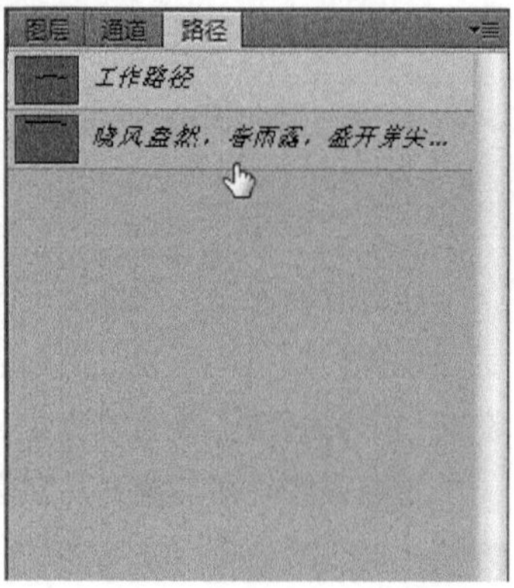

图9-67

03 选取工具箱中的路径选择工具，移动鼠标指针至图像编辑窗口中的文字路径上单击，如图9-68所示，按【Enter】键确认，即可调整文字位置排列。

图9-68

9.4 制作精美商品文字效果

将文字转换为路径、形状、图像、矢量智能对象后，可以执行调整文字的形状、添加描边、使用滤镜、叠加颜色或图案等操作。

9.4.1 商品文字路径效果的制作

在商品图片上添加文字描述时，可直接将文字转换为路径，从而直接通过此路径进行描边、填充等操作，制作出特殊的文字效果。

下面介绍制作商品文字路径效果的操作方法。

课堂案例	商品文字路径效果的制作
案例位置	效果>第9章>9.4.1.psd
视频位置	视频>第9章>课堂案例——商品文字路径效果的制作.mp4
难易指数	★★★☆☆
学习目标	掌握商品文字路径效果的制作的方法

本案例的最终效果如图9-69所示。

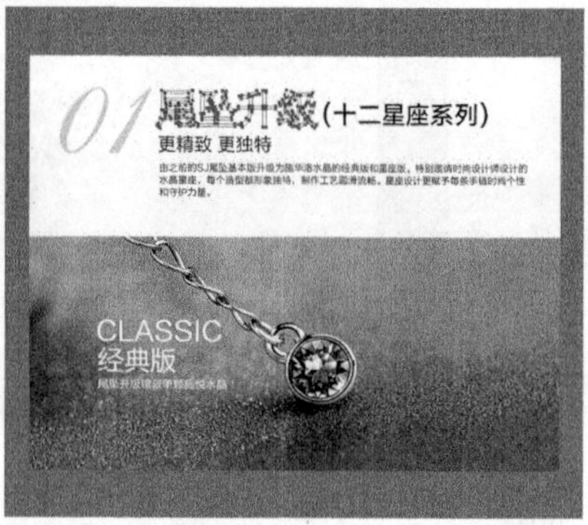

图9-69

01 按【Ctrl＋O】组合键，打开商品图像素材9.4.1.psd，如图9-70所示。

图9-70

02 展开“图层”面板，选择文字图层，如图9-71所示。

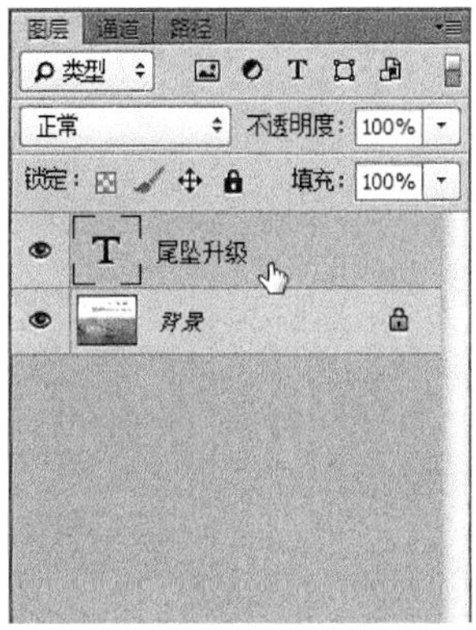

图9-71

03 在菜单栏中单击“类型”|“创建工作路径”命令，如图9-72所示。隐藏文字图层，即可制作文字路径效果。

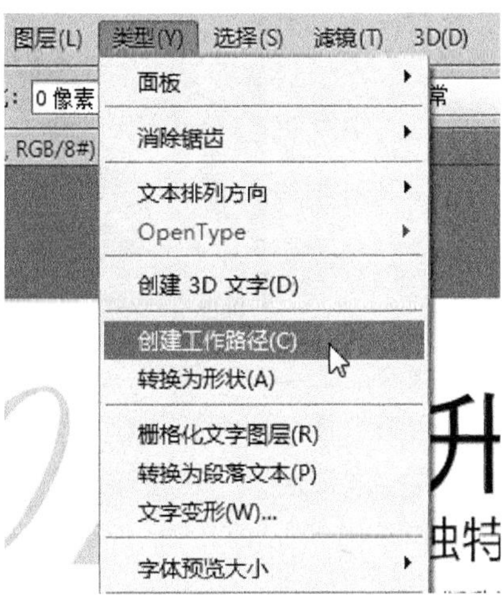

图9-72

技巧与提示

在将文字转换为路径后，原文字属性不变，产生的工作路径可以应用填充和描边，或者通过调整描点得到变形文字。

除用上述方法制作文字路径外，还可以在“图层”面板中选择文字图层，单击鼠标右键，选择“创建工作路径”选项，制作文字路径。

9.4.2 商品文字颜色效果的制作

在进行商品图片处理时，经常需要在商品图片上添加店铺活动来吸引目光，若想改变文字颜色效果，可以使用“颜色叠加”图层样式改变文字颜色。

下面介绍制作商品文字颜色效果的操作方法。

课堂案例	商品文字颜色效果的制作
案例位置	效果>第9章>9.4.2.psd
视频位置	视频>第9章>课堂案例——商品文字颜色效果的制作.mp4
难易指数	★★★☆☆
学习目标	掌握商品文字颜色效果的制作的方法

本案例的最终效果如图9-73所示。

图9-73

01 按【Ctrl＋O】组合键，打开商品图像素材9.4.2.psd，如图9-74所示。

图9-74

02 展开“图层”面板，选择文字图层，在菜单栏中单击“图层”|“图层样式”|“颜色叠加”命令，如图9-75所示。

03 弹出“图层样式”对话框，设置“颜色”为白色（RGB参数值均为255），如图9-76所示。单击“确定”按钮，即可改变文字颜色效果。

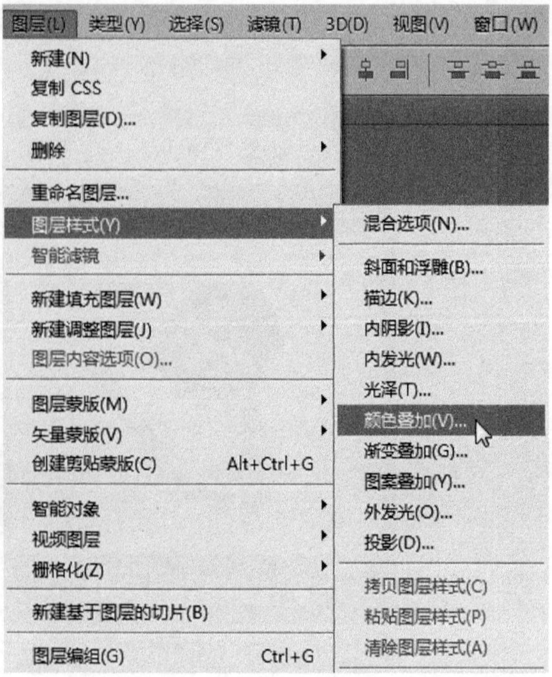

图9-75

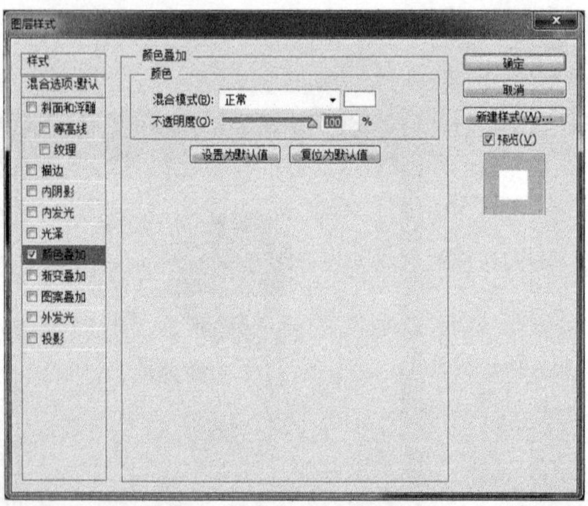

图9-76

9.4.3 商品文字渐变效果的制作

可以使用“渐变叠加”图层样式使文字产生颜色渐变，使画面更丰富多彩。

下面介绍制作商品文字渐变效果的操作方法。

课堂案例	商品文字渐变效果的制作
案例位置	效果>第9章>9.4.3.psd
视频位置	视频>第9章>课堂案例——商品文字渐变效果的制作.mp4
难易指数	★★★★★
学习目标	掌握商品文字渐变效果的制作的方法

本案例的最终效果如图9-77所示。

图9-77

01 按【Ctrl＋O】组合键，打开商品图像素材9.4.3.psd，如图9-78所示。

图9-78

02 展开“图层”面板，选择文字图层，在菜单栏中单击“图层”|“图层样式”|“渐变叠加”命令，如图9-79所示。

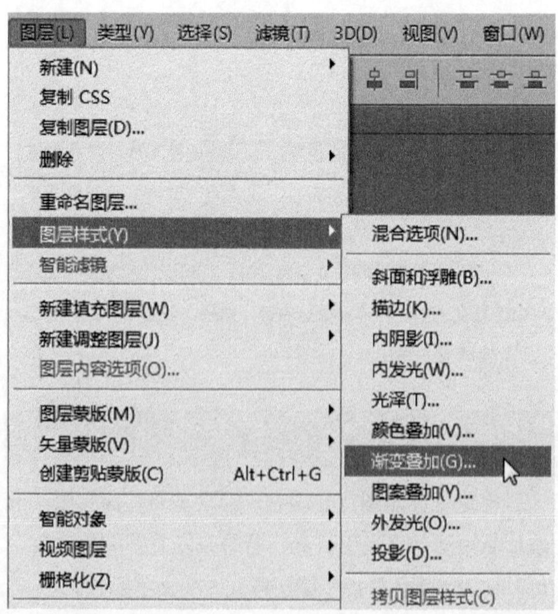

图9-79

03 弹出“图层样式”对话框，单击“点按可编辑渐变”色块，如图9-80所示。

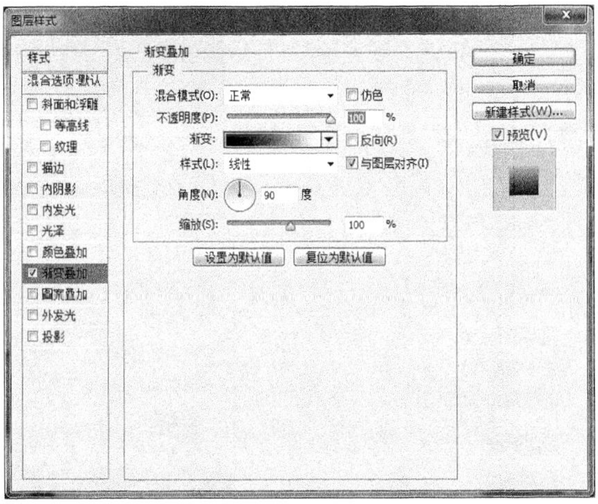

图9-80

04 弹出“渐变编辑器”，单击左边“色标”后，单击“颜色”色块，如图9-81所示。

图9-81

技巧与提示

“图层样式”对话框的“渐变叠加”选项区中，主要选项的含义如下。

- 混合模式：用于设置使用渐变叠加时色彩混合的模式。
- 渐变：用于设置使用的渐变色。
- 样式：包括“线性”“径向”和“角度”等渐变类型。
- 与图层对齐：从上到下绘制渐变时，选中该复选框，则渐变与图层对齐。

05 弹出“拾色器（色标颜色）”对话框，设置RGB参数值分别为13、34、191，如图9-82所示。

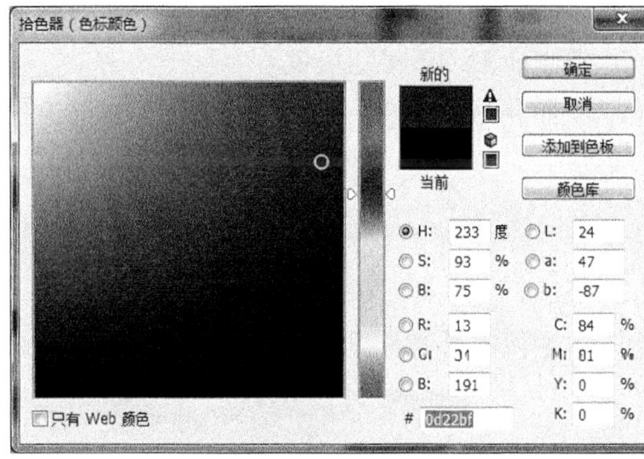

图9-82

06 单击“确定”按钮，重复以上操作设置右边“色标”为黄色（RGB参数值分别为253、198、5），如图9-83所示。

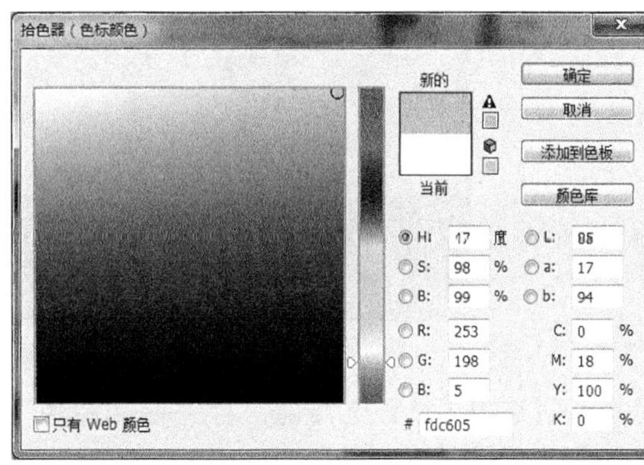

图9-83

07 单击“确定”按钮，返回“渐变编辑器”对话框，单击“确定”按钮返回“图层样式”对话框，如图9-84所示。单击“确定”按钮，即可制作文字渐变效果。

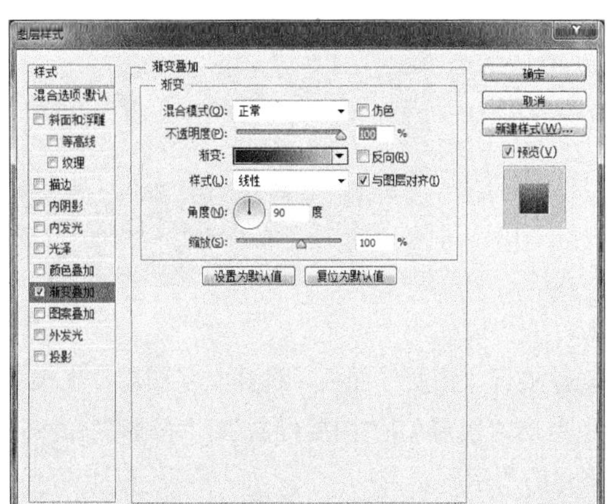

图9-84

9.4.4 商品文字投影效果的制作

可以制作文字投影效果，使文字融入商品图片，使画面看上去更加协调。

下面介绍制作商品文字投影效果的操作方法。

课堂案例	商品文字投影效果的制作
案例位置	效果>第9章>9.4.4.psd
视频位置	视频>第9章>课堂案例——商品文字投影效果的制作.mp4
难易指数	★★★☆☆
学习目标	掌握商品文字投影效果的制作的方法

本案例的最终效果如图9-85所示。

图9-85

01 按【Ctrl+O】组合键，打开商品图像素材9.4.4.psd，如图9-86所示。

图9-86

02 展开“图层”面板，选择文字图层，在菜单栏中单击“图层”|“图层样式”|“投影”命令，如图9-87所示。

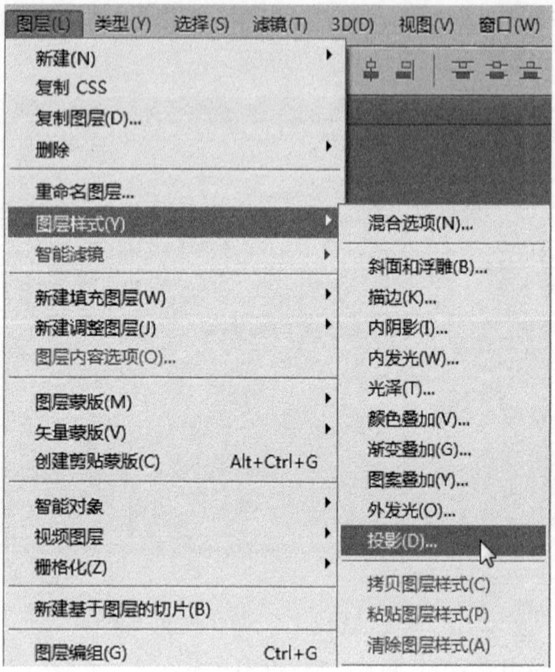

图9-87

03 弹出“图层样式”对话框，设置“角度”为120°、“距离”为5像素、“大小”为5像素，如图9-88所示。单击“确定”按钮，即可制作文字投影效果。

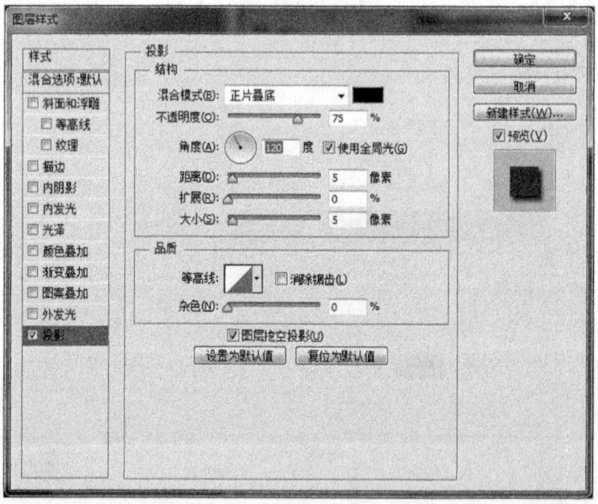

图9-88

9.4.5 商品文字发光效果的制作

若想使文字更加引人注目，可制作文字发光效果来吸引目光。

下面介绍制作商品文字发光效果的操作方法。

课堂案例	商品文字发光效果的制作
案例位置	效果>第9章>9.4.5.psd
视频位置	视频>第9章>课堂案例——商品文字发光效果的制作.mp4
难易指数	★★★★☆
学习目标	掌握商品文字发光效果的制作的方法

本案例的最终效果如图9-89所示。

图9-89

01 按【Ctrl+O】组合键，打开商品图像素材9.4.5.psd，如图9-90所示。

图9-90

02 展开“图层”面板，选择文字图层，在菜单栏中单击“图层”|“图层样式”|“外发光”命令，如图9-91所示。

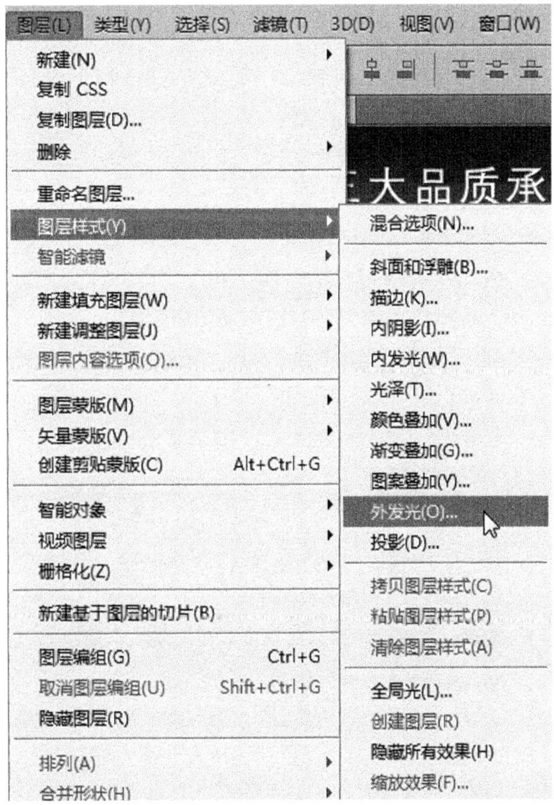

图9-91

03 弹出“图层样式”对话框，设置“混合模式”为“正常”、“不透明度”为100%、“方法”为“精确”、“扩展”为5%、“大小”为5像素，如图9-92所示。

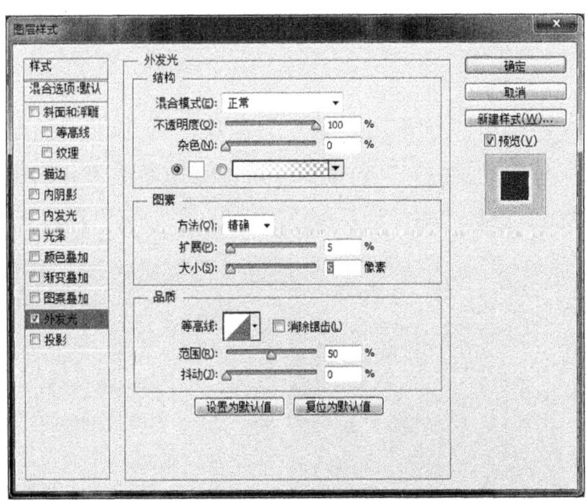

图9-92

技巧与提示

在“图层样式”对话框的“外发光”选项卡中，主要选项的含义如下。

- 混合模式：用来设置投影与下面图层的混合方式，默认为“正片叠底”模式。
- 不透明度：设置图层效果的不透明度。不透明度越大，图像效果越明显。可以直接在后面的数值框中输入数值进行精确调节，或拖动滑块进行调节。
- 杂色：为阴影增加杂点效果。“杂色”值越大，杂点越明显。
- 投影颜色：在“混合模式”右侧的颜色框中，可以设定阴影的颜色。
- 角度：设置光照角度，可以确定投下阴影的方向与角度。选中后面的“使用全局光”复选框时，可以将所有图层对象的阴影角度都统一。
- 距离：设置阴影偏移的幅度。距离越大，层次感越强；距离越小，层次感越强。
- 扩展：设置模糊的边界。“扩展”值越大，模糊的部分越少。
- 大小：设置模糊的边界。“大小”值越大，模糊的部分就越大。
- 等高线：设置阴影的明暗部分。单击右侧的下拉按钮，可以选择预设效果，也可以单击预设效果，弹出“等高线编辑器”对话框重新进行编辑。
- 消除锯齿：混合等高线边缘的像素，使投影更加平滑。
- 图层挖空阴影：该选项用来控制半透明图层中投影的可见性。

04 单击“设置发光颜色”色块，弹出“拾色器（外发光颜色）”对话框，设置RGB参数值分别为216、224、243，如图9-93所示。

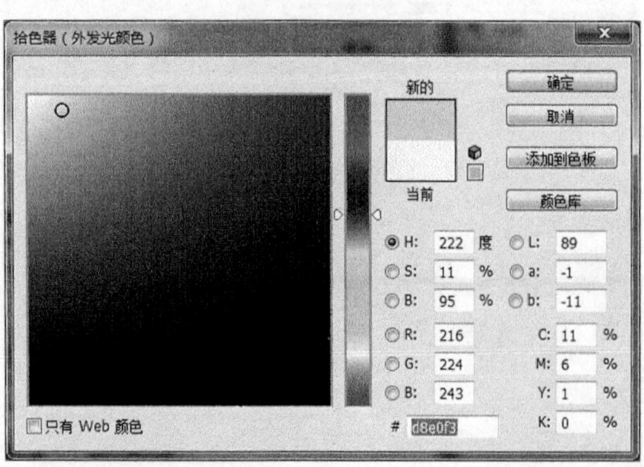

图9-93

05 单击“确定”按钮，返回“图层样式”对话框，即可更改发光颜色，如图9-94所示。单击“确定”按钮，即可制作文字发光效果。

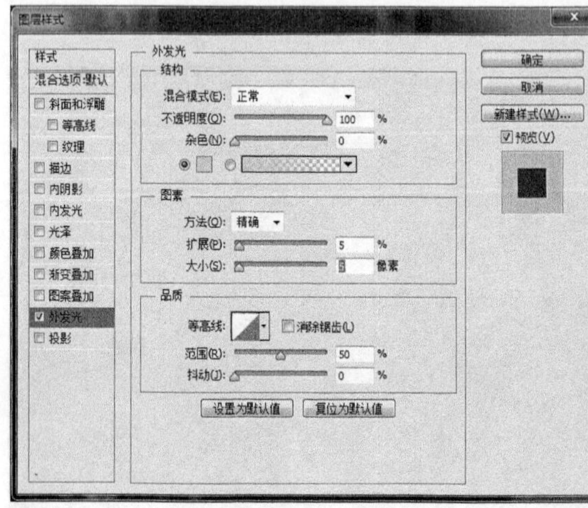

图9-94

9.4.6 商品文字变形样式的制作

使用变形文字，可以使画面更加美观，容易引起买家的注意。下面介绍制作商品文字变形样式的操作方法。

课堂案例	商品文字变形样式的制作
案例位置	效果>第9章>9.4.6.psd
视频位置	视频>第9章>课堂案例——商品文字变形样式的制作.mp4
难易指数	★★★★☆
学习目标	掌握商品文字变形样式的制作的方法

本案例的最终效果如图9-95所示。

01 按【Ctrl+O】组合键，打开商品图像素材9.4.6.jpg，如图9-96所示。

02 在工具箱中选取横排文字工具，在工具属性栏中设置“字体”为“方正粗黑宋简体”、“字体大小”为48点、“设置取消锯齿的方法”为“平滑”，如图9-97所示。

图9-95

图9-96

图9-97

03 在工具属性栏中，单击“颜色”色块，弹出“拾色器（文本颜色）”对话框，设置颜色为黑色（RGB参数值均为0），如图9-98所示。

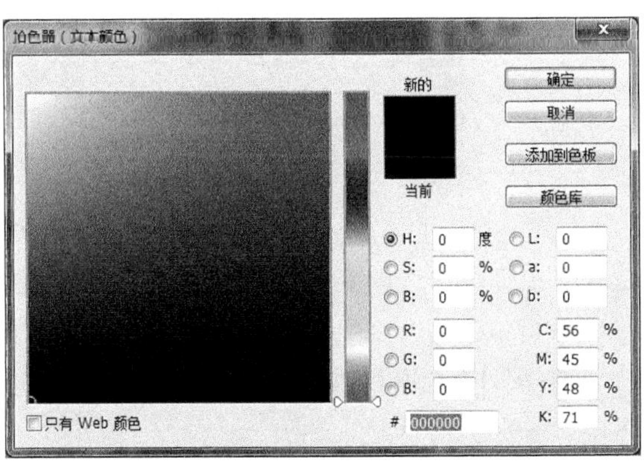

图9-98

技巧与提示

通过“文字变形”对话框可以对选定的文字进行多种变形操作，使文字更加富有灵动感和层次感。

04 单击“确定”按钮，将鼠标移至图像编辑窗口中，单击鼠标左键并输入文字，按【Ctrl+Enter】组合键，确认文字输入，如图9-99所示。

图9-99

05 在菜单栏中单击“类型”|“文字变形”命令，如图9-100所示。

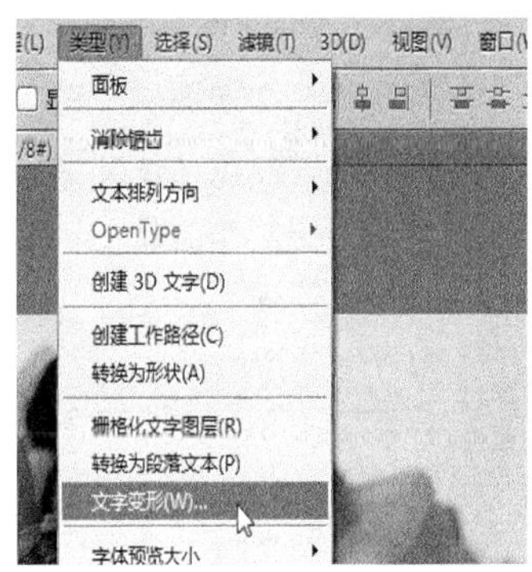

图9-100

06 弹出“变形文字”对话框，如图9-101所示。

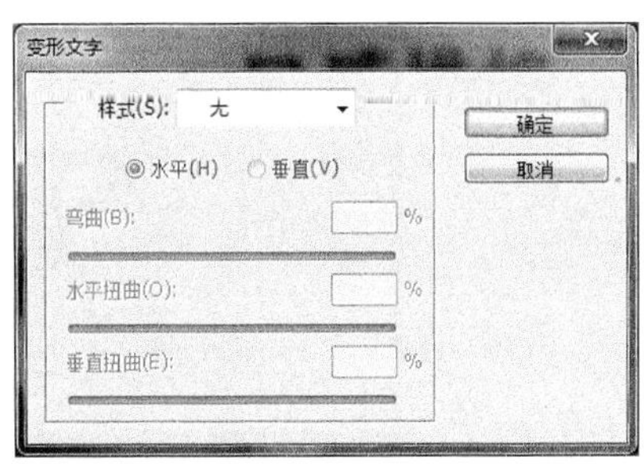

图9-101

07 在“变形文字”对话框中，设置“样式”为“凸起”、“弯曲”为20%，其他参数均保持默认，如图9-102所示。单击“确定”按钮，即可完成变形文字的设置。

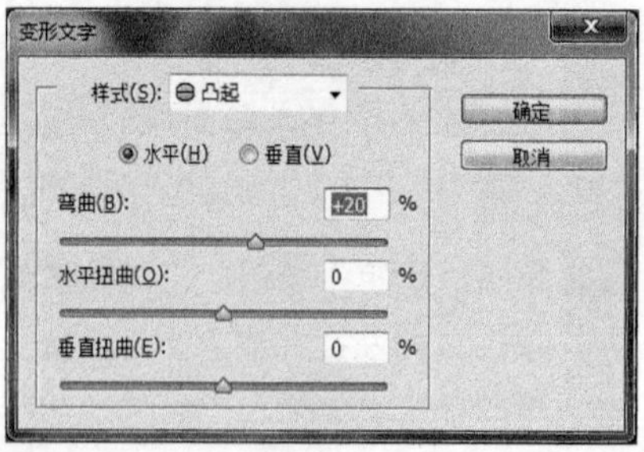

图9-102

技巧与提示

在“变形文字”对话框中，各选项的含义如下。

- 样式：在该下拉列表中可以选择15种变形样式。
- 水平/垂直：设置文本的扭曲方向为水平方向或垂直方向。
- 弯曲：设置文本的弯曲程度。
- 水平扭曲/垂直扭曲：可以对文本应用透视扭曲效果。

9.4.7 商品文字图像效果的制作

若需要在文本图层中进行其他操作，就需要先将文字转换成图像，使文字图层变成普通图层。

下面介绍制作商品文字图像效果的操作方法。

课堂案例	制作商品文字路径效果
案例位置	效果>第9章>9.4.7.psd
视频位置	视频>第9章>课堂案例——商品文字图像效果的制作.mp4
难易指数	★★★★☆
学习目标	掌握商品文字图像效果的制作的方法

本案例的最终效果如图9-103所示。

图9-103

01 按【Ctrl＋O】组合键，打开商品图像素材9.4.7.psd，如图9-104所示。

图9-104

02 展开“图层”面板，选择文字图层，在菜单栏中单击“类型”|“栅格化文字图层”命令，如图9-105所示。

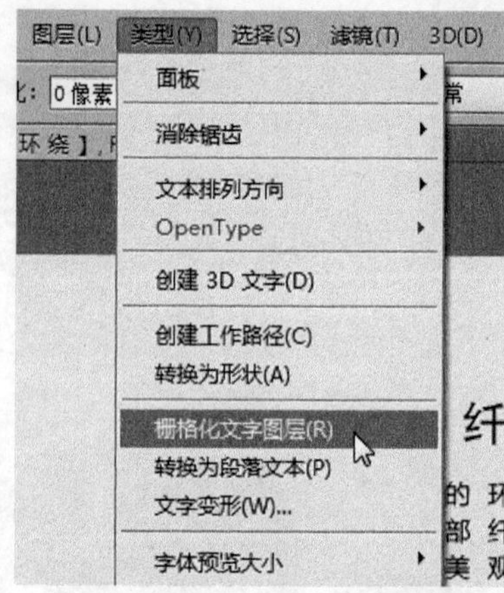

图9-105

03 执行上述操作后，即可将文字图层转换为普通图层，如图9-106所示。

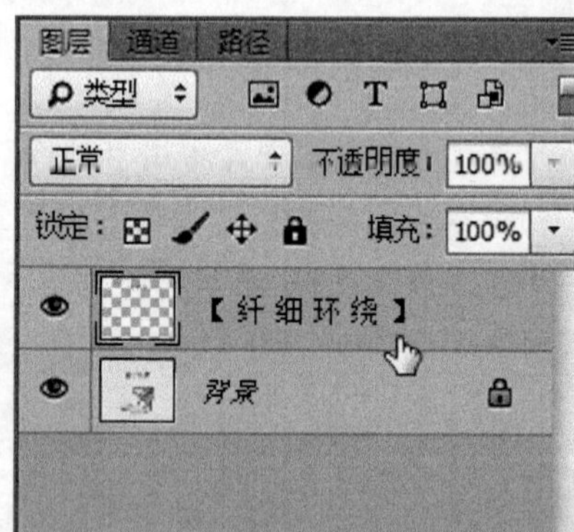

图9-106

04 在工具箱中选取魔棒工具，将鼠标移动至图像编辑窗口中的文字上单击鼠标，在菜单栏中单击“选择”|“选取相似”命令，创建文字图像选区，如图9-107所示。

图9-107

05 在工具箱底部单击“前景色”色块，弹出“拾色器（前景色）”对话框，设置RGB参数值分别为245、76、111，如图9-108所示。单击“确定”按钮，按【Alt＋Delete】组合键为选区填充前景色，按【Ctrl＋D】组合键，取消选区。

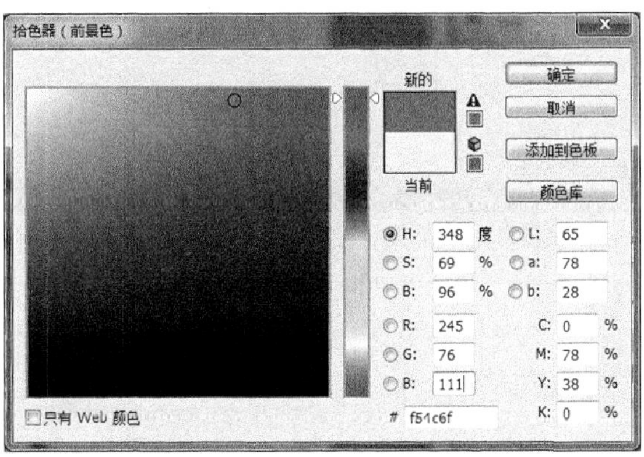

图9-108

技巧与提示

除用上述方法制作文字图像效果外，还可在“图层”面板中选择文字图层，单击鼠标右键，选择“栅格化文字图层”选项，制作文字图像效果。

9.4.8 商品文字描边效果的制作

在处理商品图片时，若觉得商品描述文字效果暗淡，就可以制作文字描边效果，提升文字显示效果。

下面介绍制作商品文字描边效果的操作方法。

课堂案例	商品文字描边效果的制作
案例位置	效果>第9章>9.4.8.psd
视频位置	视频>第9章>课堂案例——商品文字描边效果的制作.mp4
难易指数	★★★★☆
学习目标	掌握商品文字描边效果的制作方法

本案例的最终效果如图9-109所示。

01 按【Ctrl＋O】组合键，打开商品图像素材9.4.8.psd，如图9-110所示。

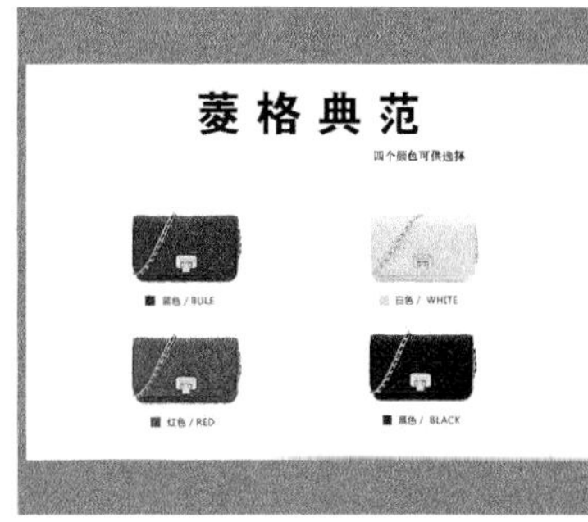

图9-109

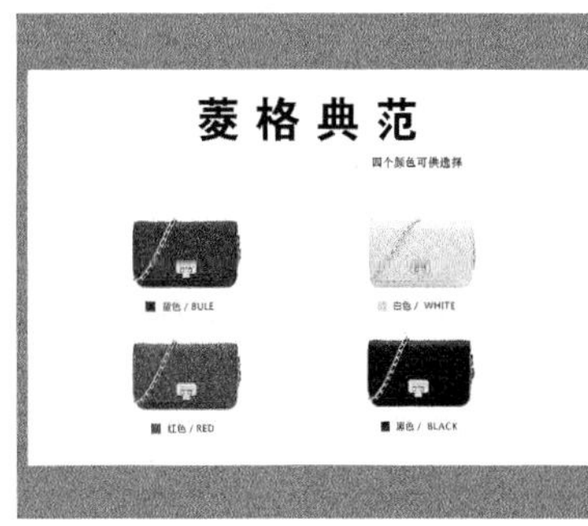

图9-110

02 展开“图层”面板，选择文字图层，在菜单栏中单击“图层”|“图层样式”|“描边”命令，如图9-111所示。

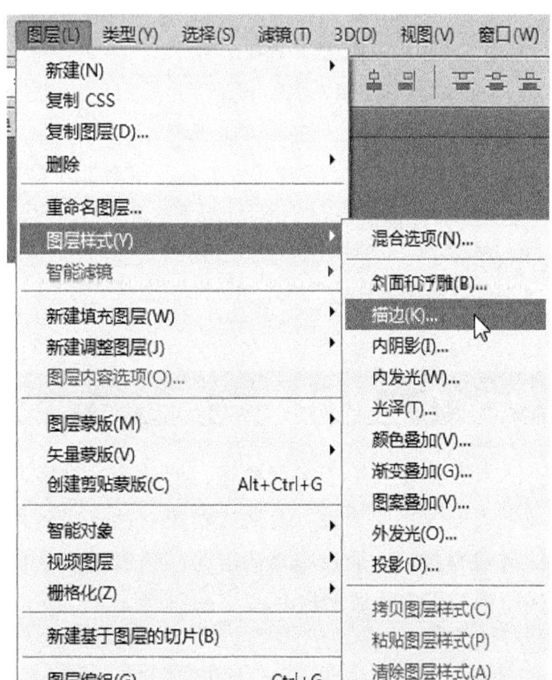

图9-111

03 弹出“图层样式”对话框，设置“大小”为3像素、“位置”为“外部”、“颜色”为浅黄色（RGB参数值分别为249、247、183），如图9-112所示。单击“确定”按钮，即可制作文字描边效果。

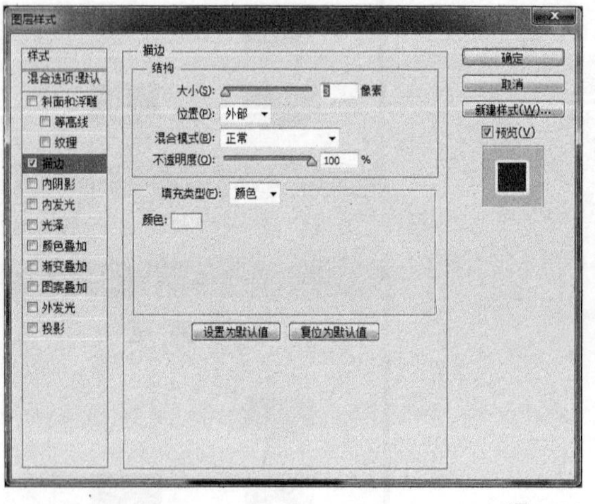

图9-112

技巧与提示

在“图层样式”对话框的“描边”选项卡中，主要选项的含义如下。

- 大小：用于控制“描边”的宽度。数值越大，生成的描边宽度越大。
- 位置：在此下拉列表中，可以选择“外部”“内部”“居中”3种位置，选择“外部”选项，用于描边的线条完全处于图像外部；选择“内部”选项，用于描边的线条完全处于图像内部；选择“居中”选项，用于描边的线条一半处于图像外部，一半处于图像内部，此时该图层样式同时修改透明和图像像素。
- 填充类型：用于设置图像描边的类型。
- 颜色：单击该图标，可设置描边的颜色。

9.5 本章小结

本章主要介绍了文字概述、创建商品文字、设置商品文字的属性以及制作精美商品文字效果的方法与技巧。通过本章的学习，读者可以掌握淘宝商品文字的基本制作。

9.6 习题测试——输入段落描述商品文字

案例位置	效果\第9章9.6.psd
难易指数	★★★★☆
学习目标	掌握运用通道对透明物体抠取商品的方法

本习题需要掌握用输入段落描述商品文字的方法，素材（9.6.jpg）如图9-113所示，最终效果如图9-114所示。

图9-113

图9-114

第10章

调整商品图像色彩色调

内容摘要

Photoshop CC拥有多种强大的颜色调整功能，使用“曲线”“色阶”等命令可以轻松调整图像的色相、饱和度、对比度和亮度，修正有色彩平衡、曝光不足或过度等缺陷的图像。本章主要介绍商品图像的颜色模式以及图像色调高级调整操作方法。

课堂学习目标

- 查看商品图像的颜色分布
- 转换商品图像颜色模式
- 自动校正商品图像色彩/色调
- 调整商品图像的基本色彩
- 调整商品图像的画面色调

10.1 查看商品图像的颜色分布

色彩与色调调整在整个图像的编辑过程中非常重要，一幅劣质图像或扫描品质很差的彩色图像如果不经过颜色调整，很难将其转换为一幅精美的图像，而且很难纠正在照片中常出现的曝光过度和光线不足的问题。在开始进行颜色校正之前，或者编辑图像之后，都应分析图像的色阶状态和色阶的分布，以决定需要编辑的区域。

10.1.1 “信息”面板

“信息”面板在没有进行任何操作时，会显示光标所处位置的颜色值、文档的状态、当前工具的使用提示等信息。如果执行了操作，面板中就会显示与当前操作有关的各种信息。单击“窗口”|“信息”命令，或按【F8】键，弹出“信息”面板，如图10-1所示。

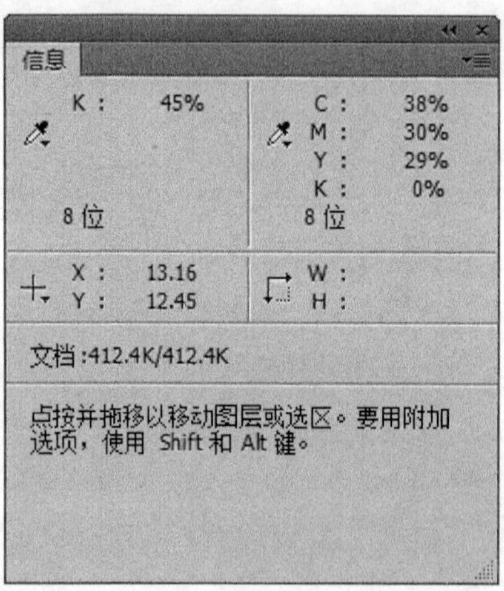

图10-1

在“信息”面板中，主要选项的含义如下。

- 颜色信息：在该下拉列表中可以设置“信息”面板中第一个吸管显示的颜色信息。选择“实际颜色”选项，可以显示图像当前颜色模式下的值；选择“校样颜色”选项，可以显示图像的输出颜色空间的值；选择“灰度”“RGB颜色”“CMYK颜色”等颜色模式，可以显示相应颜色模式下的颜色值；选择“油墨总量”选项，可以显示指针当前位置所有CMYK油墨的总百分比；选择“不透明度”选项，可以显示当前图层的不透明度，该选项不适用于背景。
- 状态信息文档:412.4K/412.4K：用来设置“信息”面板中“状态信息”处的显示内容。
- 第二颜色信息：用来设置“信息”面板中第二个吸管显示的颜色信息。
- 鼠标坐标：用来设置鼠标光标位置的测量单位。

10.1.2 “直方图”面板

直方图是一种统计图形，它由来已久，在图像领域的应用非常广泛。Photoshop的“直方图”面板用图像表示图像的每个亮度级别的像素数量，展现了像素在图像中的分布情况。通过观察直方图，可以判断照片的阴影、中间调和高光中包含的细节是否充足，以便对其做出正确的调整。

在菜单栏中，单击“窗口”|“直方图”命令，弹出“直方图”面板，如图10-2所示。

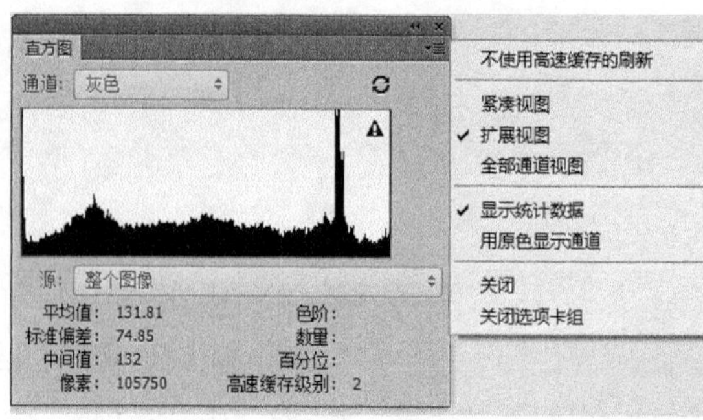

图10-2

在“直方图”面板中，主要选项的含义如下。

- 通道：在该下拉列表框中选择一个通道（包括颜色通道、Alpha通道和专色通道）后，面板中会显示该通道的直方图；选择“明度”选项，可以显示复合通道的亮度或强度值；选择“颜色”选项，可以显示颜色中单个颜色通道的复合直方图。
- 平均值：显示像素的平均亮度值（0～25的平均亮度）。通过观察该值，可以判断图像的色调类型。
- 中间值：显示亮度值范围内的中间值，图像的色调越亮，它的中间值越高。
- 像素：显示用于计算直方图的像素总数。
- 色阶：显示光标下面区域的亮度级别。
- 标准偏差：显示亮度值的变化范围，该值越高，图像的亮度变化越剧烈。

- 直方图：使用“直方图”面板时，Photoshop会在内存中高速缓存直方图，也就是说，最新的直方图是被Photoshop存储在内存中的，而非实时显示在“直方图”面板中。
- 数量：显示相当于光标下面亮度级别的像素总数。
- 百分位：显示光标所指的级别或该级别以下的像素累计数。如果对全部色阶范围进行取样，该值为100；对部分色阶取样时，显示取样部分占总量的百分比。
- 高速缓存级别：显示当前用于创建直方图的图像高速缓存的级别。

10.2 转换商品图像颜色模式

Photoshop可以支持多种图像颜色模式，在设计与输出作品的过程中，应当根据其用途与要求，转换图像的颜色模式。

10.2.1 将图像转换为位图模式

位图模式下的图像由黑、白两色组成，没有中间层次，又叫黑白图像。彩色图像转换为该模式后，色相和饱和度信息都会被删除，只保留亮度信息。

课堂案例	将图像转换为位图模式
案例位置	效果>第10章>10.2.1.psd
视频位置	视频>第10章>课堂案例——将图像转换为位图模式.mp4
难易指数	★★☆☆☆
学习目标	掌握将图像转换为位图模式的方法

本案例的最终效果如图10-3所示。

图10-3

01 单击“文件”|“打开”命令，打开一幅素材图像10.2.1.jpg，如图10-4所示。

图10-4

技巧与提示

在Photoshop中，只有灰度模式和通道图像才能转换为位图模式。

02 单击“图像”|“模式”|“位图”命令，如图10-5所示。

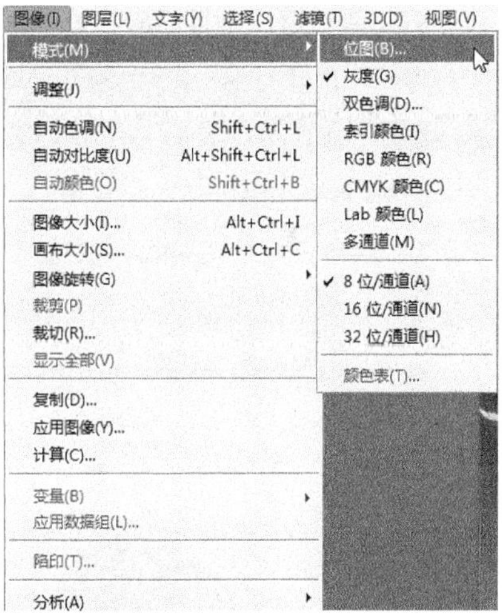

图10-5

03 弹出“位图”对话框，设置“使用”为“图案仿色”，如图10-6所示。单击“确定”按钮，即可转换图像为位图模式。

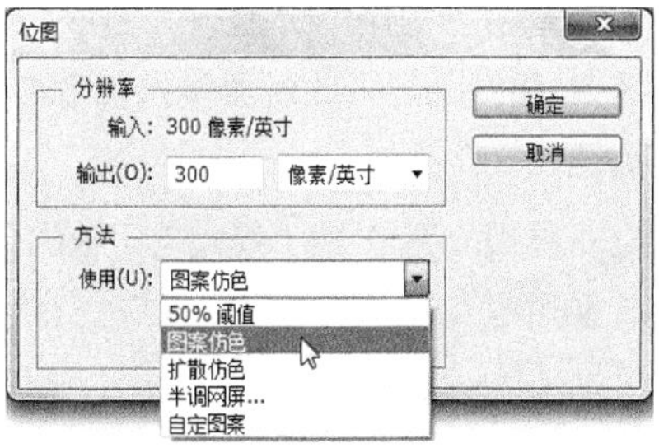

图10-6

技巧与提示

在“位图”对话框中，主要选项的含义如下。

- 输出：在此文本框中输入数值，可以设置黑白图像的分辨率。如果要精细控制打印效果，可以提高分辨率数值。通常情况下，输出值是输入值的200%～250%。
- 图案仿色：使用一些随机的黑白像素点来抖动图像。
- 扩散仿色：使用从图像左上角开始的误差扩散过程来转换图像，由于转换过程中的误差原因，会产生颗粒状的纹理。
- 自定图案：可以选择图案列表中的图案作为转换后的纹理效果。
- 50%阈值：以50%为界限，将图像中大于50%的所有像素全部变成黑色，小于50%的所有像素全部变成白色。
- 半调网屏：产生一种半色调网版印刷的效果。

10.2.2 将图像转换为RGB模式

RGB颜色模式是目前应用最广泛的颜色模式之一，该模式由红、绿、蓝3个颜色通道组成。用RGB模式处理图像比较方便，且文件较小。

课堂案例	将图像转换为RGB模式
案例位置	效果>第10章>10.2.2.psd
视频位置	视频>第10章>课堂案例——将图像转换为RGB模式.mp4
难易指数	★★☆☆☆
学习目标	掌握将图像转换为RGB模式的方法

本案例的最终效果如图10-7所示。

图10-7

01 单击“文件”|“打开”命令，打开一幅素材图像10.2.2.psd，此时图像编辑窗口中的图像显示如图10-8所示。

02 单击“图像”|“模式”|“RGB颜色”命令，转换图像为RGB颜色模式。

图10-8

10.2.3 将图像转换为CMYK模式

CMYK代表印刷图像时所用的印刷四色，分别是青、洋红、黄、黑，CMYK颜色模式是打印机唯一支持的彩色模式。CMYK模式虽然能解决色彩方面的不足，但是运算速度很慢，这是因为Photoshop必须将CMYK转变成屏幕的RGB色彩值。

课堂案例	将图像转换为CMYK模式
案例位置	效果>第10章>10.2.3.psd
视频位置	视频>第10章>课堂案例——将图像转换为CMYK模式.mp4
难易指数	★★★☆☆
学习目标	掌握将图像转换为CMYK模式的方法

本案例的最终效果如图10-9所示。

图10-9

01 单击“文件”|“打开”命令，打开一幅素材图像10.2.3.jpg，如图10-10所示。

图10-10

02 单击“图像”|“模式”|“CMYK颜色”命令，如图10-11所示。

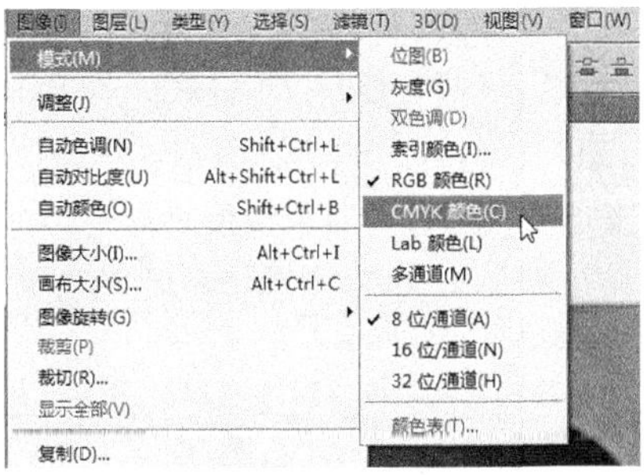

图10-11

03 弹出信息提示框，单击“确定”按钮，如图10-12所示，即可转换图像为CMYK模式。

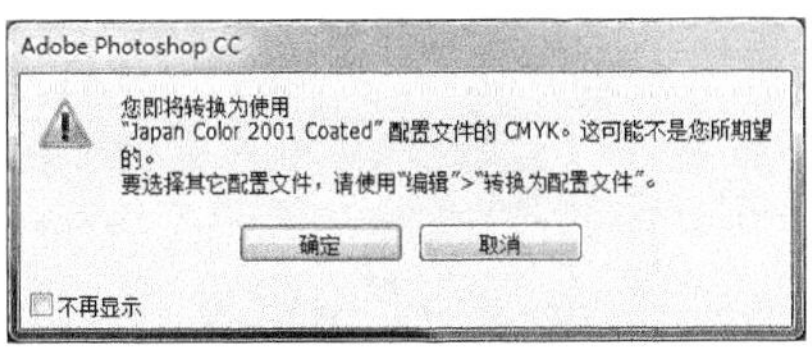

图10-12

技巧与提示

一幅彩色图像不能在RGB与CMYK模式之间多次转换，因为每一次转换都会损失一次图像颜色质量。

10.2.4 将图像转换为灰度模式

灰度模式的图像不包含颜色，彩色图像转换为该模式后，色彩信息都会被删除。灰度图像的每个像素有一个0（黑色）～255（白色）的亮度值。

课堂案例	将图像转换为灰度模式
案例位置	效果>第10章>10.2.4.jpg
视频位置	视频>第10章>课堂案例——将图像转换为灰度模式.mp4
难易指数	★★☆☆☆
学习目标	掌握将图像转换为灰度模式的方法

本案例的最终效果如图10-13所示。

图10-13

01 单击“文件”|“打开”命令，打开一幅素材图像10.2.4.jpg，如图10-14所示。

图10-14

02 单击“图像”|“模式”|“灰度”命令，如图10-15所示。

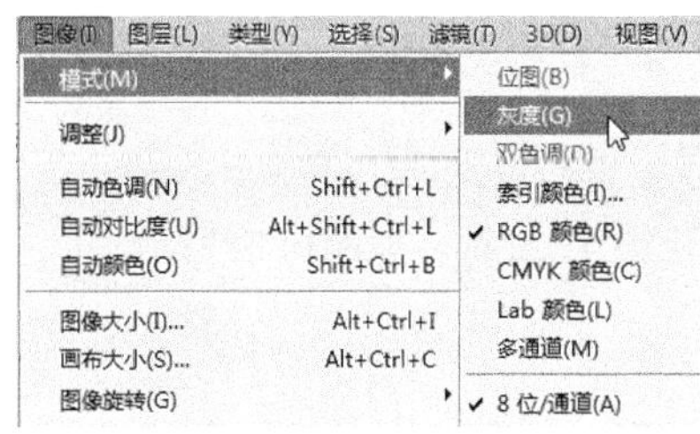

图10-15

技巧与提示

将彩色图像转换为灰度模式时，所有的颜色信息都将被删除。虽然Photoshop允许将灰度模式的图像再转换为彩色模式，但是原来已删除的颜色信息不能再恢复。

03 弹出信息提示框，单击“扔掉”按钮，如图10-16所示，即可转换图像为灰度模式。

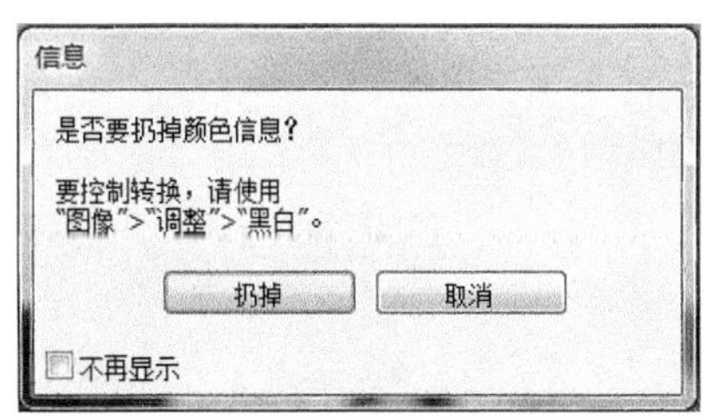

图10-16

10.2.5 将图像转换为双色调模式

双色模式通过1～4种自定油墨创建单色调、双色调、三色调和四色调的灰度图像。如果希望将彩色图像模式转换为双色调模式，则必须先将图像转换为灰度模式，再转换为双色调模式。

课堂案例	将图像转换为双色调模式
案例位置	效果>第10章>10.2.5.psd
视频位置	视频>第10章>课堂案例——将图像转换为双色调模式.mp4
难易指数	★★★☆☆
学习目标	掌握将图像转换为双色调模式的方法

本案例的最终效果如图10-17所示。

图10-17

01 单击“文件”|“打开”命令，打开一幅素材图像10.2.5.jpg，如图10-18所示。

图10-18

02 单击“图像”|“模式”|“双色调”命令，如图10-19所示。

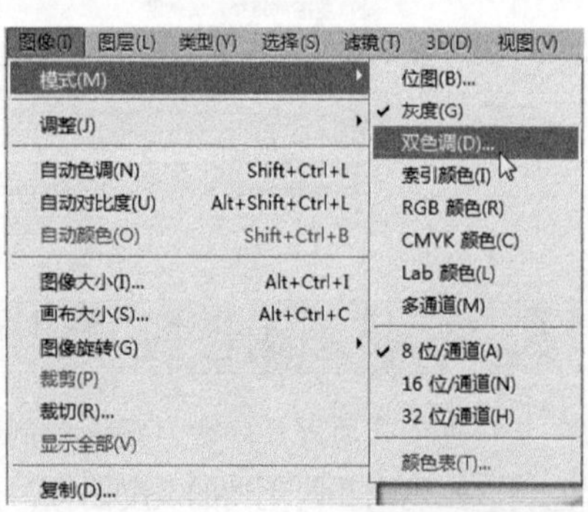

图10-19

03 弹出“双色调选项”对话框，单击“类型”右侧的下拉按钮，在弹出的下拉列表框中，选择“三色调”选项，如图10-20所示。

04 调整3个颜色色块的名称，设置“油墨1”的RGB分别为225、79、79，“油墨2”的RGB分别为111、192、181，“油墨3”的RGB分别为126、236、105，如图10-21所示。单击“确定”按钮，即可转换图像为双色调模式。

图10-20

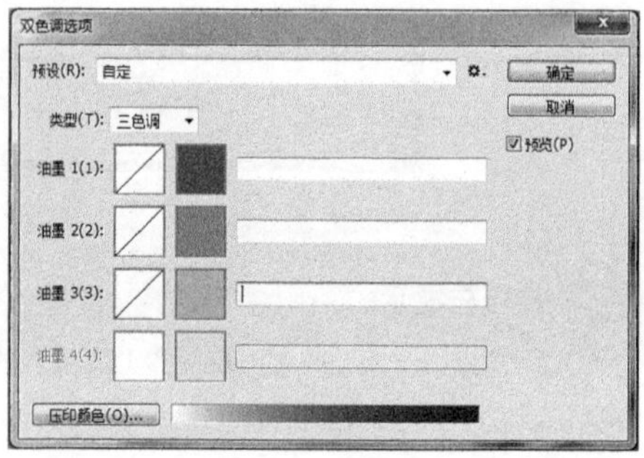

图10-21

技巧与提示

在“双色调选项”对话框中，各选项含义如下。

类型：可以选择要使用的色调模式，如单色调、双色调、三色调和四色调。

预设：可以选择一个预设的调整文件。

编辑油墨颜色：单击曲线图可以打开“双色调曲线”对话框，调整曲线可以改变油墨的百分比。单击右侧的颜色块，打开“颜色库”对话框选择油墨颜色。

压印颜色：单击该按钮可以看到每种颜色混合后的效果。

10.2.6 将图像转换为多通道模式

多通道模式对于有特殊打印要求的图像非常有用。使用多通道模式可以减少印刷成本并保证图像颜色的正确输出。

课堂案例	将图像转换为多通道模式
案例位置	效果>第10章>10.2.6.psd
视频位置	视频>第10章>课堂案例——将图像转换为多通道模式.mp4
难易指数	★★★☆☆
学习目标	掌握将图像转换为多通道模式的方法

本案例的最终效果如图10-22所示。

图10-22

01 单击“文件”|“打开”命令，打开一幅素材图像10.2.6.jpg，如图10-23所示。

图10-23

02 单击“图像”|“模式”|“多通道”命令，转换为多通道模式。

10.2.7 将图像转换为索引模式

索引模式使用最多为256种颜色，当转换为索引颜色时，Photoshop CC将构建一个颜色查找表，用来存放并索引图像中的颜色。

课堂案例	将图像转换为索引模式
案例位置	效果>第10章>10.2.7.psd
视频位置	视频>第10章>课堂案例——将图像转换为索引模式.mp4
难易指数	★★★☆☆
学习目标	掌握将图像转换为索引模式的方法

本案例的最终效果如图10-24所示。

图10-24

01 单击“文件”|“打开”命令，打开一幅素材图像10.2.7.jpg，如图10-25所示。

图10-25

02 单击“图像”|“模式”|“索引颜色”命令，如图10-26所示。

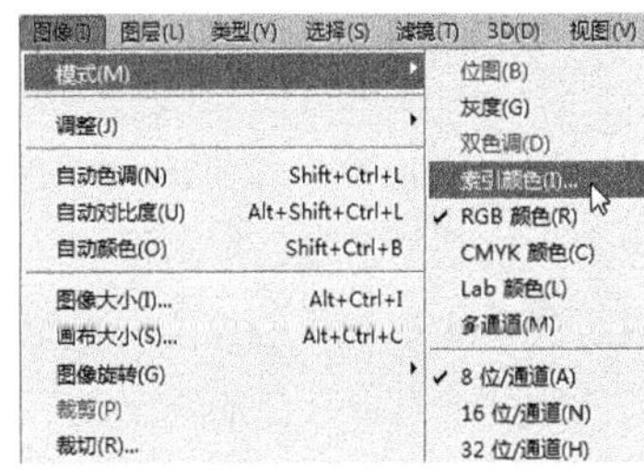

图10-26

03 弹出“索引颜色”对话框，设置“颜色”为100、“强制”为“三原色”、“数量”为100%，如图10-27所示。单击“确定”按钮，转换图像为索引模式。

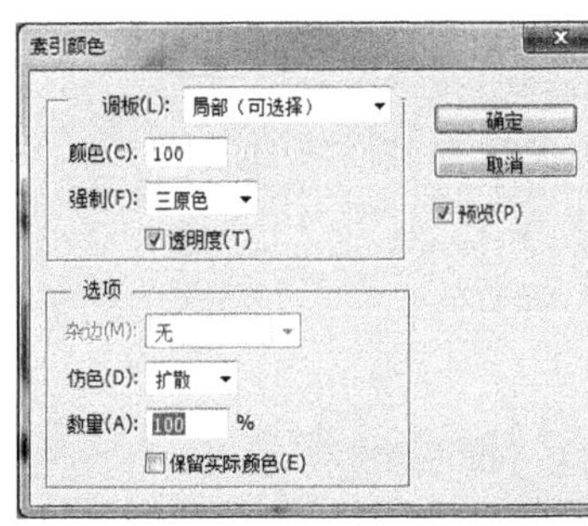

图10-27

技巧与提示

在“索引颜色”对话框中，各选项的含义如下。

调板/颜色：可以选择转换为索引颜色后使用的调板类型，可以输入“颜色”值指定要显示的实际颜色数量。

强制：可以选择将某些颜色强制包括在颜色表中的选项。

杂边：指定用于填充与图像的透明区域相邻的消除锯齿边缘的背景色。

仿色/数量：在“仿色”下拉列表框中可以选择是否使用仿色。在“数量”文本框中输入值越高，所仿颜色越多。

10.2.8 将图像转换为Lab模式

Lab颜色模式的色域最广，是唯一不依赖于设备的颜色模式。Lab颜色模式由3个通道组成，一个通道是亮度（L），另外两个是色彩通道，用a和b表示。a通道包括的颜色是从深绿色到灰色再到红色；b通道则是从亮蓝色到灰色再到黄色。因此，这种色彩混合后将产生明亮的色彩。

单击“图像”|“模式”|“Lab颜色”命令，即可将图像转换为Lab颜色模式。

10.2.9 将图像转换为位深度模式

位深度也称为像素深度或色深度，即多少位/像素，它是显示器、数码相机、扫描仪等使用的术语。Photoshop使用位深度来存储文件中每个颜色通道的颜色信息。存储的位越多，图像中包含的颜色和色调差就越大。

打开一幅图像后，可以在“图像”|“模式”下拉菜单中选择“8位/通道”“16位/通道”或“32位/通道”命令，改变图像的位深度，如图10-28所示。

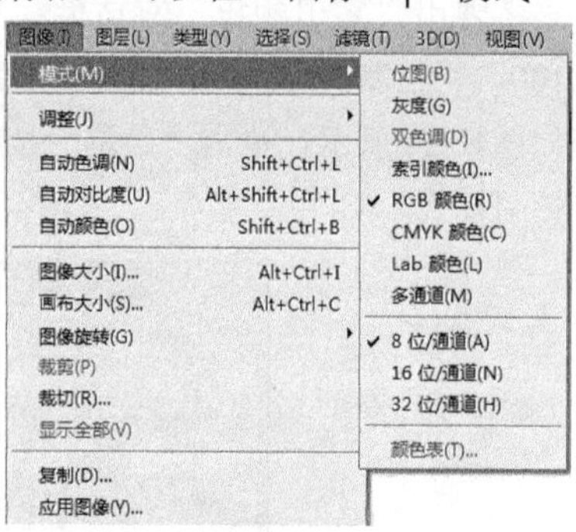

图10-28

技巧与提示

“模式”菜单中，主要选项的含义如下。

- 8位/通道：位深度为8位，每个通道可支持256种颜色，图像可以有1 600万个以上的颜色值。
- 16位/通道：位深度为16位，每个通道可以包含高达65 000种颜色信息。无论是通过扫描得到的16位/通道文件，还是数码相机拍摄到的16位/通道的Raw文件，都包含比8位/通道文件更多的颜色信息，因此色彩渐变更加平滑，色调更加丰富。
- 32位/通道：32位/通道的图像也称为高动态范围（HDR）图像，文件的颜色和色调更胜于16位/通道文件。目前，HDR图像主要用于影片、特殊效果、3D作品及某些高端图片。

10.3 自动校正商品图像色彩/色调

调整图像色彩，可以通过颜色、自动色调等命令来实现。本节主要介绍使用“自动色调”“自动颜色”以及“自动对比度”命令校正图像色彩的操作方法。

10.3.1 通过自动色调调整商品图像的色调

“自动色调”命令根据图像整体颜色的明暗程度进行自动调整，使得亮部与暗部的颜色按一定的比例分布。

课堂案例	通过自动色调调整商品图像色调
案例位置	效果>第10章>10.3.1.psd
视频位置	视频>第10章>课堂案例——通过自动色调调整商品图像色调.mp4
难易指数	★★☆☆☆
学习目标	掌握通过自动色调调整商品图像色调的方法

本案例的最终效果如图10-29所示。

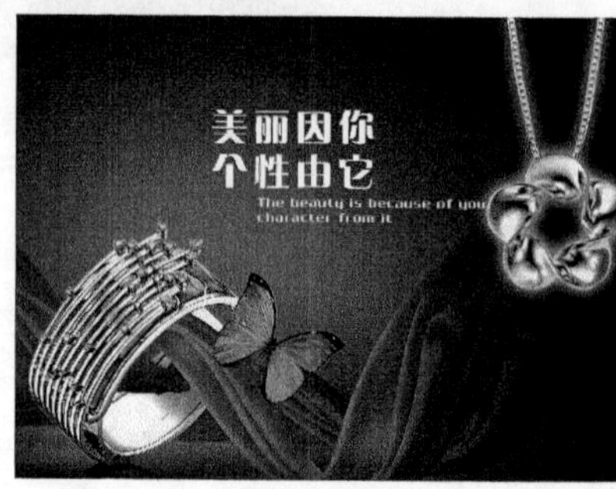

图10-29

01 单击“文件”|“打开”命令，打开一幅素材图像10.3.1.jpg，如图10-30所示。

图10-30

02 单击“图像”|“自动色调”命令，即可自动调整图像明暗。

技巧与提示

按【Shift＋Ctrl＋L】组合键，也可以执行“自动色调”命令调整图像色彩。

10.3.2 通过自动对比度调整商品图像对比度

使用“自动对比度”命令可以让Photoshop 自动调整图像中颜色的总体对比度和混合颜色，它将图像中最亮和最暗的像素映射为白色和黑色，使高光显得更亮，而暗调显得更加暗。

课堂案例	通过自动对比度调整商品图像对比度
案例位置	效果>第10章>10.3.2.psd
视频位置	视频>第10章>课堂案例——通过自动对比度调整商品图像对比度.mp4
难易指数	★★☆☆☆
学习目标	掌握通过自动对比度调整商品图像对比度的方法

本案例的最终效果如图10-31所示。

图10-31

技巧与提示

“自动对比度”命令会自动将图像最深的颜色加强为黑色，最亮的部分加强为白色，以增强图像的对比度，此命令对于连续调的图像效果相当明显，而对于单色或颜色不丰富的图像几乎不产生作用。

01 单击“文件”|“打开”命令，打开一幅素材图像10.3.2.jpg，如图10-32所示。

图10-32

02 单击“图像”|“自动对比度”命令，即可调整图像对比度。

10.3.3 通过“自动颜色”命令校正商品图像偏色

使用“自动颜色”命令，可以自动识别图像中的实际阴影、中间调和高光，从而自动更正图像的颜色。

课堂案例	通过“自动颜色”命令校正商品图像偏色
案例位置	效果>第10章>10.3.3.jpg
视频位置	视频>第10章>课堂案例——通过“自动颜色”命令校正商品图像偏色.mp4
难易指数	★★★☆☆
学习目标	掌握通过“自动颜色”命令校正商品图像偏色的方法

本案例的最终效果如图10-33所示。

图10-33

01 单击“文件”|“打开”命令，打开一幅素材图像10.3.3.jpg，如图10-34所示。

图10-34

02 单击“图像”|“自动颜色”命令，即可自动校正图像偏色。

技巧与提示

按【Shift＋Ctrl＋B】组合键，也可以执行“自动颜色”命令调整图像颜色。

10.4 调整商品图像的基本色彩

图像色彩的基本调整有4种常用方法，本节主要介绍使用“曝光度”命令、“曲线”命令、“色阶”命令以及“亮度/对比度”命令调整图像色彩的操作方法。

10.4.1 运用亮度/对比度调整商品图像色调

课堂案例	运用亮度/对比度调整商品图像色调
案例位置	效果>第10章>10.4.1.jpg
视频位置	视频>第10章>课堂案例——运用亮度/对比度调整商品图像色调.mp4
难易指数	★★★☆☆
学习目标	掌握运用亮度/对比度调整商品图像色调的方法

本案例的最终效果如图10-35所示。

图10-35

01 单击“文件”|“打开”命令，打开一幅素材图像10.4.1.jpg，如图10-36所示。

图10-36

02 单击“图像”|“调整”|“亮度/对比度”命令，如图10-37所示。

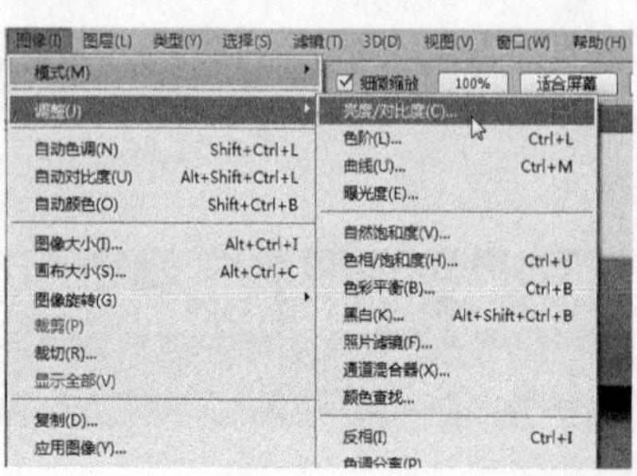

图10-37

> **技巧与提示**
>
> 使用“亮度/对比度”命令可以对图像的色调范围进行简单调整，其与“曲线”和“色阶”命令不同，它对图像中的每个像素均进行同样的调整，而对单个通道不起作用，建议不要用于高端输出，以免丢失图像中的细节。

03 弹出“亮度/对比度”对话框，设置“亮度”为30、“对比度”为25，如图10-38所示。单击“确定”按钮，即可调整图像的亮度与对比度。

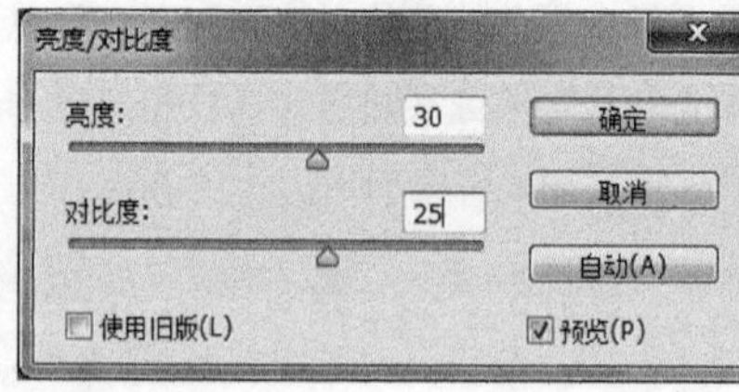

图10-38

10.4.2 运用色阶调整商品图像亮度范围

色阶是指图像中的颜色或颜色中某一个组成部分的亮度范围。“色阶”命令通过调整图像的阴影、中间调和高光的强度级别，校正图像的色调范围和色彩平衡。

课堂案例	运用色阶调整商品图像亮度范围
案例位置	效果>第10章>10.4.2.psd
视频位置	视频>第10章>课堂案例——运用色阶调整商品图像亮度范围.mp4
难易指数	★★★☆☆
学习目标	掌握运用色阶调整商品图像亮度范围的方法

本案例的最终效果如图10-39所示。

图10-39

01 单击“文件”|“打开”命令，打开一幅素材图像10.4.2.jpg，如图10-40所示。

图10-40

02 单击“图像”|“调整”|“色阶”命令，如图10-41所示。

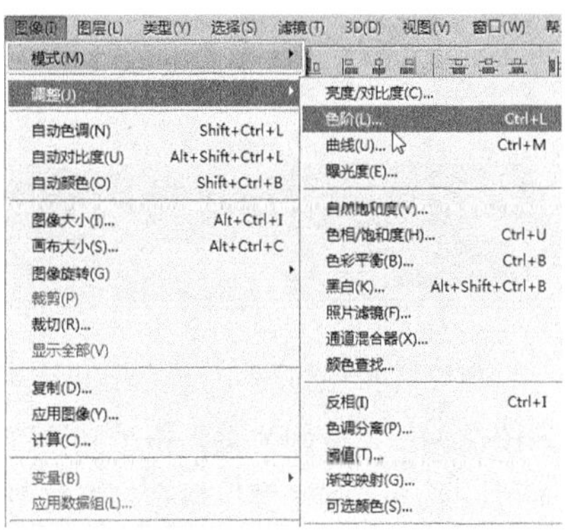

图10-41

03 弹出“色阶”对话框，设置“输入色阶”各参数值分别为0、1.79、255，如图10-42所示。单击“确定”按钮，即可使用“色阶”命令调整图像的亮度范围。

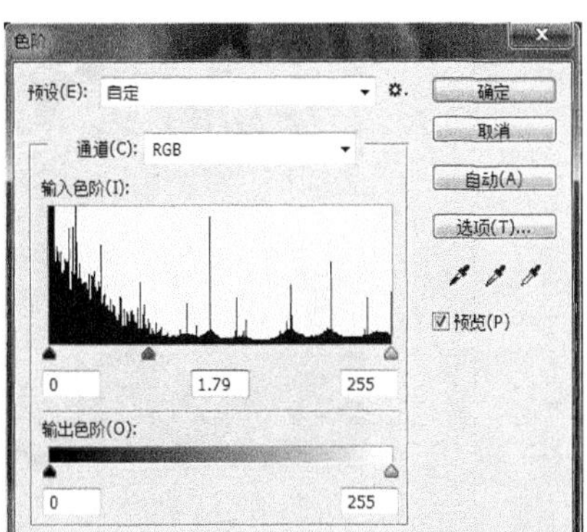

图10-42

技巧与提示

在“色阶”对话框中，主要选项的含义如下。

- 预设：单击“预设选项”按钮，在弹出的列表框中，选择“存储预设”选项，可以将当前的调整参数保存为一个预设的文件。
- 通道：可以选择一个通道进行调整，调整通道会影响图像的颜色。
- 自动：单击该按钮，可以应用自动颜色校正，Photoshop会以0.5%的比例自动调整。
- 图像色阶：使图像的亮度分布更加均匀。
- 选项：单击该按钮，可以打开“自动颜色校正选项”对话框，在该对话框中可以设置黑色像素和白色像素的比例。
- 取样以设置白场✐：使用该工具在图像中单击，可以将单击点的像素调整为白色，原图中比该点亮度值高的像素也都会变为白色。
- 取样以设置灰场✐：使用该工具在图像中单击，可以根据单击点像素的亮度来调整其他中间色调的平均亮度，通常用来校正色偏。
- 取样以设置黑场✐：使用该工具在图像中单击，可以将单击点的像素调整为黑色，原图中比该点暗的像素也变为黑色。
- 输入色阶：用来调整图像的阴影、中间掉和高光区域。
- 输出色阶：可以限制图像的亮度范围，从而降低对比度，使图像呈现褪色效果。

10.4.3 运用曲线调整商品图像色调

“曲线”命令是功能强大的图像校正命令，该命令可以在图像的整个色调范围内调整不同的色调，还可以精确调整图像中的个别颜色通道。

课堂案例	运用曲线来调整商品图像色调
案例位置	效果>第10章>10.4.3.jpg
视频位置	视频>第10章>课堂案例——运用曲线来调整商品图像色调.mp4
难易指数	★★☆☆☆
学习目标	掌握运用曲线来调整商品图像色调的方法

本案例的最终效果如图10-43所示。

01 单击“文件”|“打开”命令，打开一幅素材图像10.4.3.jpg，如图10-44所示。

02 单击“图像”|“调整”|“曲线”命令，弹出“曲线”对话框，如图10-45所示。

图10-43

图10-44

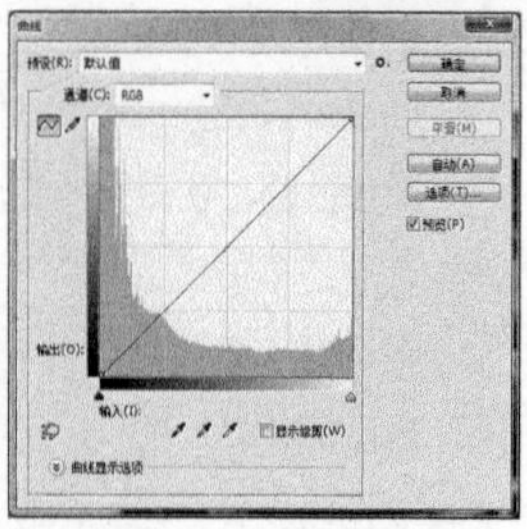

图10-45

技巧与提示

在“曲线”对话框中，主要选项的含义如下。

- 预设：包含Photoshop提供的各种预设调整文件，可以用于调整图像。
- 通道：在其下拉列表框中可以选择要调整的通道，调整通道会改变图像的颜色。
- 编辑点以修改曲线：该按钮为选中状态时，在曲线中单击可以添加新的控制点，拖动控制点改变曲线形状即可调整图像。
- 通过绘制来修改曲线：单击该按钮后，可以绘制手绘效果的自由曲线。
- 输出/输入：“输入”色阶显示调整前的像素值，“输出”色阶显示调整后的像素值。
- 修改曲线：单击该按钮后，将光标放在图像上，曲线上会出现一个圆形图形，它表示光标处的色调在曲线上的位置，在画面中单击并拖动鼠标可以添加控制点并调整相应的色调。
- 平滑：使用铅笔绘制曲线后，单击该按钮，可以对曲线进行平滑处理。
- 自动：单击该按钮，可以对图像应用“自动颜色”“自动对比度”或“自动色调”校正。具体校正内容取决于“自动颜色校正选项”对话框中的设置。
- 选项：单击该按钮，能打开“自动颜色校正选项”对话框，控制由“色阶”和“曲线”中的“自动颜色”“自动色调”“自动对比度”和“自动”选项应用的色调和颜色校正。允许指定“阴影”和“高光”剪切百分比，并为阴影、中间调和高光指定颜色值。

03 单击“通道”右侧的下拉按钮，在弹出的列表框中选择“红”选项，设置“输出”和“输入”分别150、120，如图10-46所示。单击“确定”按钮，即可调整图像的整体色调。

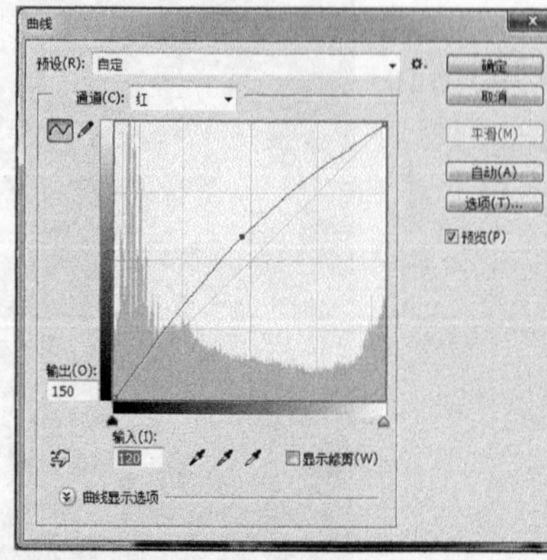

图10-46

技巧与提示

若要使曲线网格显示得更精细，可以在按住【Alt】键的同时，单击网格，默认的4×4网格将变成10×10网格，在该网格上，再次在按住【Alt】键的同时，单击鼠标左键，可恢复至默认的状态。

10.4.4 运用曝光度调整商品图像曝光

在照片拍摄过程中，经常会因为曝光过度而导致图像偏白，或因为曝光不足而导致图像偏暗，此时可以通过“曝光度”命令来调整图像的曝光度，使图像曝光正常。

课堂案例	运用曝光度调整商品图像曝光
案例位置	效果>第10>10.4.4.jpg
视频位置	视频>第10章>课堂案例——运用曝光度调整商品图像曝光.mp4
难易指数	★★☆☆☆
学习目标	掌握运用曝光度调整商品图像曝光的方法

本案例的最终效果如图10-47所示。

图10-47

01 单击“文件”|“打开”命令，打开一幅素材图像10.4.4.jpg，如图10-48所示。

图10-48

02 单击“图像”|“调整”|“曝光度”命令，如图10-49所示。

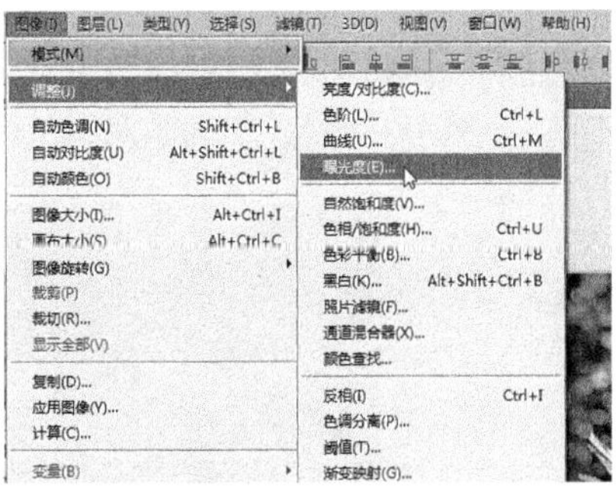

图10-49

03 弹出“曝光度”对话框，设置“曝光度”为0.5，如图10-50所示。

图10-50

技巧与提示

在“曝光度”对话框中，主要选项的含义如下。

- 预设：可以选择一个预设的曝光度调整文件。
- 曝光度：调整色调范围的高光端，对极限阴影的影响很轻微。
- 位移：使阴影和中间调变暗，对高光的影响很轻微。
- 灰度系数校正：使用简单乘方函数调整图像灰度系数，负值会被视为它们的相应正值。

10.5 调整商品图像的画面色调

图像色调的高级调整有9种常用的方法，主要通过“色彩平衡”“色相/饱和度”和“匹配颜色”等命令进行操作。下面分别介绍使用各命令调整色调的方法。

10.5.1 通过色相/饱和度调整商品图像色调

“色相/饱和度”命令可以调整整幅图像或单个颜色分量的色相、饱和度和亮度值，还可以同步调整图像中的所有颜色。

课堂案例	通过色相/饱和度调整商品图像色调
案例位置	效果>第10章>10.5.1.psd
视频位置	视频>第10章>课堂案例——通过色相/饱和度调整商品图像色调.mp4
难易指数	★★★☆☆
学习目标	掌握通过色相/饱和度调整商品图像色调的方法

本案例的最终效果如图10-51所示。

图10-51

01 单击“文件”|“打开”命令，打开一幅素材图像10.5.1.jpg，如图10-52所示。

图10-52

02 单击“图像”|“调整”|“色相/饱和度”命令，如图10-53所示。

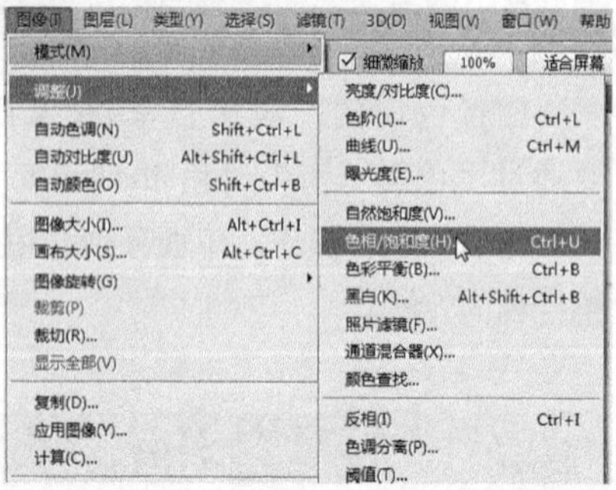

图10-53

03 弹出“色相/饱和度”对话框，设置“色相”为3、“饱和度”为49，如图10-54所示。单击“确定”按钮，即可调整图像色相。

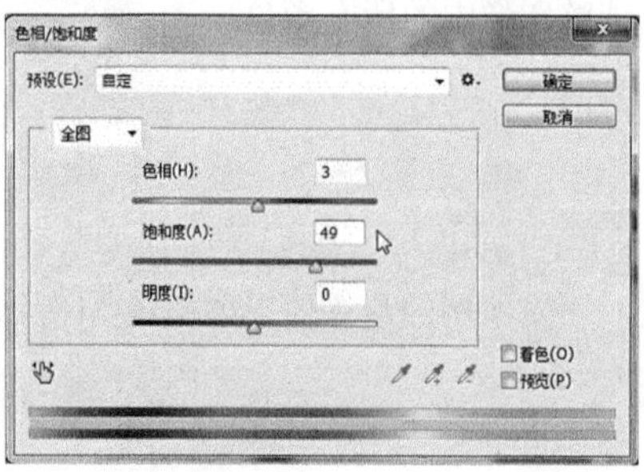

图10-54

技巧与提示

在“色相/饱和度”对话框中，主要选项的含义如下。

- 预设：在该下拉列表框中提供了8种色相/饱和度预设。
- 通道：在该下拉列表框中可以选择全图、红色、黄色、绿色、青色、蓝色和洋红通道，调整色相、饱和度和明度的参数。
- 着色：选中该复选框后，图像会整体偏向于单一的红色调。
- 修改饱和度：使用该工具在图像上单击设置取样点以后，向右拖曳鼠标可以增加图像的饱和度；向左拖曳鼠标可以降低图像的饱和度。

10.5.2 通过自然饱和度调整商品图像饱和度

“自然饱和度”命令可以调整整幅图像或单个颜色分量的饱和度和亮度值。

课堂案例	通过自然饱和度调整商品图像饱和度
案例位置	效果>第10章>10.5.2.psd
视频位置	视频>第10章>课堂案例——通过自然饱和度调整商品图像饱和度.mp4
难易指数	★★☆☆☆
学习目标	掌握通过自然饱和度调整商品图像饱和度的方法

本案例的最终效果如图10-55所示。

图10-55

01 单击“文件”|“打开”命令，打开一幅素材图像10.5.2.jpg，如图10-56所示。

图10-56

02 单击“图像”|“调整”|“自然饱和度”命令，如图10-57所示。

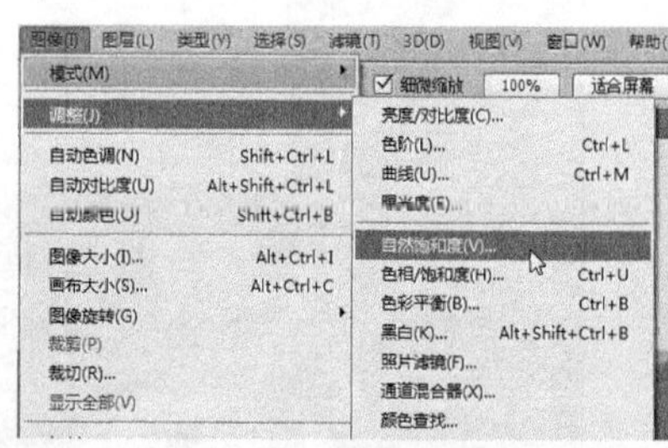

图10-57

03 弹出“自然饱和度”对话框，设置“自然饱和度”为10、“饱和度”为32，如图10-58所示。单击“确定”按钮，即可调整图像的饱和度。

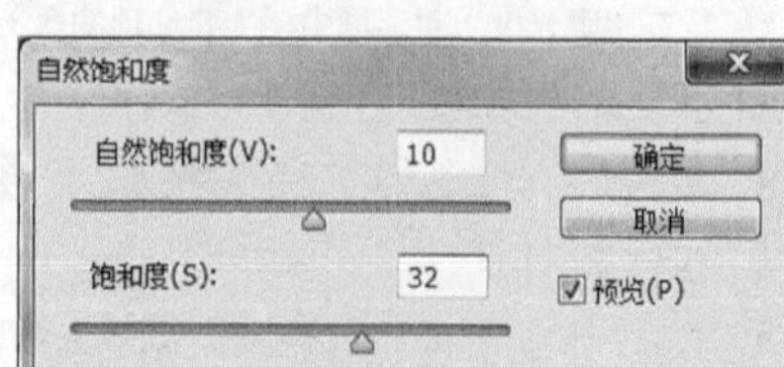

图10-58

技巧与提示

在“自然饱和度”对话框中，主要选项的含义如下。

自然饱和度：在颜色接近最大饱和度时，最大限度地减少修剪，可以防止过度饱和。

饱和度：用于调整所有颜色，而不考虑当前的饱和度。

10.5.3　通过色彩平衡调整商品图像偏色

“色彩平衡”命令通过增加或减少处于高光、中间调及阴影区域中的特定颜色，改变图像的整体色调。

课堂案例	通过色彩平衡调整商品图像偏色
案例位置	效果>第10章>10.5.3.jpg
视频位置	视频>第10章>课堂案例——通过色彩平衡调整商品图像偏色.mp4
难易指数	★★★☆☆
学习目标	掌握通过色彩平衡调整商品图像偏色的方法

本案例的最终效果如图10-59所示。

图10-59

01 单击“文件”|“打开”命令，打开一幅素材图像10.5.3.jpg，此时图像编辑窗口中的图像显示如图10-60所示。

图10-60

02 单击“图像”|“调整”|“色彩平衡”命令，弹出“色彩平衡”对话框，设置“色阶”各选项为0、100、0，如图10-61所示。

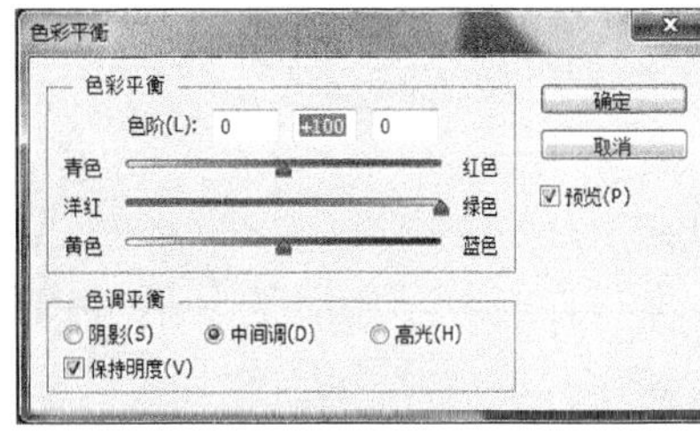

图10-61

技巧与提示

在“色彩平衡”对话框中，主要选项的含义如下。

色彩平衡：分别显示青色和红色、洋红和绿色、黄色和蓝色这3对互补的颜色，每一对颜色中间的滑块用于控制各主要色彩的增减。

色调平衡：分别选中该区域中的3个单选按钮，可以调整图像颜色的最暗处、中间度和最亮度。

保持明度：选中该复选框，图像像素的亮度值不变，只有颜色值发生变化。

03 选中“高光”单选按钮，设置各选项为30、30、10，如图10-62所示。单击“确定”按钮，即可调整图像偏色。

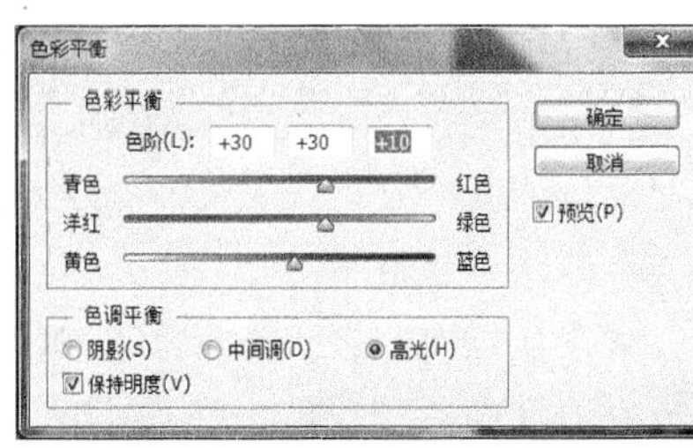

图10-62

10.5.4　通过“替换颜色”命令替换商品图像颜色

使用“替换颜色”命令可以基于特定颜色在图像中创建蒙版来调整色相、饱和度和明度值。“替换颜色”命令可以将整幅图像或者选区的颜色用指定的颜色代替。使用“替换颜色”命令，可以为需要替换的颜色创建一个临时蒙版，以选择图像中的特定颜色，然后进行替换，还可调整替换颜色的色相、饱和度和亮度。

课堂案例	通过“替换颜色”命令替换商品图像颜色
案例位置	效果>第10章>10.4.1.psd
视频位置	视频>第10章>课堂案例——通过“替换颜色”命令替换商品图像颜色.mp4
难易指数	★★★★☆
学习目标	掌握通过“替换颜色”命令替换商品图像颜色的方法

本案例的最终效果如图10-63所示。

图10-63

技巧与提示

在“替换颜色”对话框中，主要选项的含义如下。

- 本地化颜色簇：选中该复选框，可以在图像上选择多种颜色。
- 吸管：单击“吸管工具”按钮后，在图像上单击，可以选中单击点处的颜色，在“选区”缩略图中也会显示出选中的颜色区域；单击“添加到取样”按钮后，在图像上单击，可以将单击点处的颜色添加到选中的颜色中；单击“从取样中减去”按钮，在图像上单击，可以将单击点处的颜色从选定的颜色中减去。
- 颜色容差：用来控制选中颜色的范围，数值越大，选中的颜色范围越广。
- 选区/图像：选择“选区”选项，可以以蒙版方式显示，其中白色表示选中的颜色，黑色表示未选中的颜色，灰色表示只选中了部分颜色；选择“图像”选项，只显示图像。
- 色相/饱和度/明度：这3个选项与“色相/饱和度”命令的3个选项相同，可以调整选定颜色的色相、饱和度和明度。

01 单击“文件”|“打开”命令，打开一幅素材图像10.5.4.jpg，如图10-64所示。

图10-64

02 单击“图像”|“调整”|“替换颜色”命令，如图10-65所示。

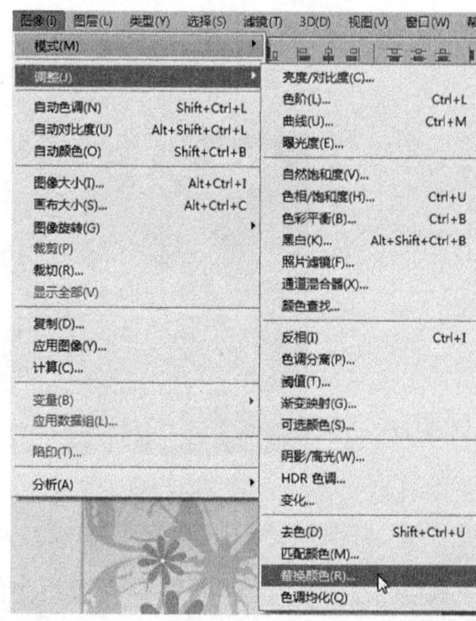

图10-66

03 弹出“替换颜色”对话框，单击“吸管工具”按钮，在黑色矩形框中的适当位置重复单击，选中背景，如图10-66所示。

图10-66

04 单击“结果”色块，弹出“拾色器（结果颜色）”对话框，设置RGB分别为157、125、15，如图10-67所示。

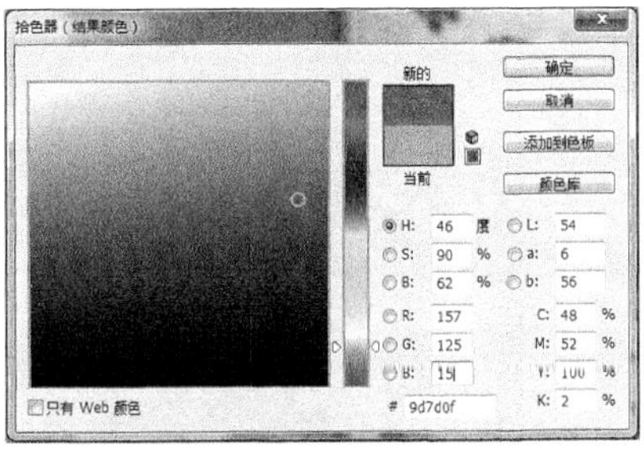

图10-67

05 单击“确定”按钮，返回“替换颜色”对话框，设置“颜色容差”为100、“色相”为16、“饱和度”为9、“明度”为-21，如图10-68所示。单击“确定”按钮，即可替换图像色调。

图10-68

10.5.5 通过阴影/高光调整商品图像的明暗

“阴影/高光”命令能快速调整图像曝光度或曝光不足区域的对比度，同时保持照片色彩的整体平衡。

课堂案例	通过阴影/高光调整商品图像的明暗
案例位置	效果>第10章>10.5.5.jpg
视频位置	视频>第10章>课堂案例——通过阴影高光调整商品图像的明暗.mp4
难易指数	★★★☆☆
学习目标	掌握通过阴影/高光调整商品图像的明暗的方法

本案例的最终效果如图10-69所示。

图10-69

01 单击“文件”|“打开”命令，打开一幅素材图像10.5.5.jpg，此时图像编辑窗口中的图像显示如图10-70所示。

图10-70

02 单击“图像”|“调整”|“阴影/高光”命令，弹出“阴影/高光”对话框，设置“阴影”为60%，如图10-71所示。

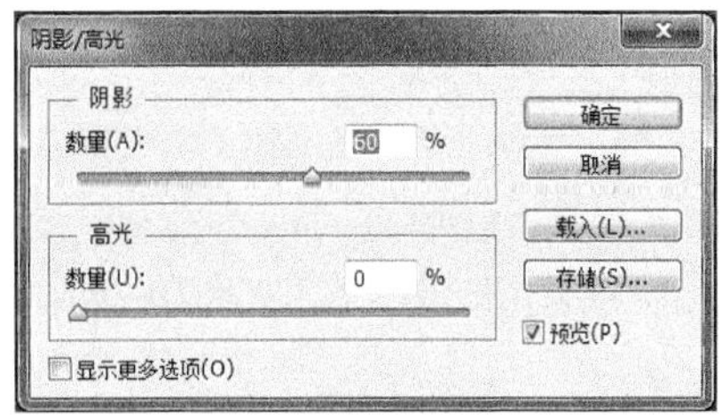

图10-71

03 单击“显示更多选项”复选框，展开“阴影/高光”对话框，如图10-72所示。单击“确定”按钮，即可调整图像明暗。

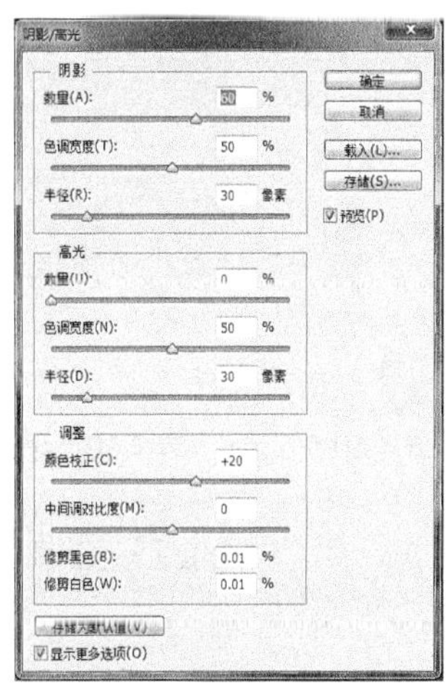

图10-72

技巧与提示

在“阴影/高光”对话框中选中“显示更多选项”复选框，展开相应选项，相关选项含义如下。

- 数量：用于调整图像阴影或高光区域，该值越大，调整的幅度也越大。
- 色调宽度：用于控制对图像的阴影或高光部分的修改范围，该值越大，调整的范围越大。
- 半径：用于确定图像中哪些是阴影区域，哪些区域是高光区域，然后对已确定的区域进行调整。

技巧与提示

“阴影/高光”命令适用于校正由强逆光而形成阴影的照片，或者校正由于太接近相机闪光灯而有些发白的焦点。CMYK颜色模式的图像不能使用该命令。

10.5.6 通过照片滤镜过滤商品的图像色调

使用“照片滤镜”命令可以模仿镜头前面加彩色滤镜的效果，以便调整通过镜头传输的色彩平衡和色温。该命令还允许选择预设的颜色，以便为图像应用色相调整。

课堂案例	通过照片滤镜过滤商品图像色调
案例位置	效果>第10章>10.5.6.psd
视频位置	视频>第10章>课堂案例——通过照片滤镜过滤商品图像色调.mp4
难易指数	★★★☆☆
学习目标	掌握通过照片滤镜过滤商品图像色调的方法

本案例的最终效果如图10-73所示。

图10-73

01 单击“文件”|“打开”命令，打开一幅素材图像10.5.6.jpg，如图10-74所示。

图10-74

02 单击“图像”|“调整”|“照片滤镜”命令，如图10-75所示。

03 弹出“照片滤镜”对话框，设置“浓度”为47，如图10-76所示。单击“确定”按钮，即可过滤图像色调。

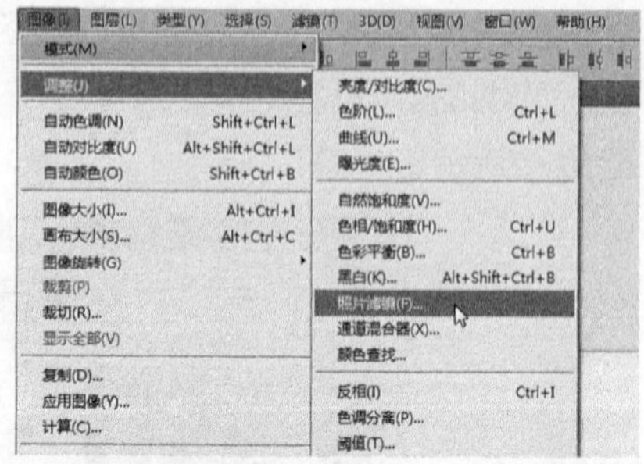

图10-75

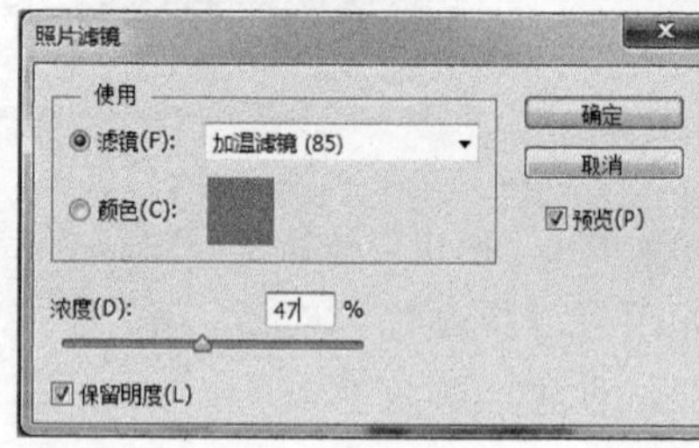

图10-76

技巧与提示

在“照片滤镜”对话框中，主要选项的含义如下。

- 滤镜：包含20种预设的滤镜选项，可以根据需要选择合适的选项，对图像进行调整。
- 颜色：单击该色块，在弹出的“拾色器”对话框中可以自定义一种颜色作为图像的色调。
- 浓度：用于调整应用于图像的颜色数量。该值越大，应用的颜色调越大。
- 保留明度：选中该复选框，在调整颜色的同时，保持原图像的亮度。

10.5.7 通过可选颜色改变商品图像颜色

“可选颜色”命令主要校正图像的色彩不平衡和调整图像的色彩，它可以在高档扫描仪和分色程序中使用，并有选择性地修改主要颜色的印刷数量，不会影响到其他主要颜色。

课堂案例	通过可选颜色改变商品图像颜色
案例位置	效果>第10章>10.5.7.psd
视频位置	视频>第10章>课堂案例——通过可选颜色改变商品图像颜色.mp4
难易指数	★★★☆☆
学习目标	掌握通过可选颜色改变商品图像颜色的方法

本案例的最终效果如图10-77所示。

01 单击“文件”|“打开”命令，打开一幅素材图像10.5.7.jpg，如图10-78所示。

图10-77

图10-78

02 单击“图像”|“调整”|“可选颜色”命令，如图10-79所示。

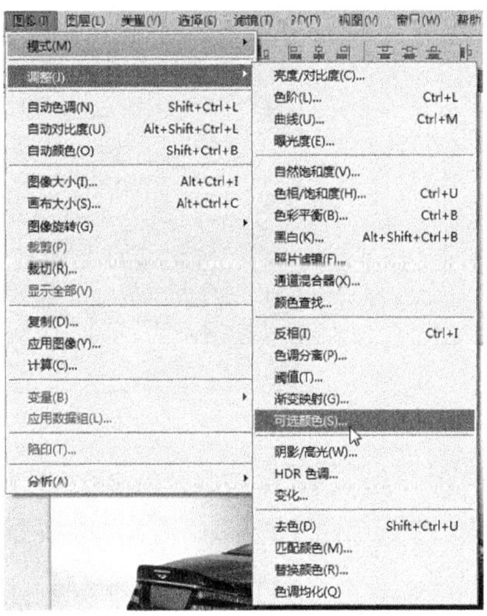

图10-79

03 弹出“可选颜色”对话框，设置其中各参数分别为-81、-64、-100、91，如图10-80所示。单击“确定”按钮，即可校正图像颜色平衡。

图10-80

技巧与提示

在“可选颜色”对话框中，主要选项的含义如下。

- 预设：可以使用系统预设的参数对图像进行调整。
- 颜色：可以选择要改变的颜色，然后通过下方的“青色”“洋红”“黄色”“黑色”滑块调整选择的颜色。
- 方法：该选项区中包括“相对”和“绝对”两个单选按钮，选中“相对”单选按钮，表示设置的颜色为相对于原颜色的改变量，即在原颜色的基础上增加或减少某种印刷色的含量；选中“绝对”单选按钮，则直接将原颜色校正为设置的颜色。

10.5.8 通过“黑白”命令去除商品的图像色彩

运用“黑白”命令可以将图像调整为具有艺术感的黑白效果图像，也可以调整出不同于单色的艺术效果。

课堂案例	通过“黑白”命令去除商品的图像色彩
案例位置	效果>第10章>10.5.8psd
视频位置	视频>第10章>课堂案例——通过“黑白”命令去除商品的图像色彩.mp4
难易指数	★★★☆☆
学习目标	掌握通过“黑白”命令去除商品的图像色彩的方法

本案例的最终效果如图10-81所示。

图10-81

01 单击“文件”|“打开”命令，打开一幅素材图像10.5.8.jpg，如图10-82所示。

图10-82

02 单击“图像”|“调整”|“黑白”命令，如图10-83所示。

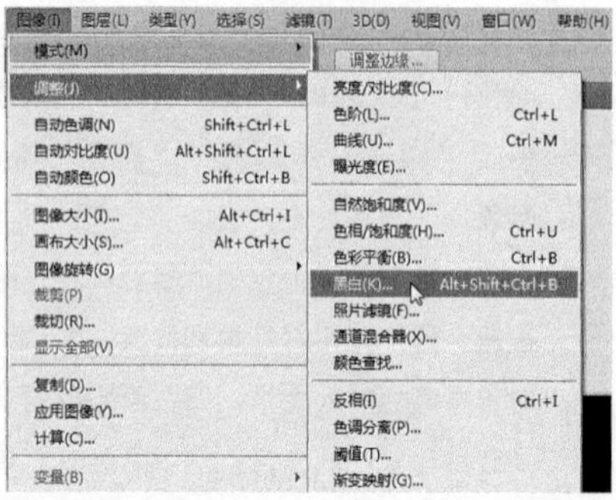

图10-83

03 弹出“黑白”对话框，设置各参数值分别为100、75、66、60、64、80，如图10-84所示。单击“确定”按钮，即可制作单色图像。

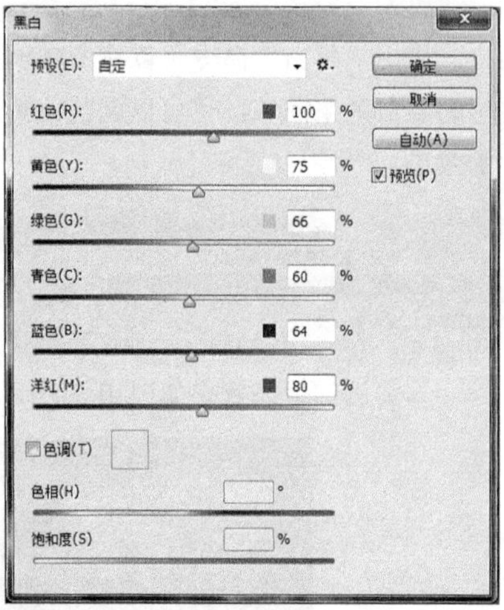

图10-84

技巧与提示

在“黑白”对话框中，主要选项的含义如下。

- 自动：单击该按钮，可以设置基于图像颜色值的灰度混合，并使灰度值的分布最大化。
- 颜色滑块：拖动各个颜色滑块可以调整图像中特定颜色的灰色调，向左拖动灰色调变暗，向右拖动灰色调变亮。
- 色调：选中该复选框，可以为灰度着色，创建单色调效果，拖动“色相”和“饱和度”滑块进行调整，单击颜色块，可以打开“拾色器”对话框对颜色进行调整。

10.5.9 通过“去色”命令制作灰度商品图像效果

“去色”命令可以将彩色图像转换为灰度图像，同时图像的颜色模式保持不变。

课堂案例	通过“去色”命令制作灰度商品图像效果
案例位置	效果>第10章>10.5.9.jpg
视频位置	视频>第10章>课堂案例——通过“去色”命令制作灰度商品图像效果.mp4
难易指数	★★☆☆☆
学习目标	掌握通过“去色”命令制作灰度商品图像效果的方法

本案例的最终效果如图10-85所示。

图10-85

01 单击“文件”|“打开”命令，打开一幅素材图像10.5.9.jpg，此时图像编辑窗口中的图像显示如图10-86所示。

图10-86

02 单击“图像”|“调整”|“去色”命令，即可将图像去色成灰色显示。

技巧与提示

按【Shift+Ctrl+U】组合键也可以将窗口中的图像去色，以制作黑白图像。

10.5.10 通过“变化”命令制作彩色调商品图像

“变化”命令是一个简单直观的图像调整工具，在调整图像的颜色平衡、对比度以及饱和度的同时，能看到图像调整前和调整后的缩览图，使调整更为简单、明了。

课堂案例	通过“变化”命令制作彩色调商品图像
案例位置	效果>第10章>10.5.10.psd
视频位置	视频>第10章>课堂案例——通过“变化”命令制作彩色调商品图像.mp4
难易指数	★★☆☆☆
学习目标	掌握通过“变化”命令制作彩色调商品图像的方法

本案例的最终效果如图10-87所示。

图10-87

01 单击“文件”|“打开”命令，打开一幅素材图像10.5.10.jpg，如图10-88所示。

图10-88

02 单击“图像”|“调整”|“变化”命令，如图10-89所示。

03 弹出“变化”对话框，在“加深绿色”缩略图上单击，如图10-90所示。单击“确定”按钮，即可使用“变化”命令制作彩色图像。

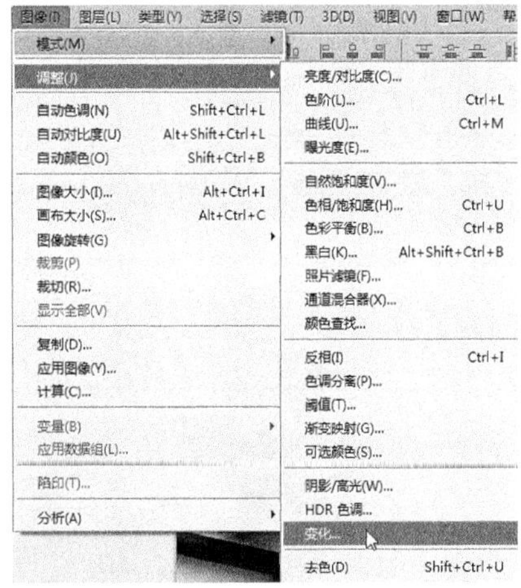

图10-89

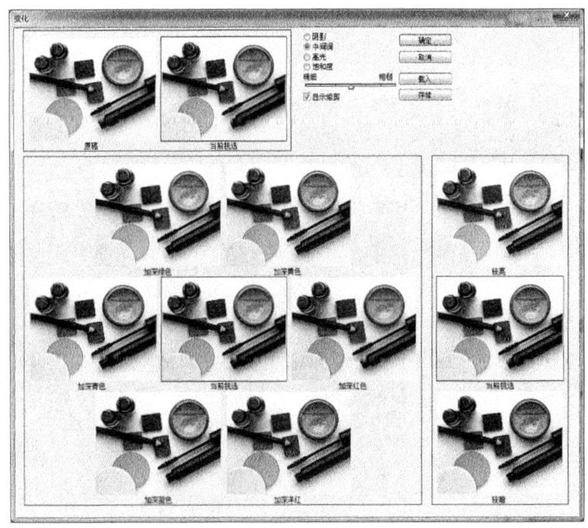

图10-90

技巧与提示

在“变化”对话框中，主要选项的含义如下。

- 阴影/中间色调/高光：选择相应的选项，可以调整图像的阴影、中间调或高光的颜色。
- 饱和度：用来调整颜色的饱和度。
- 原稿/当前挑选：“原稿”缩览图中显示原始图像，“当前挑选”缩览图中显示图像的调整结果。
- 精细/粗糙：用来控制每次的调整量，每移动一格滑块，可以使调整量双倍增加。
- 显示修剪：选中该复选框，如果出现溢色，颜色就会被修剪，以标识出溢色区域。

10.5.11 通过“HDR色调”命令调整商品图像色调

HDR的全称是high dynamic range，即高动态范围，动态范围是指信号最高值和最低值的比值。

“HDR色调”命令能使亮的地方非常亮；暗的地方非常暗；亮暗部的细节都很明显。

课堂案例	通过“HDR色调”命令调整商品图像色调
案例位置	效果>第10章>10.5.11.jpg
视频位置	视频>第10章>课堂案例——通过“HDR色调”命令调整商品图像色调.mp4
难易指数	★★☆☆☆
学习目标	掌握通过“HDR色调”命令调整商品图像色调的方法

本案例的最终效果如图10-91所示。

图10-91

01 单击“文件”|“打开”命令，打开一幅素材图像10.5.11.jpg，如图10-92所示。

图10-92

02 单击“图像”|“调整”|“HDR色调”命令，如图10-93所示。

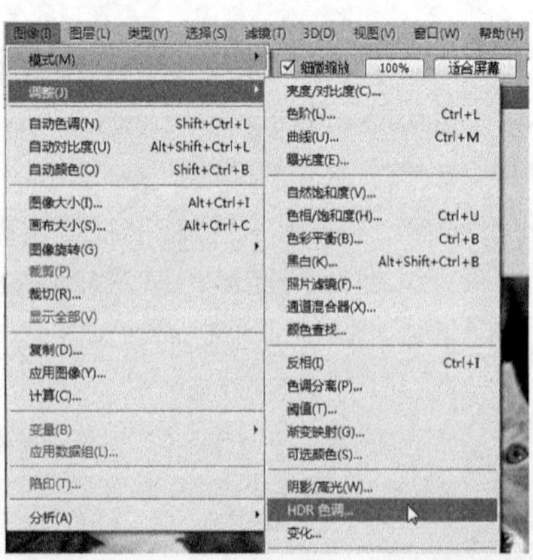

图10-93

03 弹出“HDR色调”对话框，设置“半径”为81像素、“强度”为2.1，如图10-94所示。单击“确定”按钮，即可调整图像色调。

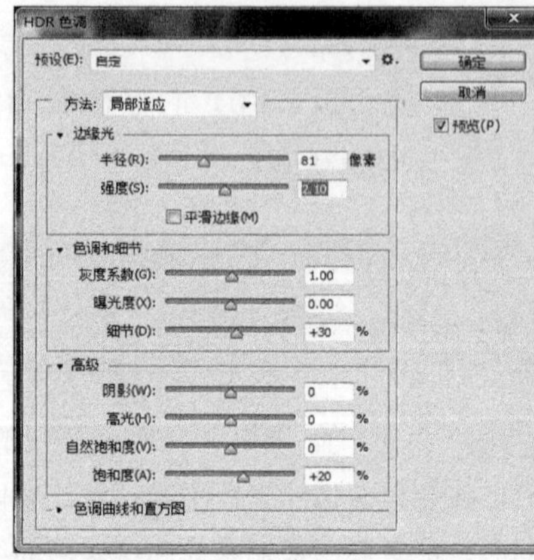

图10-94

技巧与提示

在“HDR色调”对话框中，主要选项的含义如下。

- 预设：用于选择Photoshop的预设HDR色调调整选项。
- 方法：用于选择HDR色调应用图像的方法，可以对边缘光、色调和细节、颜色等选项进行精确的细节调整。单击“色调曲线和直方图”展开按钮，在下方调整“色调曲线和直方图”选项。

10.5.12 使用“色调均化”命令均化图像亮度值

使用“色调均化”命令可以重新分布像素的亮度值，将最亮的值调整为白色，最暗的值调整为黑色，中间的值分布在整个灰度范围中，使画面更为均匀地呈现出所有范围的亮度级别。

课堂案例	使用“色调均化”命令均化图像亮度值
案例位置	效果>第10章>10.5.12.psd
视频位置	视频>第10章>课堂案例——使用“色调均化”命令均化图像亮度值.mp4
难易指数	★★☆☆☆
学习目标	掌握使用“色调均化”命令均化图像亮度值的方法

本案例的最终效果如图10-95所示。

图10-95

01 单击“文件”|“打开”命令，打开一幅素材图像10.5.12.jpg，此时图像编辑窗口中的图像显示如图10-96所示。

图10-96

02 单击“图像”|“调整”|“色调均化”命令。

技巧与提示

运用“色调均化”命令，Photoshop将尝试对亮度进行色调均化，也就是在整个灰度中均匀分布中间像素值。

10.5.13 通过“色调分离”命令调整商品图像色调

“色调分离”命令能够指定图像中每个通道色调级（或亮度值）的数目，将像素映射为最接近的匹配级别。该命令也可以定义色阶的多少，在灰色图像中可以使用该命令减少灰阶数量。

课堂案例	通过“色调分离”命令调整商品图像色调
案例位置	效果>第10章>10.5.13.jpg
视频位置	视频>第10章>课堂案例——通过“色调分离”命令调整商品图像色调.mp4
难易指数	★★★☆☆
学习目标	掌握通过“色调分离”命令调整商品图像色调的方法

本案例的最终效果如图10-97所示。

图10-97

01 单击“文件”|“打开”命令，打开一幅素材图像10.5.13.jpg，如图10-98所示。

技巧与提示

“色调分离”命令可在图像中创建特殊效果，在创建大的单色色调区域时，此命令非常有用。它也可以在彩色图像中产生一些特殊效果。

图10-98

02 单击“图像”|“调整”|“色调分离”命令，如图10-99所示。

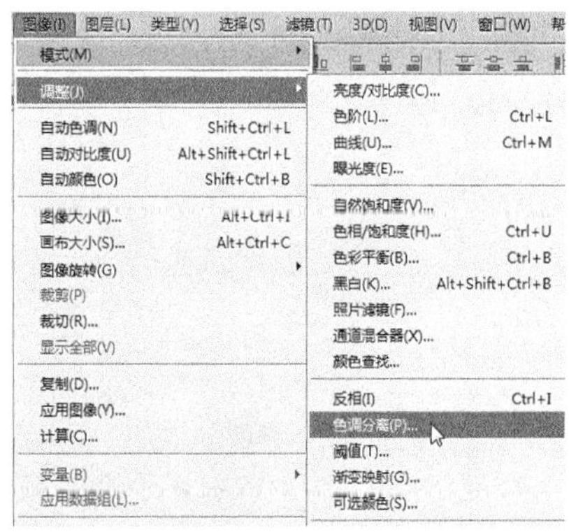

图10-99

03 弹出“色调分离”对话框，设置“色阶”为2，如图10-100所示。单击“确定”按钮，即可指定图像色调级数。

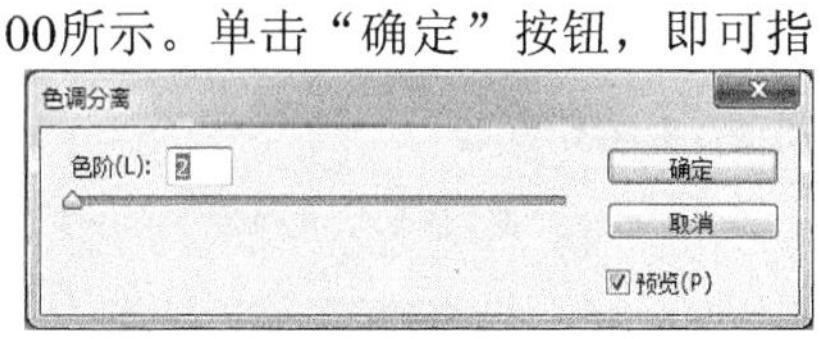

图10-100

10.5.14 通过“渐变映射”命令制作彩色渐变效果

“渐变映射”命令主要用于将图像灰度范围映射到指定的渐变填充色。如果指定双色渐变作为映射渐变，图像中暗调像素将映射到渐变填充的一个端点颜色，高光像素将映射到另一个端点颜色，中间调映射到两个端点之间的过渡颜色。

课堂案例	通过“渐变映射”命令制作彩色渐变效果
案例位置	效果>第10章>10.5.14.psd
视频位置	视频>第10章>课堂案例——通过“渐变映射”命令制作彩色渐变效果.mp4
难易指数	★★☆☆☆
学习目标	掌握通过“渐变映射”命令制作彩色渐变效果的方法。

本案例的最终效果如图10-101所示。

图10-101

01 单击“文件”|“打开”命令，打开一幅素材图像10.5.14.jpg，如图10-102所示。

图10-102

02 单击“图像”|“调整”|“渐变映射”命令，如图10-103所示。

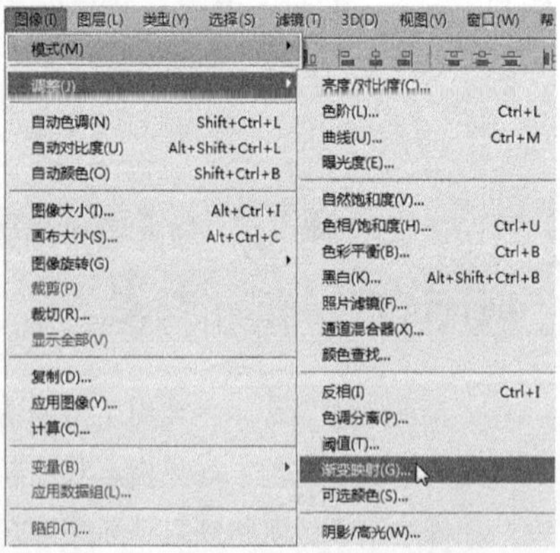

图10-103

03 弹出“渐变映射”对话框，单击“渐变颜色带”按钮，展开相应的面板，选择合适的颜色块，如图10-104所示。单击“确定”按钮，即可制作彩色渐变效果。

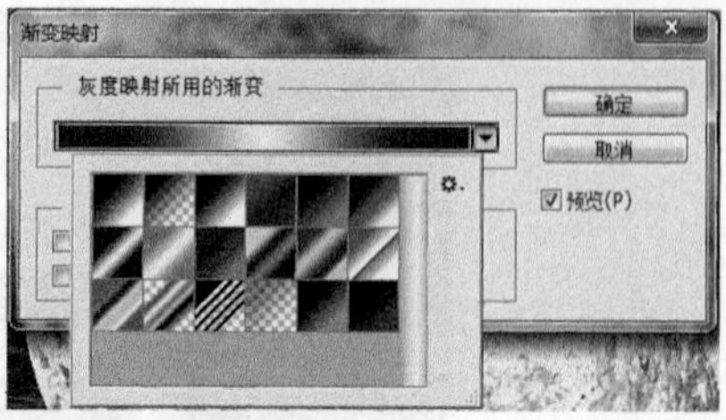

图10-104

10.5.15 通过通道混合器调整商品图像色调

“通道混合器”命令可以用当前颜色通道的混合器修改颜色通道，但在使用该命令前要选择复合通道。

课堂案例	通过通道混合器调整商品图像色调
案例位置	效果>第10章>10.5.15.jpg
视频位置	视频>第10章>课堂案例——通过通道混合器调整商品图像色调.mp4
难易指数	★★☆☆☆
学习目标	掌握通过通道混合器调整商品图像色调的方法

本案例的最终效果如图10-105所示。

图10-105

01 单击“文件”|“打开”命令，打开一幅素材图像10.5.15.jpg，如图10-106所示。

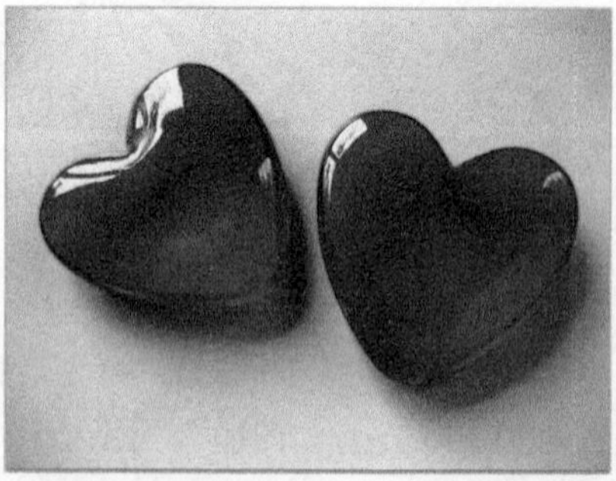

图10-106

02 选取工具箱中的快速选择工具，在图像中创建一个选区，如图10-107所示。

03 单击“图像”|“调整”|“通道混合器”命令，弹出“通道混合器”对话框，设置“输出通道”为“绿”、“红色”为123、“绿色”为68、“蓝色”为115，如图10-108所示。单击“确定”按钮，即可调整图像色彩，按【Ctrl＋D】组合键，取消选区，完成最终效果。

图10-107

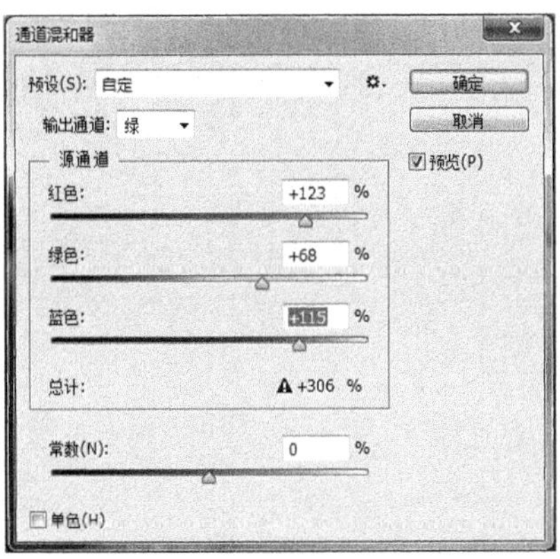

图10-108

10.6 本章小结

本章主要介绍查看淘宝店铺商品图像的颜色分布、转换商品图像颜色模式、自动校正商品图像色彩色调、调整商品图像的基本色彩以及调整商品图像画面色调的方法，帮助读者全面掌握调整商品图像色彩色调的方法。

10.7 习题测试——使用“反相”命令制作商品图像底片效果

案例位置　效果\第10章10.7.psd
难易指数　★★☆☆☆
学习目标　掌握使用“反相”命令制作商品图像底片效果的方法

本习题需要掌握使用“反相”命令制作商品图像底片效果的方法，素材（10.7.jpg）如图10-109所示，最终效果如图10-110所示。

图10-109

图10-110

第11章

淘宝商品合成创意设计

内容摘要

如今，网店的广泛与普及，让消费者有了更多的选择，如何抓住消费者的心，如何吸引消费者购买是网店首先要考虑的问题，而作为“门面”的店铺商品展示则是重中之重。本章主要介绍网店商品图片的合成特效处理。

课堂学习目标

- 制作网店珠宝首饰合成特效
- 制作网店服饰美妆合成特效
- 制作网店数码玩具合成特效
- 制作家具家居合成特效

11.1 制作网店珠宝首饰合成特效

本节介绍戒指、手表、珠宝等商品的特效合成。

11.1.1 制作戒指合成特效

饰品的样式和色彩多种多样，对于不同的饰品类别，展示的模式也不相同。

下面以戒指为例，介绍饰品类商品图片合成特效的制作。

课堂案例	制作戒指合成特效
案例位置	效果>第11章>11.1.1.psd
视频位置	视频>第11章>课堂案例——制作戒指合成特效.mp4
难易指数	★★★★★
学习目标	掌握制作戒指合成特效的方法

本案例的最终效果如图11-1所示。

图11-1

01 按【Ctrl+O】组合键，打开多个商品图像素材11.1.1（1）.jpg、11.1.1（2）.jpg、11.1.1（3）.jpg、11.1.1（4）.jpg，如图11-2所示。

图11-2

02 切换至11.1.1（1）.jpg图像编辑窗口，单击“图像”|“画布大小”命令，设置高度和定位，如图11-3所示。

03 按【Ctrl+R】组合键，调出标尺，将鼠标指针移至纵向标尺处，按住鼠标左键的同时向右拖曳鼠标，可新建一条参考线，将参考线放置在合适的位置，如图11-4所示。

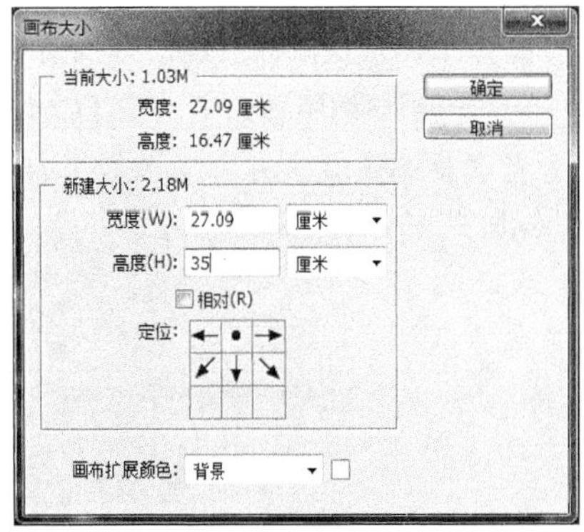

图11-3

图11-4

04 用与上述相同的方法，再新建一条纵向参考线和一条横向参考线，如图11-5所示。

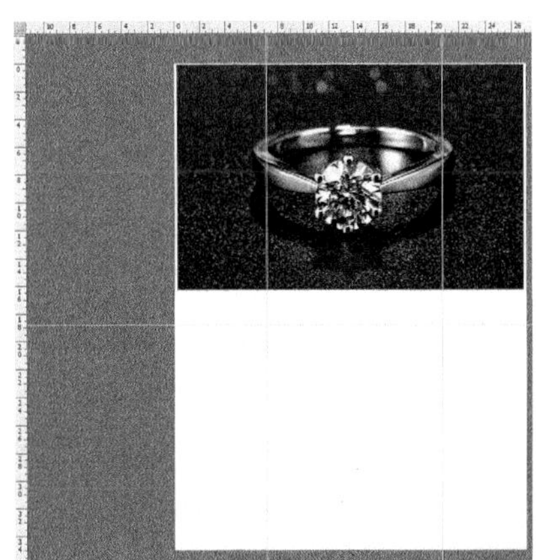

图11-5

技巧与提示

在设置画布的高度时，用户可以将数值设置得大一些，多余的部分后面可以进行裁剪。

05 切换至11.1.1（1）.jpg图像编辑窗口，全选图像，在工具箱中选取移动工具，将鼠标移动至素材图像上，按住鼠标左键，拖曳素材图像至11.1.1（1）.jpg图像编辑窗口中，按【Ctrl+T】组合键，适当调整图像大小并移动图像至合适位置，如图11-6所示。

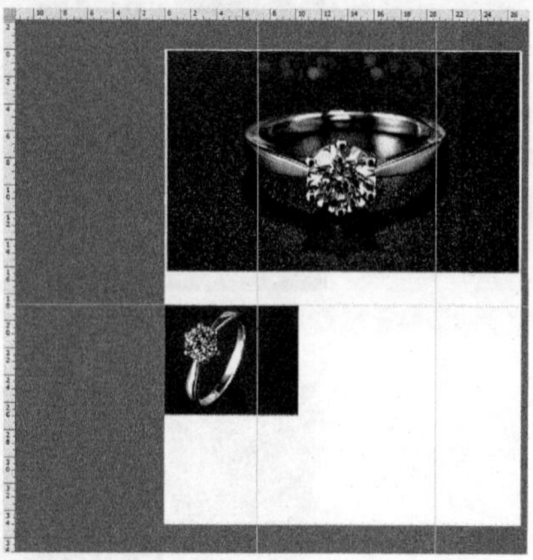

图11-6

06 用与上述相同的方法，将11.1.1（2）.jpg和11.1.1（3）.jpg素材图像移动至11.1.1（1）.jpg编辑窗口中，并调整图像的大小和位置，如图11-7所示。

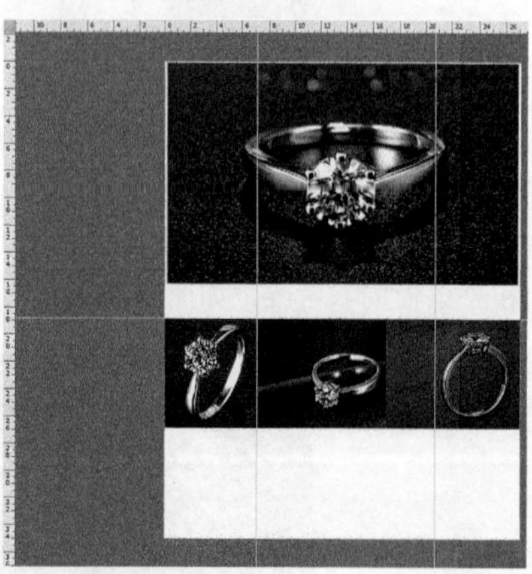

图11-7

07 在"图层"面板中，将"图层2"移至"图层1"和"图层3"下方，选择"图层1"，在工具箱中选取钢笔工具，在"图层1"上绘制一个直角三角形的路径形状，如图11-8所示。

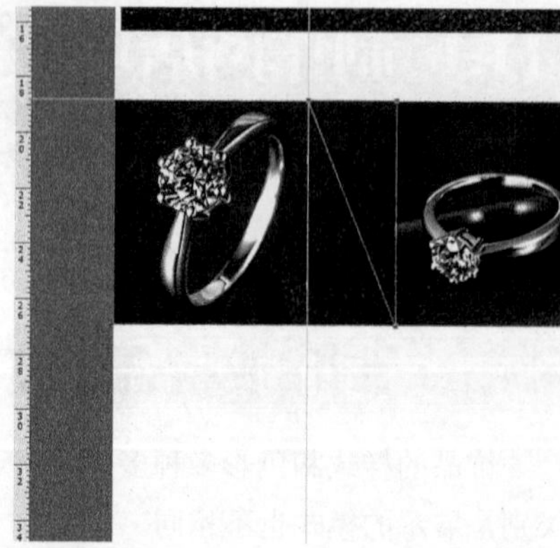

图11-8

08 展开"路径"面板，单击"将路径作为选区载入"按钮创建选区，按【Delete】键删除选区，按【Ctrl+D】组合键，取消选区，效果如图11-9所示。

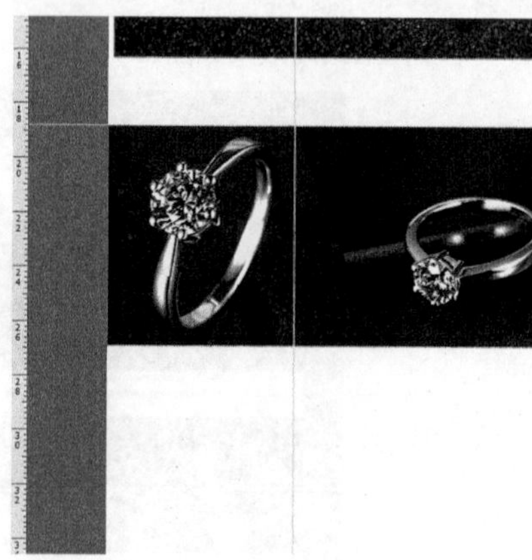

图11-9

09 选择"图层3"，用与上述相同的方法，绘制路径，转换为选区并删除选区，如图11-10所示。

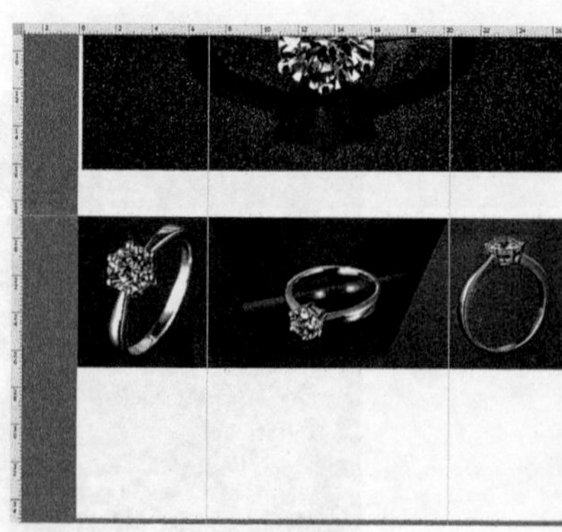

图11-10

10 选择"图层3"，在菜单栏中单击"编辑"|"描边"命令，弹出"描边"对话框，设置

“颜色”为白色（RGB参数值均为255）、“宽度”为5像素、“位置”为“居中”，单击“确定”按钮，即可对素材图像进行描边处理，效果如图11-11所示。

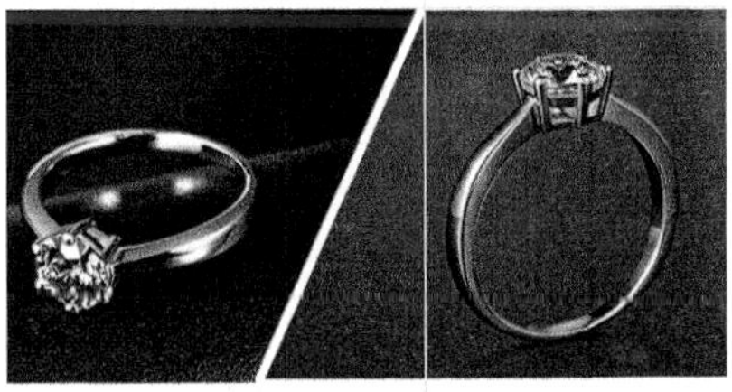

图11-11

⑪ 分别选择“图层1”“图层2”，用与上述相同的方法，对素材图像进行描边处理，效果如图11-12所示。

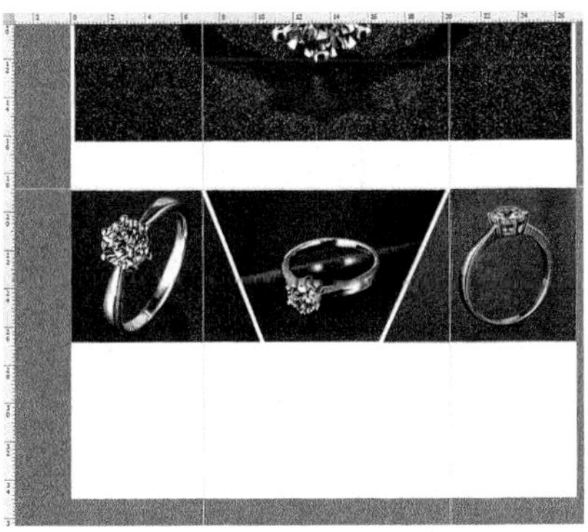

图11-12

⑫ 新建一个图层，在工具箱中选取横排文字工具，在工具属性栏中设置“字体”为“微软雅黑”、“字体大小”为16点、“颜色”为黑色（RGB参数均为0），在图像编辑窗口中单击并输入文字，按【Ctrl＋Enter】组合键确认输入，并调整位置，效果如图11-13所示。

图11-13

⑬ 单击“视图”|“清除参考线”命令，清除参考线，在工具箱中选取裁剪工具，对图像的多余部分进行裁剪。

11.1.2 制作手表合成特效

手表既是实用的计时工具，又具有装饰作用，深受广大消费者的喜爱，下面介绍手表类商品图片的合成处理技巧。

课堂案例	制作手表合成特效
案例位置	效果>第11章>11.1.2.psd
视频位置	视频>第11章>课堂案例——制作手表合成特效.mp4
难易指数	★★★★★
学习目标	掌握制作手表合成特效的方法

本案例的最终效果如图11-14所示。

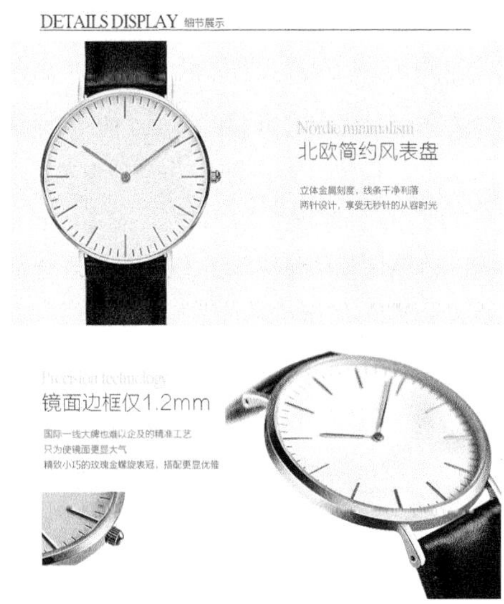

图11-14

01 按【Ctrl＋O】组合键，打开多个商品图像素材11.1.2（1）.jpg、11.1.2（2）.jpg、11.1.2（3）.jpg、11.1.2（4）.jpg、11.1.2（5）.jpg、11.1.2（6）.jpg、，如图11-15所示。

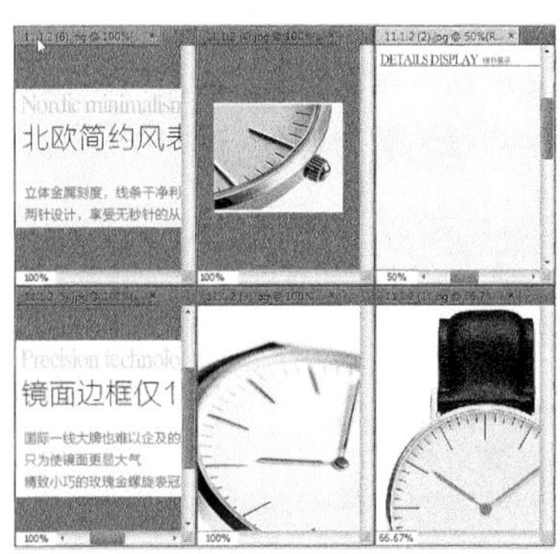

图11-15

02 切换至11.1.2（1）.jpg图像编辑窗口，按【Ctrl+J】组合键新建“图层1”图层，并隐藏“背景”图层，选取工具箱中的魔棒工具，设置“容差”为10，在图像空白区域单击选中白色背景，按【Delete】键删除背景，按【Ctrl+D】组合键，取消选区，如图11-16所示。

图11-16

03 在工具箱中选取移动工具，将鼠标移动至素材图像上，按住鼠标左键，并拖动素材图像至11.1.2（2）.jpg图像编辑窗口中，按【Ctrl+T】组合键，适当调整图像大小并移动图像至合适的位置，效果如图11-17所示。

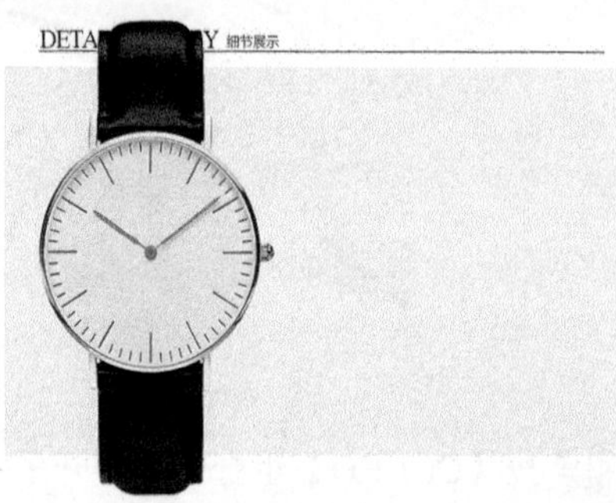

图11-17

04 在工具箱中选取矩形选框工具，选中素材图像上需要裁剪的部分，按【Delete】键删除，效果如图11-18所示。

05 重复步骤（02）～步骤（03）的操作，将11.1.2（3）.jpg和11.1.2（4）.jpg素材图像移动至11.1.2（2）.jpg编辑窗口中，并调整图像的大小和位置，效果如图11-19所示。

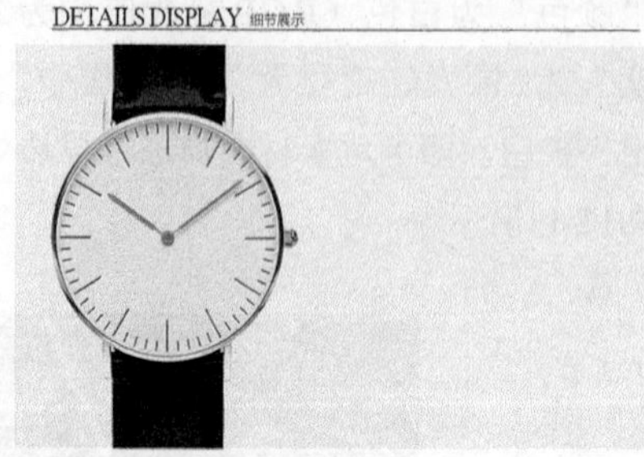

图11-18

图11-19

06 切换至11.1.2（6）图像编辑窗口，在工具箱中选取移动工具，将鼠标指针移至素材图像上，按住鼠标左键，并拖动素材图像至11.1.2（2）.jpg图像编辑窗口中，效果如图11-20所示。

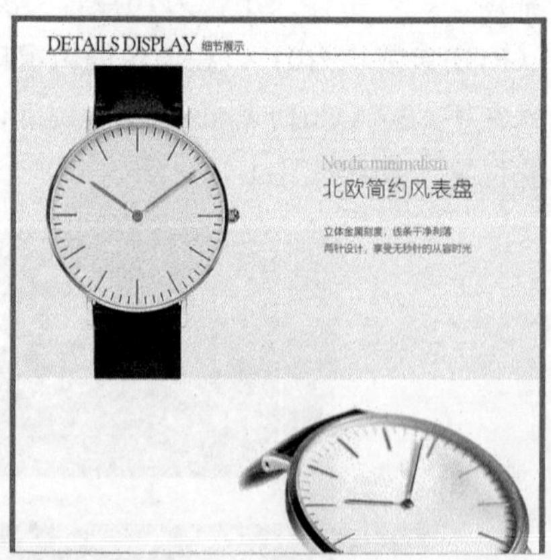

图11-20

07 切换至11.1.2（1）.jpg图像编辑窗口，在工具箱中选取移动工具，将鼠标移动至素材图像上，按住鼠标左键，拖动素材图像至11.1.2（2）.jpg图像编辑窗口中，完成最终效果。

11.1.3 制作首饰合成特效

首饰类商品在网店中销售火热，其既美观，又具备养颜功效，深受女性的喜爱。

下面以菩提子为例，介绍首饰类商品图片的合成处理。

课堂案例	制作首饰合成特效
案例位置	效果>第11章>11.1.3.psd
视频位置	视频>第11章>课堂案例——制作首饰合成特效.mp4
难易指数	★★★★★
学习目标	掌握制作首饰合成特效的方法

本案例的最终效果如图11-21所示。

图11-21

01 按【Ctrl＋N】组合键，弹出“新建”对话框，设置“名称”为11.1.3、“宽度”为28厘米、“高度”为28厘米、“分辨率”为72像素/英寸，如图11-22所示，单击“确定”按钮，新建一个空白图像。

02 按【Ctrl＋O】组合键，打开11.1.3（1）.jpg素材图像，如图11-23所示。

03 选取工具箱中的移动工具，全选图像，将素材图像移动至11.1.3.jpg图像编辑窗口中，按【Ctrl＋T】组合键，适当调整图像大小并移动图像至合适位置，效果如图11-24所示。

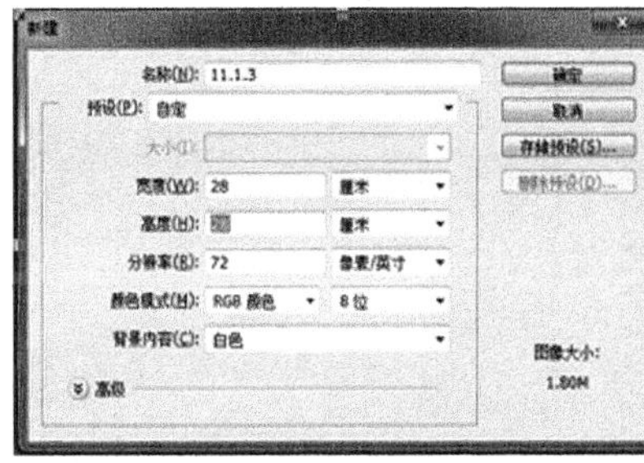

图11-22

图11-23

图11-24

04 在工具箱中选取椭圆工具，在工具属性栏上设置椭圆的属性，如图11-25所示。

图11-25

05 在图像编辑窗口中单击，弹出“创建椭圆”对话框，单击“确定”按钮，创建椭圆形状。选取工具箱中的移动工具，将形状移动至合适位置，在“图层”面板底部单击“添加图层蒙版”图标，添加图层蒙版，如图11-26所示。

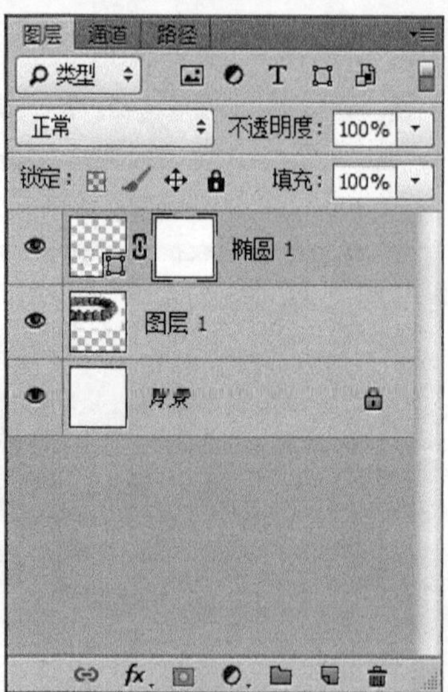

图11-26

06 按【Ctrl+O】组合键，打开11.1.3（2）.jpg素材图像，全选图像，选取工具箱中的移动工具，将素材图像移动至11.1.3图像编辑窗口中，在“图层”面板中选择“图层2”，单击鼠标右键，在弹出的快捷菜单中选择“创建剪贴蒙版”选项，制作剪贴蒙版效果，按【Ctrl+T】组合键，适当调整图像大小并移动至合适位置，如图11-27所示。

图11-27

07 选取工具箱中的椭圆工具，在工具属性栏上设置椭圆的属性，创建一个圆形，切换至移动工具，将圆形移动至合适的位置，效果如图11-28所示。

图11-28

08 用与上述相同的方法，绘制一条直线，效果如图11-29所示。

图11-29

09 在工具箱中选取横排文字工具，在工具属性栏中设置字体属性，在图像编辑窗口中单击输入文字，按【Ctrl+Enter】组合键确认输入，移动文字至合适位置，最后，在工具箱中选取裁剪工具，对图像的多余部分进行精细裁剪。

11.1.4 制作发饰合成特效

饰品的样式和色彩多种多样，不同类别的饰品展示的模式也不相同。

下面以发饰为例，介绍饰品类商品图片的合成处理。

课堂案例	制作发饰合成特效
案例位置	效果>第11章>11.1.4.psd
视频位置	视频>第11章>课堂案例——制作发饰合成特效.mp4
难易指数	★★★★☆
学习目标	掌握制作发饰合成特效的方法

本案例的最终效果如图11-30所示。

图11-30

01 按【Ctrl+N】组合键，弹出“新建”对话框，设置“名称”为11.1.4、“宽度”为6.25厘米、“高度”为6.23厘米、“分辨率”为300像素/英寸，如图11-31所示。

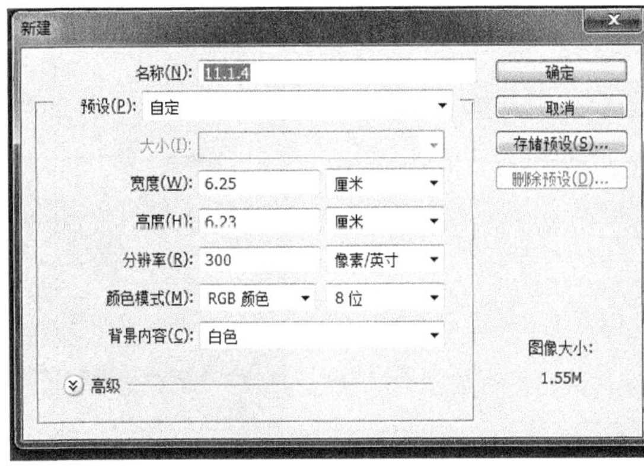

图11-31

02 单击“确定”按钮，新建一个空白图像，如图11-32所示。

图11-32

03 按【Ctrl+O】组合键，打开11.1.4.（3）.jpg素材图像，全选图像，选取工具箱中的移动工具，将素材图像移动至11.1.4图像编辑窗口中，如图11-33所示。

图11-33

04 按【Ctrl＋T】组合键，适当调整图像大小并移动图像至合适位置，如图11-34所示，按【Enter】键确认操作。

图11-34

05 单击“图层”面板下方的“添加图层蒙版”按钮，选取工具箱中的画笔工具，在工具属性栏中设置“画笔”为“柔边圆”、“大小”为120像素，如图11-35所示。

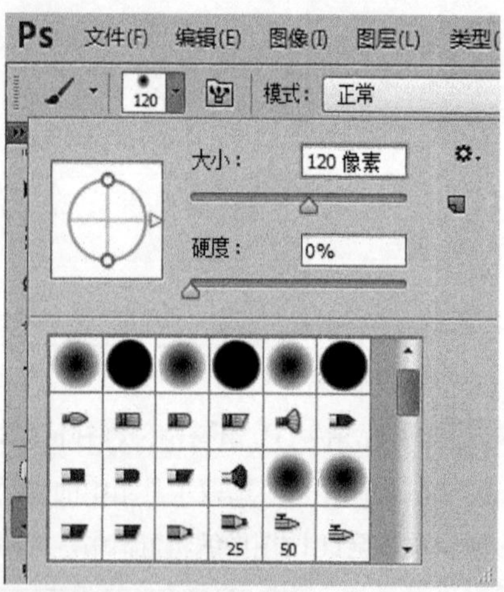

图11-35

06 设置前景色为黑色（RGB参数值均为0），移动鼠标至图像编辑窗口中，在合适位置涂抹，即可制作图层蒙版效果，效果如图11-36所示。

07 按【Ctrl＋O】组合键，打开11.1.4（1）.jpg素材图像，按【Ctrl＋J】组合键新建“图层1”图层，并隐藏“背景”图层，如图11-37所示。

08 选取工具箱中的魔棒工具，在工具属性栏中取消选中“连续”按钮，设置容差为5，在“图层1”图层背景上单击，创建选区，效果如图11-38所示。

图11-36

图11-37

图11-38

09 按【Delete】键删除背景，按【Ctrl＋D】组合键，取消选区。选取工具箱中的移动工具，将素材图像移动至11.1.4图像编辑窗口中，按【Ctrl＋T】组合键，适当调整图像大小并移动图像至合适位置，按【Enter】键确认调整，如图11-39所示。

图11-39

10 按【Ctrl+O】组合键，打开11.1.4（2）.jpg、素材图像，重复步骤（07）~步骤（09）的操作。

11.1.5 制作墨镜合成特效

下面以墨镜为例，介绍眼镜类商品合成特效的制作。

课堂案例	制作墨镜合成特效
案例位置	效果>第11章>11.1.5.psd
视频位置	视频>第11章>课堂案例——制作墨镜合成特效.mp4
难易指数	★★★★☆
学习目标	掌握制作墨镜合成特效的方法

本案例的最终效果如图11-40所示。

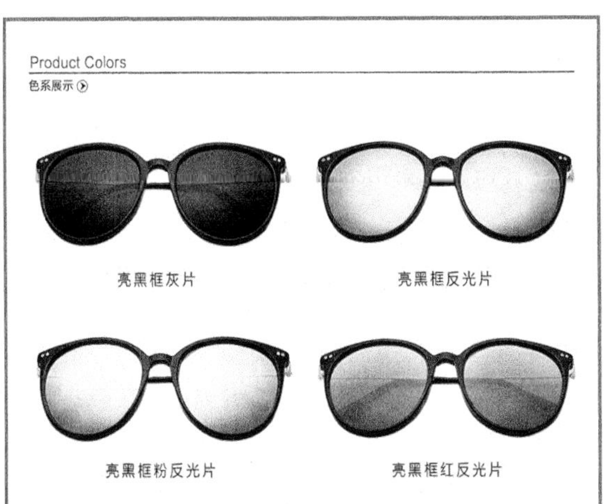

图11-40

01 按【Ctrl+O】组合键，打开多个商品图像素材11.1.5（1）.jpg、11.1.5（2）.jpg、11.1.5（3）.jpg、11.1.5（4）.jpg、11.1.5（5）.jpg，如图11-41所示。

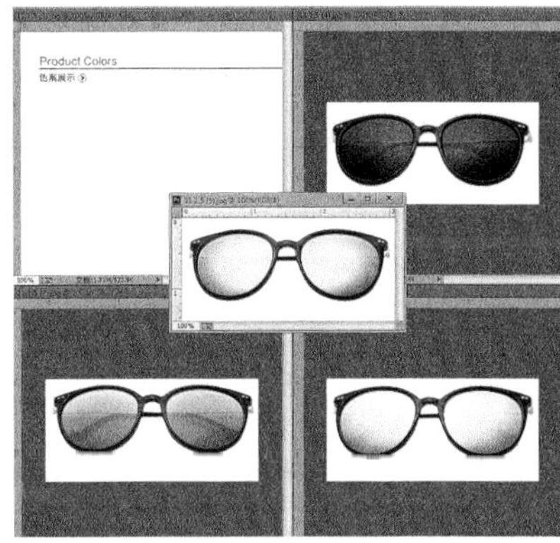

图11-41

02 切换至11.1.5（3）.jpg图像编辑窗口，按【Ctrl+R】组合键调出标尺，并新建4条参考线，用参考线对版面进行划分，如图11-42所示。

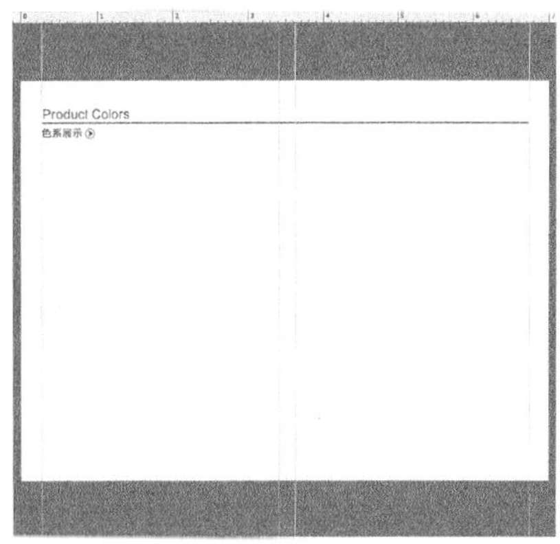

图11-42

03 切换至11.1.5（4）.jpg图像编辑窗口，全选图像，在工具箱中选取移动工具，将素材图像移动至11.1.5（3）.jpg图像编辑窗口中，按【Ctrl+T】组合键，适当调整图像大小并移动图像至合适位置，按【Enter】键确认操作，如图11-43所示。

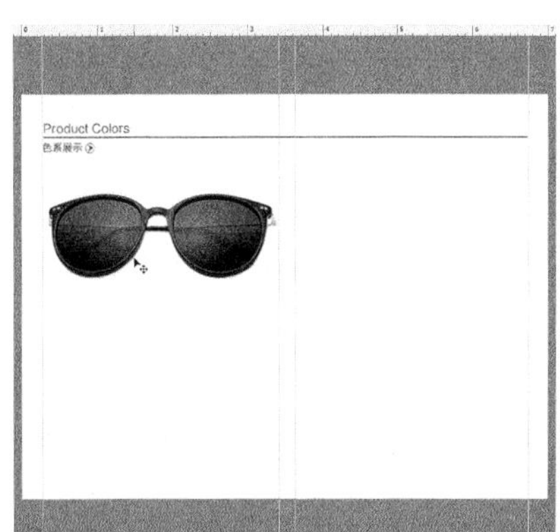

图11-43

04 重复步骤（03）的操作，将11.1.5（1）.jpg、11.1.5（2）.jpg、11.1.5（5）.jpg素材图像移动至11.1.5图像编辑窗口中，并按【Ctrl＋T】组合键，调整图像大小和位置，效果如图11-44所示。

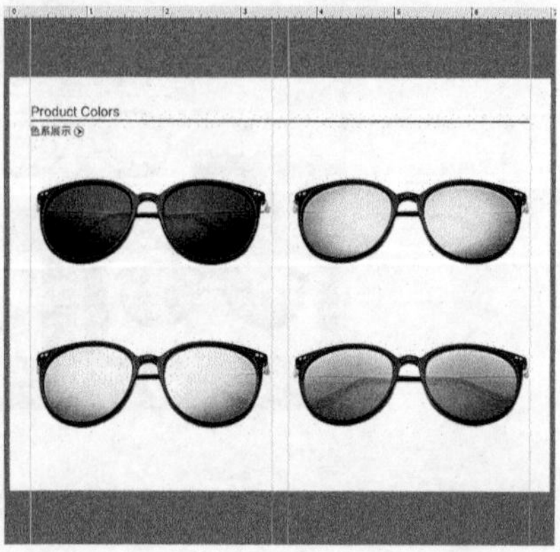

图11-44

05 在工具箱中选取横排文字工具，在工具属性栏中设置字体属性，在图像编辑窗口中单击并输入文字，按【Ctrl＋Enter】组合键确认输入，移动文字至合适位置，效果如图11-45所示。

06 按【Shift＋Alt】组合键，复制文字图层，修改文字内容，并调整至合适位置，效果如图11-45所示。

图11-45

07 单击“视图”|“清除参考线”命令，清除参考线，完成最终效果。

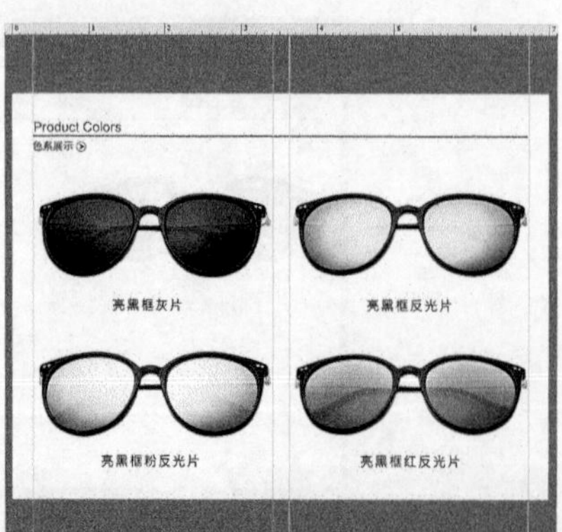

图11-46

11.1.6 制作情侣对戒合成特效

情侣对戒是淘宝网上的珠宝热销商品，下面主要运用“新建”命令与“填充”命令，制作店庆时的对戒广告效果。

课堂案例	制作情侣对戒合成特效
案例位置	效果>第11章>11.1.6.psd
视频位置	视频>第11章>课堂案例——制作情侣对戒合成特效.mp4
难易指数	★★★★★
学习目标	掌握制作情侣对戒合成特效的方法

本案例的最终效果如图11-47所示。

图11-47

01 单击“文件”|“新建”命令，弹出“新建”对话框，在对话框中设置各选项，单击“确定”按钮，新建一幅空白图像，如图11-48所示。

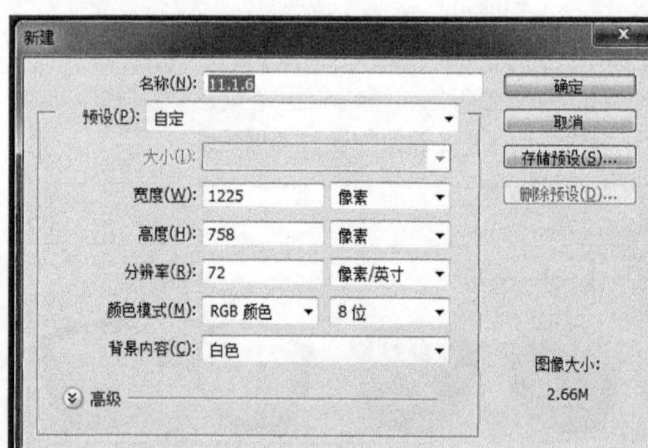

图11-48

02 单击工具箱中的前景色色块，弹出“拾色器（前景色）”对话框，设置前景色为淡蓝色（RGB参数分别为203、231、255），单击“确定”按钮，如图11-49所示。

03 单击“确定”按钮，按【Alt＋Delete】组合键，填充前景色，如图11-50所示。

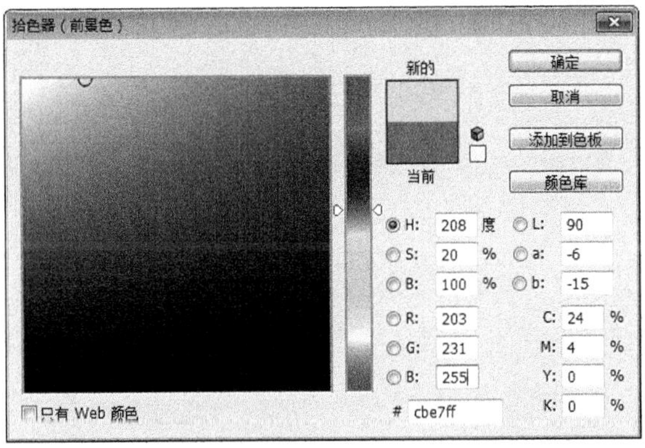

图11-49

图11-50

04 按【Ctrl+O】组合键，打开11.1.6（1）.psd背景图像，如图11-51所示。

图11-51

05 选取工具箱中的移动工具，将其拖曳至新建的图像编辑窗口中，如图11-52所示。

图11-52

06 按【Ctrl+T】组合键，调出变换控制框，如图11-53所示。

图11-53

07 适当调整其大小和位置，并按【Enter】键确认变换，如图11-54所示。

图11-54

08 按【Ctrl+E】组合键，将“图层1”和“图层2”图层合并，设置“图层1”的“混合模式”为“滤色”、“不透明度”为60%，如图11-55所示。

09 执行上述操作后，即可改变图像效果。如图11-56所示。

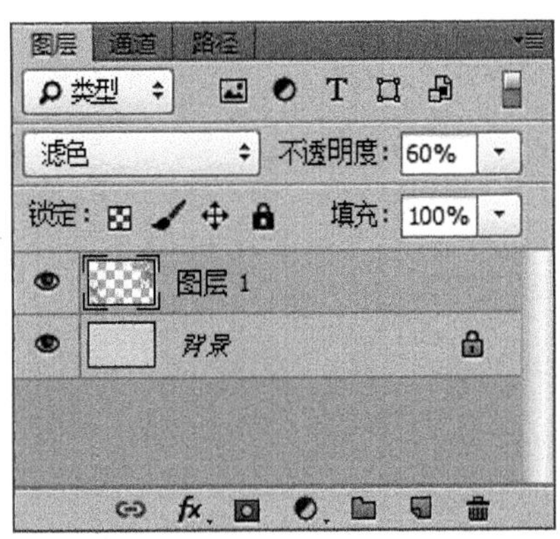

图11-55

图11-56

⑩ 按【Ctrl+O】组合键，打开11.1.6（2）.psd图像，将其拖曳至新建的图像编辑窗口中的合适位置处，如图11-57所示。

图11-57

⑪ 连续按两次【Ctrl+J】组合键，复制“图层2”2次，如图11-58所示。

⑫ 按【Ctrl+T】组合键，调出变换控制框，调整图像的大小、角度和位置，并按【Enter】键确认操作，如图11-59所示。

图11-58

图11-59

⑬ 设置花纹图像的“混合模式”为“柔光”，如图11-60所示。

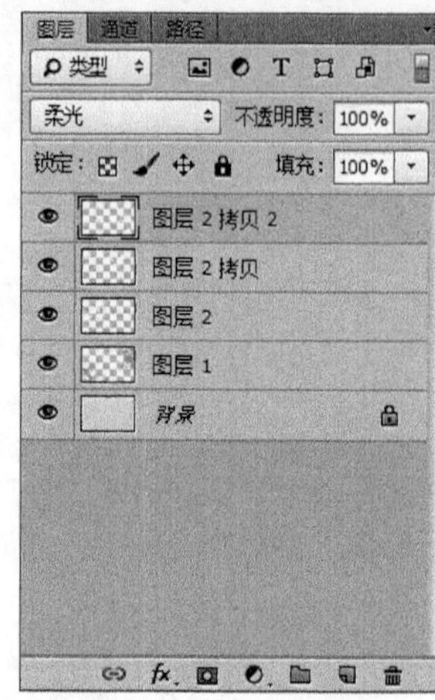

图11-60

⑭ 执行操作后，即可改变图像效果，如图11-61所示。

⑮ 可以使用魔棒工具抠取商品图像。按【Ctrl+O】组合键，打开11.1.6（1）.jpg图像，如图11-62所示。

图11-61

图11-62

⑯ 按【Ctrl+A】组合键，全选图像，如图11-63所示。

图11-63

⑰ 选取移动工具，将其拖曳至新建的图像编辑窗口中，并适当调整其大小和位置，如图11-64所示。

图11-64

⑱ 选取工具箱中的魔棒工具，在工具属性栏中单击“添加到选区”按钮，设置“容差”为10，在“图层3”的背景上多次单击，选中背景区域，如图11-65所示。

图11-65

⑲ 按【Delete】键，删除背景，如图11-66所示。

图11-66

⑳ 按【Ctrl+D】组合键，取消选区，预览效果，如图11-67所示。

图11-67

㉑ 按【Ctrl+J】组合键，复制“图层3”得到“图层3拷贝”图层，如图11-68所示。

㉒ 单击“编辑”|“变换”|“垂直翻转”命令，翻转图像，取移动工具，适当调整其位置，如图11-69所示。

图11-68

图11-69

23 单击“图层”面板底部的“添加矢量蒙版”按钮，为“图层3 拷贝”图层添加图层蒙版，如图11-70所示。

图11-70

24 选取工具箱中的渐变工具，设置黑白渐变填充颜色，如图11-71所示。

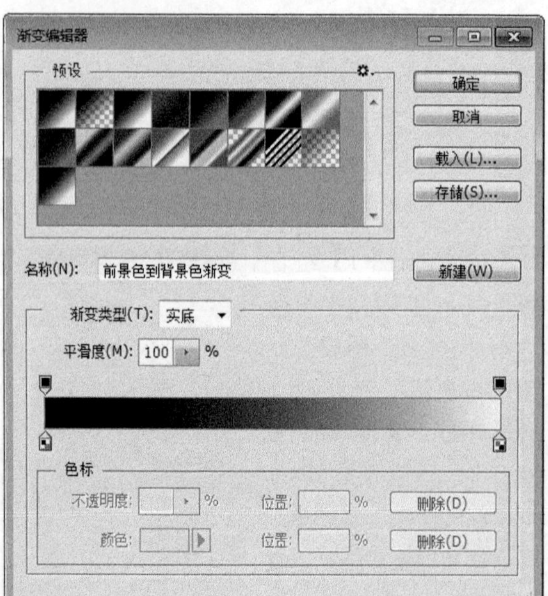

图11-71

25 在图像下方向上拖曳鼠标，释放鼠标左键即可填充黑白渐变，如图11-72所示。

图11-72

26 按【Ctrl+O】组合键，打开11.1.6（2）.jpg与11.1.6（3）.jpg图像，选取移动工具将各商品拖曳至新建的图像编辑窗口中，按【Ctrl+T】组合键，调出变换控制框，适当调整商品图像的大小和位置。

27 在“图层”面板中，选择“图层4”，单击“编辑”|“描边”命令，弹出“描边”对话框，设置“颜色”为蓝色（RGB参数分别为0、142、255）、“宽度”为2像素。

28 单击“确定”按钮，对置入的图像进行描边处理，如图11-73所示。

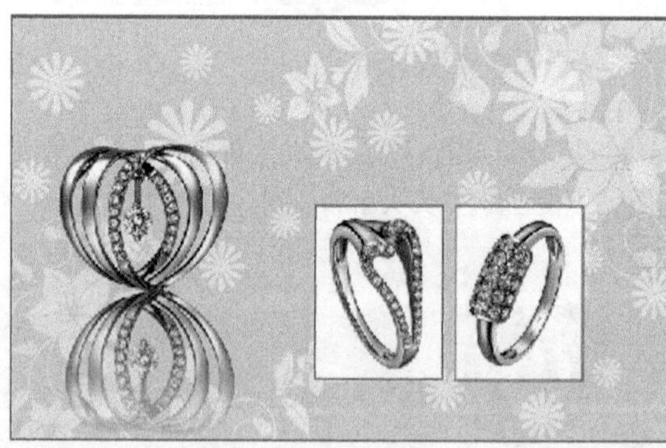

图11-73

29 用与上述同样的方法，为另一幅商品图像添加描边效果，如图11-74所示。

30 按【Ctrl+O】组合键，打开11.1.6（3）.psd图像，选择除“背景”图层以外的图层，选取移动工具，将其拖曳至新建的图像编辑窗口中的合适位置，预览效果，如图11-75所示。

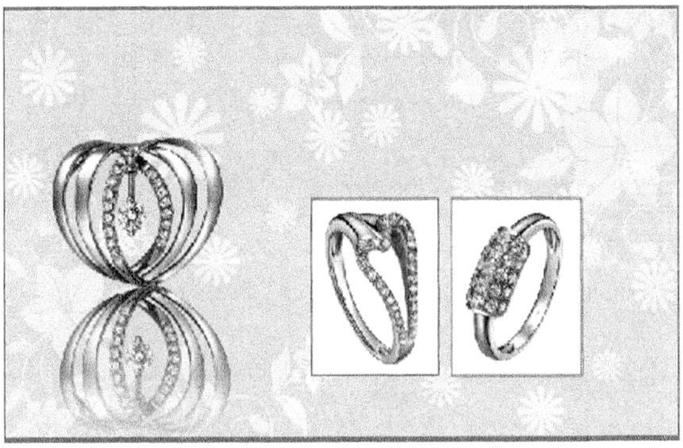

图11-74

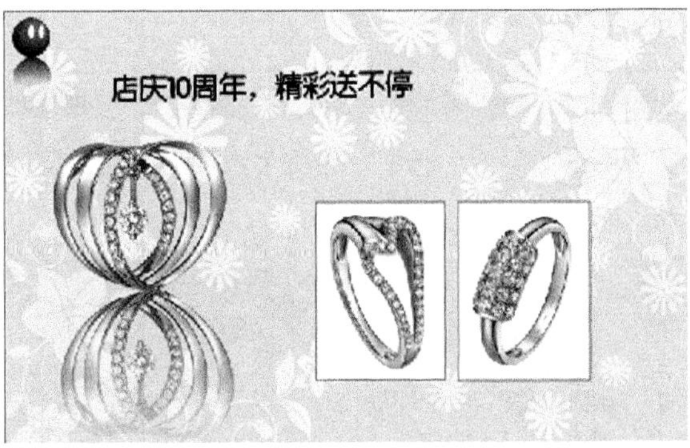

图11-75

31 选取工具箱中的横排文字工具，在图像编辑窗口中的适当位置单击，设置“字体”为“方正准圆简体”、“字体大小”为54点，输入相应文字，如图11-76所示。

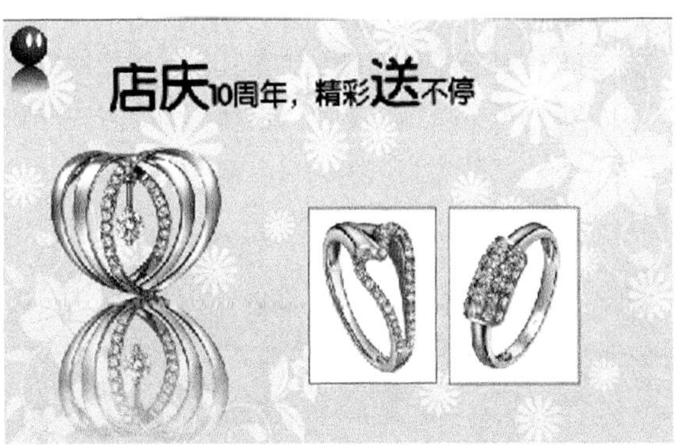

图11-76

32 运用横排文字工具选中“店庆”文字和“送”文字，设置“字体大小”为100点，按【Ctrl+Enter】组合键确认，并将其移至合适位置，如图11-77所示。

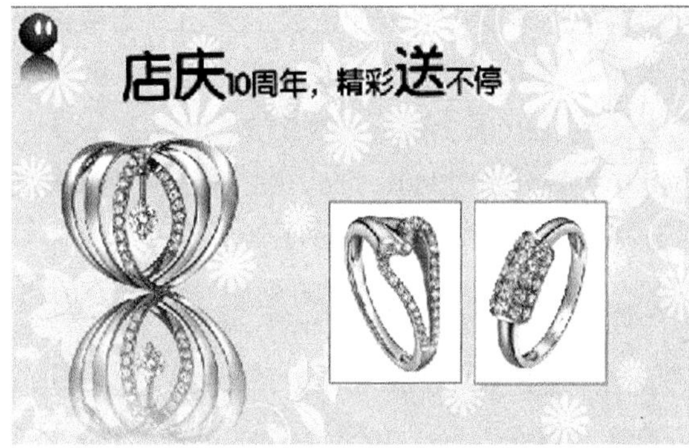

图11-77

33 在文字图层上单击鼠标右键，在弹出的快捷菜单中选择“混合选项”选项，如图11-78所示。

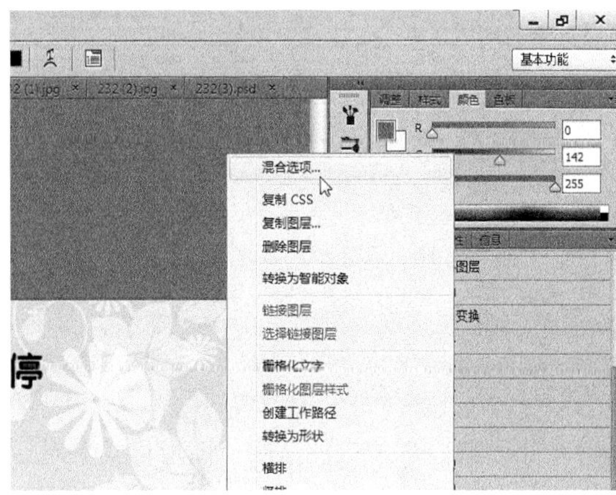

图11-78

34 弹出“图层样式”对话框，选中“渐变叠加”复选框，切换至“渐变叠加”选项卡，如图11-79所示。

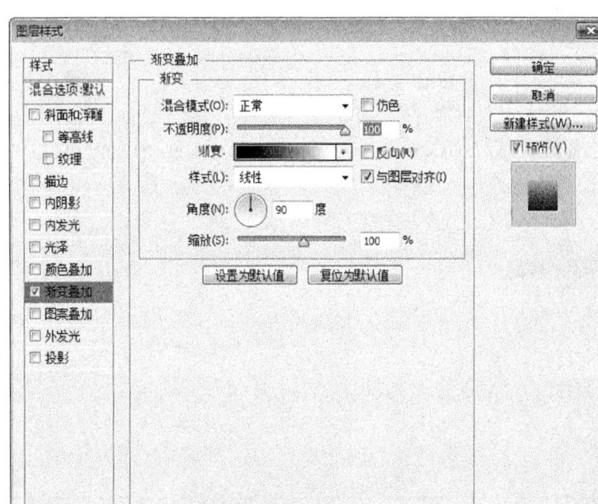

图11-79

35 单击"渐变"右侧的色块，弹出"渐变编辑器"对话框，在渐变条上添加3个色标，依次设置为红色（RGB参数分别为255、0、0）、黄色（RGB参数分别为240、255、0）和红色（RGB参数分别为255、0、0），如图11-80所示。

图11-80

36 单击"确定"按钮，返回"图层样式"对话框，如图11-81所示。

37 选中"描边"复选框，设置"大小"为6、"颜色"为深红色（RGB参数分别为164、0、0），如图11-82所示。

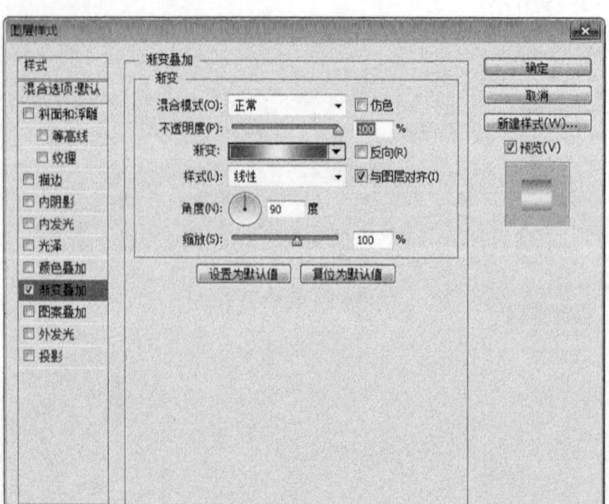

图11-81

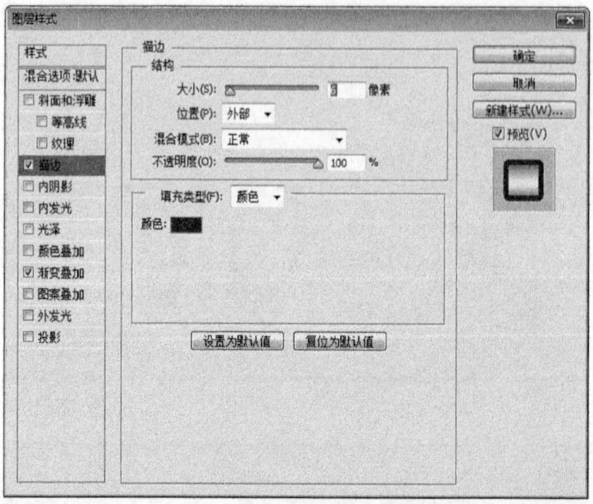

图11-82

38 单击"确定"按钮，为文字添加相应的图层样式，如图11-83所示。

图11-83

39 选取工具箱中的横排文字工具，在图像编辑窗口中的适当位置单击，设置"字体"为"方正准圆简体"、"字体大小"为50点，输入相应文字，如图11-84所示。

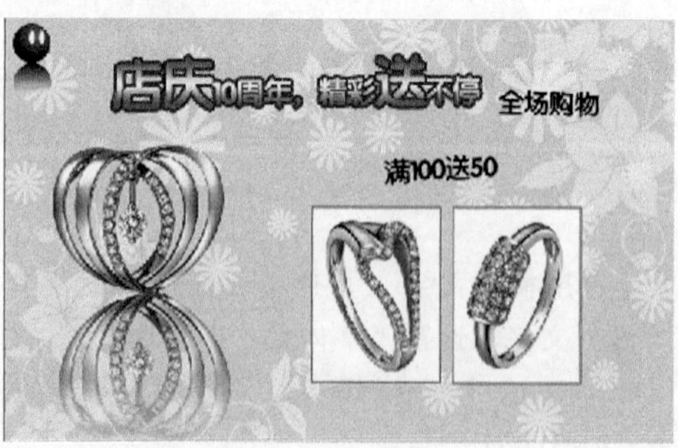

图11-84

40 选择“店庆10周年”文字图层，单击“图层”|“图层样式”|“拷贝图层样式”命令，如图11-85所示。

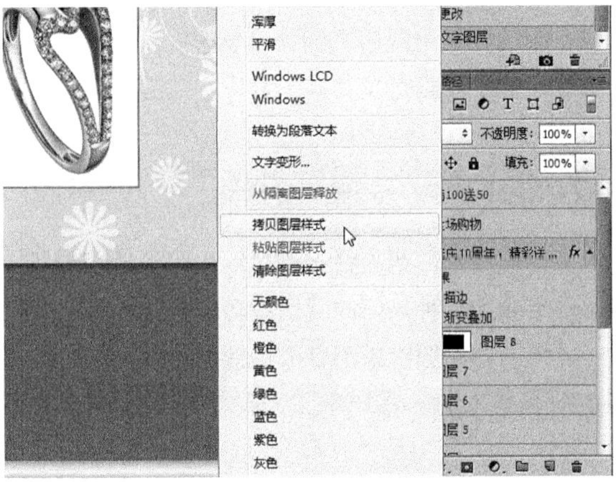

图11-85

41 选择“全场购物”文字图层，单击“图层”|“图层样式”|“粘贴图层样式”命令，如图11-86所示。

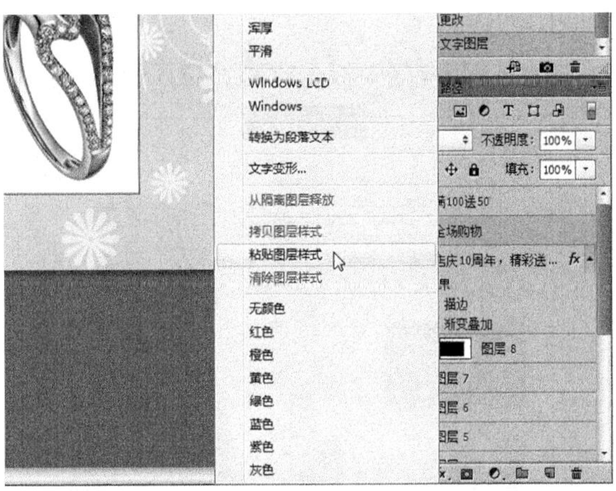

图11-86

42 完成上述操作后，其文字效果也随之改变，如图11-87所示。

图11-87

43 在“全场购物”文字图层的“描边”图层效果上双击，弹出“图层样式”对话框，设置“大小”为4，如图11-88所示。

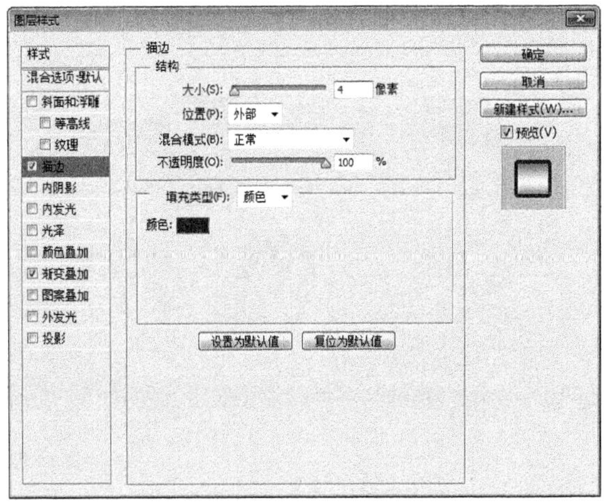

图11 88

44 单击“确定”按钮，改变描边图层样式，如图11-89所示。

图11-89

45 制作“全场购物”文字图层的图层样式，将其粘贴于“满100送50”文字图层上，其文字效果随之改变，如图11-90所示。

图11-90

46 选择“店庆10周年”文字图层，单击“编辑”|“变换”|“旋转”命令，适当调整图像旋转角度，按【Enter】键确认，并将其调整至合适位置，如图11-91所示。

图11-91

47 用与上述同样的方法，适当调整其他文字的角度，并移动至合适位置，如图11-92所示。

图11-92

48 按【Ctrl+O】组合键，打开11.1.6商品图像，选取移动工具，将其拖曳至新建的图像编辑窗口中的合适位置处，预览效果如图11-93所示。

图11-93

11.2 制作网店服饰美妆合成特效

服装鞋包是网店中销售火热的商品，下面介绍服装、鞋子、箱包及其搭配合成特效的制作。

11.2.1 制作服饰搭配合成特效

单件商品的销售往往难以吸引消费者，创新搭配日渐成为一种热门的营销技巧。

下面介绍服饰搭配合成特效的制作。

课堂案例	制作服饰搭配合成特效
案例位置	效果>第11章>11.2.1.psd
视频位置	视频>第11章>课堂案例——制作服饰搭配合成特效.mp4
难易指数	★★★★☆
学习目标	掌握制作服饰搭配合成特效的方法

本案例的最终效果如图11-94所示。

图11-94

01 按【Ctrl+O】组合键，打开商品图像素材11.2.1（6）.jpg，如图11-95所示。

图11-95

02 在工具箱中选取横排文字工具，在工具属性栏中设置“字体”为“微软雅黑”、“大小”为30点、“颜色”为白色，将鼠标移动至图像编辑窗口中的合适位置，单击并输入“中国风”文字，按【Ctrl+Enter】组合键确认输入，并调整文字位置，效果如图11-96所示。

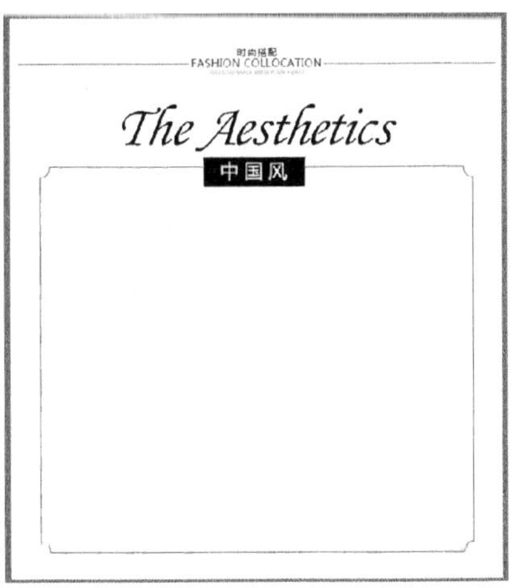

图11-96

03 按【Ctrl+O】组合键，打开11.2.1（1）.jpg素材图像，按【Ctrl+J】组合键新建“图层1”，并隐藏“背景”图层。

04 选取工具箱中的魔棒工具，默认设置“容差”为32，在图像空白区域单击选中白色背景，按【Delete】键删除背景，按【Ctrl+D】组合键，取消选区，效果如图11-97所示。

图11-97

05 重复步骤（03）～步骤（04）的操作，将11.2.1（2）.jpg、11.2.1（3）.jpg、11.2.1（4）.jpg和11.2.1（5）.jpg素材图像移动至11.2.1（6）.jpg像编辑窗口中并调整大小和位置，如图11-98所示。

图11-98

06 按【Ctrl+T】组合键，调整各个素材的位置，按【Enter】键确认，完成后的最终效果如图11-99所示。

图11-99

11.2.2 制作女装合成特效

下面以女装为例介绍网店服装合成特效的制作。

课堂案例	制作女装合成特效
案例位置	效果>第11章>11.2.2.psd
视频位置	视频>第11章>课堂案例——制作女装合成特效.mp4
难易指数	★★★★☆
学习目标	掌握制作女装合成特效的方法

本案例的最终效果如图11-100所示。

图11-100

01 按【Ctrl+O】组合键，打开多个商品图像素材11.2.2（1）.jpg、11.2.2（2）.jpg，如图11-101所示。

图11-101

02 切换至11.2.2（1）.jpg图像编辑窗口，选取工具箱中的圆角矩形工具，设置工具属性并创建一个合适大小的圆角矩形路径，如图11-102所示。

图11-102

03 展开“路径”面板，单击“将路径作为选区载入”按钮，创建选区，如图11-103所示。

图11-103

技巧与提示

合成商品图像的手法，往往在服装类商品的店铺运用比较多，用于展示商品的细节以及服装的搭配。

04 选取工具箱中的移动工具，将鼠标指针移动至选区，将选区图像拖至11.2.2（2）.jpg图像编辑窗口中，如图11-104所示。

DISPLAY 特点展示

图11-104

05 按【Ctrl+T】组合键调整图像大小和位置，按【Enter】键确认，如图11-105所示。

DISPLAY 特点展示

图11-105

06 选取工具箱中的横排文字工具，在合适位置分别输入文字，并分别设置字符属性，效果如图11-106所示。

DISPLAY 特点展示

图11-106

07 新建一个图层，在工具箱中选取矩形选框工具，在合适位置绘制一个矩形选区，设置前景色，按【Alt+Delete】组合键填充，效果如图11-107所示。选取工具箱中的横排文字工具，在矩形选区的合适位置输入文字，并设置字符属性，完成最终效果制作。

DISPLAY 特点展示

图11-107

11.2.3 制作鞋子合成特效

鞋子种类繁多，样式新颖，要想在众多的商品中脱颖而出，就必须制作出别样的商品图像。下面以男鞋为例介绍鞋子类商品合成特效的制作。

课堂案例	制作鞋子合成特效
案例位置	效果>第11章>11.2.3.psd
视频位置	视频>第11章>课堂案例——制作鞋子合成特效.mp4
难易指数	★★★★★
学习目标	掌握制作鞋子合成特效的方法

本案例的最终效果如图11-108所示。

图11-108

01 按【Ctrl+O】组合键，打开多个商品图像素材11.2.3（1）.jpg、11.2.3（2）.jpg、11.2.3（3）.jpg，如图11-109所示。

图11-109

02 切换至11.2.3（1）.jpg图像编辑窗口，按【Shift+Ctrl+U】组合键对图像进行去色处理，效果如图11-110所示。

图11-110

03 按【Ctrl+A】组合键，全选图像，选取工具箱中的移动工具，将鼠标指针移动至选区内，按住鼠标左键，拖动选区图像至11.2.3（2）.jpg图像编辑窗口中，如图11-111所示。

图11-111

04 按【Ctrl+T】组合键，适当调整图像大小并移动图像至合适的位置，如图11-112所示，按【Enter】键确认操作。

图11-112

05 选取工具箱中的钢笔工具，在“图层1”的右下角绘制一个直角三角形路径，如图11-113所示。

06 展开“路径”面板，单击“将路径作为选区载入”按钮创建选区，按【Delete】键，将选区部分删除，效果如图11-114所示，按【Ctrl+D】组合键取消选区。

图11-113

图11-114

07 切换至11.2.3（3）.jpg图像编辑窗口，按【Ctrl+J】组合键新建“图层1”，并隐藏“背景”图层，如图11-115所示。

图11-115

08 选取工具箱中的魔棒工具，默认设置“容差”为32，在“图层1”图层背景上单击，创建选区，效果如图11-116所示。

09 按【Delete】键删除背景，按【Ctrl+D】组合键，取消选区。选取工具箱中的移动工具，将素材图像移动至11.2.3（2）.jpg图像编辑窗口中。

10 按【Ctrl+T】组合键，适当调整图像大小并移动图像至合适的位置，按【Enter】键确认，完成鞋类商品合成效果的制作，最终效果如图11-117所示。

图11-116

图11-117

11.2.4 制作美妆合成特效

制作化妆产品宣传册时，一定要表达出化妆品的功能性，元素不必多，只在于合理运用，同时通过色彩搭配来强调主题。

课堂案例	制作美妆合成特效
案例位置	效果>第11章>11.2.4.psd
视频位置	视频>第11章>课堂案例——制作美妆合成特效.mp4
难易指数	★★★★★
学习目标	掌握制作美妆合成特效的方法

本案例的最终效果如图11-118所示。

图11-118

01 单击“文件”|“新建”命令，如图11-119所示。

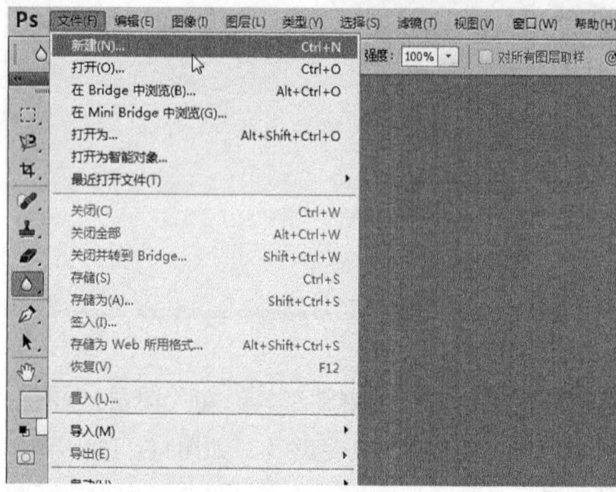

图11-119

02 弹出“新建”对话框，如图11-120所示。

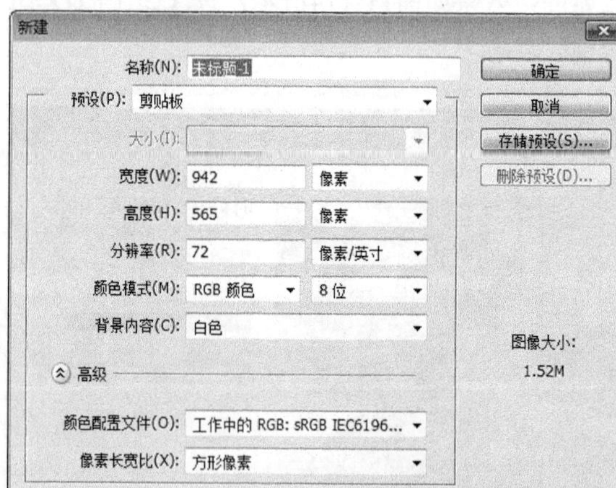

图11-120

03 设置“名称”为11.2.4、“宽度”为16厘米、“高度”为9.6厘米、“分辨率”为300像素/英寸、“颜色模式”为“RGB颜色”、“背景内容”为“白色，如图11-121所示。

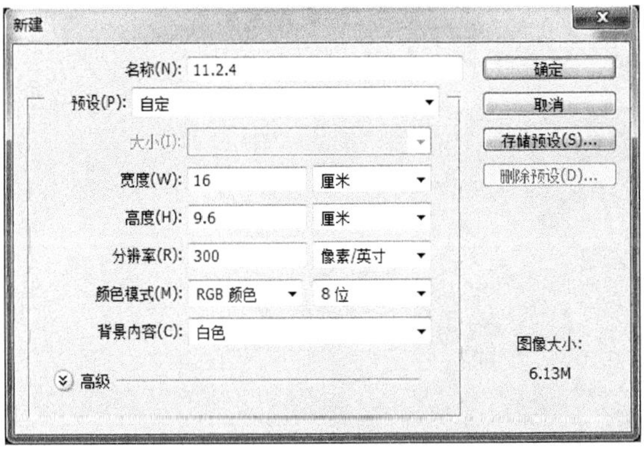

图11-121

04 单击“确定”按钮，如图11-122所示。

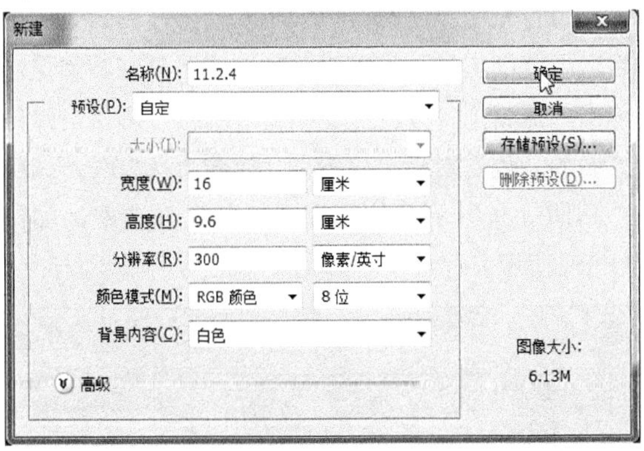

图11-122

05 新建一个指定大小的空白文档，如图11-123所示。

图11-123

06 通过“新建参考线”命令在背景图像中创建多条辅助参考线，并运用渐变工具制作出径向渐变效果。单击“视图”|“新建参考线”命令，弹出“新建参考线”对话框，设置“取向”为“垂直”、“位置”为0.1厘米，如图11-124所示。

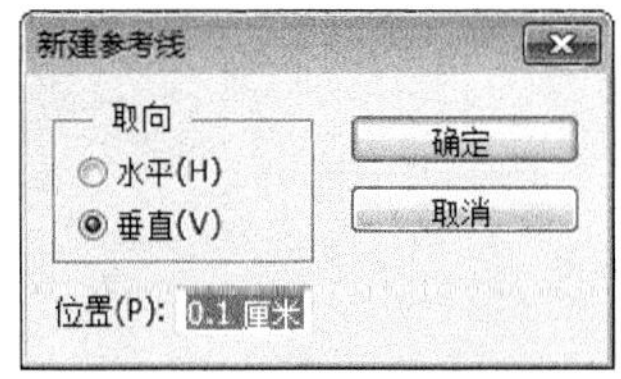

图11-124

07 单击“确定”按钮，新建一条垂直参考线，如图11-125所示。

图11-125

技巧与提示

参考线在绘图中配合标尺会有更好地运用，标尺的快捷键是【Ctrl+R】。

08 使用与上述同样的方法，设置“位置”为9.5厘米，创建两条垂直参考线，如图11-126所示。

09 选取工具箱中的渐变工具，如图11-127所示。

图11-126

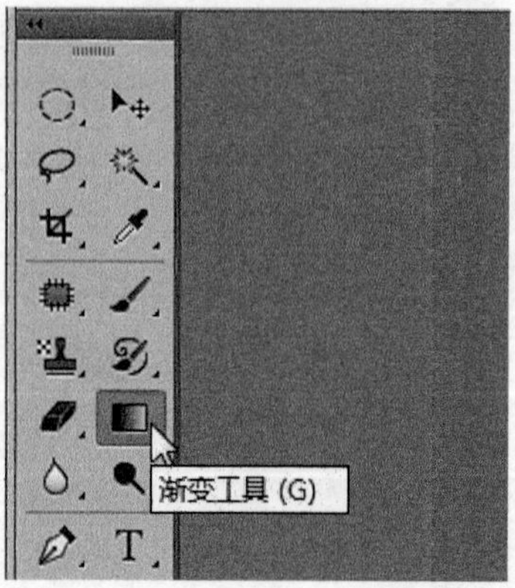

图11-127

⑩ 弹出“渐变编辑器”对话框，设置从白色到深灰色（RGB参数值为65、65、65）渐变色，设置第二个滑块的“位置”为100%，单击“确定”按钮，如图11-128所示。

图11-128

⑪ 展开“图层”面板，新建“图层1”，在工具属性栏中单击“线性渐变”按钮，将鼠标指针移至图像编辑窗口右侧的合适位置，单击并向左下角拖曳鼠标，如图11-129所示。

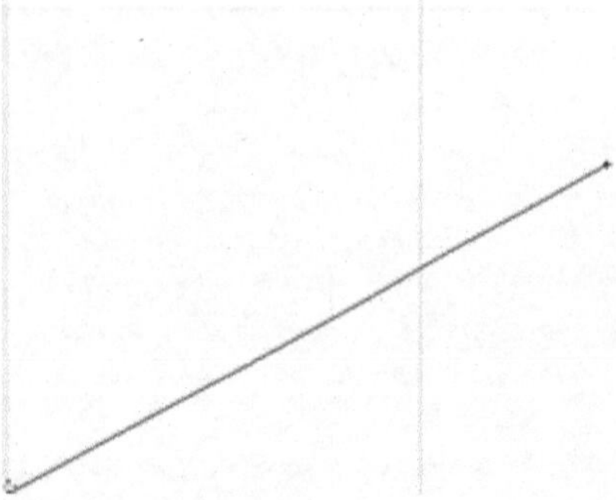

图11-129

⑫ 拖至合适位置后，释放鼠标左键，填充渐变色，如图11-130所示。

图11-130

⑬ 为背景图像添加杂色效果和动感模糊效果，然后运用模糊工具、加深工具和减淡工具修饰图像。单击“滤镜”|“杂色”|“添加杂色”命令，弹出“添加杂色”对话框，设置“数量”为20%，选中“高斯分布”单选按钮和“单色”复选框，如图11-131所示。

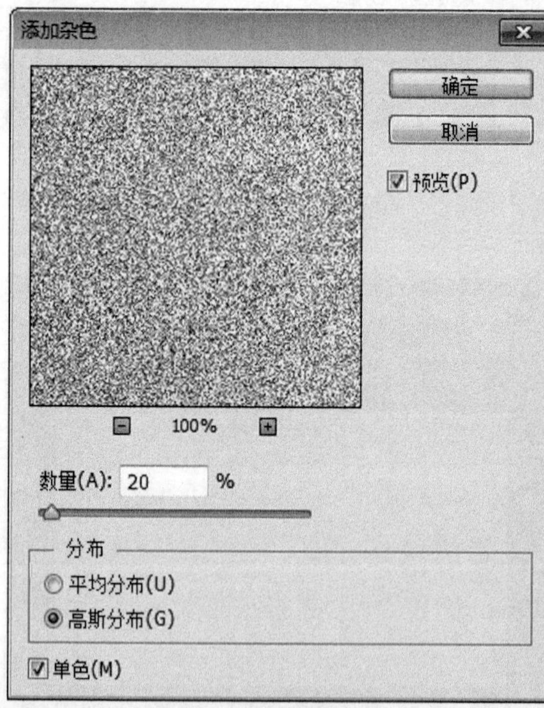

图11-131

⑭ 单击“确定”按钮，为图像添加杂色效果，如图11-132所示。

图11-132

15 单击“滤镜”|“模糊”|“动感模糊”命令，弹出“动感模糊”对话框，设置“角度”为0度、“距离”为200像素，如图11-133所示。

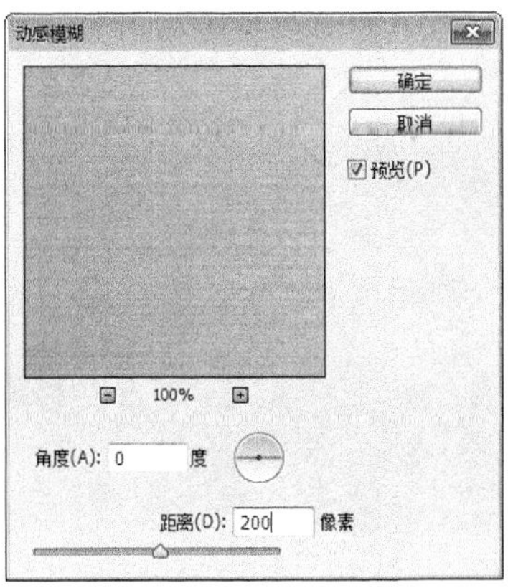

图11-133

16 单击“确定”按钮，为图像制作出相应的动感模糊效果，如图11-134所示。

图11-134

17 选取工具箱中的模糊工具，在工具属性栏上设置“大小”为150、“硬度”为50%、“强度”为100%，将鼠标指针移至图像编辑窗口中的适当位置进行涂抹，如图11-135所示。

图11-135

18 选取加深工具和减淡工具，在工具属性栏上设置属性，在图像编辑窗口中的合适位置进行涂抹，完成背景效果的美化，如图11-136所示。

图11-136

19 下面主要运用矩形选框工具、渐变工具与图层蒙版，制作商品图像的倒影效果。按【Ctrl+O】组合键，打开11.2.4（1）.psd素材图像，并将其拖曳至11.2.4.psd图像编辑窗口中的合适位置处，如图11-137所示。

图11-137

20 选取工具箱中的矩形选框工具，在图像编辑窗口中的左侧创建一个合适大小的矩形选区，如图11-138所示。

图11-138

21 展开“图层”面板，新建“图层3”图层，如图11-139所示。

22 选取工具箱中的渐变工具，调出“渐变编辑器”对话框，设置从深灰色（RGB参数值分别为111、111、111）到白色到深灰色再到白色的线性渐变，滑块“位置”分别为10%、25%、75%、100%，如图11-140所示。

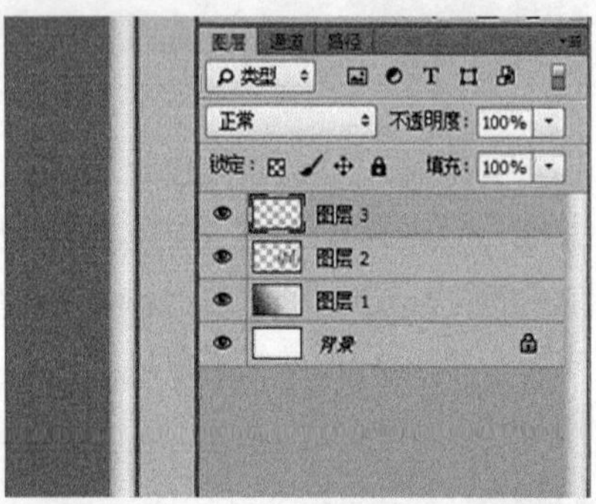

图11-139

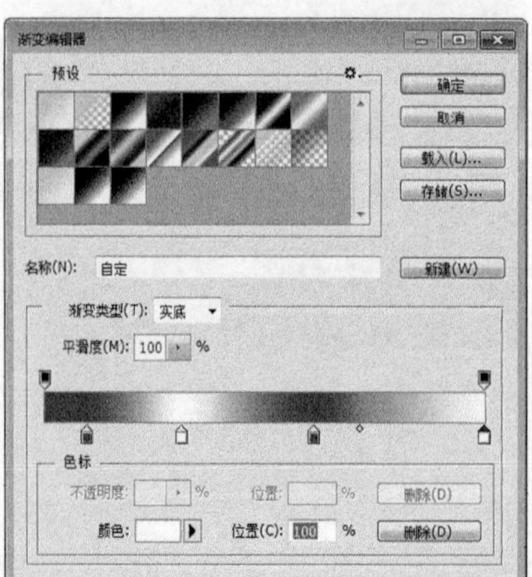

图11-140

23 单击“确定”按钮，在选区内从左至右拖曳鼠标填充渐变色，如图11-141所示。

图11-141

24 按【Ctrl+D】组合键，取消选区，如图11-142所示。

图11-142

25 在“图层”面板中选中“图层2”，按【Ctrl+J】组合键得到“图层2拷贝”图层，如图11-143所示。

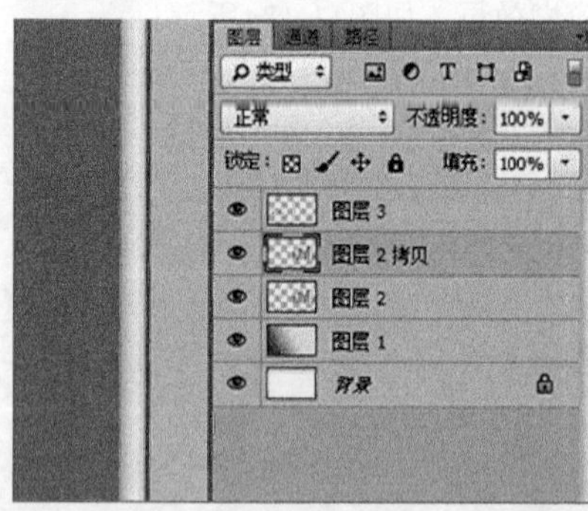

图11-143

26 按【Ctrl+T】组合键调出变换控制框，单击鼠标右键，在弹出的快捷菜单中选择“垂直翻转”选项，如图11-144所示。

27 适当调整图像的位置，按【Enter】键确认，如图11-145所示。

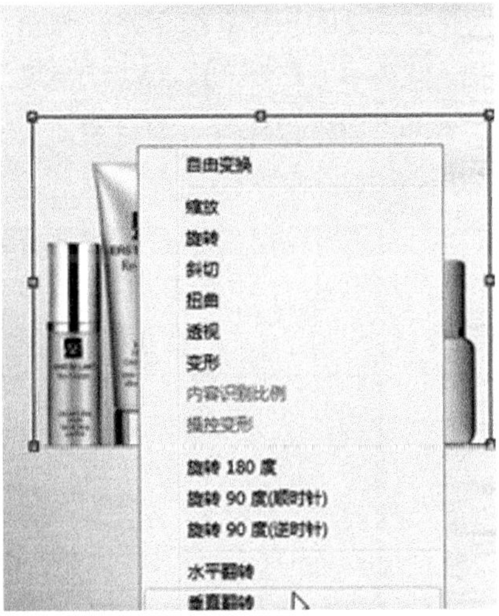

图11-144

图11-145

28 单击“图层”面板底部的“添加矢量蒙版”按钮，为“图层2拷贝”图层添加图层蒙版，如图11-146所示。

29 选取工具箱中的渐变工具，设置从黑色到白色的线性渐变，将鼠标指针移至图像的下方，单击从下至上拖曳鼠标，至合适位置后释放鼠标左键，如图11-147所示。

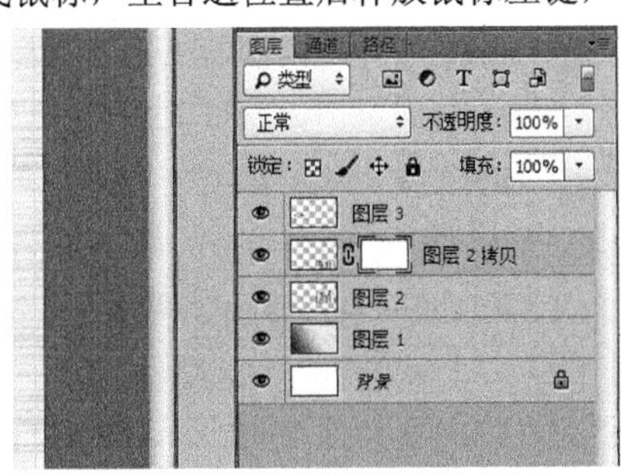

图11-146

图11-147

30 下面主要运用横排文字工具制作化妆产品宣传的广告文字特效。选取工具箱中的横排文字工具，在图像编辑窗口中输入相应字母，展开“字符”面板，设置“字体系列”为“方正黑体简体”、“字体大小”为27点、“字符间距”为100、“颜色”为白色，效果如图11-148所示。

图11-148

31 选取直排文字工具，在图像编辑窗口中输入相应的数字和英文词组，展开“字符”面板，设置“字体系列”为“方正大标宋简体”、“字体大小”为9点、“字符间距”为100、“颜色”为白色，再将该文字旋转180°，效果如图11-149所示。

图11-149

32 使用直排文字工具选中“360°”数字符号，展开“字符”面板，设置“大小”为24点，选取移动工具适当调整该图像的位置。

33 按【Ctrl+O】组合键，打开11.2.4（2）.psd素材图像，将其拖曳至11.2.4（1）.psd图像编辑窗口中的合适位置，完成淘宝彩妆效果的操作，如图11-150所示。

图11-150

11.2.5 制作女包合成特效

下面以单肩包为例，介绍女包类商品合成特效的制作。

课堂案例	制作女包合成特效
案例位置	效果>第11章>11.2.5.psd
视频位置	视频>第11章>课堂案例——制作女包合成特效.mp4
难易指数	★★★★★
学习目标	掌握制作女包合成特效的方法

本案例的最终效果如图11-151所示。

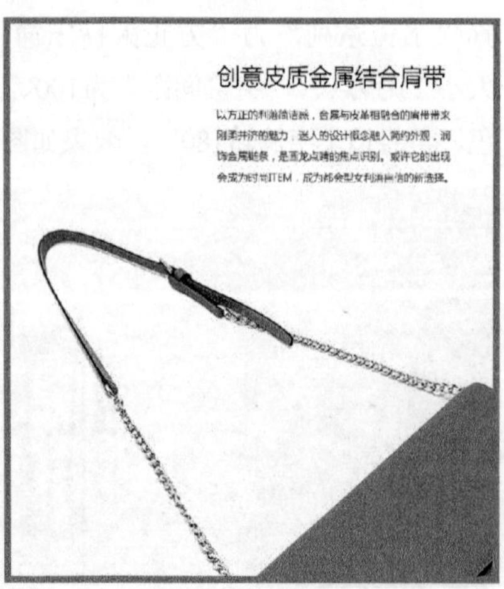

图11-151

01 按【Ctrl+N】组合键，弹出“新建”对话框，设置“名称”为11.2.5、“宽度”为790像素、“高度”为882像素、“分辨率”为300像素/英寸，如图11-152所示。

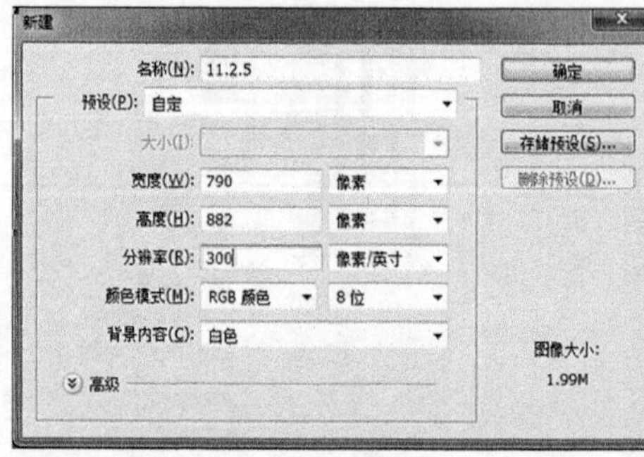

图11-152

02 单击“确定”按钮，新建一个空白图像，按【Ctrl+O】组合键，打开11.2.5.jpg素材图像，如图11-153所示。

图11-153

03 按【Ctrl+J】组合键新建“图层1”，并隐藏“背景”图层，如图11-154所示。

04 选取工具箱中的套索工具，沿着商品图像的轮廓单击创建选区，如图11-155所示。

05 选取工具箱中的移动工具，将鼠标移动至选区上，按住鼠标左键并拖曳，将素材图像选区移动至11.2.5图像编辑窗口中，如图11-156所示。

图11-154

图11-155

图11-156

06 按【Ctrl+T】组合键，调整图像大小并移动图像至合适位置，如图11-157所示。

07 在工具箱中选取横排文字工具，在工具属性栏中设置“字体”为“微软雅黑”、“大小”为9点、“颜色”为黑色，将鼠标移动至图像编辑窗口中的合适位置，单击并输入“创意皮质金属结合肩带”文字，按【Ctrl+Enter】组合键确认输入，并调整文字位置，如图11-158所示。

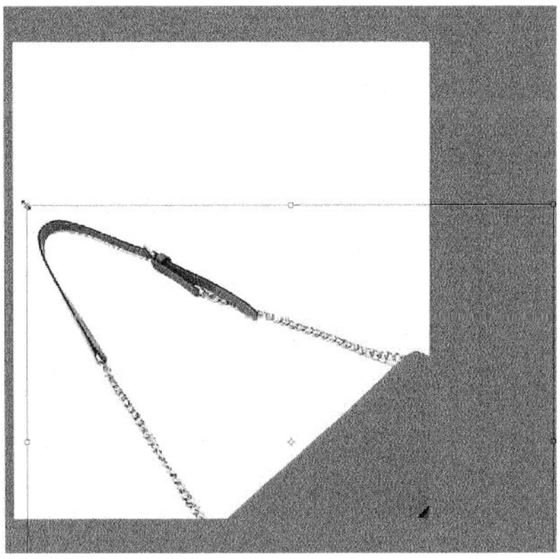

图11-157

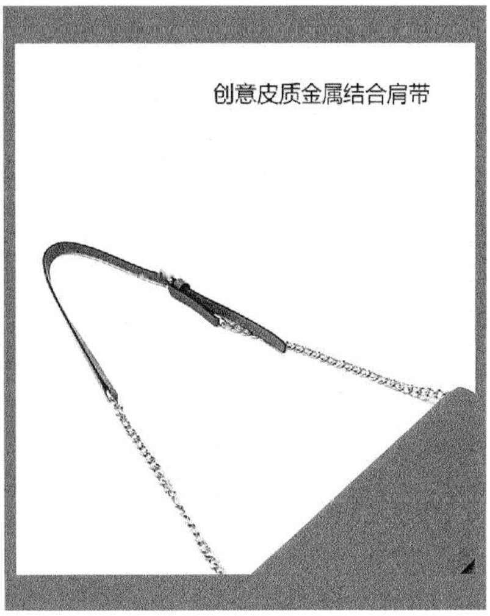

图11-158

08 用与上述相同的方法输入段落文字，设置段落格式，按【Ctrl+Enter】组合键确认输入，并调整文字位置，并完成最终效果的制作。

11.3 制作网店数码玩具合成特效

数码玩具是网店中备受年轻人喜爱的商品，下面介绍手机及玩具摆件合成特效的制作。

11.3.1 制作手机合成特效

网店卖家有时为了吸引买家消费，经常会推出一些手机特惠活动。

下面以手机为例介绍手机类商品图片的合成处理。

课堂案例	制作手机合成特效
案例位置	效果>第11章>11.3.1.psd
视频位置	视频>第11章>课堂案例——制作手机合成特效.mp4
难易指数	★★★★☆
学习目标	掌握制作手机合成特效的方法

本案例的最终效果如图11-159所示。

图11-159

01 按【Ctrl+O】组合键，打开多个商品图像素材11.3.1（1）.jpg、11.3.1（2）.jpg、11.3.1（3）.jpg，如图11-160所示。

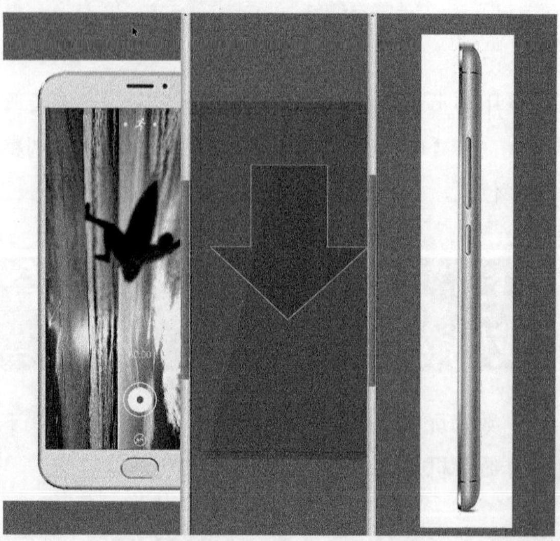

图11-160

02 切换至11.3.1（1）.jpg图像编辑窗口，在工具箱中选取矩形工具，在图像编辑窗口中的合适位置创建矩形形状，如图11-161所示。

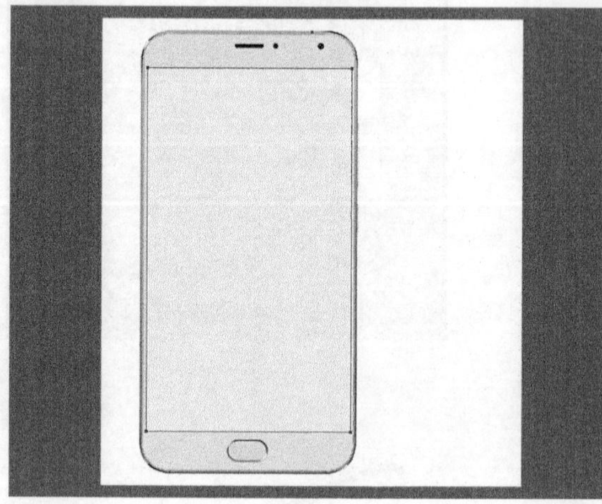

图11-161

03 在“图层”面板底部单击“添加图层蒙版”图标，创建图层蒙版，如图11-162所示。

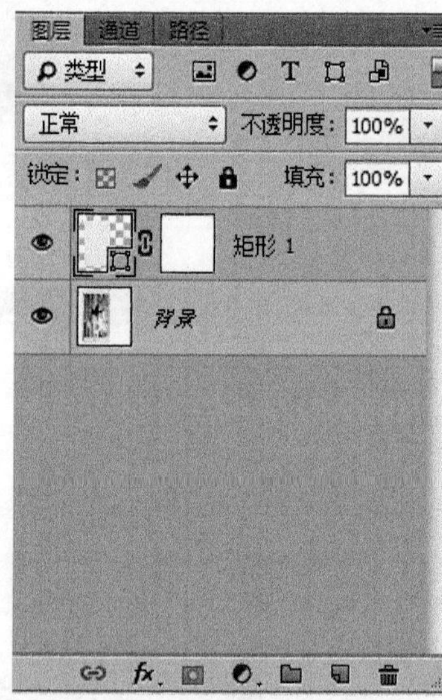

图11-162

04 切换至11.3.1（3）.jpg图像编辑窗口，全选图像，选取工具箱中的移动工具，将素材图像移动至11.3.1（1）图像编辑窗口中，如图11-163所示。

05 在“图层”面板中选择“图层1”，单击鼠标右键，在弹出的快捷菜单中选择“创建剪贴蒙版”选项，按【Ctrl+T】组合键，适当调整图像大小并移动图像至合适位置，如图11-164所示，按【Enter】键确认操作。

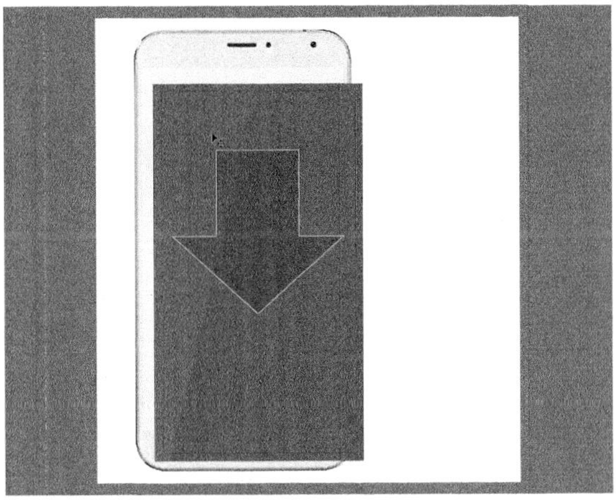

图11-163

图11-164

06 在“图层”面板中选择“图层1”，选取工具箱中的横排文字工具，在工具属性栏中设置字体属性，在图像编辑窗口中单击并输入文字，按【Ctrl+Enter】组合键确认输入，移动文字至合适的位置，效果如图11-165所示。

07 切换至11.3.1（2）.jpg图像编辑窗口，全选图像，选取工具箱中的移动工具，将素材图像移动至11.3.1（1）图像编辑窗口中，如图11-166所示。按【Ctrl+T】组合键，适当调整图像大小并移动图像至合适的位置。

图11-165

图11-166

11.3.2 制作玩具合成特效

在展示玩具类的商品时，可以考虑从多方面展示玩具的造型与包装。下面介绍玩具合成特效的制作。

课堂案例	制作玩具合成图片特效
案例位置	效果>第11章>11.3.2.psd
视频位置	视频>第11章>课堂案例——制作玩具合成特效.mp4
难易指数	★★★★☆
学习目标	掌握制作玩具合成特效的方法

本案例的最终效果如图11-167所示。

图11-167

01 在菜单栏中，单击“文件”|“新建”命令，如图11-168所示。

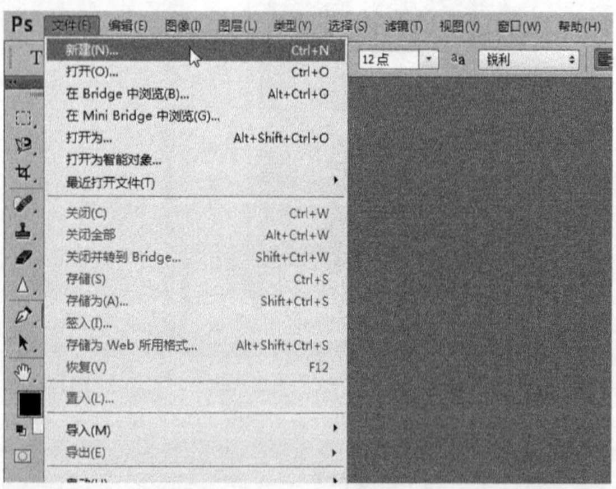

图11-168

02 弹出“新建”对话框，输入名称并设置相应参数，如图11-169所示。

03 单击“确定”按钮，新建一个指定大小的空白文档，如图11-170所示。

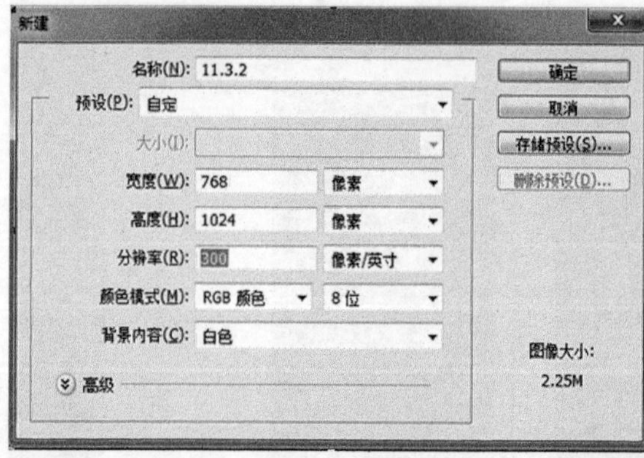

图11-169

图11-170

04 打开并移动素材，然后通过矩形工具创建黑色矩形，即可得到背景框架效果。单击“视图”|“新建参考线”命令，弹出“新建参考线”对话框，依次在图像窗口中创建位置为0.2厘米、2厘米、5厘米和8.3厘米的水平参考线，创建位置为3.25厘米的垂直参考线，如图11-171所示。

05 打开11.3.2素材图像，选取移动工具，将其拖曳至新建的图像编辑窗口中，适当调整其位置，如图11-172所示。

06 选取矩形工具，在相应参考线位置，绘制一个高度为0.3厘米的矩形，并填充黑色，选择该图层，单击鼠标右键，在弹出的快捷菜单中，选择“栅格化图层”选项，将其转换为图层，如图11-173所示。

图11-171

图11-172

图11-173

07 新建图层，选取单行选框工具，在“矩形1”图层中相应位置，依次绘制直线，填充白色并取消选区，复制矩形并移动至合适的位置，如图11-174所示。

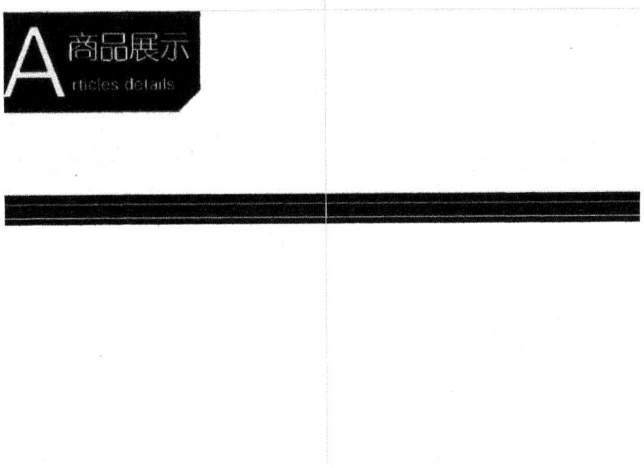

图11-174

08 合并绘制的所有矩形，得到“矩形 1”图层。连续按两次【Ctrl+J】组合键，复制“矩形1”图层2次，并适当调整全相应参考线位置，如图11-175所示。

09 可以使用魔棒工具删除素材图像的白色背景，并调整图像的位置，得到商品展示效果。

10 打开11.3.2（1）.jpg素材图像，将其拖曳至新建的图像编辑窗口中，适当调整其大小和位置，利用魔棒工具，删除其白色背景，如图11-176所示。

11 用与上述同样的方法，打开11.3.2（2）.jpg和11.3.2（3）.jpg素材图像，将各素材拖曳至新建的图像编辑窗口中，适当调整其大小和位置，并利用魔棒工具，删除素材图像的白色背景，如图11-177所示。

图11-175

图11-176

图11-177

⑫ 用与上述同样的方法，打开11.3.2（4）.psd和11.3.2（5）.psd素材图像，将各素材拖曳至新建的图像编辑窗口中，适当调整其大小和位置，如图11-178所示。

图11-178

13 可以使用横排文字工具，在商品展示图中添加相应的商品文字说明内容。选择横排文字工具T，调出"字符"面板，设置相应参数，输入相应文字，如图11-179所示。

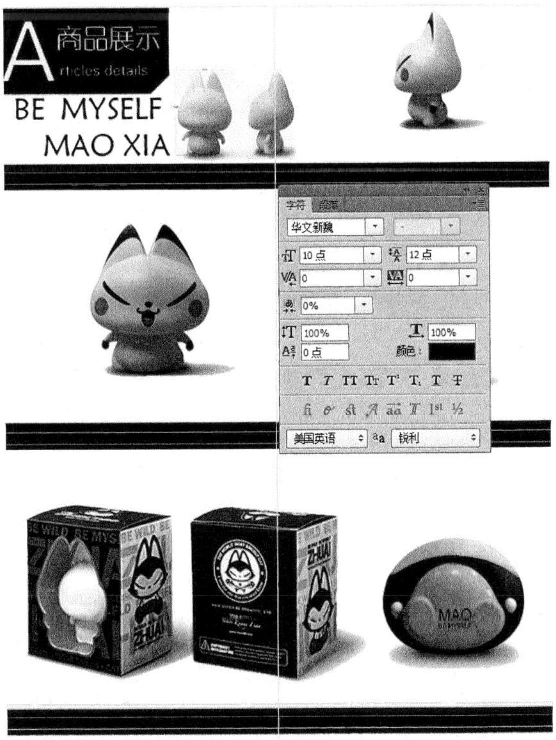

图11-179

14 按【Ctrl+Enter】组合键确认。用与上述同样的方法，在"字符"面板中，设置相应参数，输入相应文字，如图11-180所示。

15 按【Ctrl+Enter】组合键确认，并移至合适的位置。用与上述同样的方法，在"字符"面板中，设置相应参数，输入相应文字，按【Ctrl+Enter】组合键确认，并移至合适位置，如图11-181所示。

16 用与上述同样的方法，在"字符"面板中，设置相应参数，输入相应文字，最终完成效果的制作，如图11-182所示。

17 按【Ctrl+Enter】组合键确认，并移至合适的位置。用与上述同样的方法，在"字符"面板中，设置相应参数，输入相应文字，如图11-183所示。

18 按【Ctrl+Enter】组合键确认，完成相应文字输入，并移至合适位置。用与上同样的方法，在"字符"面板中，设置相应参数，输入相应文字，按【Ctrl+Enter】组合键确认，完成相应文字的输入，并移至合适的位置，如图11-184所示。

图11-180

图11-181

图11-182

图11-183

图11-184

19 新建图层，选取矩形选框工具，在适当位置绘制矩形框，设置前景色为红色（RGB参数分别为255、0、0）。

20 按【Alt+Delete】组合键，填充前景色，按【Ctrl+D】组合键，取消选区，并将其调整至“温馨提示”文字图层下方，效果如图11-185所示。

图11-185

11.4 制作家具家居合成特效

下面介绍床品及家居用品合成特效的制作。

11.4.1 制作床上用品合成特效

下面以床品套件为例，介绍床品类商品合成特效的制作。

课堂案例	制作床上用品合成特效
案例位置	效果>第11章>11.4.1.psd
视频位置	视频>第11章>课堂案例——制作床上用品合成特效.mp4
难易指数	★★★★★
学习目标	掌握制作床上用品合成特效的方法

本案例的最终效果如图11-186所示。

图11-186

01 按【Ctrl+O】组合键，打开多个商品图像素材11.4.1（1）.jpg、11.4.1.jpg，如图11-187所示。

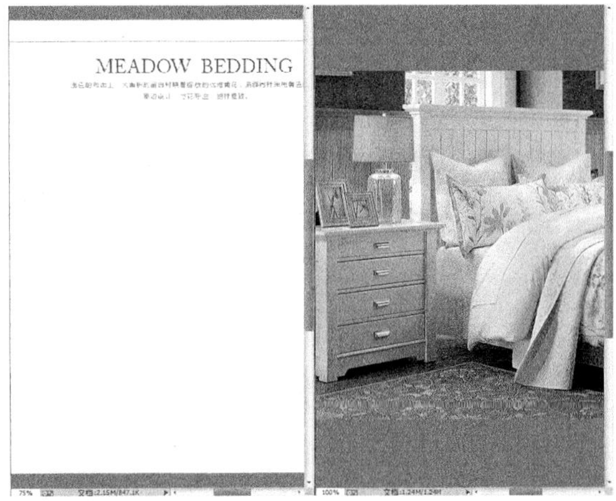

图11-187

02 切换至11.4.1（1）.jpg图像编辑窗口，全选图像，在工具箱中选取移动工具，将素材图像移动至11.4.1.jpg图像编辑窗口中，并调整大小和位置，如图11-188所示。

03 新建一个图层，在工具箱中选取椭圆选框工具，在图像编辑窗口中的合适位置按【Shift】键的同时拖曳鼠标，创建圆形选区，如图11-189所示。

04 在工具箱底部单击前景色色块，弹出“拾色器（前景色）”对话框，设置前景色（RGB参数值分别为62、54、51），按【Alt+Delete】组合键，即可将选区填充前景色，效果如图11-190所示。

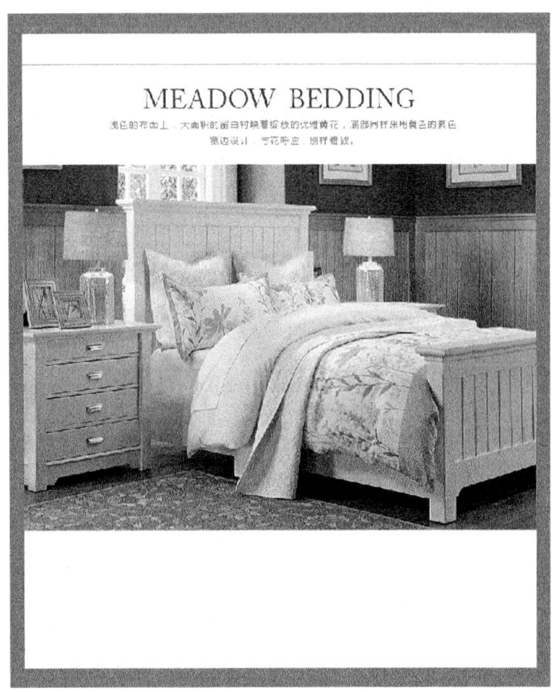

图11-188

05 按【Ctrl+D】组合键，取消选区，在工具箱中选取移动工具，选择“图层2”，按【Shift+Alt】组合键的同时拖曳鼠标，复制3个图层，并将图层调整至合适的位置，如图11-191所示。

图11-189

图11-190

图11-191

06 在工具箱中选取横排文字工具，在工具属性栏中分别设置字体属性，按【Ctrl+Enter】组合键确认输入，并移动文字至合适的位置，如图11-192所示。

07 在工具箱中选取移动工具，选择“植物印花”文字图层，在按【Shift+Alt】组合键的同时拖曳鼠标，复制3个文字图层，修改文字内容并将文字图层调整至合适的位置，效果如图11-193所示。

图11-192

图11-193

08 用相同的方法，复制3个“自然优雅”文字图层，修改文字内容并将文字图层调整至合适的位置，完成最终效果的制作。

11.4.2 制作家居合成特效

下面以盘子为例介绍家居用品类商品合成特效的制作。

课堂案例	制作家居合成特效
案例位置	效果>第11章>11.4.2.psd
视频位置	视频>第11章>课堂案例——制作家居合成特效.mp4
难易指数	★★★★☆
学习目标	掌握制制作家居合成特效的方法

本案例的最终效果如图11-194所示。

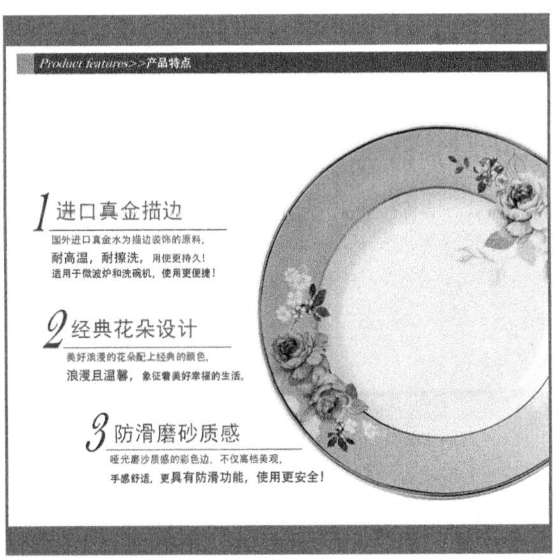

图11-194

01 按【Ctrl＋O】组合键，打开多个商品图像素材11.4.2（1）.jpg、11.4.2.jpg、，如图11-195所示。

02 切换至11.4.2（1）.psd图像编辑窗口，选取工具箱中的移动工具，移动素材图像至11.4.2.jpg图编辑窗口中，效果如图11-196所示。

03 按【Ctrl＋T】组合键，调整大小和位置，效果如图11-197所示。

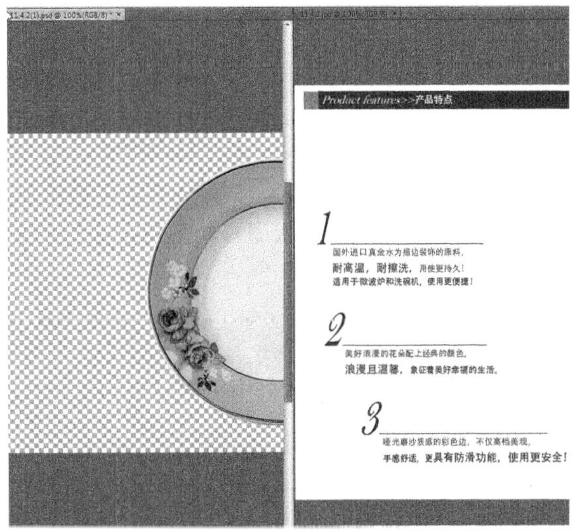

图11-195

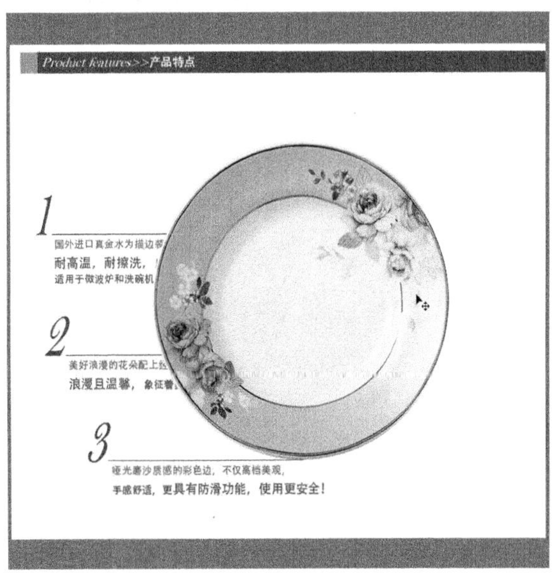

图11-196

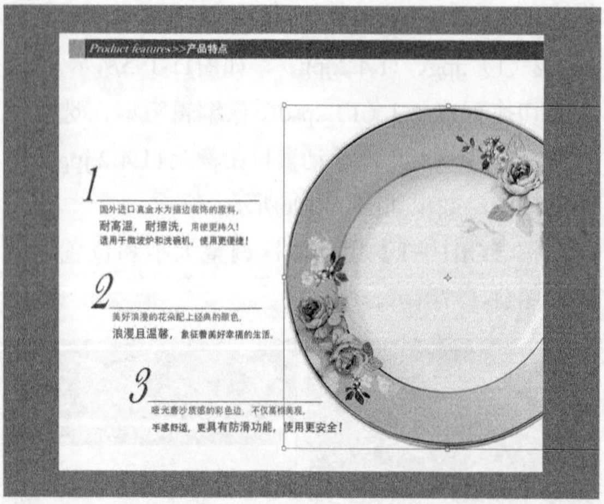

图11-197

04 按【Enter】键，确认调整，效果如图11-198所示。

05 选取工具箱中的横排文字工具，在工具属性栏中设置字体属性，在图像编辑窗口中单击并输入文字，如图11-199所示。

06 按【Ctrl+Enter】组合键确认输入的文字，并移动文字至合适的位置，效果如图11-200所示。

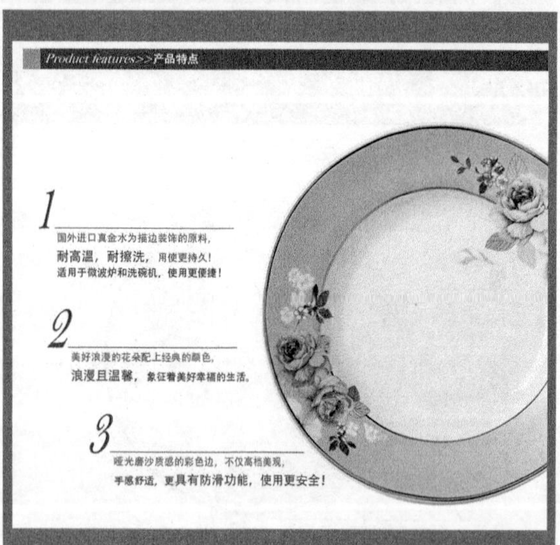

图11-198

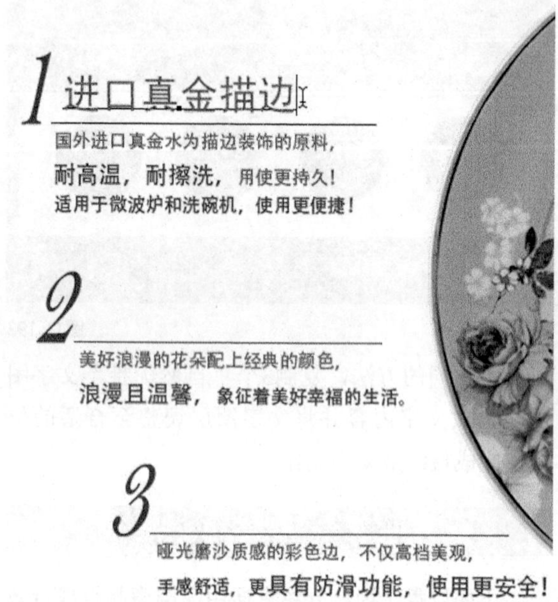

图11-199

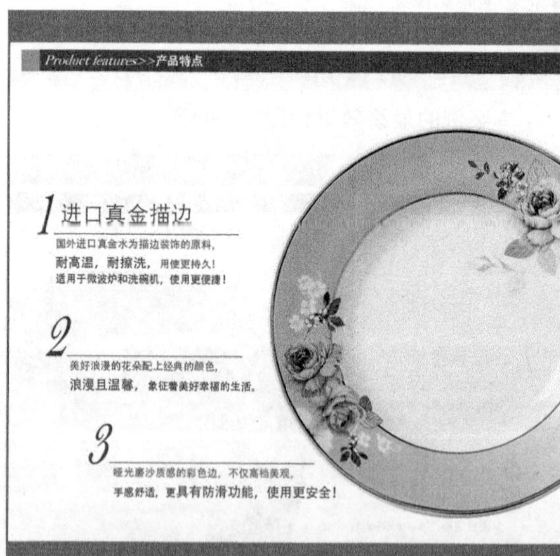

图11-200

07 在工具箱中选取移动工具，选择“进口真金描边”文字图层，然后在按住【Alt】键的同时拖曳鼠标，复制两个文字图层，如图11-201所示。

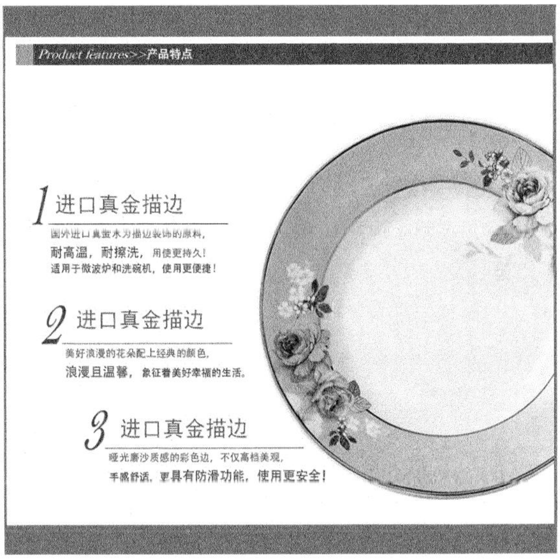

图11-201

08 修改文字内容并将文字图层调整至合适位置。

11.5 本章小结

本章介绍了制作网店珠宝首饰合成特效、网店服饰美妆合成特效、网店数码玩具合成特效以及家具家居合成特效。通过对各种商品图像合成特效的分析与操作讲解，帮助读者理解商品合成的含义。

11.6 习题测试——制作商品合成特效

案例位置	效果\第11章\11.6.psd
难易指数	★★☆☆☆
学习目标	掌握制作商品合成特效的方法

本习题需要掌握制作玩具合成特效的方法。素材11.6（1）.jpg、11.6（2）.jpg、11.6（3）.jpg、11.6.psd如图11-202所示，效果如图11-203所示。

图11-202

图11-203

第12章

淘宝店铺导航设计

内容摘要

导航条可以方便买家从一个页面跳转到另一个页面，查看店铺的各类商品及信息。因此，有条理的导航条能够保证更多的页面被访问，使店铺中更多的商品信息、活动信息被买家发现。尤其是买家从宝贝详情页进入其他页面，如果缺乏导航条的指引，将极大影响店铺的转化率。本章将介绍各类网店导航条的设计与制作方法。

课堂学习目标

设计眼镜类店铺导航条

设计女鞋类店铺导航条

设计儿童幼教店铺导航条

12.1　设计眼镜类店铺导航条

好的店铺导航必须有条理，分类清楚，有条理的导航能够给浏览者好的浏览体验，保证更多的页面被访问。

下面介绍眼镜类店铺导航条的设计。

课堂案例	设计眼镜类店铺导航条
案例位置	效果>第12章>12.1.psd
视频位置	视频>第12章>设计眼镜类店铺导航条>课堂案例——制作灰色背景效果.mp4、课堂案例——制作广告文字效果.mp4、课堂案例——制作形状填充效果.mp4
难易指数	★★★★★
学习目标	掌握设计眼镜类店铺导航条的方法

本案例的最终效果如图12-1所示。

图12-1

12.1.1 制作灰色背景效果

使用矩形工具在窗口创建矩形选区，并填充前景色，得到效果。

01 按【Ctrl+O】组合键，打开一幅素材图像12.1.jpg，如图12-2所示。

图12-2

02 新建“图层1”图层，选取工具箱中的矩形选框工具，在图像编辑窗口中创建矩形选区，如图12-3所示。

图12-3

03 在工具箱中，设置前景色为灰色（RGB参数值均为96），如图12-4所示。

04 按【Alt+Delete】组合键填充前景色，按【Ctrl+D】组合键取消选区，如图12-5所示。

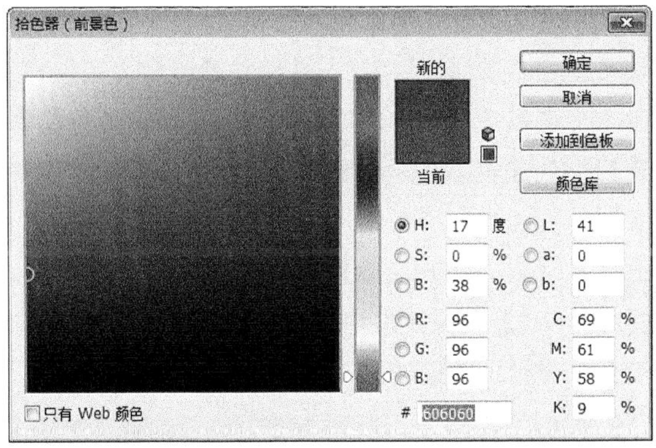

图12-4

图12-5

12.1.2 制作广告文字效果

使用横排文字工具和移动工具，制作广告文字效果。

01 按【Ctrl+O】组合键，打开12.1.2.psd素材图像，如图12-6所示。

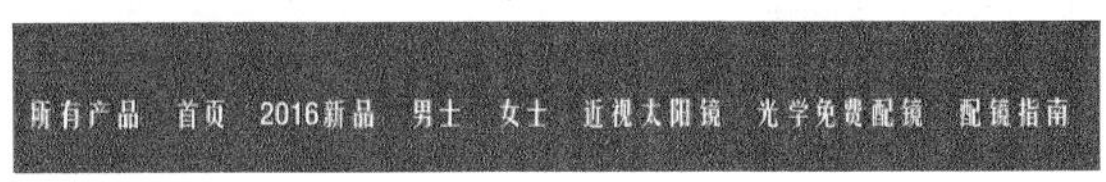

图12-6

02 选取工具箱中的移动工具，将文字素材移动至12.1（1）图像编辑窗口中的合适位置，如图12-7所示。

图12-7

12.1.3 制作形状填充效果

运用自定形状工具与填充工具，制作形状填充效果。

01 选取工具箱中的自定形状工具，如图12-8所示。

02 在工具属性栏中设置“填充”为白色、“形状”为“箭头2”；在图像编辑窗口中绘制形状并移动至合适位置，如图12-9所示。

03 新建“图层2”图层，并移动图层至“图层1”上方，选取工具箱中的矩形选框工具，在图像编辑窗口中创建矩形选区，设置前景色为橙色（RGB参数值分别为255、71、0）。

04 按【Alt+Delete】组合键填充前景色，按【Ctrl+D】组合键取消选区，完成眼镜类店铺导航条的设计，效果如图12-10所示。

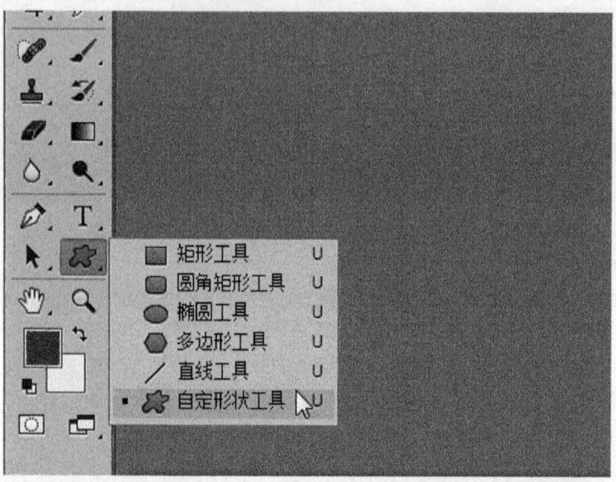

图12-8

图12-9

图12-10

12.2 设计儿童幼教店铺导航条

下面介绍儿童幼教店铺导航条的设计与制作方法。

课堂案例	设计儿童幼教店铺导航条
案例位置	效果>第12章>12.2.psd
视频位置	视频>第12章>设计儿童幼教店铺导航条>课堂案例——制作导航条单色效果.mp4、课堂案例——制作导航条多色效果.mp4、课堂案例——制作导航条文字效果.mp4
难易指数	★★★★★
学习目标	掌握设计儿童幼教店铺导航条的方法

本案例的最终效果如图12-11所示。

图12-11

12.2.1 制作导航条单色效果

使用圆角矩形工具和填充工具，完成导航条单色效果的制作。

01 按【Ctrl+O】组合键，打开12.2.jpg素材图像，如图12-12所示。

图12-12

02 选取工具箱中的圆角矩形工具，在工具属性栏中设置“填充”为玫红色（RGB参数值分别为230、67、123），如图12-13所示。

图12-13

03 在图像编辑窗口中单击，弹出“创建圆角矩形”对话框，设置“宽度”为125像素、“高度”为42像素、“半径”为20像素，如图12-14所示。

图12-14

04 单击“确定”按钮，创建形状，并调整其位置，效果如图12-15所示。

图12-15

12.2.2 制作导航条多色效果

使用填充工具，制作导航条不同形态色彩下的不同效果。

01 按【Shift+Alt】组合键，复制形状，平移调整其位置，如图12-16所示。

图12-16

02 在工具属性栏中设置“填充”为黄色（RGB参数值分别为254、225、35），修改形状的颜色，效果如图12-17所示。

03 用与上相同的方法，继续复制5个形状，并适当调整各个形状的位置，如图12-18所示。

图12-17

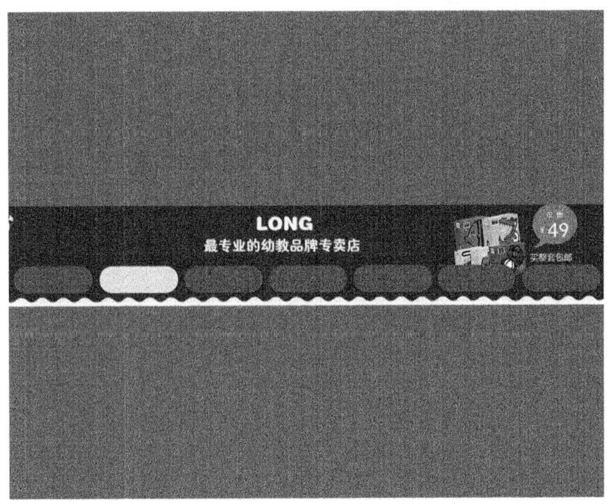

图12-18

04 在工具属性栏中依次设置“填充”为浅灰色（RGB参数值分别为217、224、226）、蓝色（RGB参数值分别为0、155、223）、黄绿色（RGB参数值分别为206、223、0）、绿色（RGB参数值分别为44、154、66）、浅紫色（RGB参数值分别为184、128、188），效果如图12-19所示。

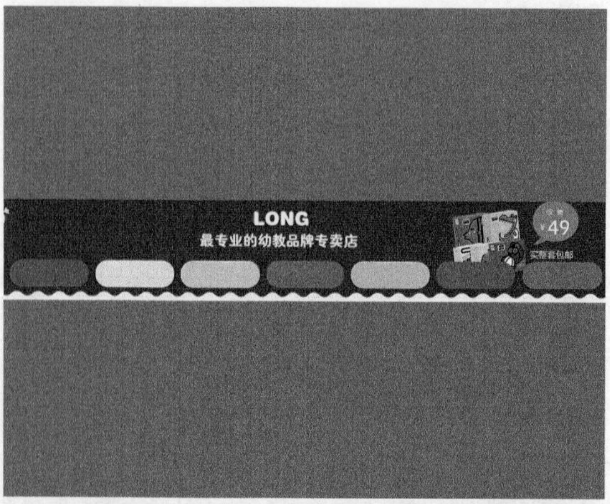

图12-19

12.2.3 制作导航条文字效果

好的店铺导航必须有条理，分类清楚。导航条中不同色块体现的文本内容，能够帮助浏览者快速对商品进行分类查找。

01 按【Ctrl＋O】组合键，打开12.2.psd素材图像，使用移动工具将其文字部分拖曳至12.2（1）图像编辑窗口中的合适位置，效果如图12-20所示。

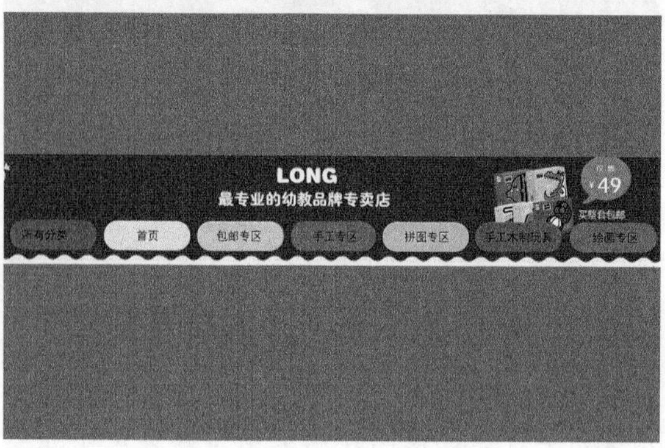

图12-20

02 选取工具箱中的自定形状工具，在工具属性栏中设置“填充”为深灰色（RGB参数值均为64）、“形状”为“标志”。

03 在图像编辑窗口中，单击创建形状，并调整形状的大小和位置，完成导航文字特效的制作，效果如图12-21所示。

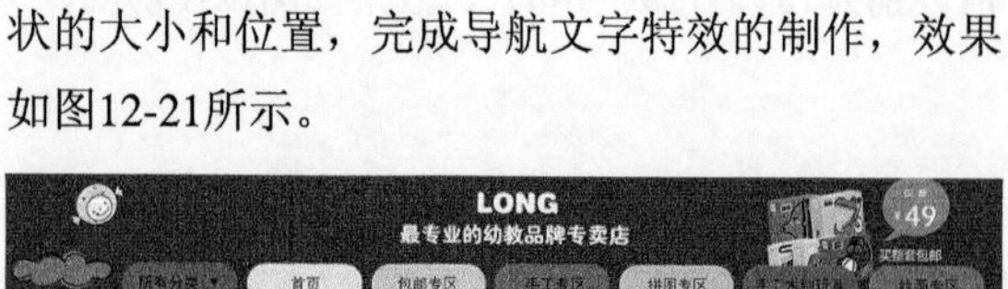

图12-21

12.3 设计女鞋类店铺导航条

网店导航条是买家访问店铺各页面的快捷通道，下面介绍女鞋店铺导航条的设计与制作方法。

课堂案例	设计女鞋类店铺导航条
案例位置	效果>第12章>12.3.psd
视频位置	视频>第12章>设计女鞋类店铺导航条>课堂案例——制作导航条图层对象.mp4、课堂案例——制作长条矩形效果.mp4、课堂案例——制作导航条文字效果.mp4
难易指数	★★★★★
学习目标	掌握制作女鞋类店铺导航条的方法

本案例的最终效果如图12-22所示。

图12-22

12.3.1 制作导航条图层对象

使用“创建新图层”按钮，可以创建图层对象。

01 按【Ctrl＋O】组合键，打开12.3.jpg素材图像，如图12-23所示。

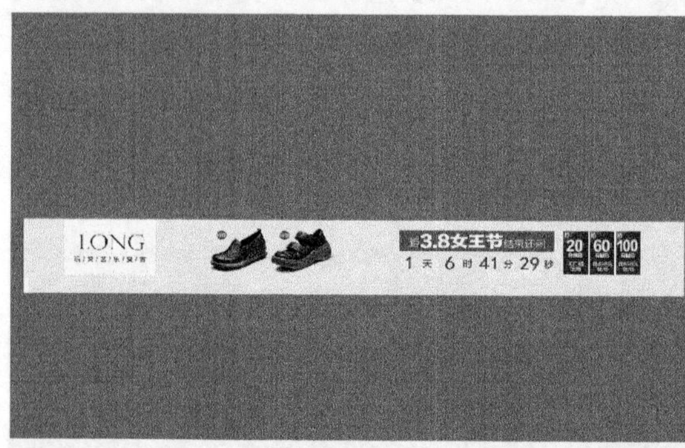

图12-23

02 展开“图层”面板，新建“图层1”，如图12-24所示。

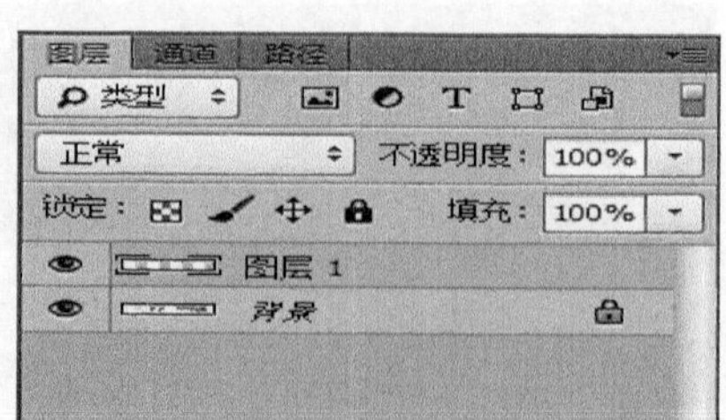

图12-24

12.3.2 制作长条矩形效果

应用矩形选框工具，可以制作长条矩形效果。

技巧与提示

矩形条能统一画面的整体色调，统一的色调能更好地体现店铺的经营风格。

01 在工具箱中选取矩形选框工具，如图12-25所示。

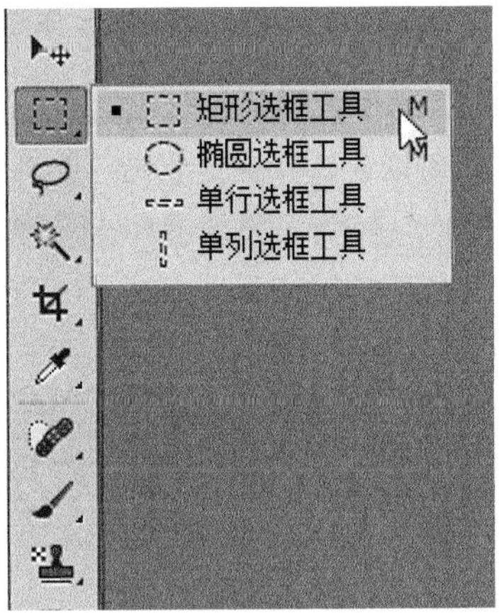

图12-25

02 在图像编辑窗口中的合适位置创建矩形选区，设置前景色为墨绿色（RGB参数值分别为54、71、56），如图12-26所示。

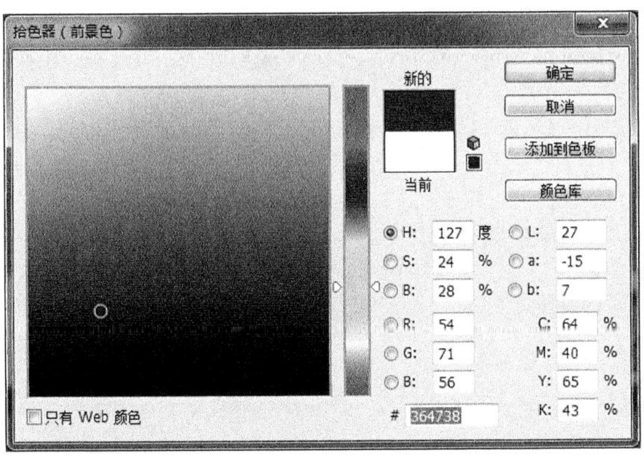

图12-26

03 按【Alt+Delete】组合键填充前景色，按【Ctrl+D】组合键取消选区，效果如图12-27所示。

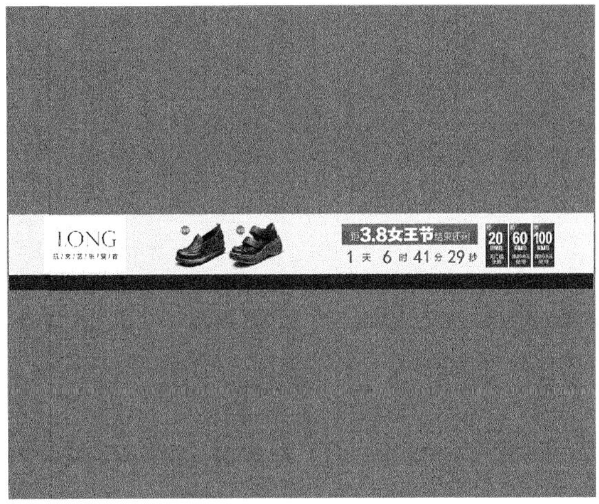

图12-27

12.3.3 制作导航条文字效果

打开素材后，运用移动工具可以将各素材完美地组合在一起，完成最终效果的制作。

01 按【Ctrl+O】组合键，打开12.3.psd素材图像，如图12-28所示。

02 选取工具箱中的移动工具，如图12-29所示。

03 移动并调整素材图像将12.3.jpg素材的文字部分移动至12.3.psd图像编辑窗口中的合适位置，如图12-30所示。

04 新建“图层2”，并移动图层至文字图层下方。选取工具箱中的矩形选框工具，如图12-31所示，在图像编辑窗口的合适位置创建矩形选区，设置前景色为酒红色（RGB参数值分别为139、40、58）。

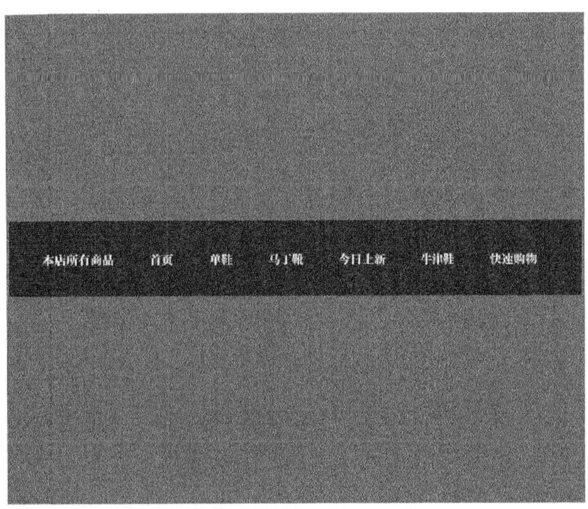

图12-28

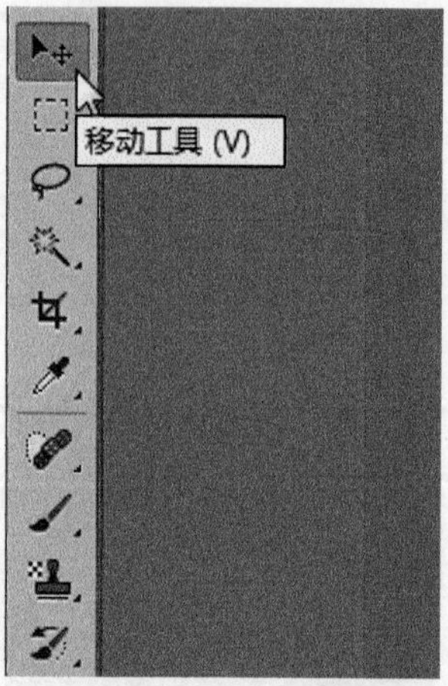

图12-29

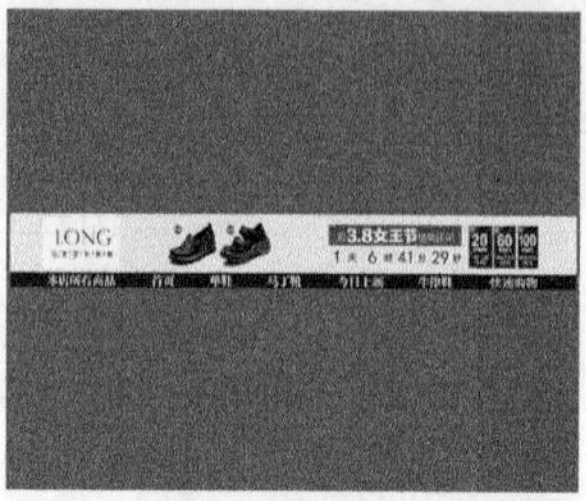

图12-30

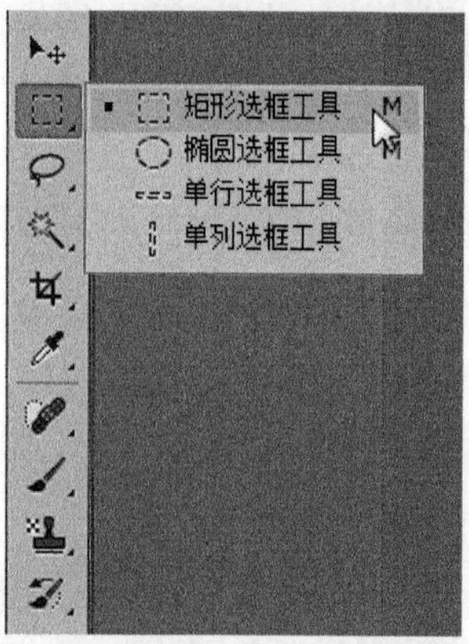

图12-31

05 按【Alt＋Delete】组合键填充前景色，按【Ctrl＋D】组合键取消选区，最终完成导航条文字效果，如图12-32所示。

图12-32

12.4 本章小结

本章眼镜店铺导航条设计、儿童幼教店铺导航条设计、女鞋类店铺导航条设计。通过本章的学习，读者可以掌握淘宝店铺导航条的制作方法与技巧。

12.5 习题测试——设计手机类店铺导航条

案例位置　效果\第12章\12.5.psd
难易指数　★★★★★
学习目标　掌握设计手机类店铺导航的方法

本习题需要掌握手机类店铺导航条的设计方法。素材12.5（1）.psd、12.5.jpg如图12-33所示，效果如图12-34所示。

图12-33

图12-34

第13章

淘宝网店店招设计

内容摘要

店招是店铺品牌展示的窗口，是买家对店铺的第一印象。鲜明而有特色的店招对于树立网店店铺品牌和产品定位具有不可替代的作用。本章将介绍不同产品类型店招的设计与制作方法。

课堂学习目标

设计花店类店铺店招

设计女包类店铺店招

设计食品旺铺店招

13.1 设计花店类店铺店招

由于店招的展示区域有限，因此，在有限的区域内要将店铺名称和风格展示在店招上，以便于消费者识别。

下面介绍花店店招的设计与制作方法。

课堂案例	设计花店类店招
案例位置	效果>第13章>13.1..psd
视频位置	视频>第13章>设计花店类店铺店招>课堂案例——制作心形图案效果.mp4、课堂案例——制作店招文字效果.mp4、课堂案例——制作店招合成效果.mp4
难易指数	★★★★★
学习目标	掌握设计花店类店招的方法

本案例的最终效果如图13-1所示。

图13-1

13.1.1 制作心形图案效果

顾客掌握店铺品牌信息最直接的来源就是店招，其次才是店铺装修的整体视觉，自定义图案能够打造更美观的店招。

01 按【Ctrl+N】组合键，弹出“新建”对话框，设置“名称”为13.1、“宽度”为10厘米、“高度”为10厘米、“分辨率”为72像素/英寸、“颜色模式”为“RGB颜色”、“背景内容”为“白色”，如图13-2所示。

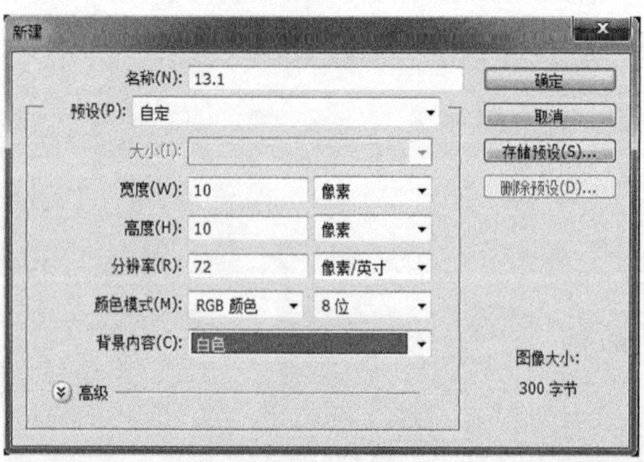

图13-2

02 单击“确定”按钮，新建一个空白图像，如图13-3所示。

图13-3

03 在工具箱中选取自定形状工具，如图13-4所示。

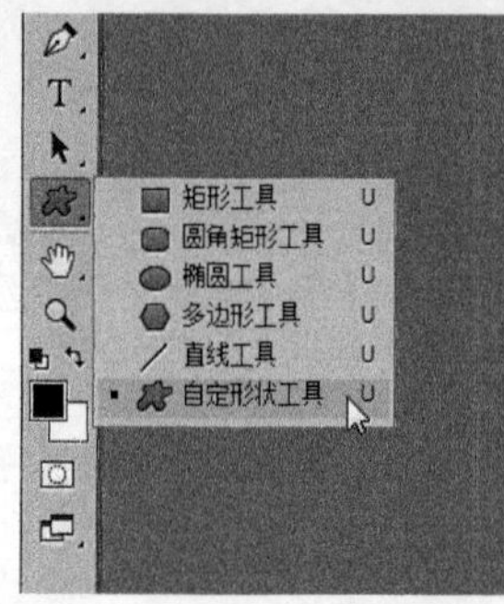

图13-4

技巧与提示

在制作淘宝店铺店招时，合理应用工具箱里的工具，能够最快速制作出需要的效果。

04 在工具属性栏中设置“填充”为洋红色（RGB参数值分别为211、53、146）、“形状”为“红心形卡”图形，如图13-5所示。

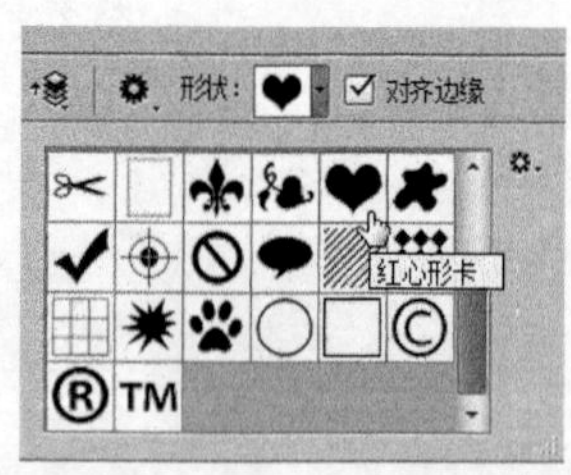

图13-5

05 在图像编辑窗口中单击，弹出“创建自定形状”对话框，设置“宽度”和“高度”均为45像素，如图13-6所示。

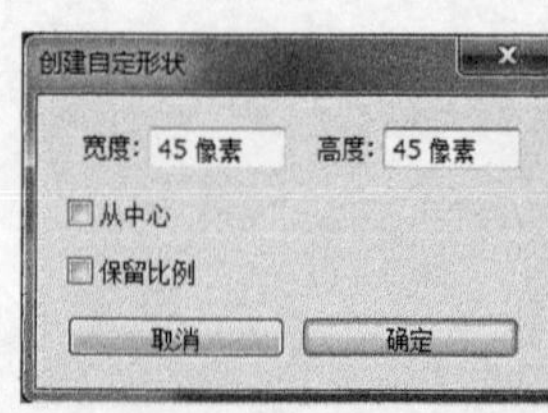

图13-6

06 单击“确定”按钮创建形状，并调整其位置，效果如图13-7所示。

图13-7

07 按【Alt】键复制形状图层，将其旋转120°，并调整其位置，效果如图13-8所示。

图13-8

08 选择复制的形状，在工具属性栏中设置“填充”为浅洋红（RGB参数值分别为217、98、166），效果如图13-9所示。

图13-9

09 重复上述操作，复制形状将其旋转-120°并调整其位置，在工具属性栏中设置“填充”为蜡笔洋红（RGB参数值分别为255、138、189），效果如图13-10所示。

图13-10

10 选择相应的形状图层，单击鼠标右键，在弹出的快捷菜单中选择“链接图层”选项，即可链接图层，效果如图13-11所示。

图13-11

13.1.2 制作店招文字效果

在店招中清晰、大方地显示出店铺的名称，使用规范的设计让店铺的名称在网店装修的各个区域出现时都保持视觉的高度一致。在店招中添加Logo和店名，加深顾客的记忆，提升品牌的推广度，在Photoshop CC中利用工具，能够做出不一样的文字效果，图文更吸引人。

01 在工具箱中选取横排文字工具，设置“字体”为“锐字锐线梦想黑简1.0”、“字体大小”为30

点、“颜色”为洋红（RGB参数值分别为153、51、102），输入文字“浪漫花满屋”，如图13-12所示。

图13-12

02 按【Ctrl+Enter】组合键确认输入，切换至移动工具，根据需要适当调整图文的位置，效果如图13-13所示。

图13-13

13.1.3 制作店招合成效果

网店的店招同实体店的店招一样，就像一个店铺的“脸面”，对店铺的发展起着较为重要的作用，图文结合的店招更能向浏览者传达准确的信息。

01 按【Ctrl+O】组合键，打开13.1.jpg素材图像，如图13-14所示。

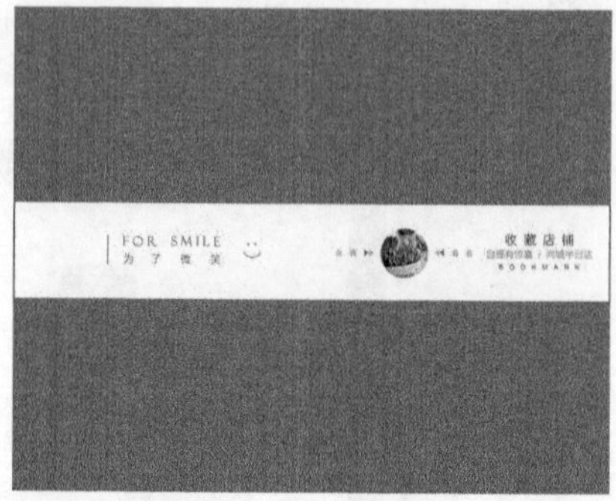

图13-14

02 在13.1.psd图像编辑窗口中全选图层，在工具箱中选取移动工具，将13.1.psd素材图像拖曳至13.1.jpg图像编辑窗口中。

03 按【Ctrl+T】组合键，调整13.1.jpg素材图像的大小和位置，最后完成对素材的操作，如图13-15所示。

图13-15

13.2 设计女包类店铺店招

在店招中添加新品图片并随时更新，可以让买家及时了解店铺的最新活动信息及动态。

下面介绍女包类旺铺店招的设计与制作。

课堂案例	设计女包类店铺店招
案例位置	效果>第13章>13.2..psd
视频位置	视频>第13章>设计女包类店铺店招课堂案例——制作店招空白图像.mp4、课堂案例——制作店招女包效果.mp4、课堂案例——制作图文合成效果.mp4
难易指数	★★★★★
学习目标	掌握设计女包类店招的方法

本案例的最终效果如图13-16所示。

图13-16

13.2.1 制作店招空白图像

店招尺寸有一定的限制，因此制作店招前要设置好图像的尺寸，使制作的店招更加符合用户的要求。用户可以在创建空白图像文件时，设置好图像的尺寸。

01 按【Ctrl＋N】组合键，弹出“新建”对话框，设置“名称”为13.2、“宽度”为950像素、“高度”为150像素、“分辨率”为72像素/英寸、“颜色模式”为“RGB颜色”、“背景内容”为“白色”，如图13-17所示。

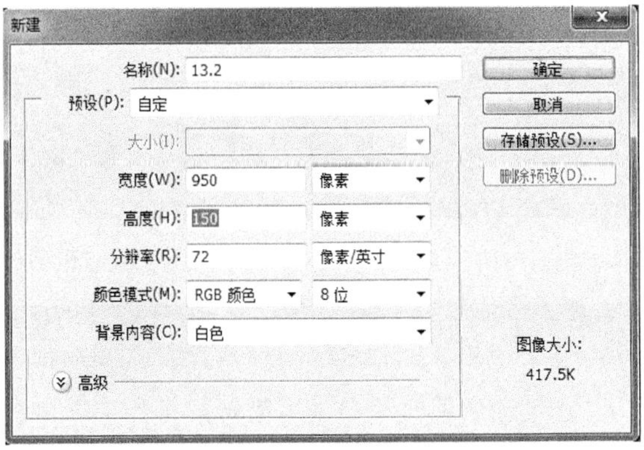

图13-17

02 单击“确定”按钮，新建一个空白图像，如图13-18所示。

图13-18

13.2.2 制作店招女包效果

店招营造出品牌的氛围，体现品牌气质，需要多方面的配合，其中应用素材就占很大的比例。

01 按【Ctrl＋O】组合键，打开13.2（1）.jpg素材图像，如图13-19所示。

02 选取工具箱中的移动工具，将素材图像移动至13.2.psd图像编辑窗口中，按【Ctrl＋T】组合键调整图像的大小和位置，按【Enter】键确认操作，如图13-20所示。

图13-19

图13-20

03 按【Ctrl＋O】组合键，打开13.2（2）.jpg素材图像，按【Ctrl＋J】组合键得到“图层1”，单击“背景”图层的“指示图层可见性”图标，如图13-21所示。

图13-21

04 隐藏“背景”图层，选取工具箱中的魔棒工具，默认工具属性栏上的设置，在白色背景上单击，创建选区，如图13-22所示。

图13-22

05 按【Delete】键，删除选区，如图13-23所示，按【Ctrl+D】组合键，取消选区。

图13-23

06 选取工具箱中的移动工具，将素材图像移动至13.2图像编辑窗口中，按【Ctrl+T】组合键，调整图像大小和位置，按【Enter】键确认操作，如图13-24所示。

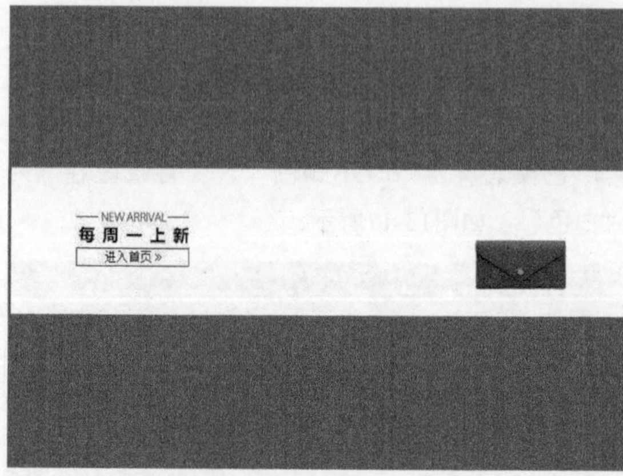

图13-24

13.2.3 制作图文合成效果

在设计店招时都会采用简短醒目的广告语辅助，通过适当的图像来增强店铺的认知度。

01 重复13.2.2中步骤（03）~步骤（06）的操作，将素材图像13.2（3）.jpg、13.2（4）.jpg及13.2（5）.jpg依次移动至13.2图像的编辑窗口中，如图13-25所示。

图13-25

02 按【Ctrl】键，同时选中“图层2”至“图层5”，在移动工具的工具属性栏上单击“底对齐”按钮，如图13-26所示，将素材图像进行精准对齐。

03 选取工具箱中的横排文字工具，在工具属性栏中设置“字体”为“Engravers MT”、“字体大小”为36点、“设置消除锯齿的方法”为“平滑”、“颜色”为黑色，如图13-27所示。

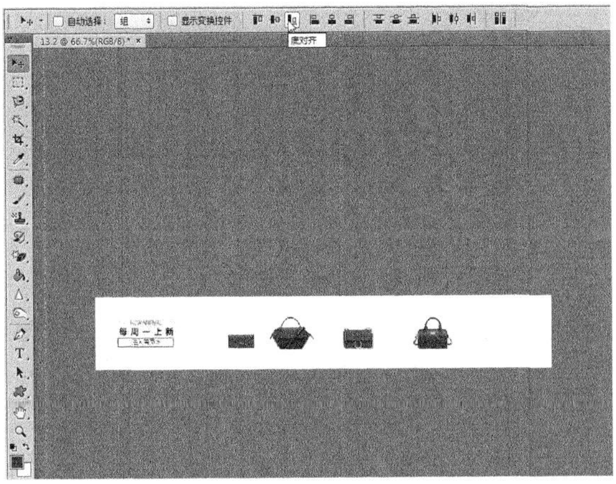

图13-26

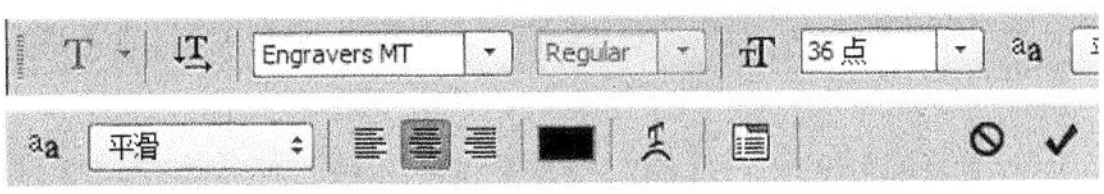

图13-27

04 将鼠标移动至图像编辑窗口中单击，并输入文字，按【Ctrl+Enter】组合键确认输入，如图13-28所示。

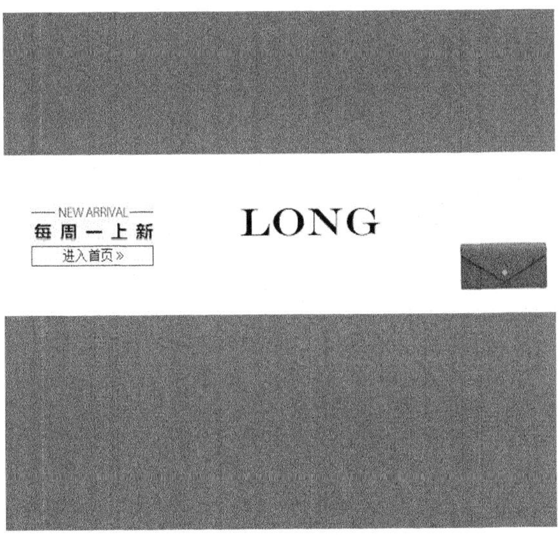

图13-28

05 用与上相同的方法，设置字体工具属性栏的属性，输入文字，按【Ctrl+Enter】组合键确认输入，选取工具箱中的移动工具，将文字分别移动至合适位置，得到最终效果，如图13-29所示。

图13-29

13.3 设计食品旺铺店招

在店招中添加店铺活动信息，可以吸引买家的目光，增加店铺访问量。下面介绍食品旺铺店招的设计与制作。

课堂案例	设计食品旺铺店招
案例位置	效果>第13章>13.3..psd
视频位置	视频>第13章>设计食品旺铺店招>课堂案例——制作店招素材图像.mp4、课堂案例——制作旺铺文字效果.mp4、课堂案例——制作食品合成效果.mp4
难易指数	★★★★★
学习目标	学握设计食品旺铺店招的方法

本案例的最终效果如图13-30所示。

图13-30

13.3.1 制作店招素材图像

01 在菜单栏中，单击“文件”|“打开”命令，弹出“打开”对话框，在其中选择需要打开的图像文件13.3（1）.jpg，如图13-31所示。

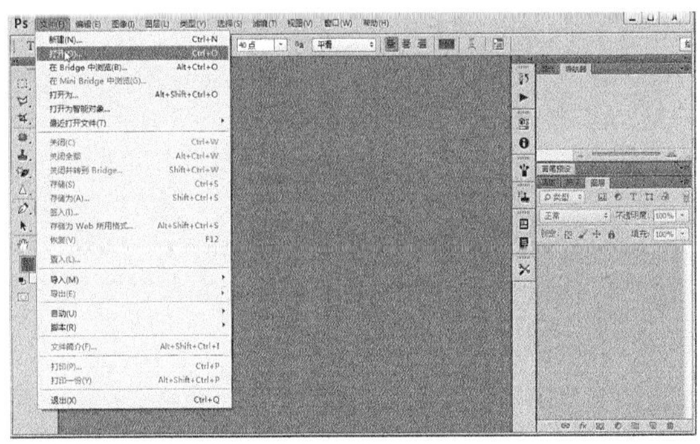

图13-31

02 单击“打开”按钮，打开图像文件13.3（1）.jpg，如图13-32所示。

图13-32

13.3.2 制作旺铺文字效果

在Photoshop CC中，使用横排文字工具，可以制作出店招的文字效果。

01 选取工具箱中的横排文字工具，如图13-33所示。

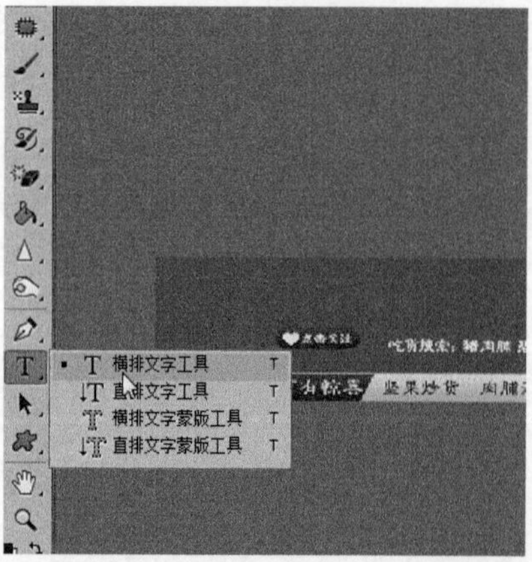

图13-33

02 在工具属性栏中设置“字体”为“方正综艺简体”、“字体大小”为10点、“设置消除锯齿的方法”为“平滑”、“颜色”为黑色；将鼠标移动至图像编辑窗口中单击，并输入文字，按【Ctrl+Enter】组合键确认输入，如图13-34所示。

图13-34

13.3.3 制作食品合成效果

运用移动工具将需要的素材与图片进行合成处理，即可完成最终效果的制作。

01 按【Ctrl+O】组合键，打开一幅素材图像13.3（2）.jpg，如图13-35所示。

图13-35

02 选取工具箱中的移动工具，将素材图像移动至13.3（1）jpg图像编辑窗口中，按【Ctrl+T】组合键调整图像的大小和位置，如图13-36所示。

图13-36

03 按【Enter】键确认操作，最后完成食品旺铺店招的设计，效果如图13-37所示。

图13-37

13.4 本章小结

本章主要介绍淘宝店招的设计方法，包括花店类店招设计、女包类店招设计、食品类店招设计。通过对本章案例的学习，读者能够掌握淘宝店铺店招设计的重点。

13.5 习题测试——手表旺铺店招

案例位置	效果\第13章13.5.psd
难易指数	★★★★☆
学习目标	掌握手表旺铺店招的方法

本习题需要掌握手表旺铺店招的设计方法，素材13.5（1）.jpg、13.5（2）jpg如图13-38所示，最终效果如图13-39所示。

图13-38

图13-39

第14章 淘宝店铺首页设计

内容摘要

网店的首页欢迎模块是展示店铺最新商品、促销活动等信息的区域，位于店铺导航条的下方，其设计面积比店招和导航条都要大，是顾客进入店铺首页观察到的最醒目的区域。本章将对网店首页的设计规范和技巧进行讲解。

课堂学习目标

- 设计女装网店首页
- 设计食品网店首页
- 设计饰品网店首页

14.1 设计女装网店首页

本案例是为女装网店设计的促销首页，在其中使用了较为鲜艳的色彩来表现，同时将画面进行合理的分配，通过这些设计让浏览者体会到商家的活动内容和活动所营造的喜庆气氛，增加点击率和浏览时间，提高店铺流量的转化率。

课堂案例	设计女装网店首页
案例位置	效果>第14章>14.1.psd
视频位置	视频>第14章>设计女装网店首页>课堂案例——制作首页背景效果.mp4、课堂案例——制作商品图像效果.mp4、课堂案例——制作宣传文案效果.mp4
难易指数	★★★★★
学习目标	掌握设计女装网店首页的方法

本案例的最终效果如图14-1所示。

图14-1

14.1.1 制作首页背景效果

下面主要运用“图层”|“新建填充图层”|“渐变”命令，设置图层样式，制作女装网店首页的背景效果。

01 按【Ctrl+N】组合键，弹出“新建”对话框，设置“名称”为14.1、“宽度”为800像素、“高度”为500像素、“颜色模式”为“RGB颜色”、“背景内容”为“白色”，如图14-2所示。

02 单击“确定”按钮，新建一个空白图像，如图14-3所示。

03 单击“图层”|“新建填充图层”|“渐变”命令，如图14-4所示。

技巧与提示

填充工具在网店装修中通常用来更改背景色调，配合渐变工具，就能轻松得到不一样的画面质感。

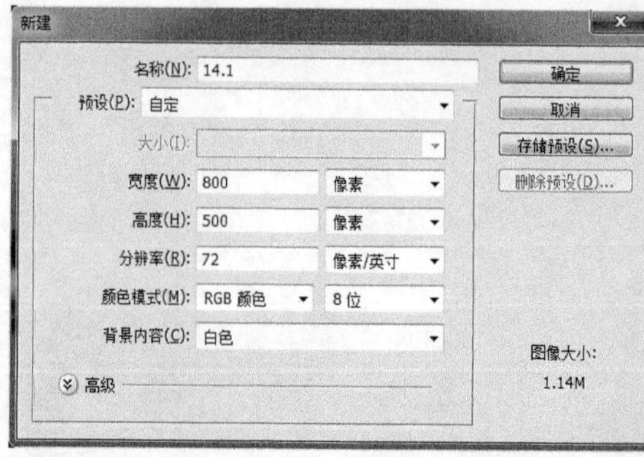

图14-2

图14-3

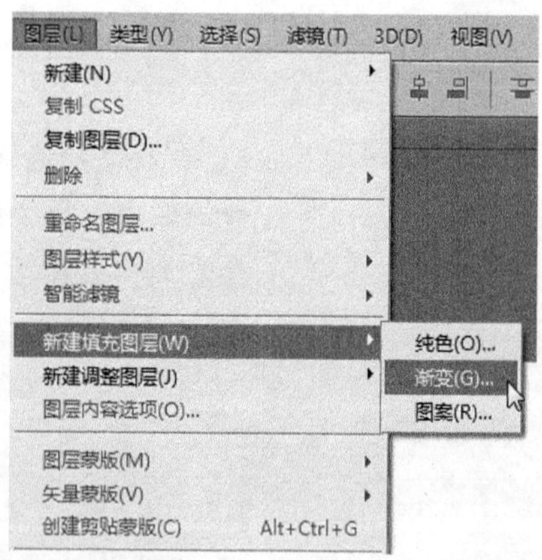

图14-4

04 弹出“新建图层”对话框，保持默认设置，单击“确定”按钮，如图14-5所示。

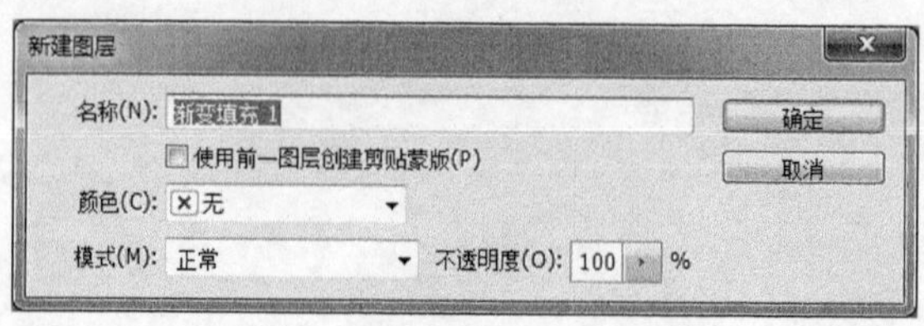

图14-5

05 弹出“渐变填充”对话框，单击“点按可编辑渐变”色块，如图14-6所示。

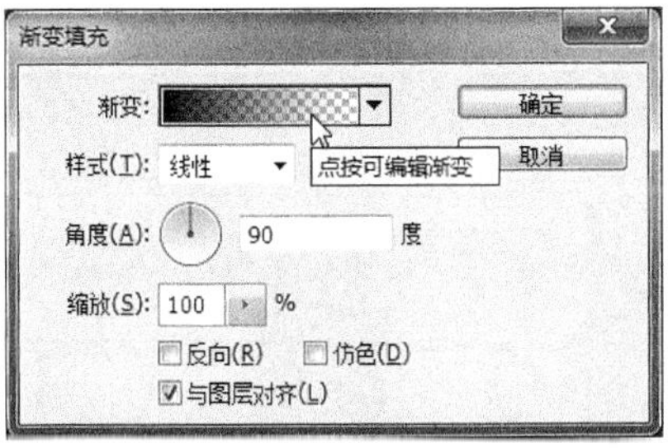

图14-6

06 弹出“渐变编辑器”对话框，单击第一个色标，如图14-7所示。

图14-7

07 弹出“拾色器（色标颜色）”对话框，设置RGB参数值均为239，单击“确定”按钮保存设置，如图14-8所示。

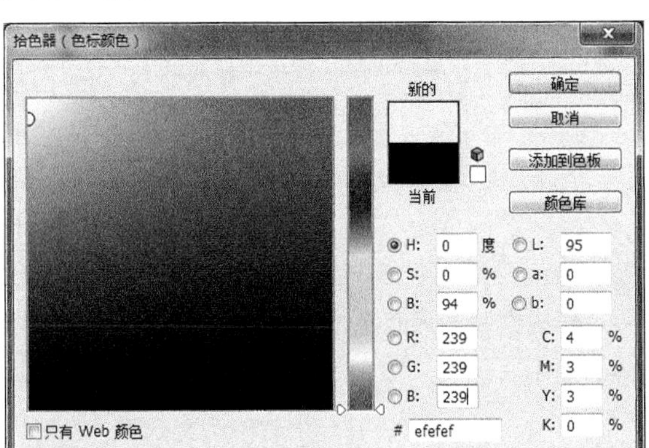

图14-8

08 用同样的方法设置第二个色标颜色的RGB参数值分别为251、238、245，如图14-9所示。

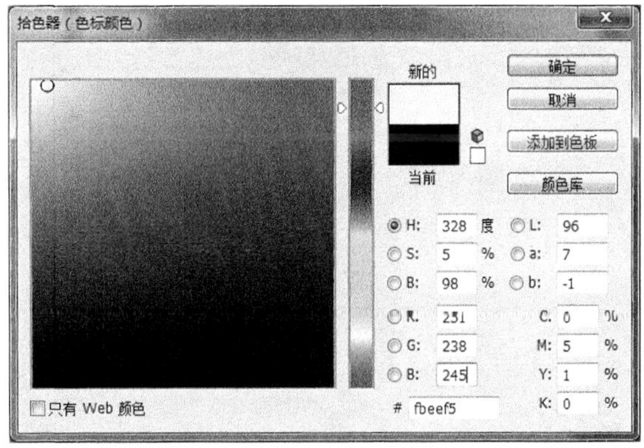

图14-9

09 依次单击“确定”按钮，即可制作首页的背景效果，如图14-10所示。

图14-10

14.1.2 制作商品图像效果

下面主要运用矩形选框工具、移动工具、“自然饱和度”命令等，制作女装网店首页的商品图像效果。

01 按【Ctrl+O】组合键，打开一幅商品素材图像14.1.jpg，如图14-11所示。

技巧与提示

在进行网店装修的过程中，为了获得最佳的画面效果，会使用很多素材对画面进行修饰，例如使用光线对文字和金属质感的商品进行修饰、利用花卉素材对标题栏或者标题进行点缀、用碎花素材对画面的背景进行布置等，在这些操作中都需要用到素材文件。

图14-11

02 在工具箱中选取矩形选框工具，在图像上创建相应大小的矩形选区，如图14-12所示。

图14-12

03 在工具箱中选取移动工具，如图14-13所示。

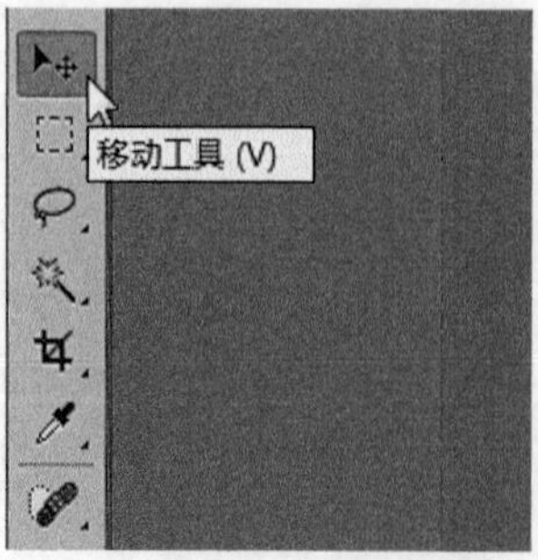

图14-13

04 将商品素材图像的选区部分拖曳至14.1图像编辑窗口中，按【Ctrl+T】组合键，调整商品素材图像的大小和位置，如图14-14所示。

图14-14

05 单击“图像”|“调整”|“自然饱和度”命令，如图14-15所示。

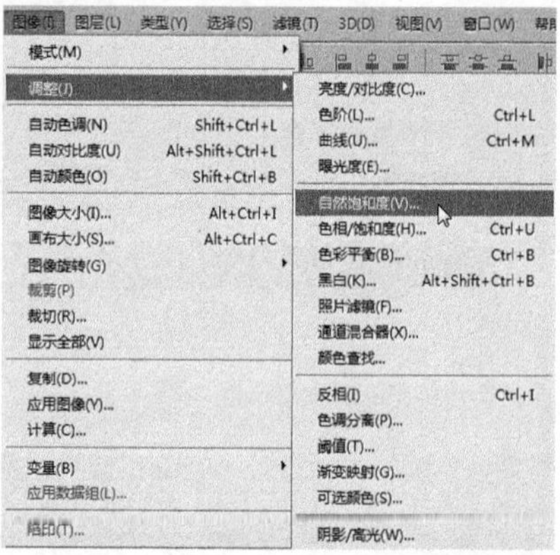

图14-15

06 弹出“自然饱和度”对话框，设置“自然饱和度”为60、“饱和度”为5，如图14-16所示。

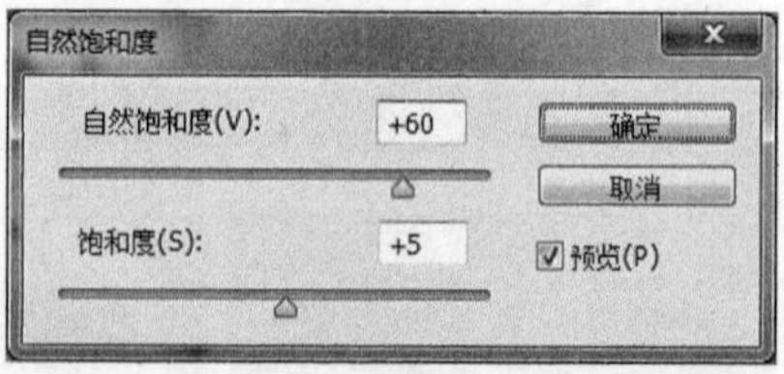

图14-16

07 单击“确定”按钮，即可增加商品画面的色彩，完成女装网店首页商品图像效果的制作，如图14-17所示。

图14-17

技巧与提示

与商品照片素材不同的是，设计素材大部分都起着修饰和点缀的作用，其大部分都为矢量素材。图14-18为不同风格的网店装修素材，合理应用这些图像，可以让画面更加美观。

图14-18

14.1.3 制作宣传文案效果

在现实生活中，有很多朗朗上口的广告文案，几乎都是一句话或不超过3句话，这些文案都讲究语句的结构、语法的正确性，并且以产品特点、消费者需求等因素进行创作，并不是华丽的辞藻胡乱堆砌的，也并不是一味讲究诗一般的意境。只有求真、朴实、站在消费者需求角度上的创意，才能以一句话来打动消费者。

下面主要运用横排文字工具和矩形工具来制作女装网店首页的宣传文案效果。

01 在工具箱中选取横排文字工具，如图14-19所示。

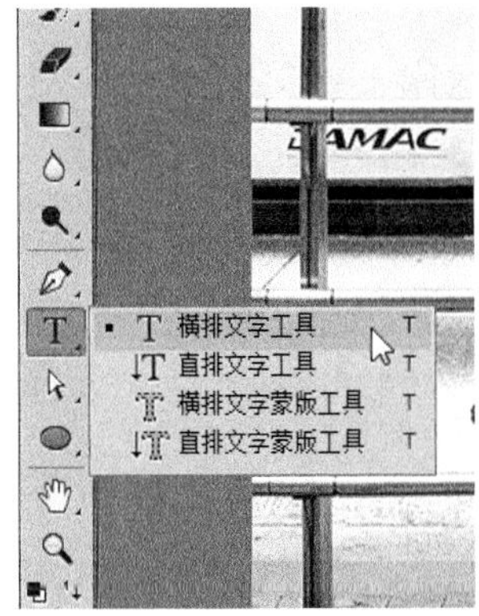

图14-19

02 设置“字体”为“Impact”、“字体大小”为48点、“颜色”为黑色，单击“仿粗体”图标，如图14-20所示。

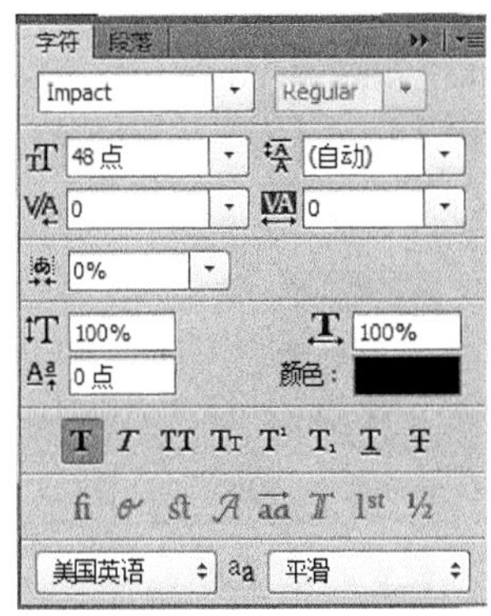

图14-20

03 输入文字“FOR THE SOUL”，按【Ctrl+Enter】组合键确认输入，切换至移动工具，根据需要适当调整文字的位置，效果如图14-21所示。

图14-21

04 切换至横排文字工具，在“FOR THE SOUL”下方的合适位置单击，确认输入文字的位置，如图14-22所示。

图14-22

05 设置“字体”为“方正兰亭粗黑简体”、“字体大小”为40点、“颜色”为红色（RGB参数值分别为201、25、46），单击“仿粗体”图标，如图14-23所示。

06 输入文字“春装新品”，按【Ctrl+Enter】组合键确认输入，切换至移动工具，根据需要适当调整文字的位置，效果如图14-24所示。

07 在“图层”面板中，双击“春装新品”文字图层，弹出“图层样式”对话框，选中“投影”复选框，设置“距离”为2像素、“扩展”为9%、“大小”为2像素，如图14-25所示。

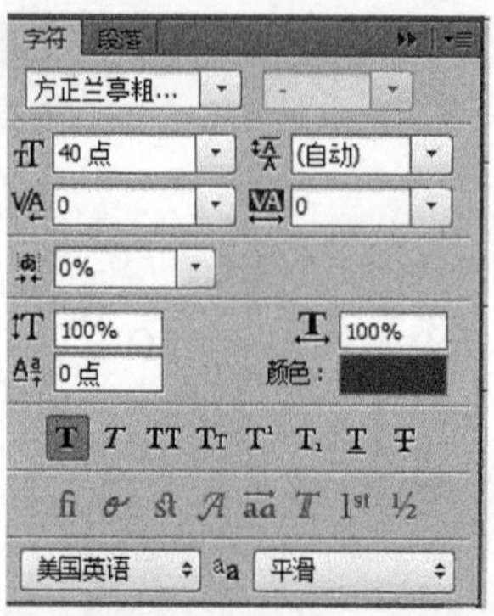

图14-23

图14-24

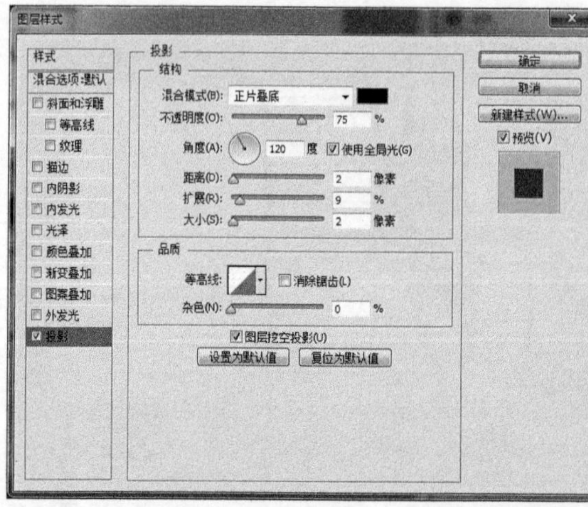

图14-25

08 单击“确定”按钮，为文字添加投影图层样式，如图14-26所示。

图14-26

技巧与提示

“图层样式”可以为当前图层添加特殊效果，如投影、内阴影、外发光、浮雕等样式，在不同的图层中应用不同的图层样式，可以使整幅图像更加富有真实感和突出性。文字图层样式的效果对比，如图14-27所示。

图14-27

09 在工具箱中选取矩形工具，如图14-28所示。

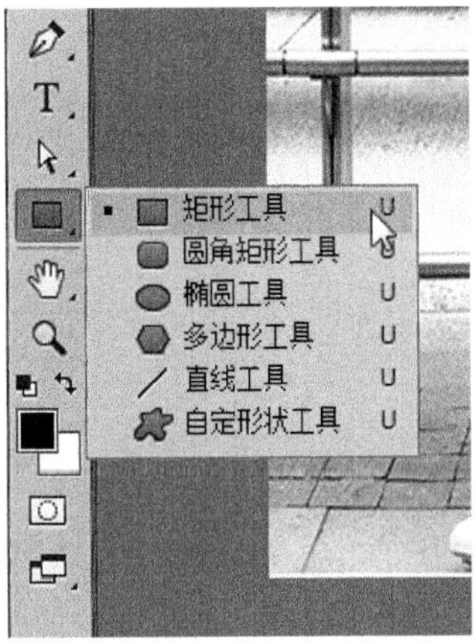

图14-28

10 设置“填充”为白色、“描边”为黑色、“描边宽度”为0.5点，在“春装新品”下方的合适位置，绘制一个矩形，如图14-29所示。

图14-29

11 在工具箱中选取横排文字工具，设置“字体”为“黑体”、“字体大小”为5点、“颜色”为黑色（RGB参数值均为0），如图14-30所示。

12 输入文字，按【Ctrl+Enter】组合键确认输入，切换至移动工具，根据需要适当调整文字的位置，最终效果如图14-31所示。

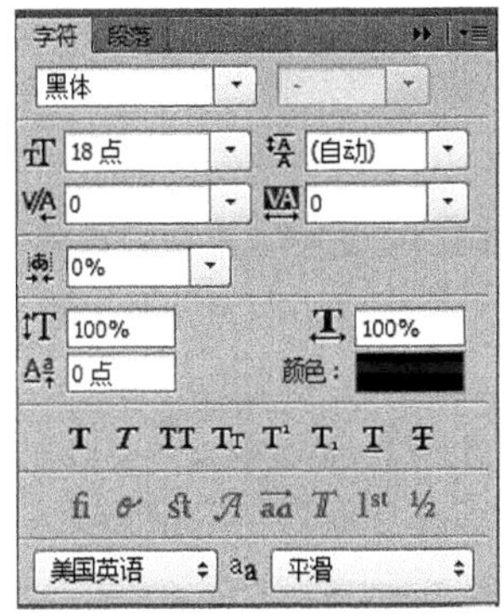

图14-30

图14-31

14.2 设计食品网店首页

本案例是为食品网店设计首页欢迎模块，在画面的配色中借鉴商品的色彩，并通过大小和外形不同的文字来表现店铺的主题内容，使用同一色系的颜色来提升画面的品质，让设计的整体效果更加协调统一。

课堂案例	设计食品网店首页
案例位置	效果>第14章>14.2.psd
视频位置	视频>第14章>设计食品网店首页>课堂案例——制作首页背景效果.mp4、课堂案例——制作商品图像效果.mp4、课堂案例——制作首页文案效果.mp4
难易指数	★★★★★
学习目标	掌握设计食品网店首页的方法

本案例的最终效果如图14-32所示。

图14-32

14.2.1 制作首页背景效果

下面设置图像前景色，并使用“填充”命令来制作食品网店首页的背景效果。

01 按【Ctrl+N】组合键，弹出“新建”对话框，设置“名称”为14.2、“宽度”为700像素、“高度”为350像素、“分辨率”为300像素/英寸、“颜色模式”为“RGB颜色”、“背景内容”为“白色”，如图14-33所示。

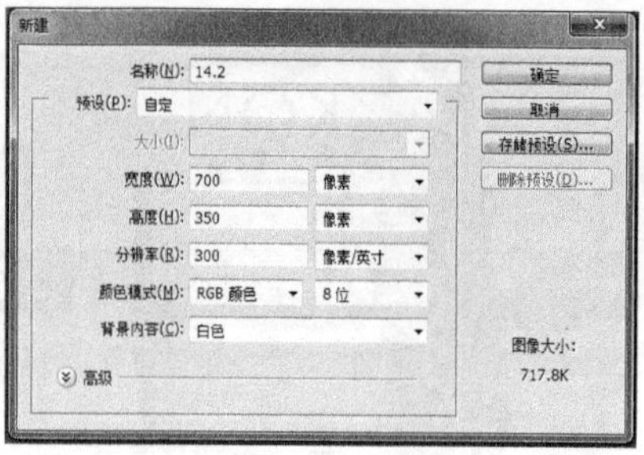

图14-33

02 单击“确定”按钮，新建一个空白图像，如图14-34所示。

03 单击工具箱底部的前景色色块，弹出“拾色器（前景色）”对话框，设置RGB参数值分别为208、36、0，如图14-35所示，单击“确定”按钮。

图14-34

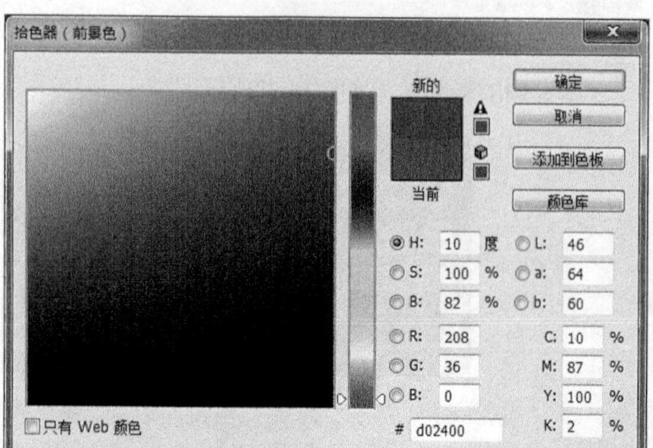

图14-35

04 按【Alt+Delete】组合键，填充背景颜色，如图14-36所示。

图14-36

14.2.2 制作商品图像效果

下面主要运用矩形选框工具、移动工具、“自然饱和度”命令等，制作食品网店首页的商品图像效果。

01 按【Ctrl+O】组合键，打开一幅商品素材图像14.2.jpg，如图14-37所示。

图14-37

02 在工具箱中选取魔棒工具，如图14-38所示。

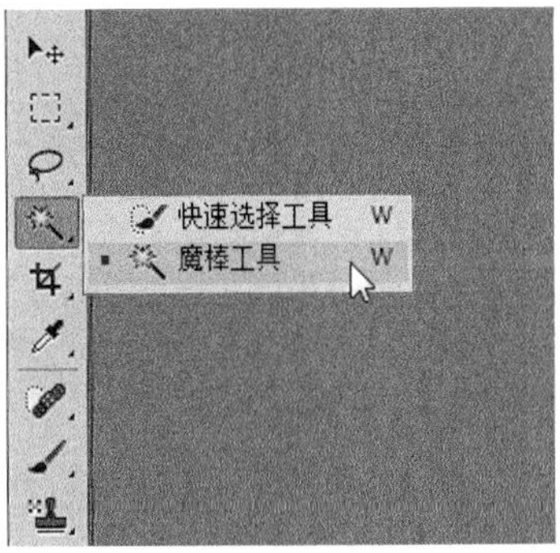

图14-38

03 在工具属性栏中，单击“添加到选区”按钮，默认其他设置，如图14-39所示。

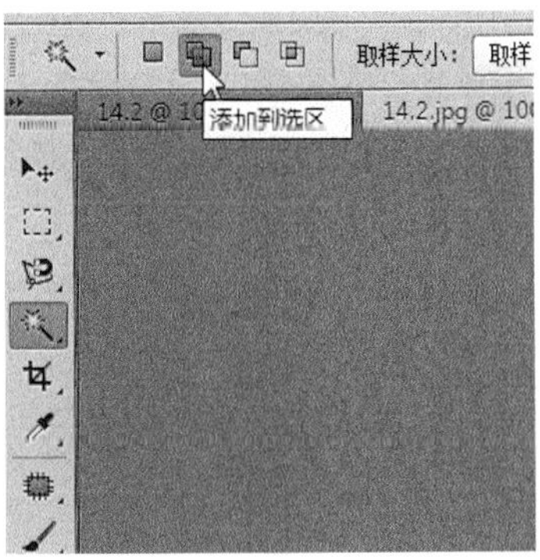

图14-39

04 在商品素材图像的背景区域单击创建选区，如图14-40所示。

图14-40

05 在商品素材图像上单击鼠标右键，弹出快捷菜单，选择“选择反向”选项，反选选区，如图14-41所示。

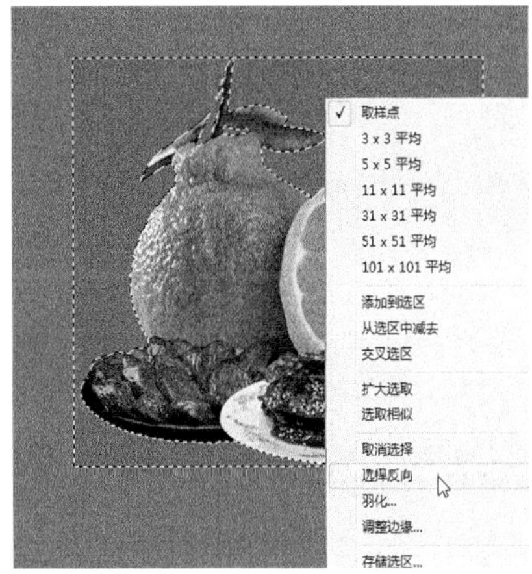

图14-41

06 在工具箱中选取移动工具，如图14-42所示。

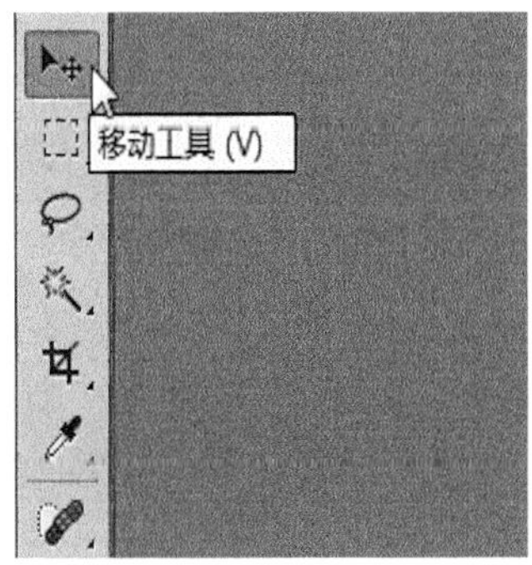

图14-42

07 将商品素材图像的选区部分，拖曳至14.2图像编辑窗口中，如图14-43所示。

图14-43

08 调整商品素材图像至合适位置，效果如图14-44所示。

图14-44

14.2.3 制作首页文案效果

下面主要运用横排文字工具、椭圆工具以及矩形选框工具来制作食品网店首页的宣传文案效果。

01 在工具箱中选取椭圆工具，如图14-45所示。

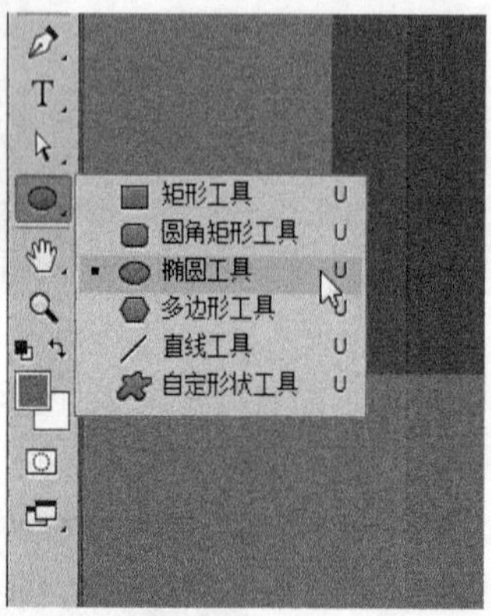

图14-45

02 设置“选择工具模式”为“形状”、“填充”为白色（RGB参数值均为255）、“描边”为无，如图14-46所示。

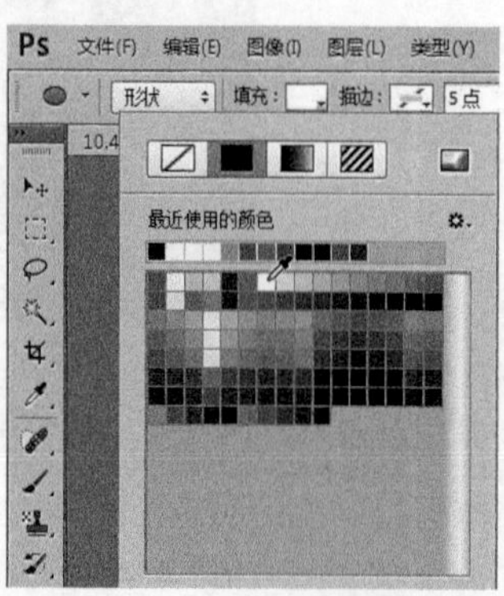

图14-46

03 在合适的位置绘制一个圆形，如图14-47所示。

图14-47

04 切换至移动工具，在按住【Shift+Alt】组合键的同时，向右拖曳鼠标，复制绘制的圆形，并适当调整其位置，效果如图14-48所示。

图14-48

05 用与上相同的方法，再复制一个圆形，并适当调整其位置，效果如图14-49所示。

图14-49

06 在工具箱中选取横排文字工具，如图14-50所示。

07 设置“字体”为“华文新魏”、“字体大小”为12点、“颜色”为橙色（RGB参数值分别为208、36、0）、“所选字符的字距调整”为100、单击“仿粗体”图标，如图14-51所示。

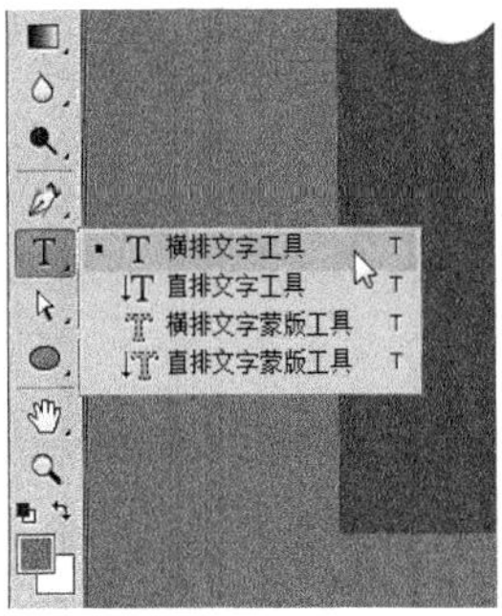

图14-50

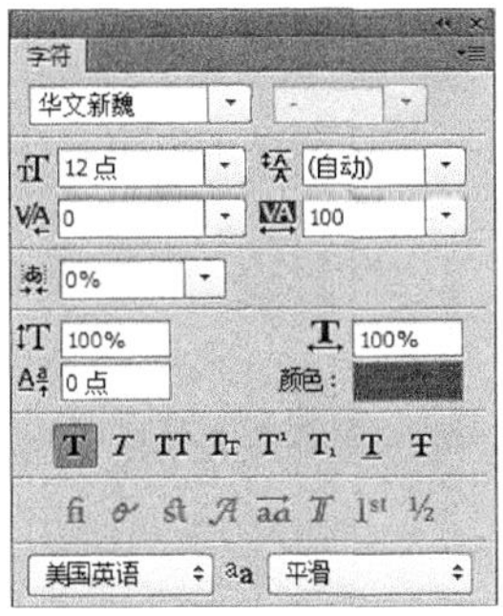

图14-51

08 输入文字“新农人”，按【Ctrl+Enter】组合键确认输入，切换至移动工具，根据需要适当调整文字的位置，效果如图14-52所示。

图14-52

09 切换至横排文字工具，在“新农人”下方的合适位置单击，确认输入文字的位置，如图14-53所示。

图14-53

10 设置“字体”为“方正大黑简体”、“字体大小”为13点、“颜色”为白色、“所选字符的字距调整”为0，单击“仿粗体”图标，如图14-54所示。

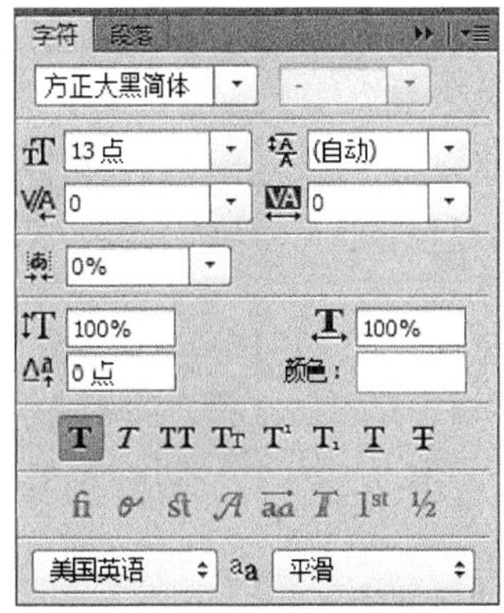

图14-54

11 输入文字“巴蜀风味食品”，按【Ctrl+Enter】组合键确认输入，切换至移动工具，根据需要适当调整文字的位置，效果如图14-55所示。

图14-55

技巧与提示

好的文案除了需要与消费者产生情感上的共鸣之外，还需要语句简短、无生僻字、易发音、无不良歧义、具有流行语潜质、讲究文采。很多电商企业都会用“一个价值点+一个触动力”的方式，进行“一句话”营销，将这些脍炙人口的广告语文案，深深印入消费者的脑海中，让他们经久不忘、回味良久。

12 在工具箱中选取矩形选框工具，如图14-56所示。

13 新建“图层2”，在“巴蜀风味食品”下方的合适位置创建一个矩形选区，如图14-57所示。

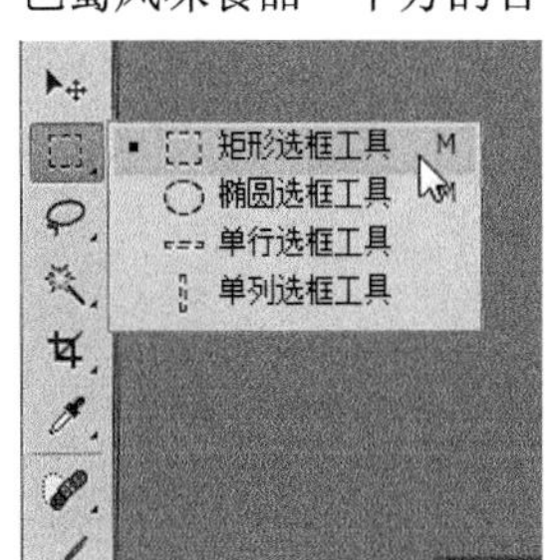

图14-56

图14-57

14 单击前景色色块，设置“前景色”为黄色（RGB参数值分别为248、248、4），如图14-58所示。

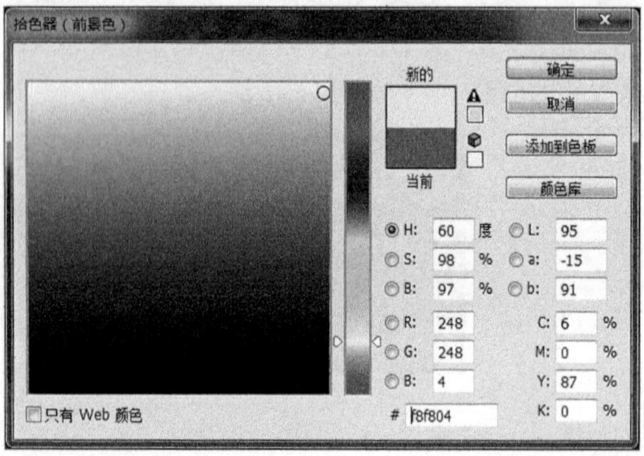

图14-58

15 按【Alt+Delete】组合键，为选区填充前景色，如图14-59所示。

图14-59

16 按【Ctrl+D】组合键取消选区，选取工具箱中的横排文字工具，如图14-60所示。

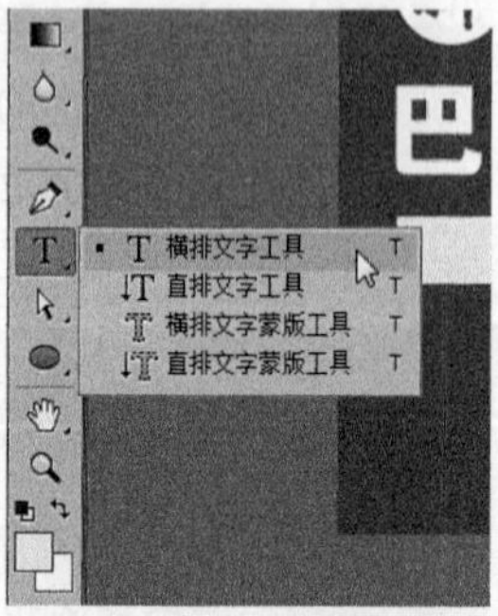

图14-60

技巧与提示

因为优秀的网店首页都采用“文字＋图片”的模式，所以仅“一句话”是不够的，还必须有一张能配合“一句话”并能展现出产品特性，或促销信息，抑或是活动主题的“一幅图”，才能形成优秀电商文案。

一次成功的电商视觉营销和一个优秀的电商文案，都需要在图片上下功夫。只有好的图片与符合主题的文案结合在一起，才能吸引消费者的注意力，勾起消费者的购买欲望，使电商企业活动盈利。

17 设置“字体”为“方正正中黑体”、“字体大小”为6点、“颜色”为橙色（RGB参数值分别为208、36、0）、“所选字符的字距调整”为0，单击“仿粗体”图标，完成最终效果的制作，如图14-61所示。

图14-61

18 在矩形框中输入文字“全场食品6折”，按【Ctrl＋Enter】组合键确认输入，切换至移动工具，根据需要适当调整文字的位置，完成得到最终效果。

14.3 设计饰品网店首页

本案例是为家居网店设计首页，在其中使用了较为鲜艳的色彩来表现，同时将画面进行合理的分配，通过这些设计让浏览者体会到商家的活动内容和活动营造的气氛。

课堂案例	设计饰品网店首页
案例位置	效果>第14章>14.3.psd
视频位置	视频>第14章>设计饰品网店首页>课堂案例——制作首页背景效果.mp4、课堂案例——制作商品画面效果.mp4、课堂案例——制作新品上市文字.mp4
难易指数	★★★★★
学习目标	掌握设计饰品网店首页的方法

本案例的最终效果如图14-62所示。

图14-62

14.3.1 制作首页背景效果

好的首页能增加点击率和浏览时间，提高店铺的转化率。下面介绍饰品网店首页的设计方法。

01 在菜单栏中，单击“文件”|“新建”命令，如图14-63所示。

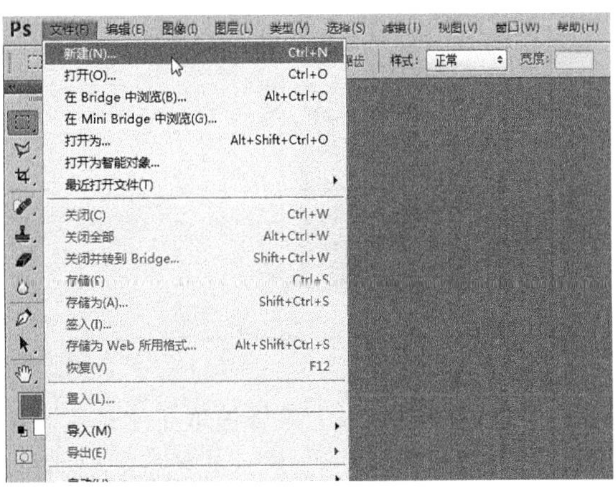

图14-63

02 弹出“新建”对话框，设置“名称”为14.3，宽度为1900像素、“高度”为600像素、分辨率为300像素/英寸、“颜色模式”为“RGB颜色”、“背景内容”为“白色”，如图14-64所示。

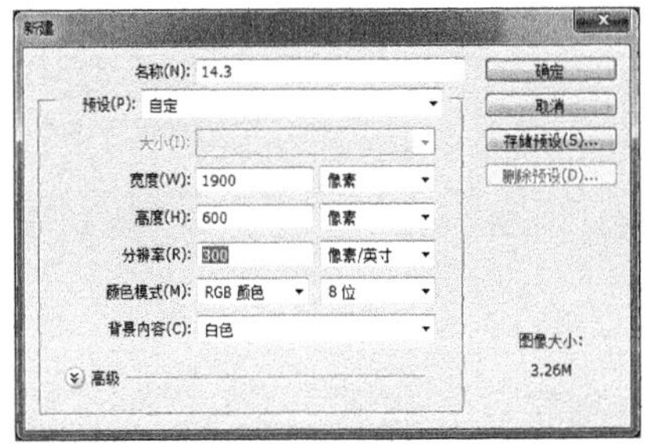

图14-64

03 单击“确定”按钮，新建一个空白图像，如图14-65所示。

图14-65

14.3.2 制作商品画面效果

在Photoshop CC中合理地调整商品亮度与对比度，可以制作出非常完美的画面色彩。

01 打开14.3.jpg素材图像，使用工具箱中的移动工具将素材图像拖曳至背景图像编辑窗口中的合适位置，如图14-66所示。

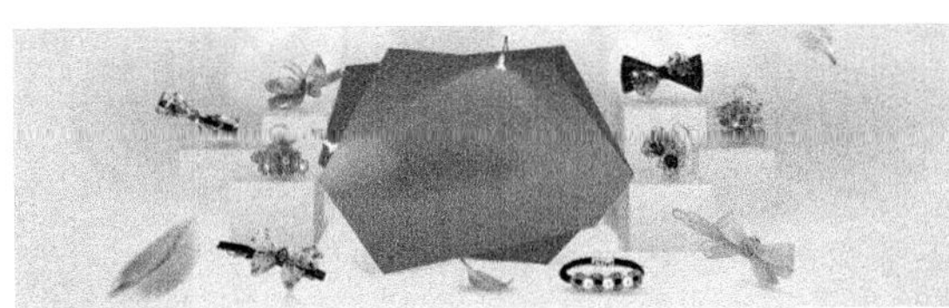

图14-66

02 单击“图像”|“调整”|“亮度/对比度”命令，弹出“亮度/对比度”对话框，设置“亮度”为5、“对比度”为5，单击“确定”按钮，如图14-67所示。

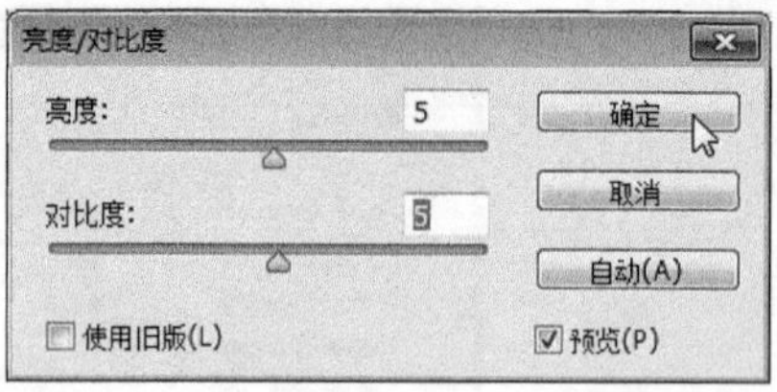

图14-67

03 单击“图像”|“调整”|“自然饱和度”命令，弹出“自然饱和度”对话框，设置“自然饱和度”为10、“饱和度”为10，单击“确定”按钮，如图14-68所示。

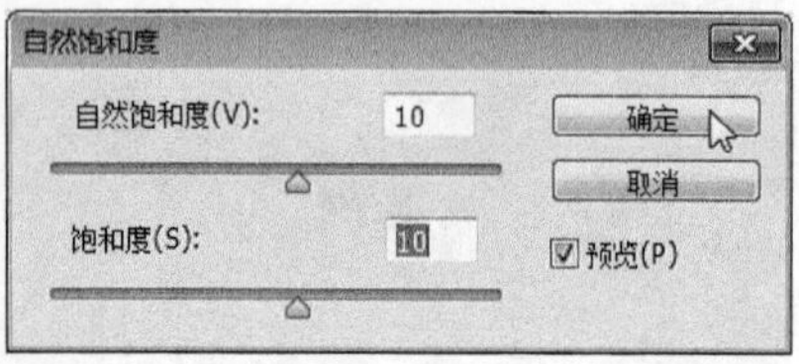

图14-68

14.3.3 制作新品上市文字

使用横排文字工具给商品添加文字说明，给买家加深浏览的视觉效果。下面介绍新品上市文字的设计方法。

01 选取工具箱中的横排文字工具，输入文字“新品上市”，展开“字符”面板，设置“字体系列”为“华文行楷”、“字体大小”为23点、“颜色”为白色，根据需要适当调整文字的位置，预览制作的文字效果，如图14-69所示。

图14-69

02 选取工具箱中的横排文字工具，输入文字“2.1上午10：00新品上新”，展开“字符”面板，设置“字体系列”为“黑体”、“字体大小”为10点、“颜色”为白色，根据需要适当调整文字的位置，用与上述相同的方法，输入文字“NEW”并调整字体属性，预览制作的文字效果，如图14-70所示。

图14-70

03 新建“图层2”，并移动图层至“图层1”上方，如图14-71所示。

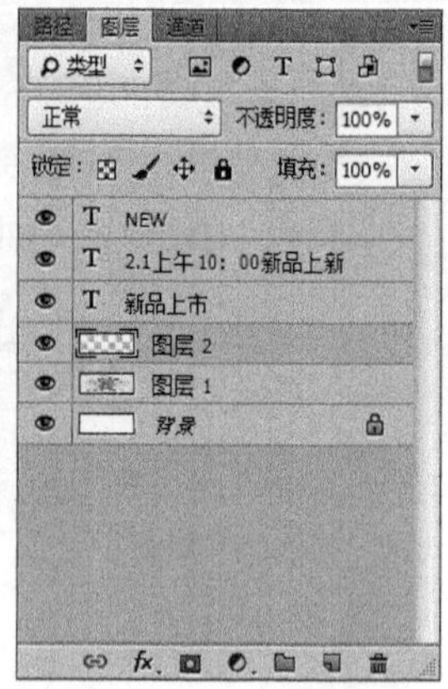

图14-71

04 选取工具箱中的矩形选框工具，在图像编辑窗口中创建矩形选区，设置前景色为紫色（RGB参数值分别为180、84、217），如图14-72所示。

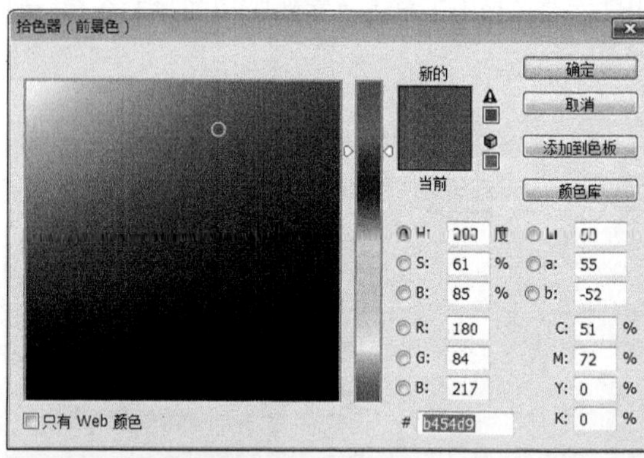

图14-72

05 按【Alt+Delete】组合键填充前景色，按【Ctrl+D】组合键取消选区，最终完成店铺首页效果的制作，如图14-73所示。

图14-73

14.4 本章小结

本章主要介绍淘宝店铺首页的设计方法，包括女装网店首页设计、食品网店首页设计、首饰网店首页设计。通过对本章案例的学习，读者能够掌握淘宝网店首页设计的重点。

14.5 习题测试——设计农产品网店首页

案例位置	效果\第14章14.5.psd
难易指数	★★★★☆
学习目标	掌握设计农产品网店首页的方法

本习题需要掌握设计农产品网店首页的方法，素材（14.5.jpg）如图14-74所示，最终效果如图14-75所示。

图14-74

图14 75

第15章

淘宝网店主图设计

内容摘要

使用橱窗、店铺推荐位可以提高店铺的浏览量，增加店铺的成交量，对于网店的卖家而言，橱窗位的商品主图优化更是一种十分重要的营销手段。淘宝网店上的商品种类繁多，使用橱窗推荐可以使卖家的商品脱颖而出。本章主要介绍多种网店主图的设计方法。

课堂学习目标

设计帆布鞋网店主图

设计厨具网店主图

设计玩具网店主图

15.1 设计帆布鞋网店主图

本案例是为某品牌的帆布鞋网店设计主图，在制作的过程中使用充满活力的强对比色背景图片进行修饰，添加促销方案，以及简单的广告词来突出产品优势。

课堂案例	设计帆布鞋网店主图
案例位置	效果>第15章>15.1.psd
视频位置	视频>第15章>设计帆布鞋网店主图>课堂案例——制作鞋类主图背景效果.mp4、课堂案例——制作鞋类主图商品效果.mp4、课堂案例——制作鞋类主图文案效果.mp4
难易指数	★★★★★
学习目标	掌握设计帆布鞋网店主图的方法

本案例的最终效果如图15-1所示。

图15-1

15.1.1 制作鞋类主图背景效果

下面主要运用裁剪工具、“亮度/对比度”命令来制作帆布鞋网店主图的背景效果。

01 按【Ctrl＋O】组合键，打开一幅素材图像15.1.jpg，如图15-2所示。

图15-2

02 在工具箱中选取裁剪工具，如图15-3所示。

03 在工具属性栏中的“选择预设长宽比或裁剪尺寸”列表框中选择“1:1（方形）”选项，如图15-4所示。

04 执行操作后，在图像中显示1:1的方形裁剪框，如图15-5所示。

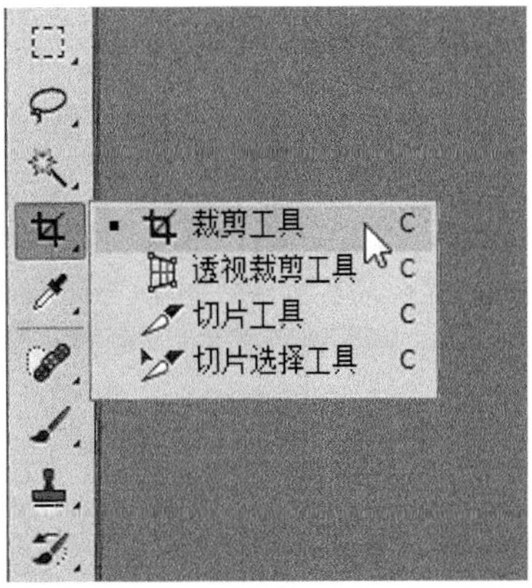

图15-3

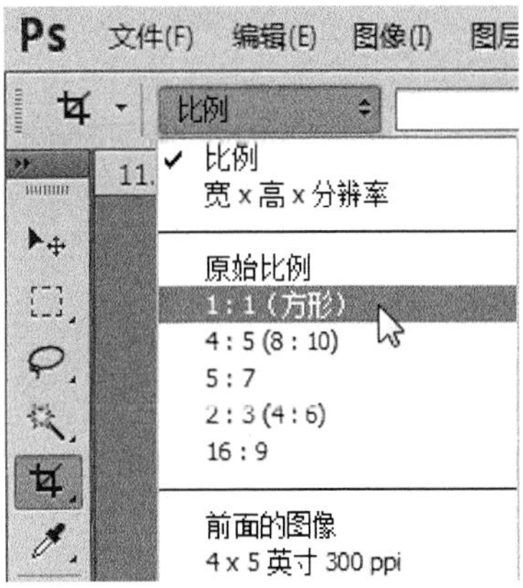

图15-4

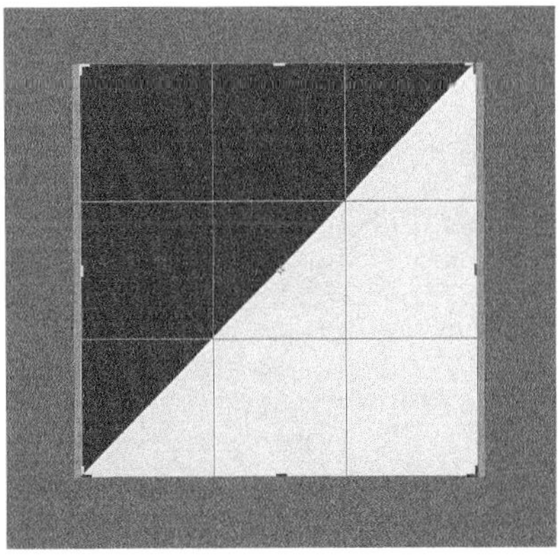

图15-5

技巧与提示

淘宝橱窗的图片尺寸要小于1 200像素×1 200像素，一般情况下700像素×700像素是比较合适的尺寸大小。

05 调整裁剪的区域，按【Enter】键确认裁剪图像，如图15-6所示。

06 单击“图像”|“调整”|“亮度/对比度”命令，如图15-7所示。

图15-6

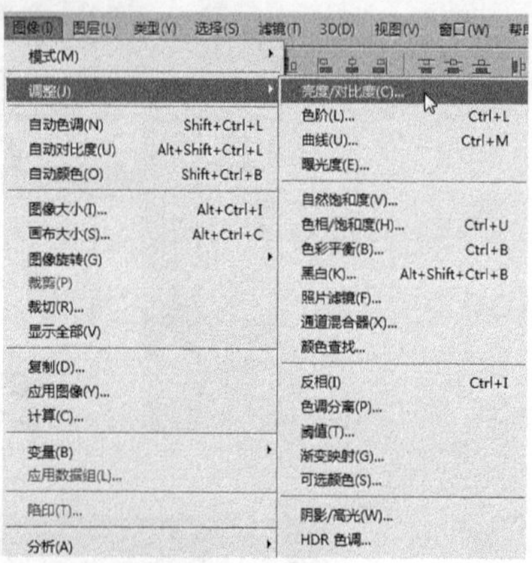

图15-7

07 弹出“亮度/对比度”对话框，设置“亮度”为10、“对比度”为15，如图15-8所示。

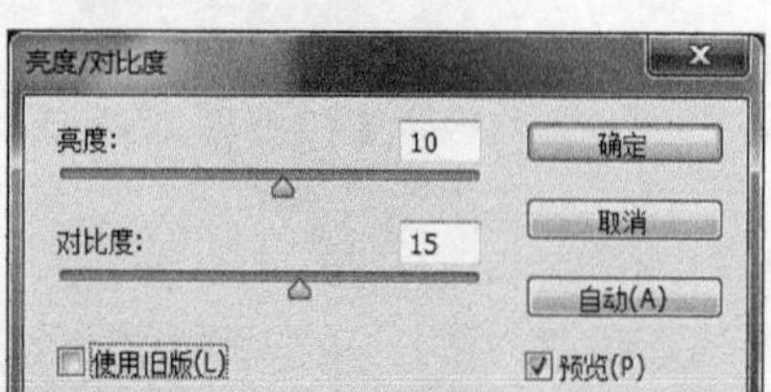

图15-8

08 单击“确定”按钮，即可增强主图背景的对比效果，如图15-9所示。

图15-9

15.1.2 制作鞋类主图商品效果

下面主要运用移动工具、魔棒工具、“旋转”命令等，制作帆布鞋网店主图的商品图像效果。

01 按【Ctrl＋O】组合键，打开一幅素材图像15.1.jpg，如图15-10所示。

图15-10

02 按【Ctrl＋J】组合键，复制一个新图层，并隐藏“背景”图层，如图15-11所示。

图15-11

03 在工具箱中选取魔棒工具，如图15-12所示。

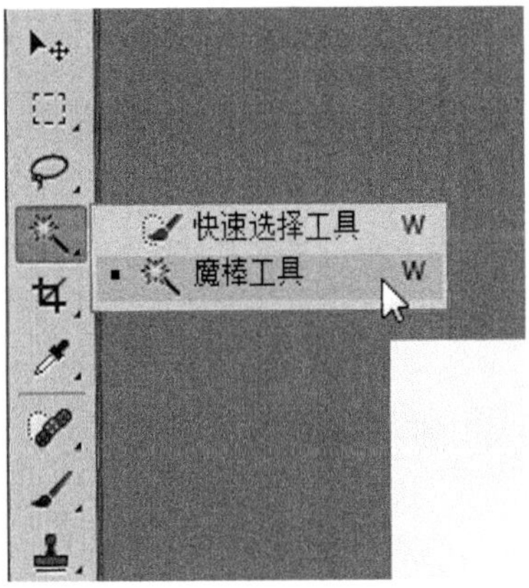

图15-12

04 在工具属性栏中设置“容差”为6，取消选中“连续”复选框，在图像的白色区域单击，创建选区，如图15-13所示。

05 按【Delete】键，删除选区内的图像，并取消选区，如图15-14所示。

图15-13

图15-14

06 在工具箱中选取移动工具，将素材图片15.1.（1）jpg 拖曳至15.1.jpg 图像的编辑窗口中，如图15-15所示。

07 按【Ctrl+T】组合键，调出变换控制框，如图15-16所示。

图15-15

图15-16

08 将鼠标移动至变换控制框的右侧，当鼠标指针呈形状时，即可旋转图像，如图15-17所示。

09 旋转图像至合适角度并调整图像的大小和位置，按【Enter】键确认旋转，如图15-18所示。

图15-17

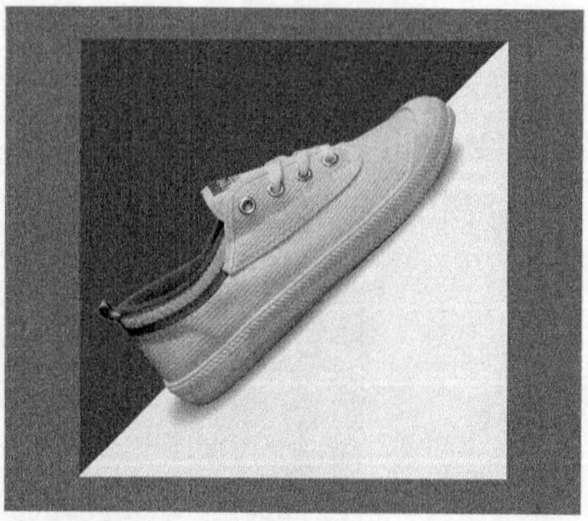

图15-18

15.1.3 制作鞋类主图文案效果

下面主要运用矩形工具、横排文字工具、图案叠加设置以及投影设置，制作帆布鞋网店主图的文案效果。

01 在“图层”面板下方单击“创建新图层”按钮，新建“图层2”，如图15-19所示。

02 在工具箱中选取矩形工具，如图15-20所示。

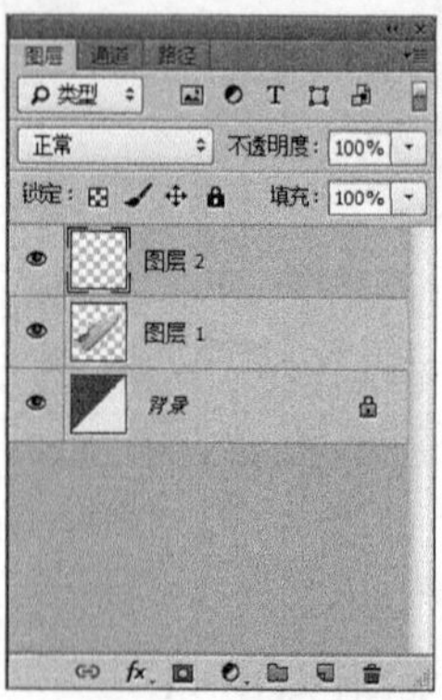

图15-19

图15-20

03 在工具属性栏中，设置“形状填充”为黄色（RGB参数值分别为247、227、53），如图15-21所示。

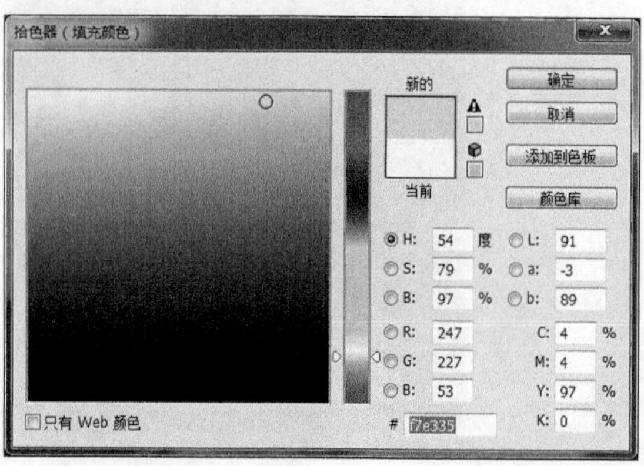

图15-21

> **技巧与提示**
>
> 主图文案的制作有3种形式：图片形式、文字形式、图文结合形式，一般根据商品属性来选择。

04 在绿色背景的合适位置，绘制一个矩形，如图15-22所示。

05 在“图层”面板中，双击“矩形1”图层，如图15-23所示。

06 弹出“图层样式”对话框，选中“投影”复选框，设置“不透明度”为28%、“距离”为3像素、“大小”为3像素，如图15-24所示，单击“确定”按钮，为矩形添加投影效果。

图15-22

图15-23

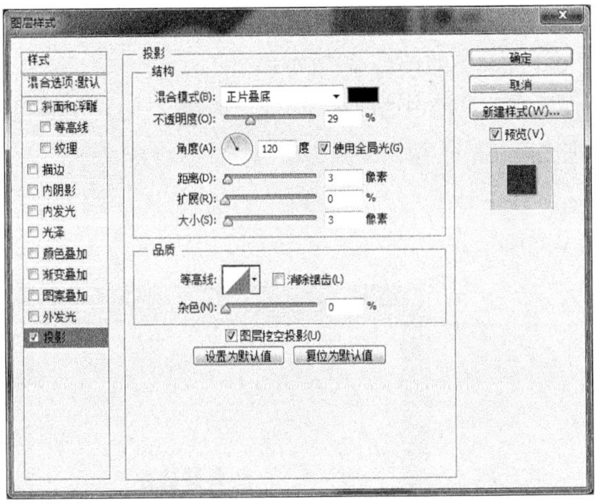

图15-24

07 在工具箱中选取横排文字工具，如图15-25所示。

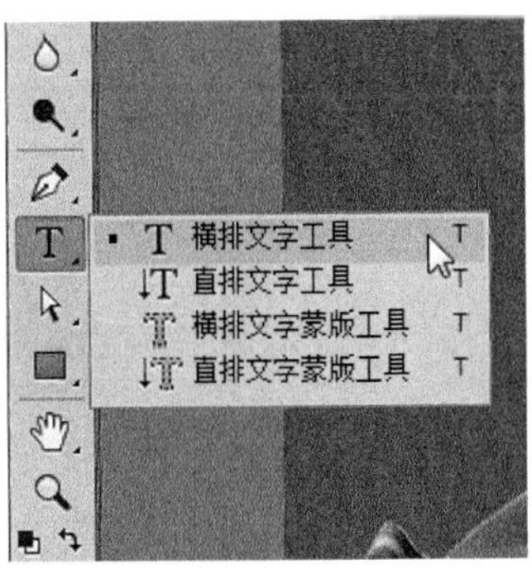

图15-25

08 设置“字体”为“方正大黑简体”、“字体大小”为6.5点、“颜色”为深绿色（RGB参数值分别为48、77、73），单击“仿粗体”图标，如图15-26所示。

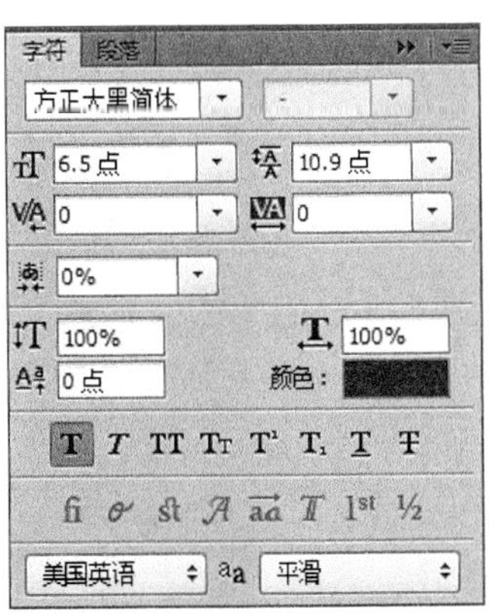

图15-26

09 输入文字，按【Ctrl＋Enter】组合键确认输入，切换至移动工具，根据需要适当调整文字的位置，效果如图15-27所示。

图15-27

10 新建一个图层，在工具箱中选取横排文字工具，设置“字体”为“方正大黑简体”、“字体大小”为15点、“颜色”为白色（RGB参数值均为255）、“字距调整”为-47、单击“仿粗体”图标，如图15-28所示。

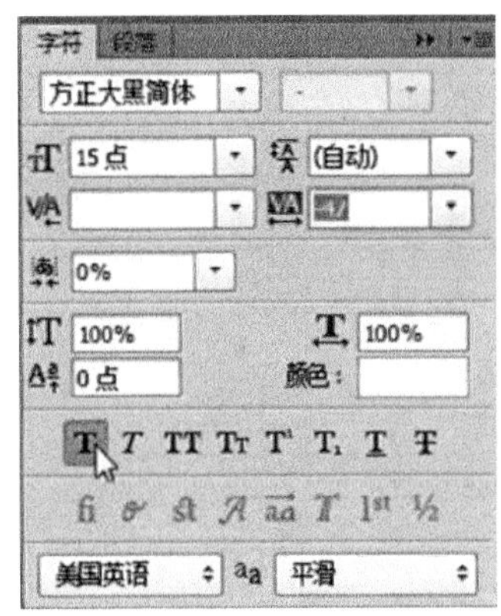

图15-28

11 输入文字“全国包邮”，按【Ctrl＋Enter】组合键确认输入，切换至移动工具，根据需要适当调整文字的位置，效果如图15-29所示。

图15-29

⑫ 双击“全国包邮”文字图层，弹出“图层样式”对话框，选中“图案叠加”复选框，选择叠加图案，如图15-30所示。

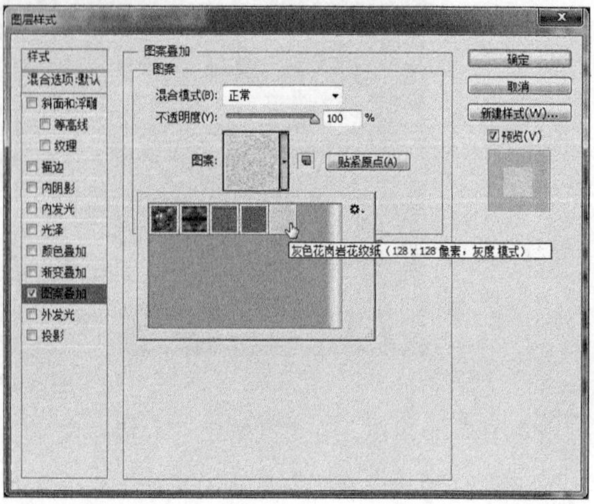

图15-30

⑬ 选中“投影”复选框，设置“不透明度”为37%、“距离”为3像素、“大小”为3像素，如图15-31所示。

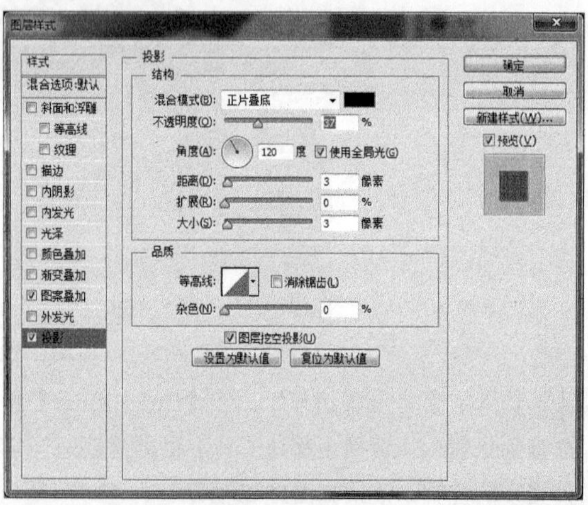

图15-31

⑭ 单击“确定”按钮，即可完成对文字的设置，效果如图15-32所示。

图15-32

⑮ 按【Ctrl+O】组合键，打开一幅素材图像15.1（2）.psd，如图15-33所示。

⑯ 在工具箱中选取移动工具，将15.1（2）.psd图像拖曳至15.1.jpg图像编辑窗口中，如图15-34所示。

⑰ 调整15.1（2）.psd素材图像的位置，效果如图15-35所示。

图15-33

图15-34

图15-35

(18) 按【Ctrl＋O】组合键，打开一幅素材图像15.1.（3）.psd，如图15-36所示。

(19) 在工具箱中选取移动工具，将15.1（3）.psd图像拖曳至15.1.jpg图像编辑窗口中，如图15-37所示，然后调整15.1（3）.psd素材图像的位置，最终完成制作。

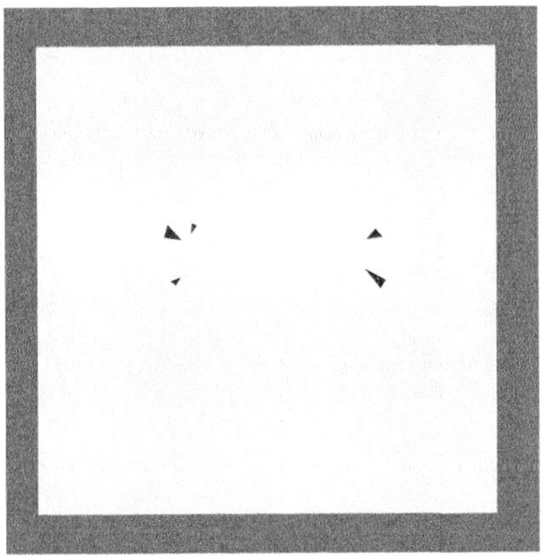

图15-36

图15-37

15.2 设计玩具网店主图

本案例是为某玩具网店设计抱枕商品主图。在首页使用Photoshop CC的抠图功能在主图上添加相应的细节展示图，体现出产品的细节特点，并运用“特价”口号来吸引消费者的眼球。

课堂案例	设计玩具网店主图
案例位置	效果>第15章>15.2.psd
视频位置	视频>第15章>设计玩具网店主图>课堂案例——制作玩具主图背景效果.mp4、课堂案例——制作玩具主图商品效果.mp4、课堂案例——制作玩具主图文案效果.mp4
难易指数	★★★★★
学习目标	掌握设计玩具网店主图的方法

本案例的最终效果如图15-38所示。

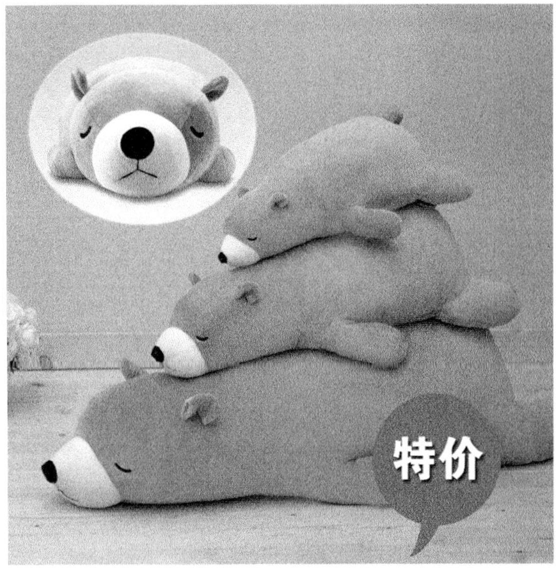

图15-38

15.2.1 制作玩具主图背景效果

下面主要通过裁剪工具来制作玩具网店主图的背景效果。

(01) 按【Ctrl＋O】组合键，打开一幅素材图像15.2（2）.jpg，如图15-39所示。

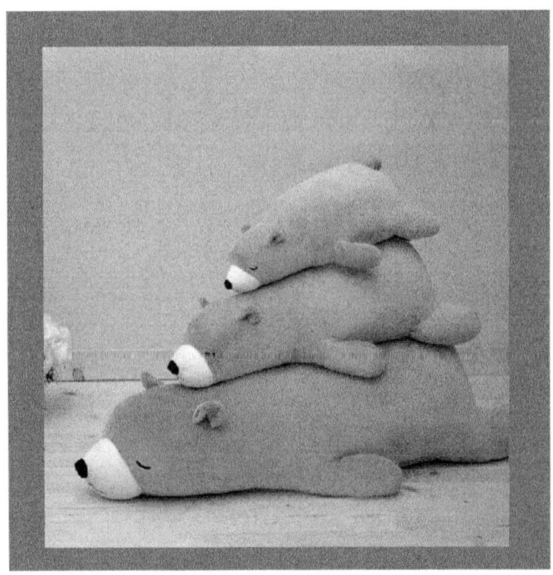

图15-39

(02) 在工具箱中选取裁剪工具，如图15-40所示。

(03) 在工具属性栏中的“选择预设长宽比或裁剪尺寸”列表框中选择“1:1（方形）”选项，如图15-41所示。

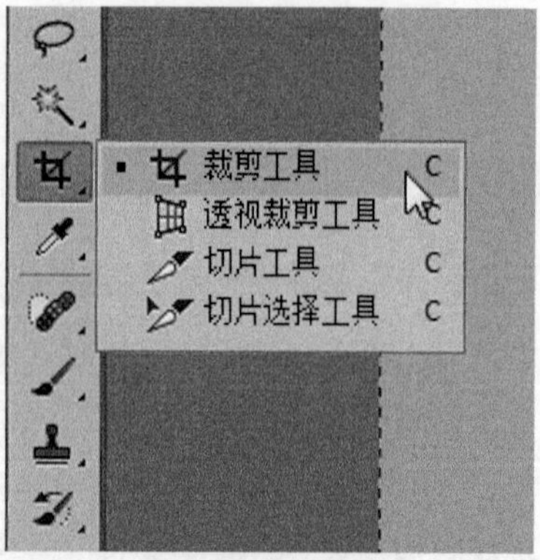

图15-40

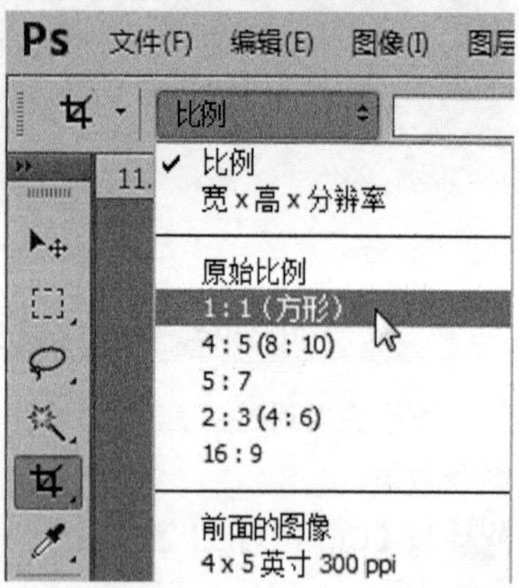

图15-41

04 执行操作后，在图像中显示1:1的方形裁剪框，如图15-42所示。

05 移动裁剪控制框，确认裁剪范围，按【Enter】键，即可裁剪图像，效果如图15-43所示。

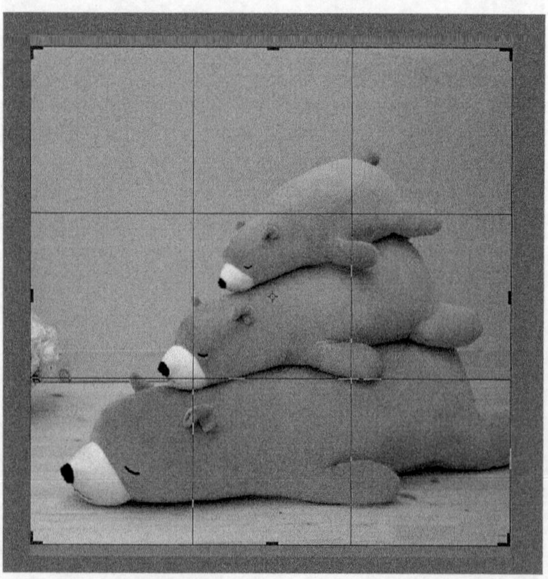

图15-42

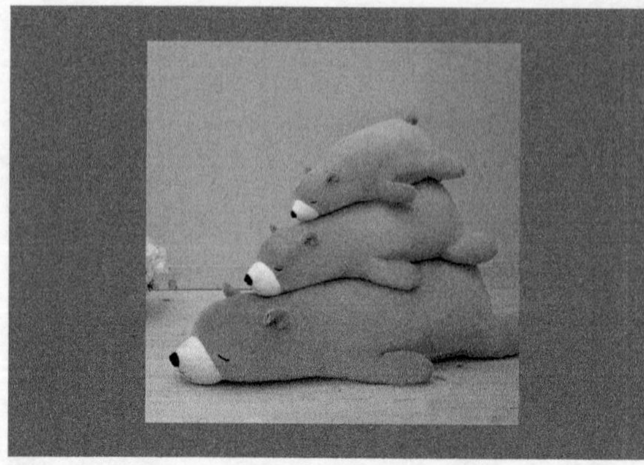

图15-43

技巧与提示

在PhotoShop中，裁剪工具分为自由裁剪和按比例裁剪两种，一般根据商品的特征和排版需要来选择相应的裁剪方式。

15.2.2 制作玩具主图商品效果

下面主要运用移动工具、椭圆选框工具以及“外发光”功能等，制作玩具网店主图的商品图像效果。

01 按【Ctrl+O】组合键，打开一幅素材图像15.2（1）jpg，如图15-44所示。

图15-44

02 按【Ctrl+J】组合键，复制一个新图层，并隐藏“背景”图层，如图15-45所示。

03 在工具箱中选取移动工具，如图15-46所示。

图15-45

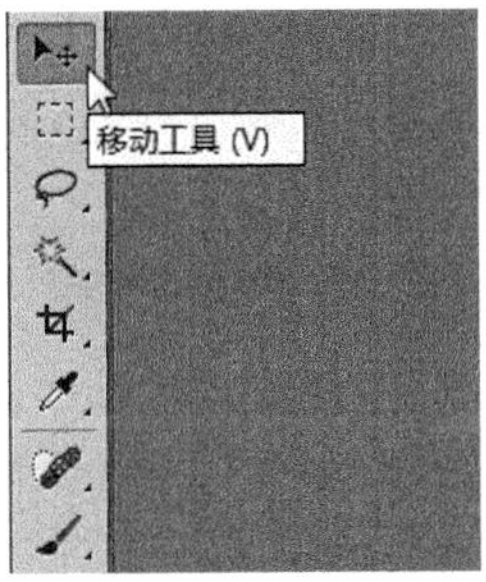

图15-46

04 按住鼠标左键的同时拖曳鼠标，将15.2（1）.jpg图像拖曳至15.2（2）.jpg图像编辑窗口中，如图15-47所示。

图15-47

05 在工具箱中选取椭圆选框工具，如图15-48所示。

06 在15.2（1）图像上创建一个椭圆选区，如图15-49所示。

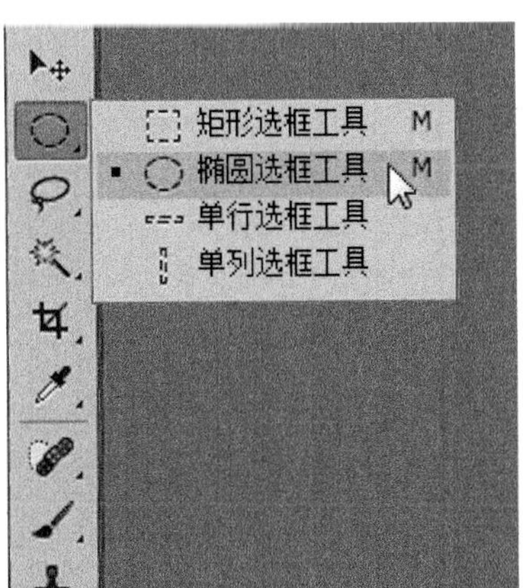

图15-48

图15-49

07 在椭圆选区上单击鼠标右键，弹出快捷菜单，选择“变换选区”选项，如图15-50所示。

图15-50

08 适当调整椭圆选区的大小，按【Enter】键确认调整，如图15-51所示。

09 在椭圆选区上单击鼠标右键，弹出快捷菜单，选择“选择反向”选项，如图15-52所示。

10 按【Delete】键删除选区内的图像，取消选区，如图15-53所示。

11 按【Ctrl＋T】组合键，适当调整图像的大小和位置，按【Enter】键确认调整，效果如图15-54所示。

图15-51

图15-52

图15-53

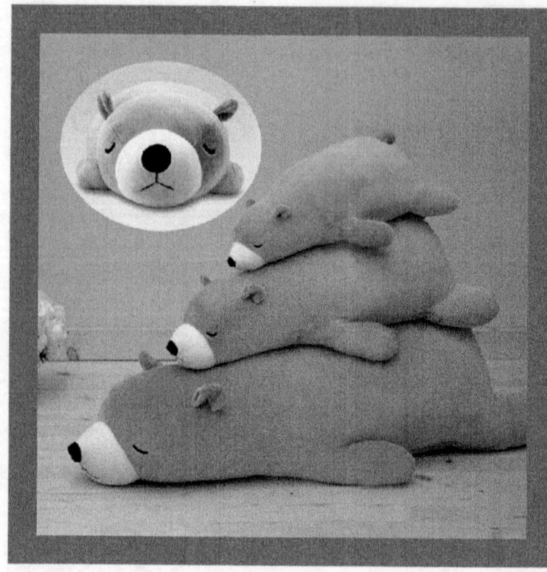

图15-54

⑫在“图层”面板中，双击“图层1”，如图15-55所示。

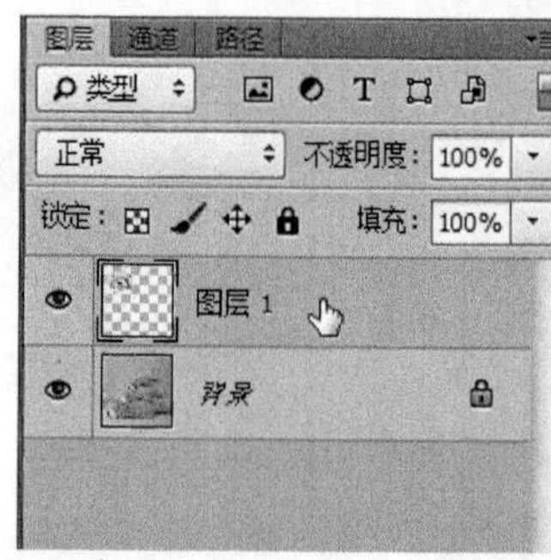

图15-55

⑬弹出“图层样式”对话框，选中“外发光”复选框，保持默认设置，如图15-56所示。

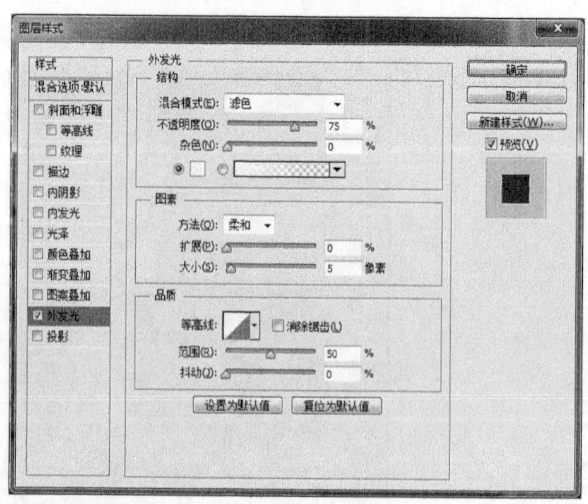

图15-56

14 单击“确定”按钮，即可应用“外发光”图层样式，效果如图15-57所示。

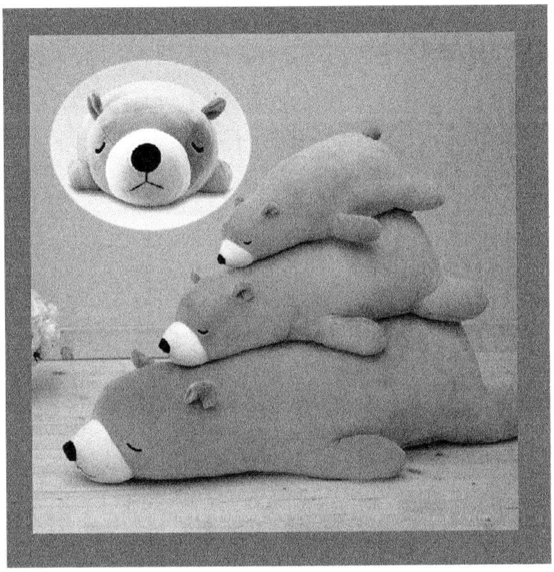

图15-57

15.2.3 制作玩具主图文案效果

下面主要运用自定形状工具、横排文字工具以及投影设置，制作玩具网店主图的文案效果。

01 在“图层”面板中，新建“图层2”，如图15-58所示。

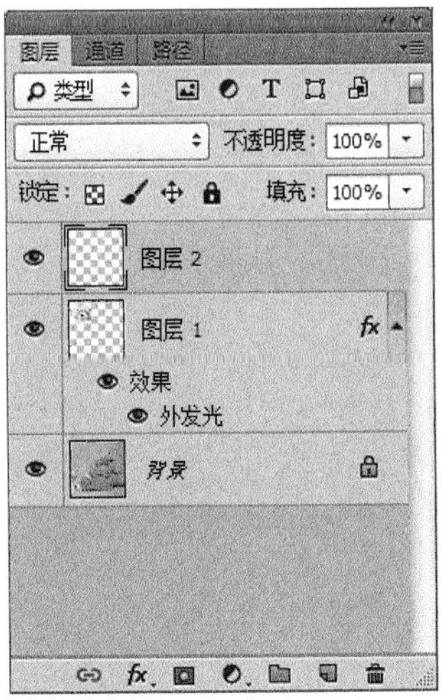

图15-58

02 在工具箱中选取自定形状工具，如图15-59所示。

03 在工具属性栏中的“形状”下拉列表框中，选择“会话1”形状样式，如图15-60所示。

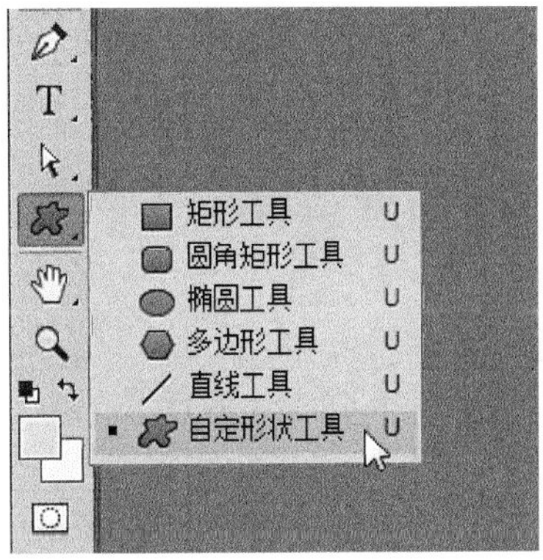

图15-59

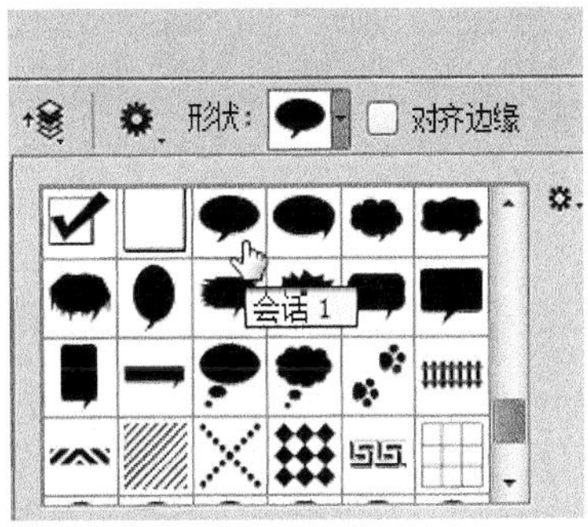

图15-60

04 在工具属性栏中的“选择工具模式”列表框中选择“形状”选项，设置“填充”为红色（RGB参数值分别为223、64、70），如图15-61所示。

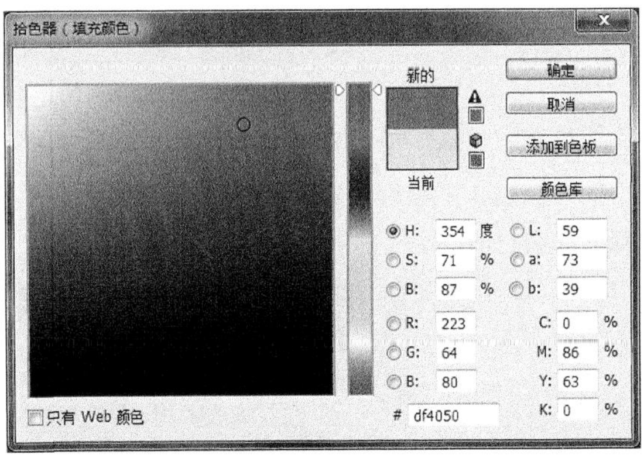

图15-61

05 在图像中的合适位置，绘制一个自定义形状，如图15-62所示。

06 在工具箱中选取横排文字工具，如图15-63所示。

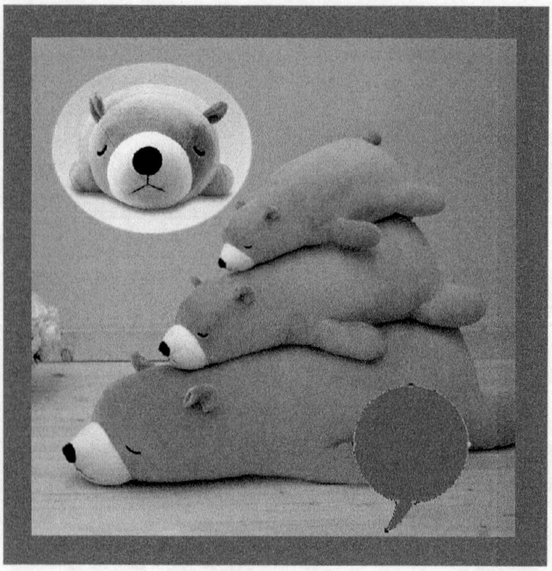

图15-62

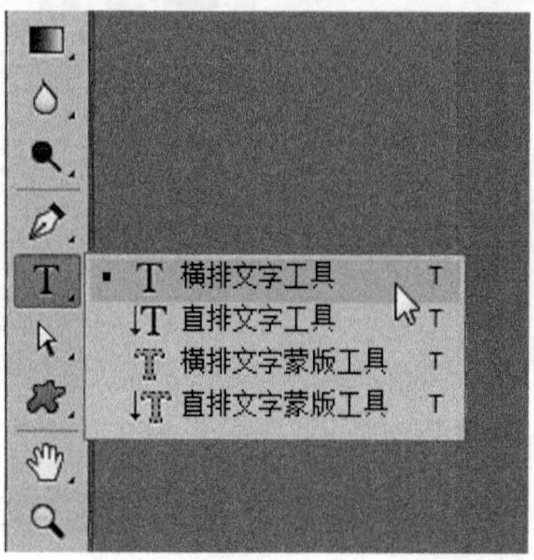

图15-63

07 设置“字体”为“方正大黑简体”、“字体大小”为15点、“颜色”为白色，单击“仿粗体”图标，如图15-64所示。

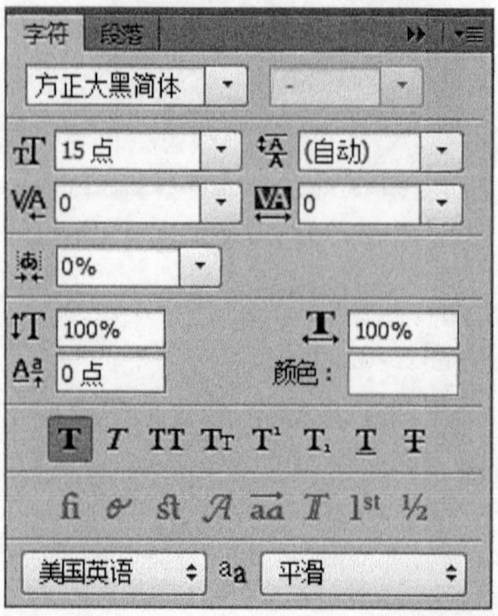

图15-64

08 输入文字“特价”，按【Ctrl+Enter】组合键确认输入，切换至移动工具，根据需要适当调整文字的位置，如图15-65所示。

图15-65

09 双击“特价”文字图层，弹出“图层样式”对话框，选中“投影”复选框，默认设置，单击“确定”按钮，完成玩具网店主图的最终效果，如图15-66所示。

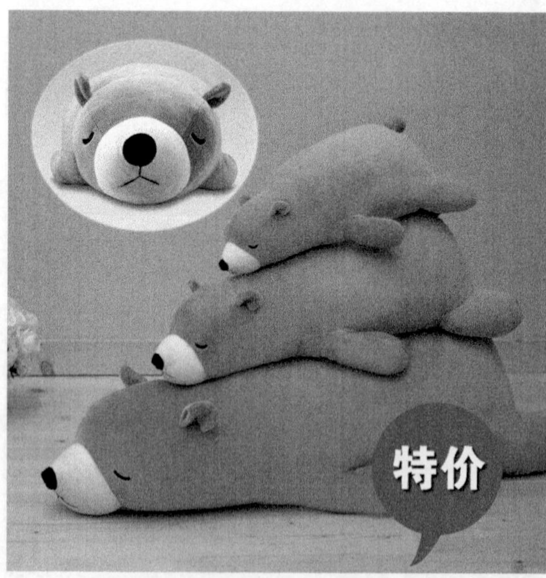

图15-66

15.3 设计厨具网店主图

本案例是为某品牌厨具网店设计平底锅商品主图。在制作的过程中，使用鲜艳的背景图片进行修饰，添加“赠品”促销方案，以及用简单的广告词来突出产品优势。

课堂案例	设计厨具网店主图
案例位置	效果>第15章>15.3.psd
视频位置	视频>第15章>设计厨具网店主图>课堂案例——制作厨具主图背景效果.mp4、课堂案例——制作厨具主图商品效果.mp4、课堂案例——制作厨具主图文案效果.mp4
难易指数	★★★★★
学习目标	掌握设计厨具网店主图的方法

本案例的最终效果如图15-67所示。

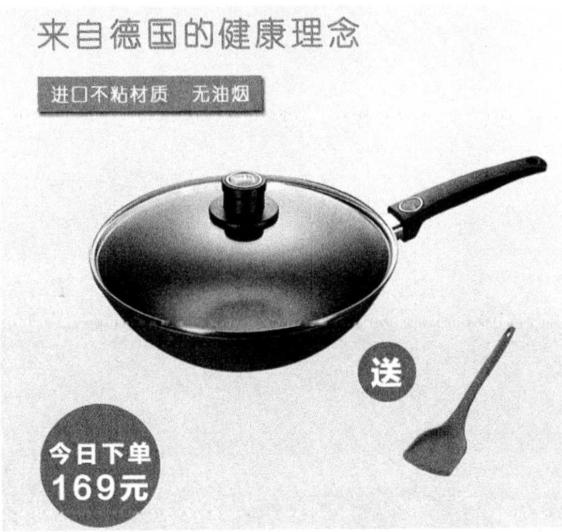

图15-67

15.3.1 制作厨具主图背景效果

下面主要通过裁剪工具来制作厨具网店主图的背景效果。

01 按【Ctrl+O】组合键，打开一幅素材图像15.3.jpg，如图15-68所示。

图15-68

02 在工具箱中选取裁剪工具，如图15-69所示。

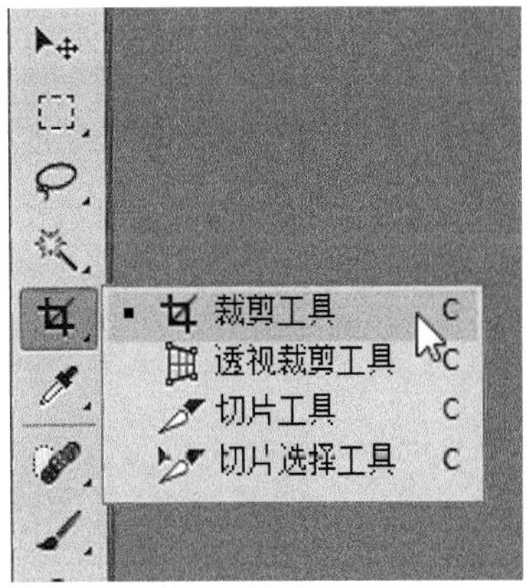

图15-69

03 在工具属性栏中的“选择预设长宽比或裁剪尺寸”列表框中选择“1:1（方形）”选项，如图15-70所示。

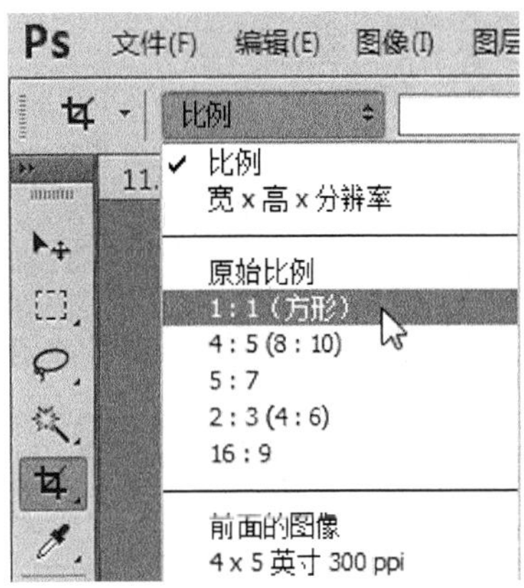

图15-70

04 在图像中显示1:1的方形裁剪框，如图15-71所示。

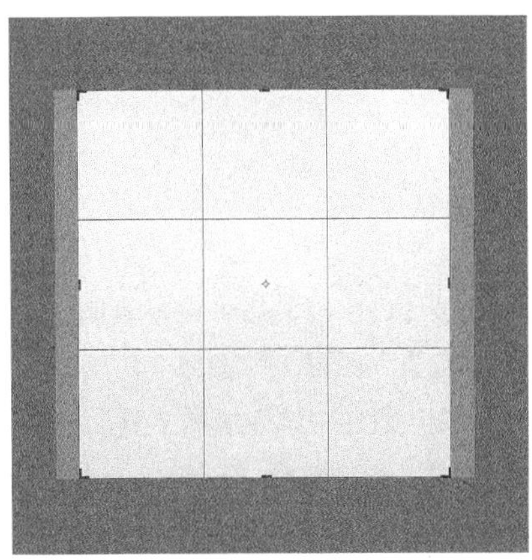

图15-71

05 移动裁剪控制框，确认裁剪范围，按【Enter】键，即可裁剪图像，效果如图15-72所示。

图15-72

15.3.2 制作厨具主图商品效果

下面主要运用魔棒工具和移动工具等，制作厨具网店主图的商品图像效果。

01 按【Ctrl＋O】组合键，打开一幅商品素材图像15.3（1）.jpg，如图15-73所示。

图15-73

02 按【Ctrl＋J】组合键，复制一个新图层，并隐藏"背景"图层，如图15-74所示。

03 在工具箱中选取魔棒工具，如图15-75所示。

04 在工具属性栏中设置"容差"为5，在图像的白色区域单击，创建选区，如图15-76所示。

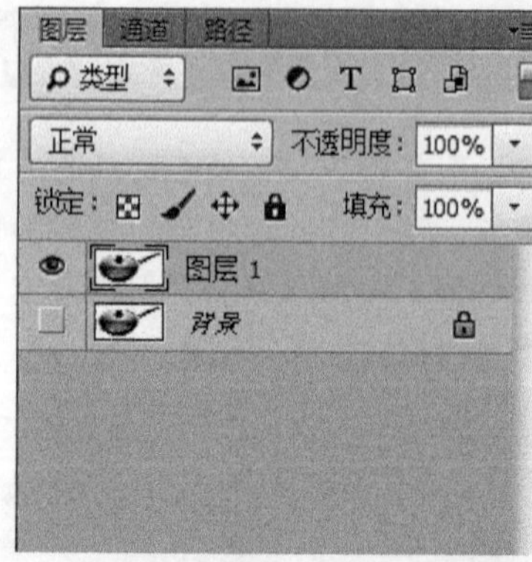

图15-74

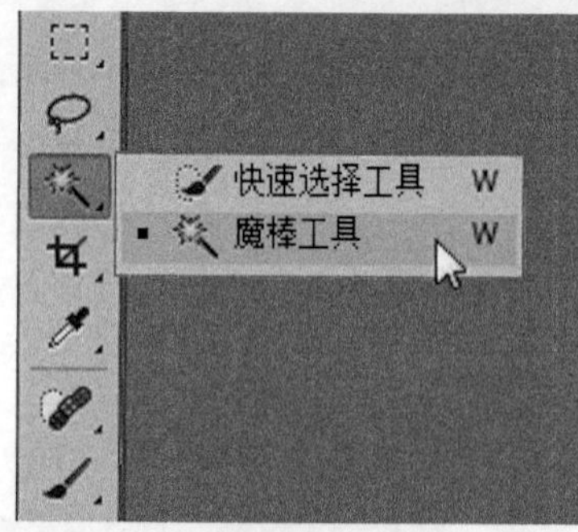

图15-75

图15-76

05 按【Delete】键，删除选区内的部分，并取消选区，如图15-77所示。

06 在工具箱中选取移动工具，将15.3（1）.jpg图像拖曳至15.3图像的编辑窗口中，如图15-78所示。

图15-77

图15-78

07 按【Ctrl＋T】组合键，调出变换控制框，如图15-79所示。

08 调整图像的大小和位置，按【Enter】键确认调整，如图15-80所示。

09 按【Ctrl＋O】组合键，打开一幅商品素材图像15.3（2）.jpg，如图15-81所示。

10 重复步骤（02）～步骤（07）的操作，将15.3（2）.jpg图像拖曳至15.3图像编辑窗口中，并调整图像的大小和位置，如图15-82所示。

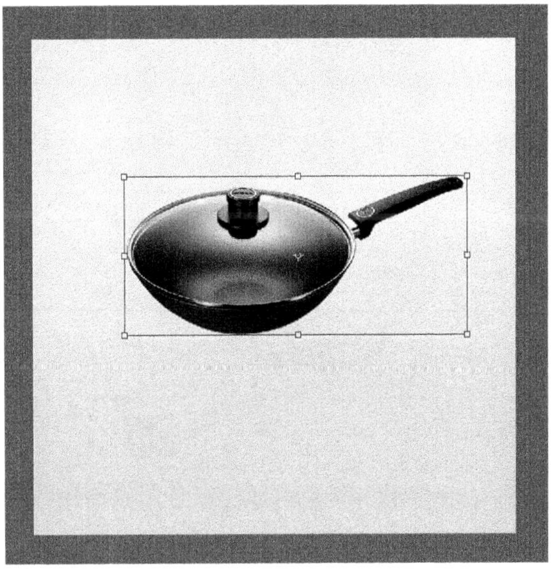

图15-79

图15-80

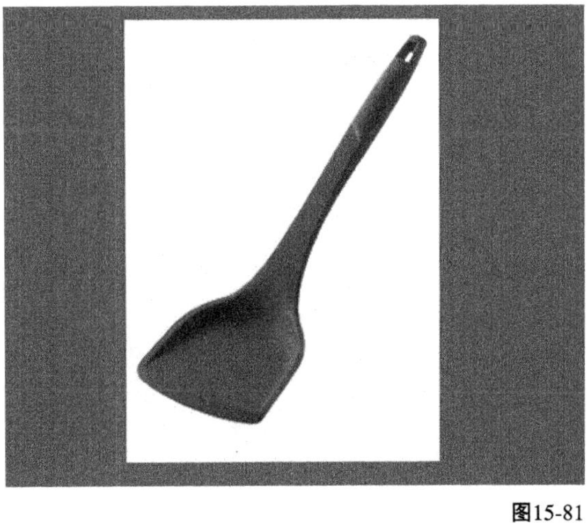

图15-81

图15-82

15.3.3 制作厨具主图文案效果

下面主要运用矩形工具、横排文字工具以及投影功能，制作厨具网店主图的文案效果。

01 在“图层”面板下方单击“创建新图层”按钮，新建“图层3”，如图15-83所示。

02 在工具箱中选取矩形工具，如图15-84所示。

03 在工具属性栏中，设置“填充”为橙色（RGB参数值分别为255、109、36），如图15-85所示。

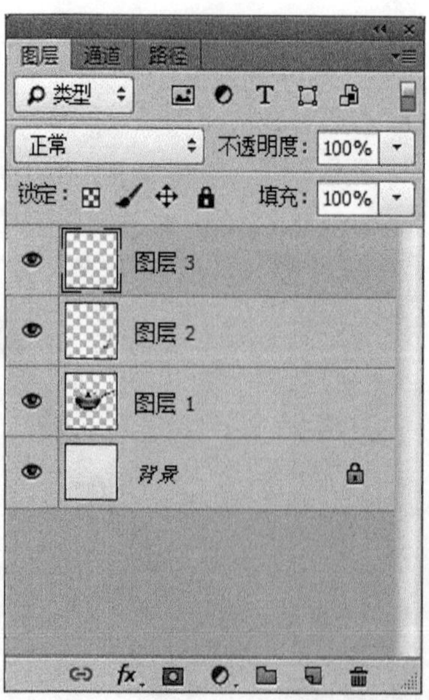

图15-83

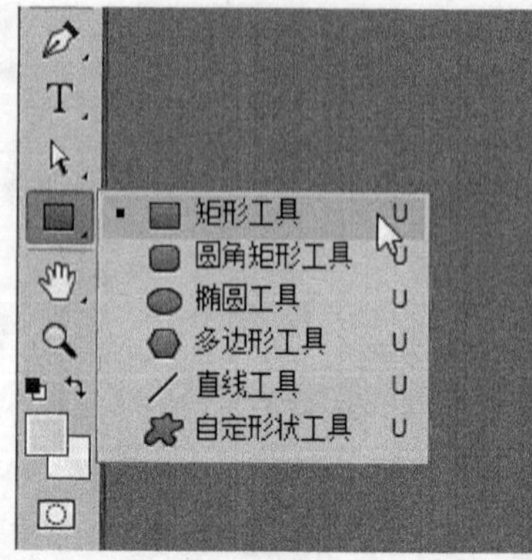

图15-84

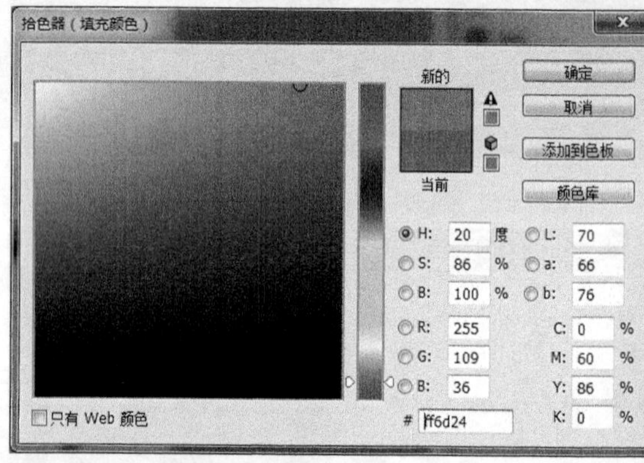

图15-85

04 在背景左上方的合适位置绘制一个矩形，如图15-86所示。

05 在“图层”面板中，双击“矩形1”图层，如图15-87所示。

图15-86

图15-87

06 弹出“图层样式”对话框，选中“投影”复选框，保持默认设置，如图15-88所示。

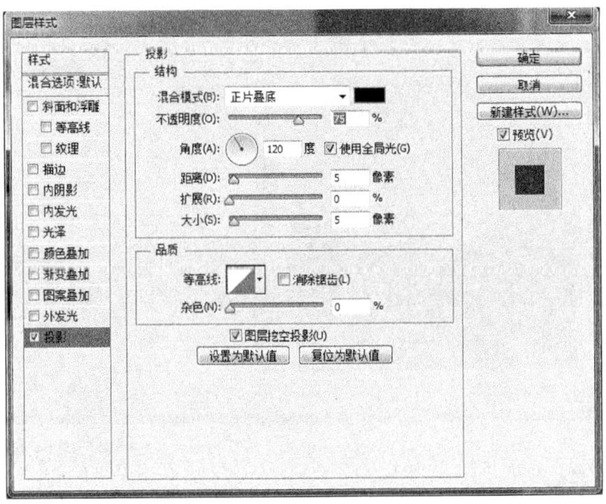

图15-88

07 单击“确定”按钮，为矩形添加投影效果，效果如图15-89所示。

图15-89

08 在工具箱中选取横排文字工具，如图15-90所示。

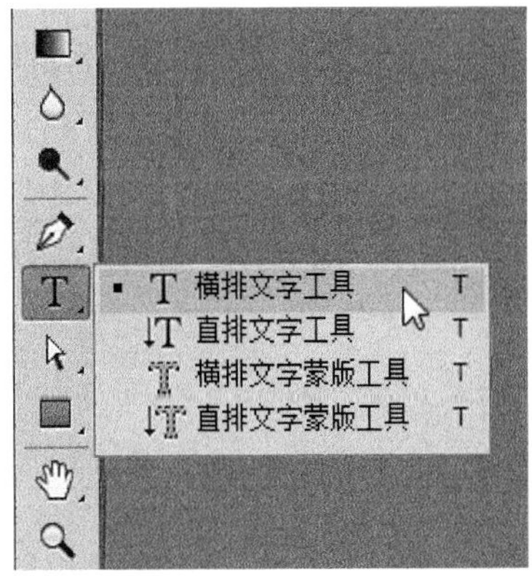

图15-90

09 设置“字体”为“幼圆”、“字体大小”为“6点”、“字距调整”为24、“颜色”为白色（RGB参数值均为255），单击“仿粗体”图标，如图15-91所示。

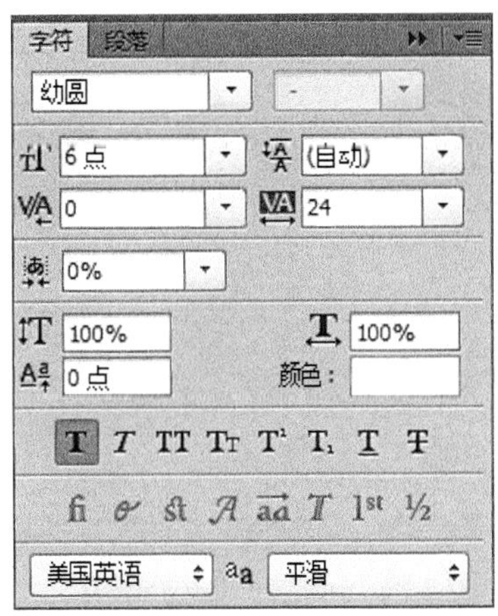

图15-91

10 输入文字，按【Ctrl＋Enter】组合键确认输入，切换至移动工具，根据需要适当调整文字的位置，效果如图15-92所示。

11 新建一个图层，在工具箱中选取横排文字工具，设置“字体”为“幼圆”、“字体大小”为11点、“颜色”为橙色（RGB参数值分别为255、108、35）、“字距调整”为24，单击“仿粗体”图标，如图15-93所示。

12 输入文字“来自德国的健康理念”，按【Ctrl＋Enter】组合键确认输入，切换至移动工具，根据需要适当调整文字的位置，效果如图15-94所示。

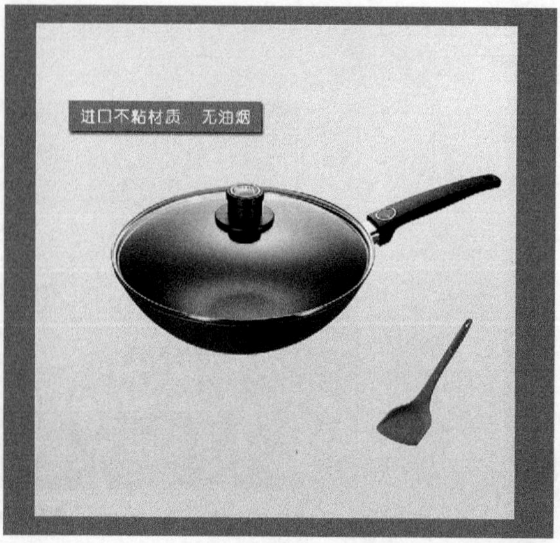

图15-92

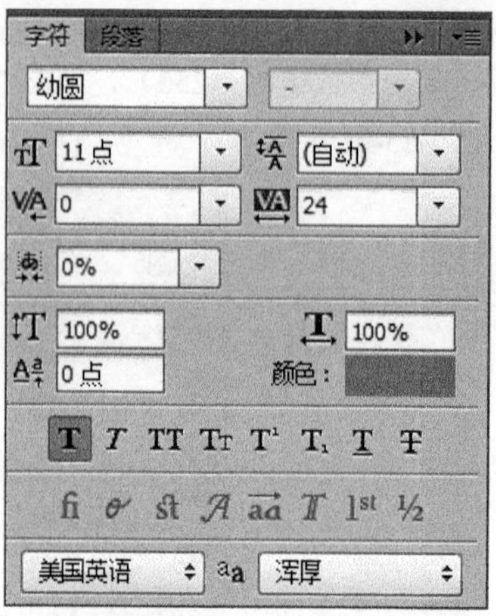

图15-93

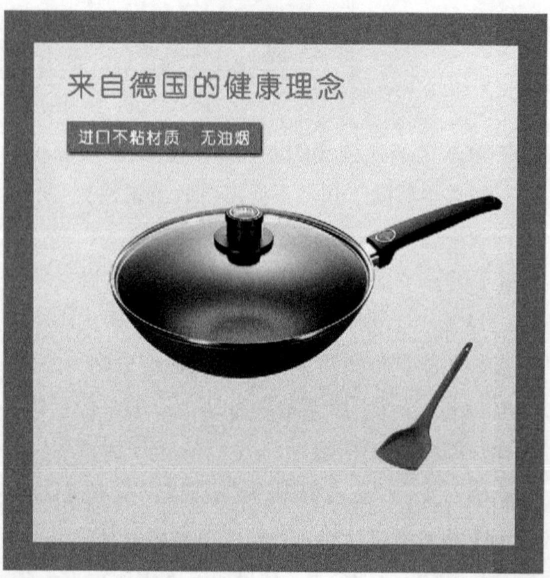

图15-94

13 在工具箱中选取椭圆工具，如图15-95所示。

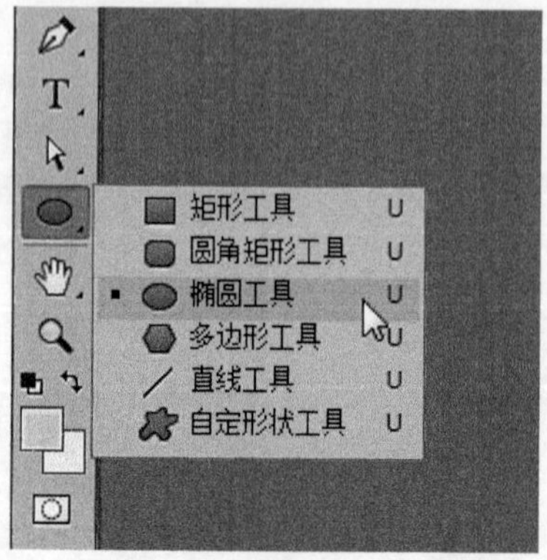

图15-95

14 在工具属性栏中，设置“填充”为红色（RGB参数值分别为253、2、14），如图15-96所示。

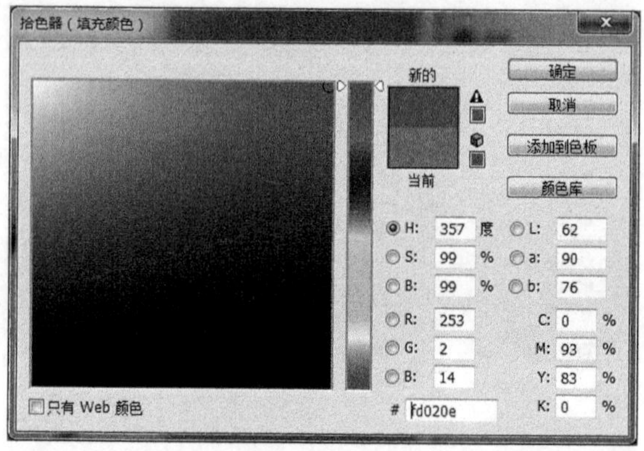

图15-96

15 在背景的合适位置，绘制一个圆形，如图15-97所示。

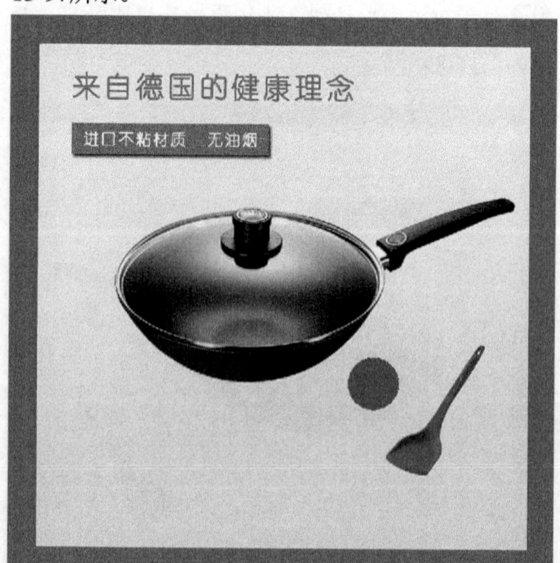

图15-97

16 在工具箱中选取横排文字工具，如图15-98所示。

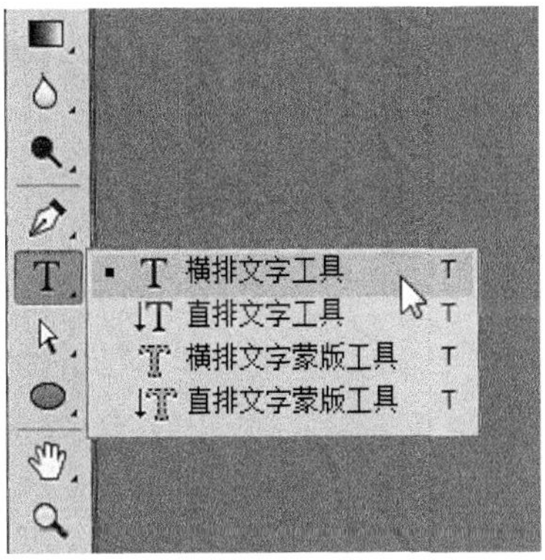

图15-98

17 设置“字体”为“方正兰亭粗黑简体”、“字体大小”为11点、“字距调整”为24、“颜色”为白色，单击“仿粗体”图标，如图15-99所示。

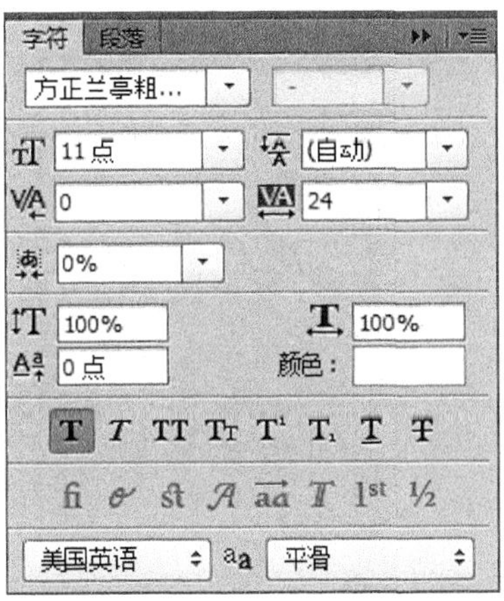

图15-99

18 输入文字“送”，按【Ctrl+Enter】组合键确认输入，切换至移动工具，根据需要适当调整文字的位置，如图15-100所示。

图15-100

19 按【Ctrl+O】组合键，打开一幅素材图像15.3（3）.psd，如图15-101所示。

图15-101

20 选择“图层1”，在工具箱中选取移动工具，将15.3（3）图像拖曳至15.3图像编辑窗口中，如图15-102所示。调整素材至合适位置，最终完成厨具网店主图效果的制作。

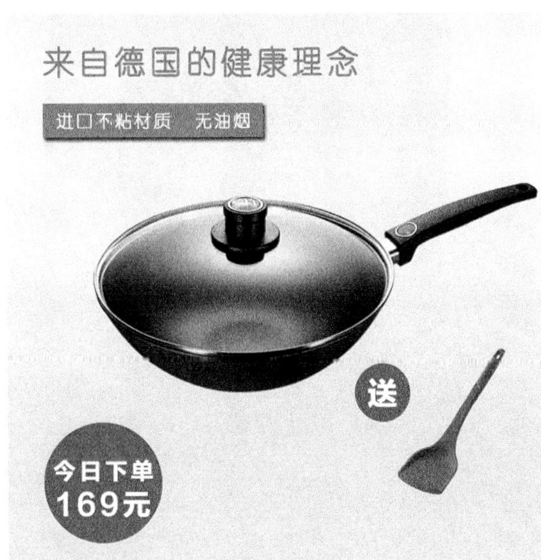

图15-102

15.4 本章小结

本章主要介绍淘宝店铺主图的设计方法，包括设计帆布鞋网店主图、设计玩具网店主图、设计厨具网店主图。通过对本章案例的学习，读者能够掌握淘宝网店主图设计的重点。

15.5 习题测试——设计手包网店主图

案例位置	效果\第15章\15.5.psd
难易指数	★★★★☆
学习目标	掌握设计手包网店主图的方法

本习题需要掌握设计网店主图的方法，素材 [15.5（1）.jpg、15.5（2）.jpg] 如图15-103所示，最终效果如图15-104所示。

图15-103

图15-104

第16章

淘宝美工商业案例实训

内容摘要

在现今竞争激烈的网络销售市场中，卖家除了要提供优质的产品外，更应该提高服务质量，网店卖家可以通过Photoshop CC让促销活动信息一目了然，吸引买家的注意力。本章介绍提高产品访问率与店铺品质的商业案例。

课堂学习目标

设计女鞋网店广告海报

设计售前售后客服区

设计汽车用品促销方案

16.1 设计女鞋网店广告海报

本案例是为女鞋网店设计店内广告海报，将女鞋图片与宣传文案自然地融合在一起，通过错落的排版方式和对比色彩有效地将视觉集中到画面中心的文字区域上。

课堂案例	设计女鞋网店广告海报
案例位置	效果>第16章>16.1.psd
视频位置	视频>第16章>设计女鞋网店广告海报>课堂案例——制作广告海报的背景效果.mp4、课堂案例——制作广告海报的商品效果.mp4、课堂案例——制作广告海报的文案效果.mp4
难易指数	★★★★★
学习目标	设计女鞋网店广告海报

本案例的最终效果如图16-1所示。

图16-1

16.1.1 制作广告海报的背景效果

下面主要运用新建命令、复制图层命令以及移动工具，制作女鞋网店广告海报的背景效果。

01 按【Ctrl＋N】组合键，弹出“新建”对话框，设置“名称”为16.1、“宽度”为1 225像素、“高度”为768像素、“分辨率”为72像素/英寸、“颜色模式”为“RGB颜色”、“背景内容”为“白色”，如图16-2所示。

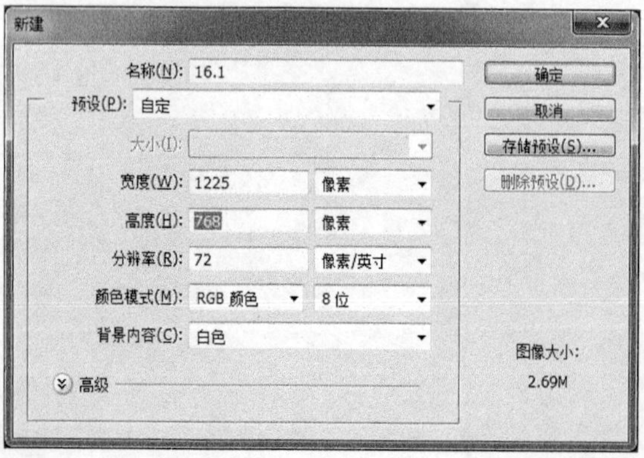

图16-2

02 单击“确定”按钮，新建一个空白图像，如图16-3所示。

图16-3

03 按【Ctrl＋O】组合键，打开16.1（1）.jpg素材图像，如图16-4所示。

图16-4

04 按【Ctrl＋J】组合键，复制一个新图层，并隐藏“背景”图层，如图16-5所示。

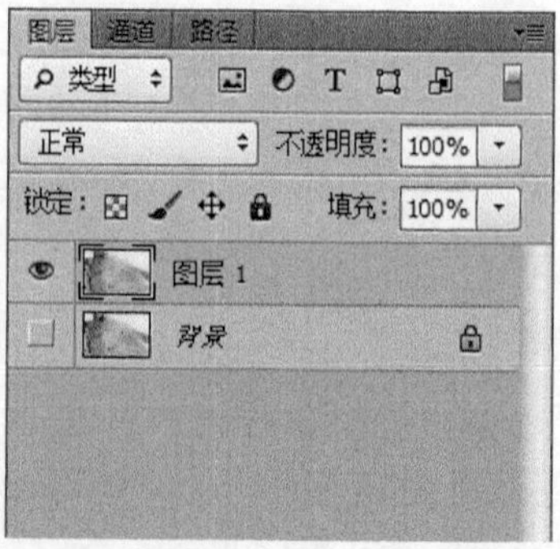

图16-5

05 在工具箱中选取移动工具，如图16-6所示。

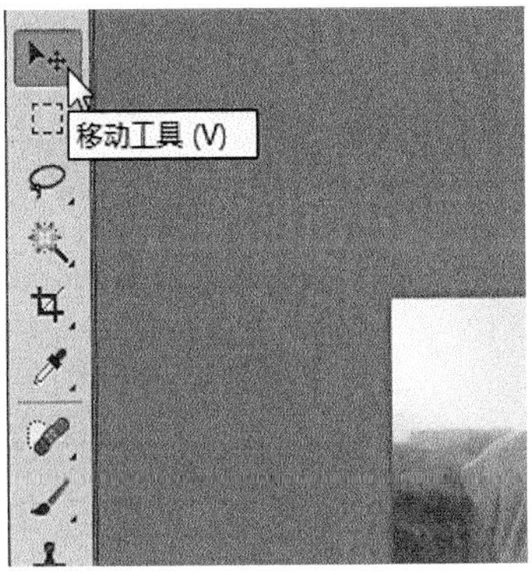

图16-6

06 将16.1（1）图像拖曳至16.1图像编辑窗口中，如图16-7所示。

图16-7

07 调整素材图像的位置，即可完成背景效果制作，效果如图16-8所示。

图16-8

16.1.2 制作广告海报的商品效果

下面主要运用魔棒工具、移动工具以及变换等功能，制作女鞋网店广告海报的商品图像效果。

01 按【Ctrl＋O】组合键，打开一幅商品素材图像16.1（2）.jpg，如图16-9所示。

图16-9

02 按【Ctrl＋J】组合键，复制一个新图层，并隐藏“背景”图层，如图16-10所示。

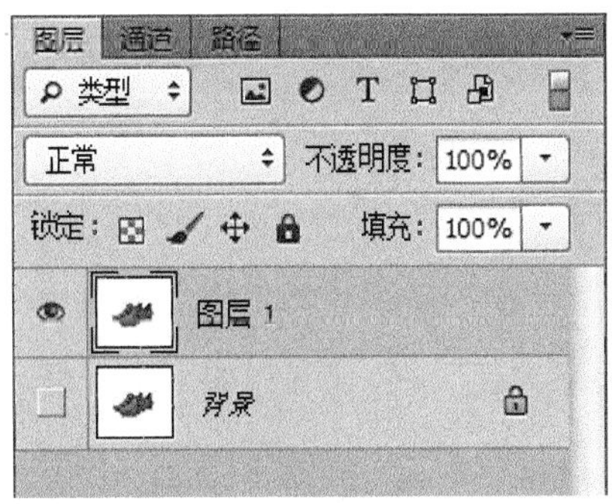

图16-10

03 在工具箱中选取魔棒工具，如图16-11所示。

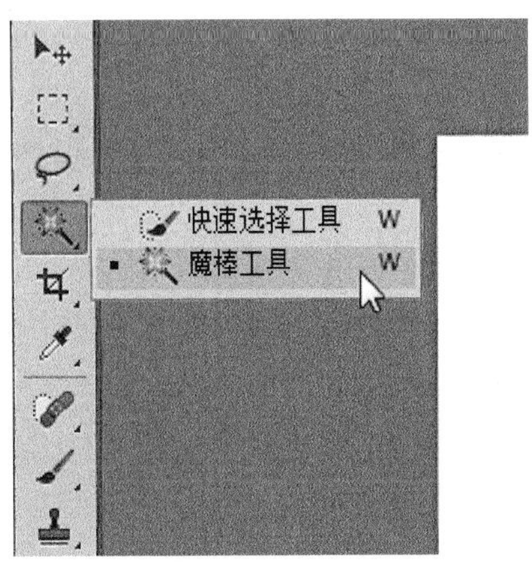

图16-11

04 在工具属性栏中设置“容差”为6，在图像的白色区域单击，即可创建选区，如图16-12所示。

图16-12

05 按【Delete】键，删除选区内的部分，并取消选区，如图16-13所示。

图16-13

06 在工具箱中选取移动工具，将16.1（2）.jpg图像拖曳至16.1图像编辑窗口中，如图16-14所示。

图16-14

07 按【Ctrl＋T】组合键，调出变换控制框，如图16-15所示。

图16-15

08 调整图像的大小和位置，按【Enter】键确认调整，如图16-16所示。

图16-16

技巧与提示

网店商品的广告海报一定要注重制作的美观度，这在很大程度上决定了能否有效地吸引买家的注意力，好看的商品广告海报会让买家忍不住点进去一看究竟，这能够很好地拉动店铺的流量，促进商品成交。

16.1.3 制作广告海报的文案效果

下面主要运用横排文字工具、描边设置以及椭圆工具，制作女鞋网店广告海报的文案效果。

01 在工具箱中选取横排文字工具，如图16-17所示。

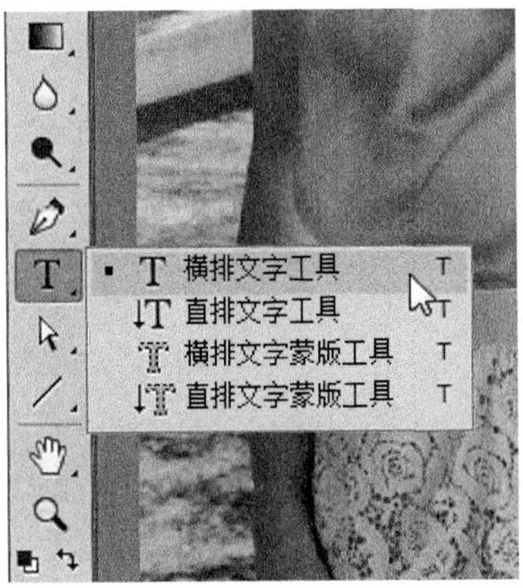

图16-17

02 设置“字体”为“锐字锐线梦想黑简1.0”、“字体大小”为16点、“字距调整”为 31、“颜色”为玫红色（RGB参数值分别为215、50、180），如图16-18所示。

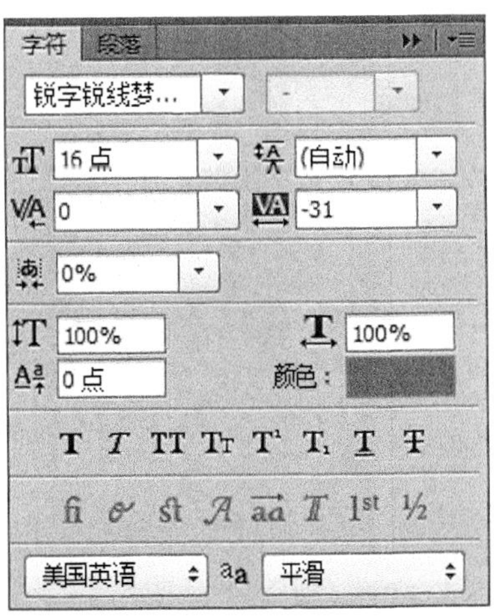

图16-18

03 输入文字“只限今日”，按【Ctrl+Enter】组合键确认输入，切换至移动工具，根据需要适当调整文字的位置，效果如图16-19所示。

图16-19

04 新建一个图层，切换至横排文字工具，设置“字体”为“方正大标宋简体”、“字体大小”为72点、“颜色”为玫红色（RGB参数值分别为215、50、180）、“字距调整”为-218，单击“仿粗体”图标，如图16-20所示。

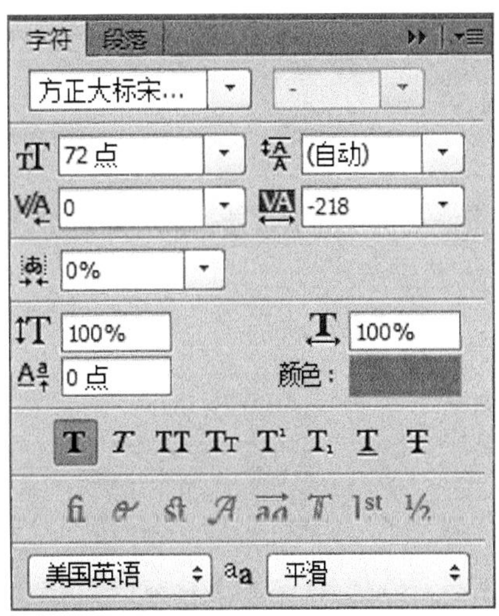

图16-20

05 输入文字“188”，按【Ctrl+Enter】组合键确认输入，切换至移动工具，根据需要适当调整文字的位置，效果如图16-21所示。

06 双击“188”文字图层，弹出“图层样式”对话框，选中“描边”复选框，设置“描边颜色”为白色，如图16-22所示。

图16-21

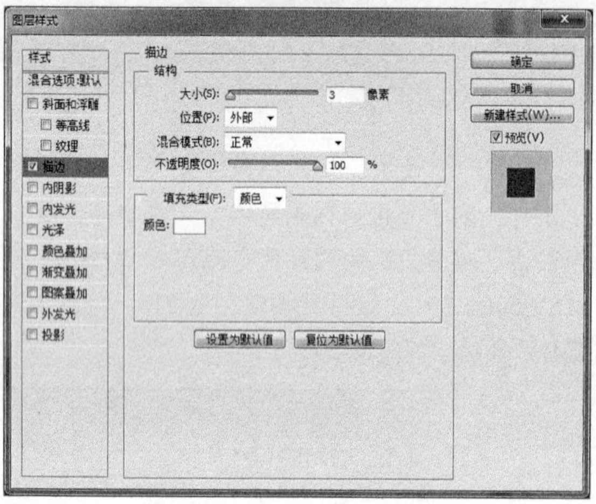

图16-22

07 单击“确定”按钮，完成对文字的设置，如图16-23所示。

图16-23

08 按【Ctrl＋O】组合键，打开一幅素材图像16.1（3）.psd，如图16-24所示。

09 在工具箱中选取移动工具，将16.1（3）.psd图像拖曳至16.1图像编辑窗口中，如图16-25所示。

图16-24

图16-25

10 按【Ctrl＋T】组合键，调整16.1（3）.psd素材图像的位置，效果如图16-26所示。

图16-26

11 按【Ctrl＋O】组合键，打开一幅素材图像16.1（4）.psd，如图16-27所示。

12 在工具箱中选取移动工具，将16.1（4）.psd图像拖曳至16.1图像编辑窗口中，如图16-28所示。

图16-27

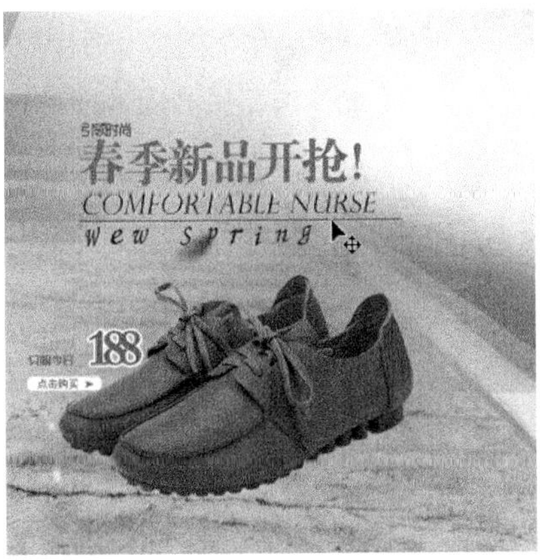

图16-28

⑬ 调整16.1（4）.psd素材图像的位置，效果如图16-29所示。

图16-29

⑭ 在工具箱中选取椭圆工具，如图16-30所示。

⑮ 在工具属性栏中，设置“填充”为粉红色（RGB参数值分别为224、118、151），如图16-31所示。

图16-30

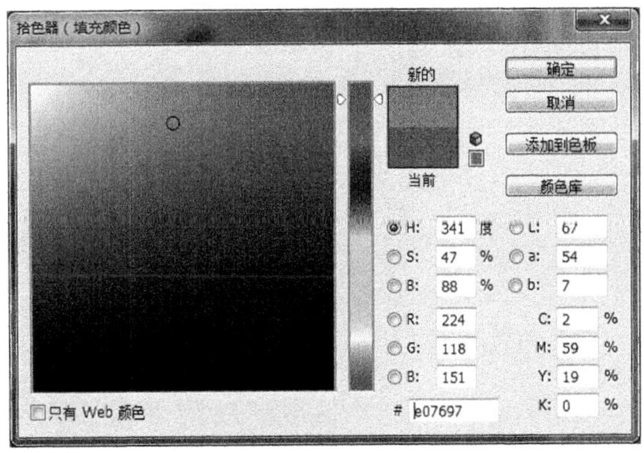

图16-31

⑯ 在背景的合适位置，绘制一个圆形，如图16-32所示。

图16-32

⑰ 在工具箱中选取横排文字工具，如图16-33所示。

⑱ 设置“字体”为“幼圆”、“字体大小”为24点、“行距”为28点、“字距调整”为-89、“颜色”为白色，单击“仿粗体”图标，如图16-34所示。

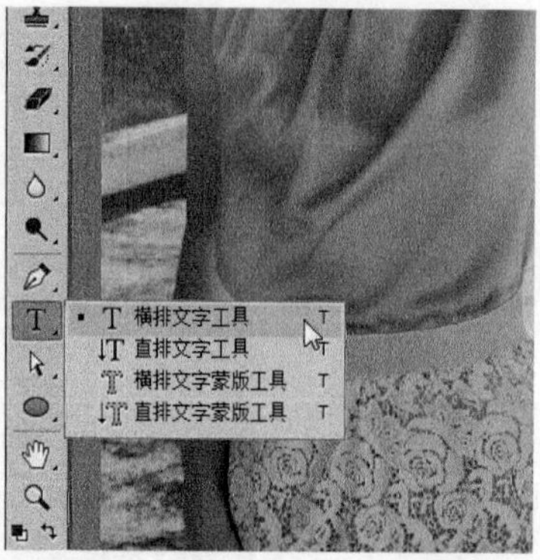

图16-33

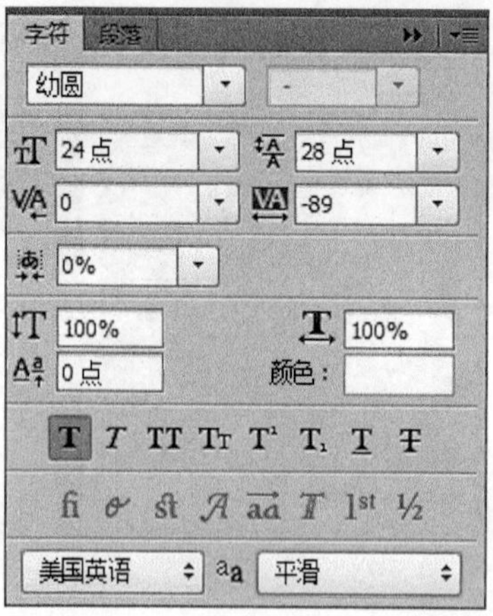

图16-34

19 输入文字“限时优惠”，按【Ctrl+Enter】组合键确认输入，切换至移动工具，根据需要适当调整文字的位置，按【Ctrl+T】组合键，对文字进行旋转，得到最终效果。

16.2 设计汽车用品促销方案

本案例是为汽车用品店铺设计买赠促销方案，画面采用左右分栏的方式排版，将画面进行合理的分配，让顾客体会到商家的活动内容和活动营造的火爆气氛，增加点击率和浏览时间，提高店铺的转化率。

课堂案例	设计汽车用品促销方案
案例位置	效果>第16章>16.2.psd
视频位置	视频>第16章>设计汽车用品促销方案>课堂案例——制作促销方案的背景效果.mp4、课堂案例——制作促销方案的商品效果.mp4、课堂案例——制作促销方案的文案效果.mp4
难易指数	★★★★★
学习目标	掌握设计汽车用品促销方案的方法

本案例的最终效果如图16-35所示。

图16-35

16.2.1 制作促销方案的背景效果

下面主要运用“新建”命令、矩形工具、移动工具等，制作汽车用品促销方案的背景效果。

01 按【Ctrl+N】组合键，弹出“新建”对话框，设置“名称”为16.2、“宽度”为790像素、“高度”为516像素、“分辨率”为300像素/英寸、“颜色模式”为“RGB颜色”、“背景内容”为“白色”，如图16-36所示。

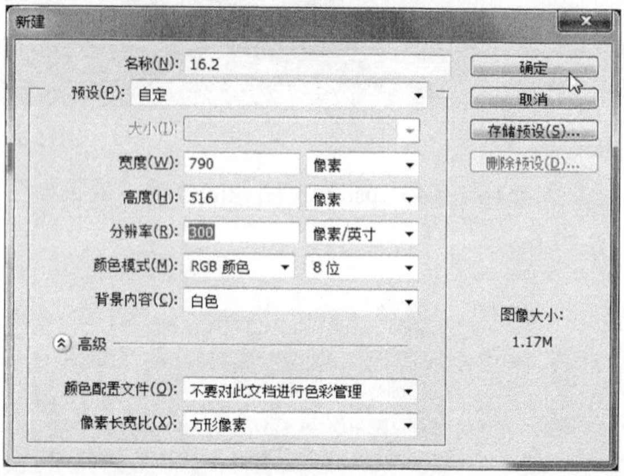

图16-36

02 单击“确定”按钮，新建一个空白图像，如图16-37所示。

图16-37

03 在工具箱中选取矩形工具，如图16-38所示。

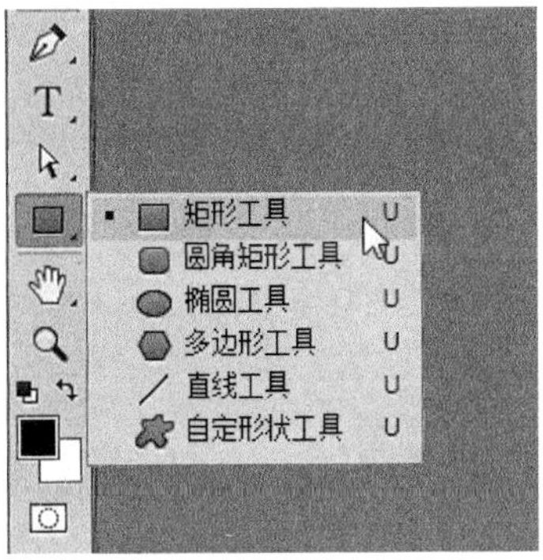

图16-38

04 在工具属性栏中，设置“填充”为蓝色（RGB参数值分别为27、176、209），如图16-39所示。

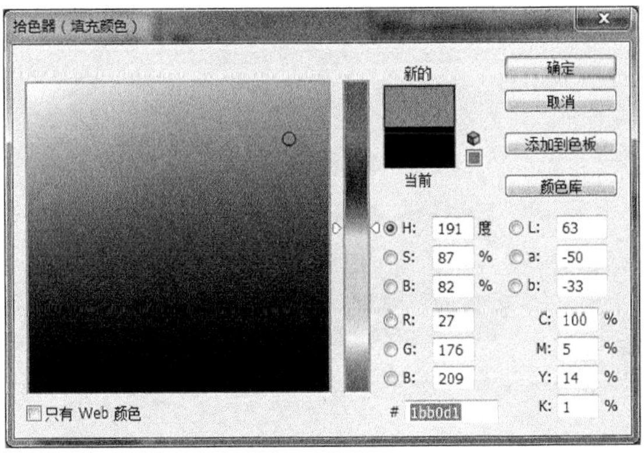

图16-39

05 在合适位置，绘制一个矩形，调整矩形的位置，背景效果如图16-40所示。

图16-40

16.2.2 制作促销方案的商品效果

下面主要运用“新建”命令、魔棒工具、移动工具、“透视”命令等，制作汽车用品促销方案的商品效果。

01 按【Ctrl+O】组合键，打开一幅商品素材图像16.2（3）.jpg，如图16-41所示。

02 按【Ctrl+J】组合键，复制一个新图层，并隐藏“背景”图层，如图16-42所示。

03 在工具箱中选取魔棒工具，如图16-43所示。

技巧与提示

网店商品促销方案的制作要注意两点，一是主题鲜明，二是夺人眼球。

图16-41

图16-42

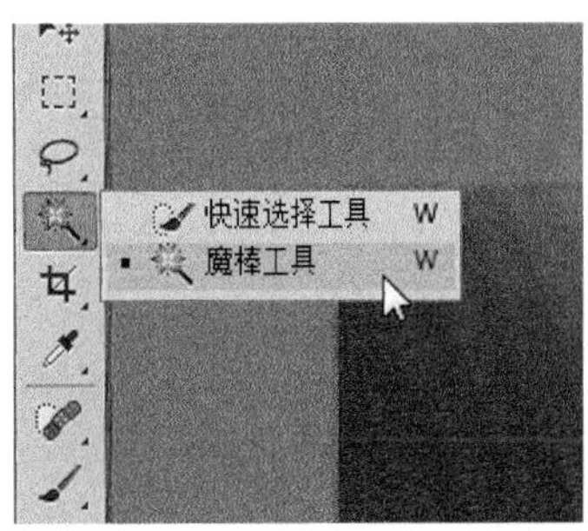

图16-43

04 在工具属性栏中单击“添加到选区”按钮，设置“容差”为10，在图像的背景区域单击，创建选区，如图16-44所示。

图16-44

05 按【Delete】键，删除选区内的部分，并取消选区，如图16-45所示。

图16-45

06 在工具箱中选取移动工具，将16.2（3）.jpg图像拖曳至16.2图像编辑窗口中，如图16-46所示。

07 按【Ctrl＋T】组合键，调出变换控制框，如图16-47所示。

图16-46

图16-47

08 调整图像的大小和位置，按【Enter】键确认调整，如图16-48所示。

图16-48

09 按【Ctrl＋O】组合键，打开一幅商品素材图像16.2（1）.jpg，如图16-49所示。

图16-49

10 重复步骤（02）～步骤（08）的操作，将16.2（1）.jpg 图像拖曳至16.2图像编辑窗口中，并且调整图像的大小和位置，如图16-50所示。

图16-50

11 按【Ctrl＋T】组合键，调出变换控制框，单击“编辑”|“变换”|“透视”命令，如图16-51所示。

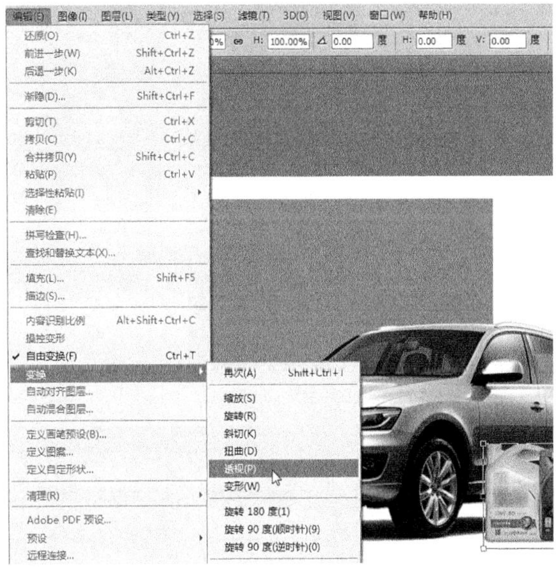

图16-51

12 在按住【Shift】键的同时单击调整图像，按【Enter】键确认调整，如图16-52所示。

图16-52

16.2.3 制作促销方案的文案效果

下面主要运用横排文字工具、对齐设置来制作汽车用品促销方案的文案效果。

01 在工具箱中选取横排文字工具，如图16-53所示。

02 设置“字体”为“微软雅黑”、“字体样式”为“Bold”、“字体大小”为14点、“字距调整”为50、“颜色”为白色（RGB参数值均为255），如图16-54所示。

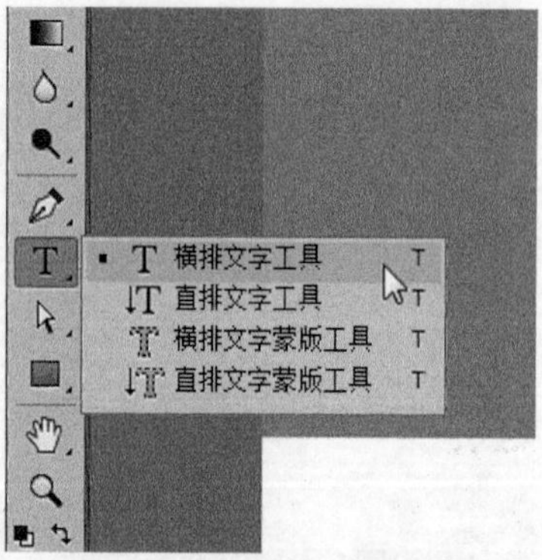

图16-53

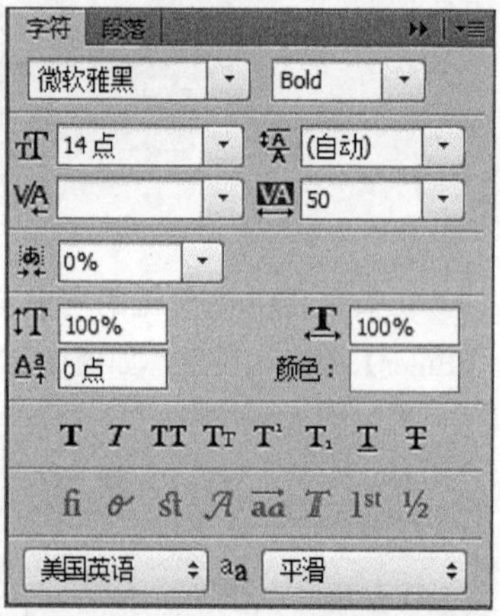

图16-54

03 输入文字，按【Ctrl＋Enter】组合键确认输入，切换至移动工具，根据需要适当调整文字的位置，效果如图16-55所示。

图16-55

04 切换至横排文字工具，在文字下方的合适位置单击，确定下一个文字输入的大致位置，如图16-56所示。

图16-56

05 设置“字体”为“微软雅黑”、“字体样式”为“Bold”、“字体大小”为9点、“字距调整”为50、“颜色”为白色（RGB参数值均为255），如图16-57所示。

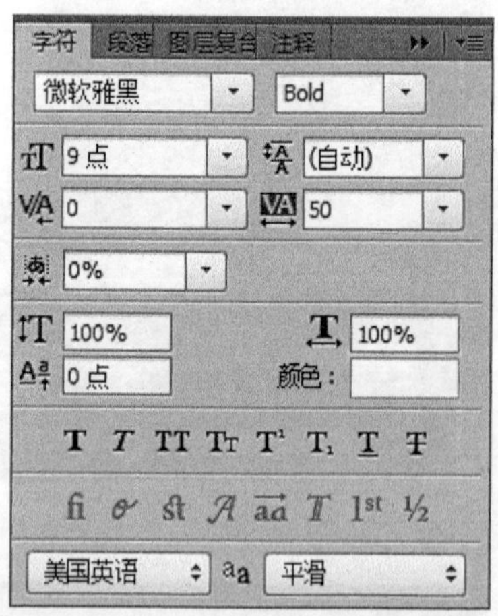

图16-57

06 输入文字，按【Ctrl＋Enter】组合键确认输入，切换至移动工具，根据需要适当调整文字的位置，效果如图16-58所示。

图16-58

07 切换至横排文字工具，在文字下方的合适位置单击，确定下一个文字输入的大致位置，如图16-59所示。

图16-59

08 设置“字体”为“幼圆”、“字体大小”为7点、“字距调整”为50、“颜色”为白色（RGB参数值均为255），单击“仿粗体”图标，如图16-60所示。

09 输入文字，按【Ctrl＋Enter】组合键确认输入，切换至移动工具，根据需要适当调整文字的位置，效果如图16-61所示。

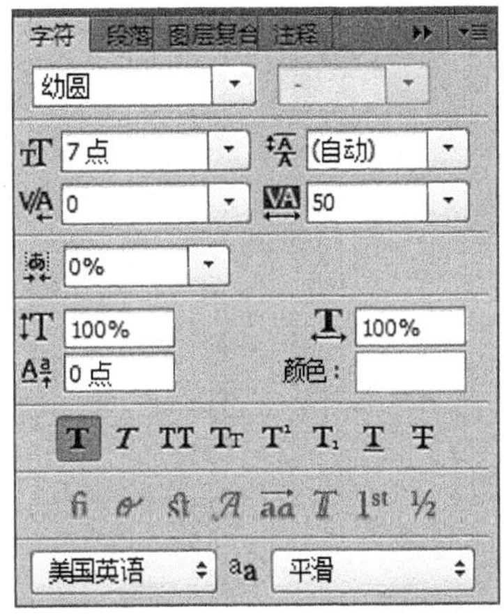

图16-60

图16-61

10 切换至横排文字工具，在文字下方的合适位置单击，确定输入下一个文字的大致位置，如图16-62所示。

图16-62

11 设置“字体”为“幼圆”、“字体大小”为5点、“字距调整”为50、“颜色”为白色（RGB参数值均为255），单击“仿粗体”图标，如图16-63所示。

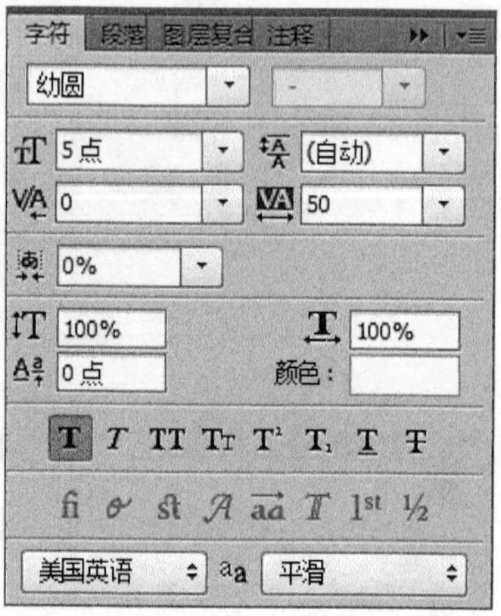

图16-63

12 输入文字，按【Ctrl＋Enter】组合键确认输入，切换至移动工具，根据需要适当调整文字的位置，效果如图16-64所示。

图16-64

13 在工具箱中选取移动工具，在“图层”面板中选中所有的文字图层，在工具属性栏中，单击“左对齐”按钮，设置文字图层左对齐，最终完成汽车用品促销方案的制作，效果如图16-65所示。

图16-65

16.3 设计售前售后客服区

本案例是为某店铺设计客服区，将售前服务与售后服务组合在一起。

课堂案例	设计售前售后客服区
案例位置	效果>第16章>16.3.psd
视频位置	视频>第16章>设计售前售后服务区>课堂案例——制作客服区的背景效果.mp4、课堂案例——制作客服区的文字效果.mp4、课堂案例——制作客服区的合成效果.mp4
难易指数	★★★★★
学习目标	掌握设计售前售后客服区的方法

本案例的最终效果如图16-66所示。

图16-66

16.3.1 制作客服区的背景效果

下面主要运用“新建”命令、移动工具等，制作售前售后客服区的背景效果。

01 按【Ctrl＋N】组合键，弹出“新建”对话框，设置“名称”为16.3、“宽度”为990像素、“高度”为210像素、“分辨率”为300像素/英寸、“颜色模式”为“RGB颜色”、“背景内容”为“白色”，如图16-67所示。

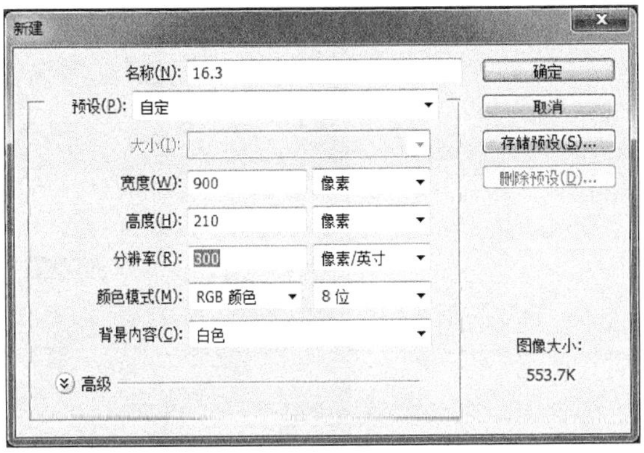

图16-67

02 单击“确定”按钮，新建一个空白图像，如图16-68所示。

图16-68

03 单击工具箱底部的前景色色块，弹出“拾色器（前景色）”对话框，设置RGB参数值分别为233、230、195，如图16-69所示，单击“确定”按钮。

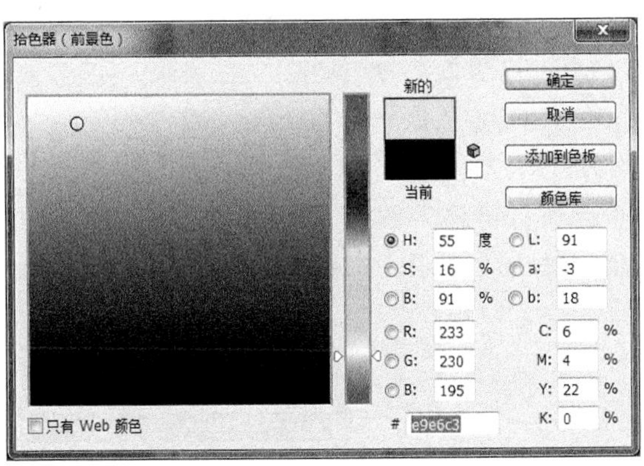

图16-69

04 按【Alt＋Delete】组合键，填充背景，如图16-70所示。

图16-70

05 按【Ctrl＋O】组合键，打开16.3（2）.psd素材图像，如图16-71所示。

06 在工具箱中选取移动工具，选择“图层1”，将素材图像拖曳至16.3图像编辑窗口中，如图16-72所示。

07 调整素材图像的位置，最终效果如图16-73所示。

图16-71

图16-72

图16-73

16.3.2 制作客服区的文字效果

下面主要运用横排文字工具来制作售前售后客服区的文字效果。

01 在工具箱中选取横排文字工具，如图16-74所示。

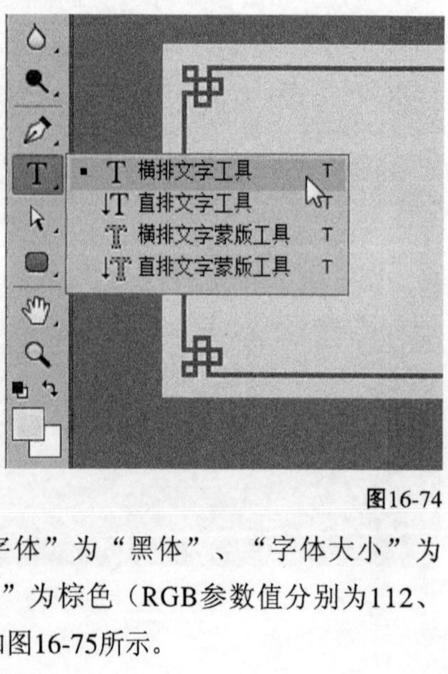

图16-74

02 设置“字体”为“黑体”、“字体大小”为9点、“颜色”为棕色（RGB参数值分别为112、73、16），如图16-75所示。

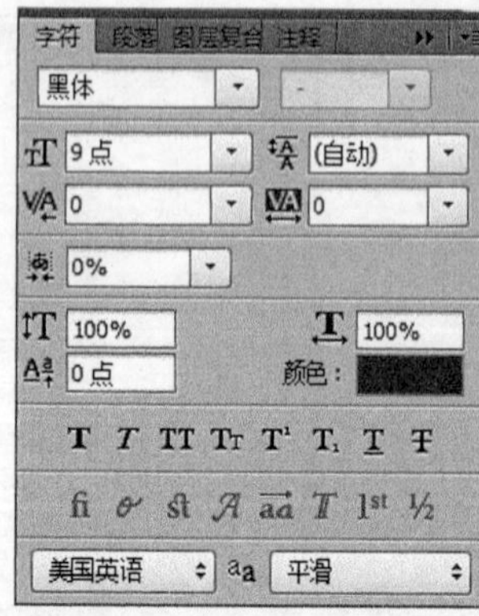

图16-75

03 输入文字，按【Ctrl+Enter】组合键确认输入，切换至移动工具，根据需要适当调整文字的位置，效果如图16-76所示。

图16-76

04 切换至横排文字工具，在文字右侧的合适位置单击，确定输入文字的位置，设置“字体”为“楷体”、“字体大小”为4点、“颜色”为棕色（RGB参数值分别为112、73、16），单击“仿粗体”图标，如图16-77所示。

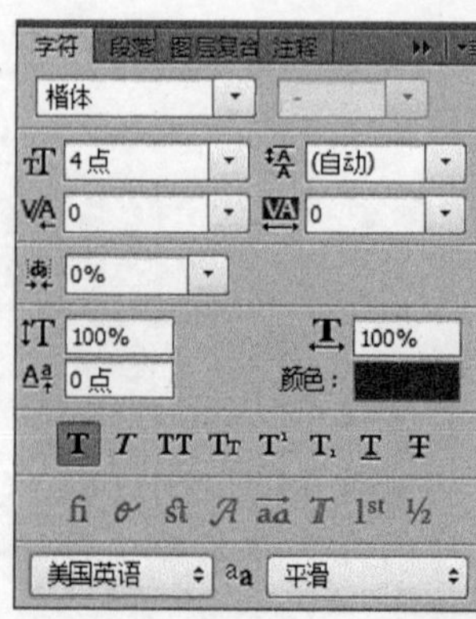

图16-77

05 输入文字，按【Ctrl+Enter】组合键确认输入，切换至移动工具，根据需要适当调整文字的位置，效果如图16-78所示。

图16-78

06 切换至横排文字工具，在文字下方的合适位置单击鼠标左键，确定输入文字的位置，设置“字体”为“Times New Roman”、“字体大小”为3点、“颜色”为棕色（RGB参数值分别为112、73、16），单击“仿粗体”和“标准连字”图标fi，如图16-79所示。

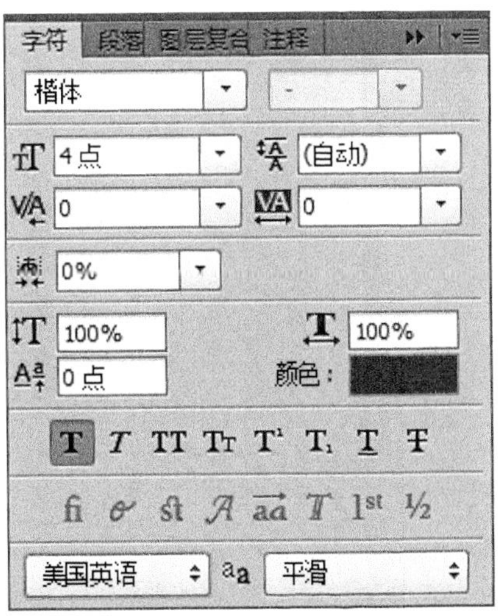

图16-79

07 输入文字，按【Ctrl+Enter】组合键确认输入，切换至移动工具，根据需要适当调整文字的位置，文字效果如图16-80所示。

图16-80

16.3.3 制作客服区的合成效果

下面主要运用移动工具、调整操作等，制作售前售后客服区的合成效果。

01 按【Ctrl+O】组合键，打开16.3（1）.psd素材图像，如图16-81所示。

02 选择“图层1”，在工具箱中选取移动工具，将素材图像拖曳至16.3图像编辑窗口中，如图16-82所示。按【Ctrl+T】组合键，调整素材图像的大小及位置，最终得到客服区的合成效果。

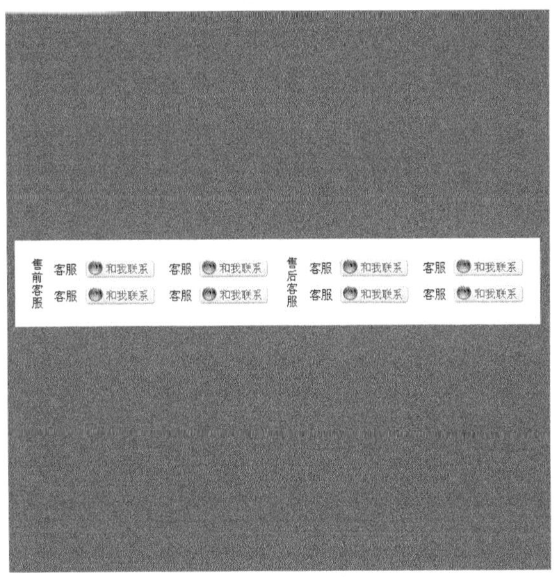

图16-81

图16-82

16.4 本章小结

本章主要介绍淘宝美工商业案例的设计方法，包括女鞋网店广告海报设计、汽车用品促销方案设计、售前售后客服区设计等。通过对本章案例的学习，读者能够掌握淘宝网店商业案例设计的重点。

16.5 习题测试——设计数码产品促销方案

案例位置	效果\第16章16.5.psd
难易指数	★★★★☆
学习目标	掌握设计数码产品促销方案的方法

本习题需要掌握设计数码产品促销方案的方法，素材（16.5.jpg）如图16-83所示，最终效果如图16-84所示。

图16-83

图16-84

附录

命令快捷键

快捷键	功能	快捷键	功能
Ctrl+N	新建项目	Ctrl+Alt	全选
Ctrl+M	新建HTML 5项目	Ctrl+E	向下合并图层
Ctrl+O	打开项目	Shift+ctrl+l	自动调色
Ctrl+S	保存	Alt+Shift+Ctrl+I	自动对比度
Shift+Ctrl+S	储存为	Alt+Shift+Ctrl+S	储存为Web所用格式
Ctrl+Z	撤销	Alt+Ctrl+I	图像大小
Ctrl+W	关闭	Alt+Ctrl+W	全部关闭
Alt	复制图层	Ctrl+Z	还原向下合并
Alt+Ctrl+Z	后退一步	Ctrl+V	粘贴
Shift+F5	填充	Alt+Shift+Ctrl+C	内容识别比例
Ctrl+T	自由变换	Shift+Ctrl+K	颜色设置
Alt+Shift+Ctrl+I	文件简介	Ctrl+P	打印
Alt+Shift+Ctrl+P	打印一份	Ctrl+Q	退出
Alt+Shift+Ctrl+A	自适应广角	Shift+Ctrl+R	镜头校正
Shift+Ctrl+X	液化	Alt+Ctrl+V	消失点
M	图层蒙版	V	矢量蒙版
Alt+ Ctrl+G	创建剪贴蒙版	Ctrl+G	图层编组
Shift+Ctrl+G	取消图层编组	Shift+Ctrl+E	合并可见图层
Shift+F9	动作	F5	画笔
F7	图层	F8	信息
F6	颜色	Ctrl+Y	校样颜色
Shift+Ctrl+Y	色域警告	Ctrl++	放大
Ctrl+-	缩小	Ctrl+0	按屏幕大小缩放
Ctrl+R	标尺	Ctrl+H	显示额外内容

课堂案例索引

（续）

案例名称	页码	案例名称	页码
课堂案例——运用快速选择工具抠取商品	112	课堂案例——运用矢量蒙版抠取商品	144
课堂案例——运用矩形选框工具抠取商品	114	课堂案例——运用快速蒙版抠取商品	145
课堂案例——运用椭圆选框工具抠取商品	115	课堂案例——横排商品文字效果的制作	149
课堂案例 运用套索工具抠取商品	116	课堂案例——直排商品文字效果的制作	151
课堂案例——运用磁性套索工具抠取商品	117	课堂案例——商品图像段落文本的制作	152
课堂案例——运用多边形套索工具抠取商品	119	课堂案例——商品文字沿路经排列效果的制作	153
课堂案例——运用橡皮擦工具抠取商品	119	课堂案例——商品文字路径形状的调整	155
课堂案例——运用背景橡皮擦工具抠取商品	120	课堂案例——商品横排文字蒙版效果的制作	156
课堂案例——运用魔术橡皮擦工具抠取商品	122	课堂案例——商品直排文字蒙版效果的制作	157
课堂案例——运用“反向”命令抠取商品商品	124	课堂案例——互换商品文字水平与垂直方向	160
课堂案例——运用“色彩范围”命令抠取商品	124	课堂案例——调整商品文字位置与排列顺序	161
课堂案例——运用钢笔工具绘制直线路径抠取商品	129	课堂案例——商品文字路径效果的制作	162
课堂案例——运用钢笔工具绘制曲线路径抠取商品	131	课堂案例——商品文字颜色效果的制作	163
课堂案例——运用自由钢笔工具绘制路径抠取商品	132	课堂案例——商品文字渐变效果的制作	164
课堂案例——运用矩形路径抠取商品	133	课堂案例——商品文字投影效果的制作	166
课堂案例——运用圆角矩形路径抠取商品	135	课堂案例——商品文字发光效果的制作	166
课堂案例——运用椭圆路径抠取商品	137	课堂案例——商品文字变形效果的制作	168
课堂案例——运用通道抠取商品图像	138	课堂案例——商品文字图像效果的制作	170
课堂案例——运用色阶调整配合通道抠取商品	140	课堂案例——商品文字描边效果的制作	171
课堂案例——运用“正片叠底”模式抠取商品	141	课堂案例——商品文字转换为位图模式	175
课堂案例——运用 “颜色加深”模式抠取商品	142	课堂案例——将图像转换为位图模式	175
课堂案例——运用“滤色”模式抠取商品	143	课堂案例——将图像转换为CMYK模式	176

（续）

案例名称	页码	案例名称	页码
课堂案例——将图像转换为RGB模式	176	课堂案例——通过“变化”命令制作彩色调商品图像	193
课堂案例——将图像转换为灰度模式	177	课堂案例——使用“色调均化”命令均化图像亮度值	194
课堂案例——将图像转换为双色调模式	177	课堂案例——通过“渐变映射”命令制作彩色渐变效果	195
课堂案例——将图像转换为多通道模式	178	课堂案例——通过“色调分离”命令调整商品图像色调	195
课堂案例——将图像转换为索引模式	179	课堂案例——通过通道混合器调整商品图像色调	196
课堂案例——将图像转换为多通道模式	179	课堂案例——制作戒指合成特效	199
课堂案例——通过自动色调调整商品图像色调	180	课堂案例——制作手表合成特效	201
课堂案例——通过“自动颜色”命令校正商品图像偏色	181	课堂案例——制作首饰合成特效	203
课堂案例——运用亮度/对比度调整商品图像色彩	182	课堂案例——制作发饰合成特效	205
课堂案例——运用色阶调整商品图像亮度范围	182	课堂案例——制作墨镜合成特效	207
课堂案例——运用曲线调整商品图像色调	183	课堂案例——制作情侣对戒合成特效	208
课堂案例——运用曝光度调整商品图像曝光	184	课堂案例——制作服饰搭配合成特效	216
课堂案例——通过色相/饱和度调整商品图像色调	185	课堂案例——制作女装合成特效	218
课堂案例——通过自然饱和度调整商品图像饱和度	186	课堂案例——制作美妆合成特效	222
课堂案例——通过色彩平衡调整商品图像偏色	187	课堂案例——制作女包合成特效	228
课堂案例——通过“替换颜色”命令替换商品图像颜色	187	课堂案例——制作手机合成特效	229
课堂案例——通过自动对比度调整商品图像对比度	181	课堂案例——制作床上用品合成特效	237
课堂案例——通过阴影/高光调整商品图像的明暗	189	课堂案例——制作家居合成特效	239
课堂案例——通过可选颜色改变商品图像颜色	190	课堂案例——制作玩具合成特效	231
课堂案例——通过照片滤镜过滤商品图像色调	190	课堂案例——制作促销方案的背景效果	300
课堂案例——通过“黑白”命令去除商品的图像色彩	191	课堂案例——制作促销方案的文案效果	303
课堂案例——通过“去色”命令制作灰度商品图像效果	192	课堂案例——制作客服区的合成效果	309
课堂案例——通过“HDR色调”命令调整商品图像色调	193	课堂案例——制作形状填充效果	243

（续）

习题测试索引

习题测试答案

第2章设计客服区背景效果

01 按【Ctrl+N】组合键，弹出“新建”对话框，设置“名称”为15.6、“宽度”为354像素、“高度”为827像素、“分辨率”为300像素/英寸、“颜色模式”为“RGB颜色”、“背景内容”为“白色”，如图2-1所示。

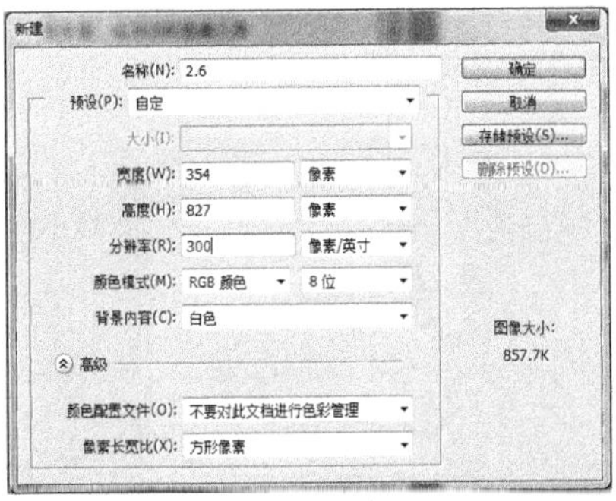

图2-1

02 单击“确定”按钮，新建一个空白图像，如图2-2所示。

图2-2

03 在工具箱中选取矩形工具，如图2-3所示。

04 在工具属性栏中设置“填充”为无、“描边”为褐色（RGB参数值分别为99、76、66）、“描边宽度”为0.8点，在图像编辑窗口中绘制一个矩形边框，如图2-4所示。

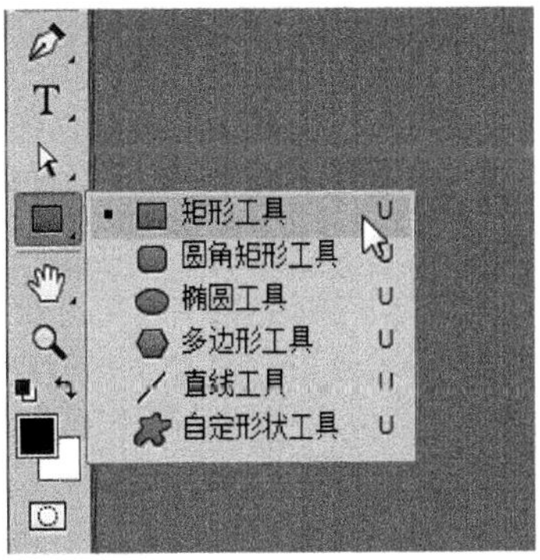

图2-3

图2-4

05 按【Ctrl+O】组合键，打开2.6.jpg素材图像，如图2-5所示。

06 按【Ctrl+J】组合键，复制一个新图层，并隐藏“背景”图层，如图2-6所示。

图2-5

图2-6

07 在工具箱中选取魔棒工具，如图2-7所示。

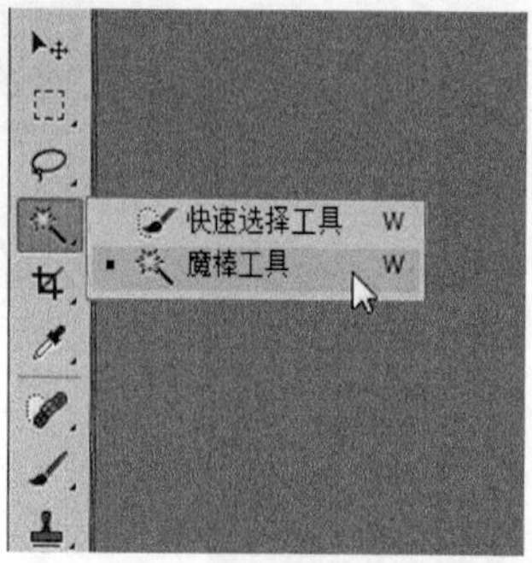

图2-7

08 在工具属性栏中，取消选中“连续”复选框，在图像的白色区域单击鼠标左键，创建选区，如图2-8所示。

图2-8

09 按【Delete】键，删除选区内的部分，并取消选区，如图2-9所示。

10 在工具箱中选取移动工具，将2.7.1素材图像拖曳至图像的编辑窗口中，如图2-10所示。

图2-9

图2-10

11 按【Ctrl+T】组合键，调出变换控制框，调整图像的大小和位置，按【Enter】键确认调整，背景效果如图2-11所示。

图2-11

第4章新建文件

01 本习题需要掌握新建文件的方法。单击“文件”|“新建”命令，在弹出的“新建”对话框中，设置各选项如图4-1所示。

02 单击“确定”按钮，即可新建一幅空白的图像文件，如图4-2所示。

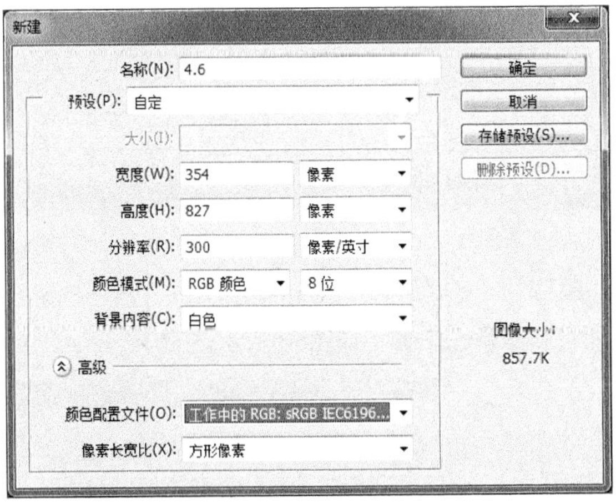

图4-1

图4-2

图4-3

第5章复制与删除商品图像的图层

01 在菜单栏中单击“文件”|“打开”命令，打开商品图像素材5.6.jpg，如图5-1所示。

02 展开“图层”面板，选择“背景”图层，如图5-2所示。

图5-1

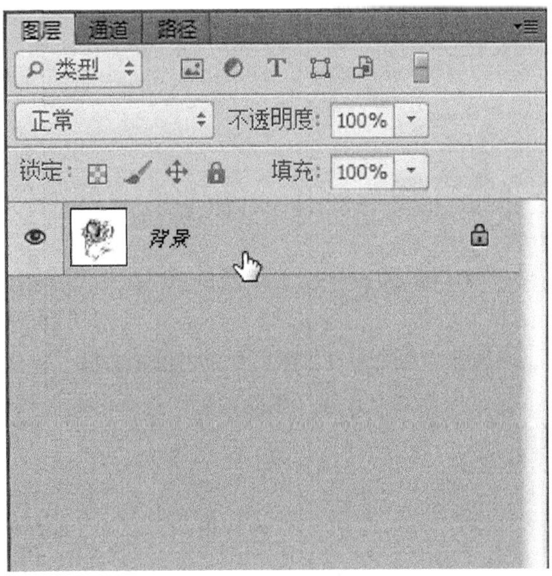

图5-2

03 单击鼠标右键，在弹出的快捷菜单中选择“复制图层”选项，如图5-3所示。

04 弹出“复制图层”对话框，单击“确定”按钮即可复制商品图像，如图5-4所示。

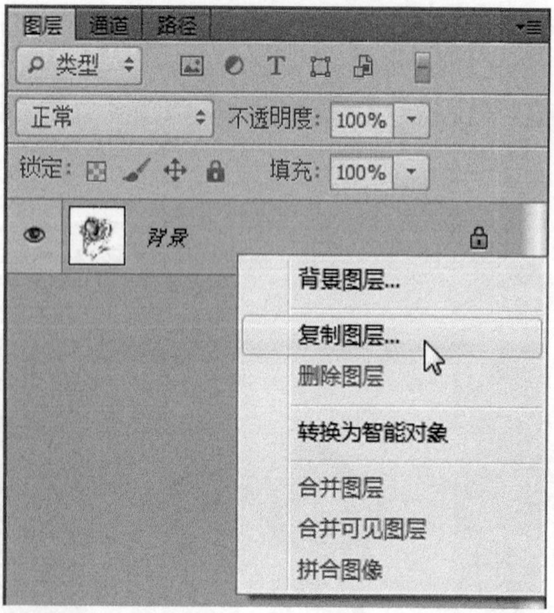

图5-3

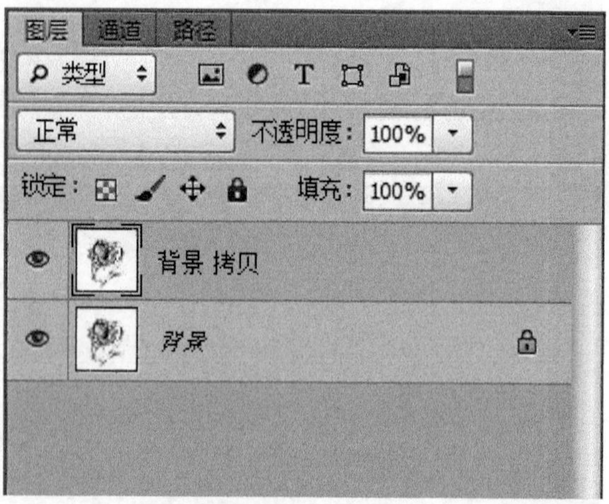

图5-4

05 选择“背景拷贝”图层，单击鼠标右键，在弹出的快捷菜单中选择“删除图层”选项，如图5-5所示。

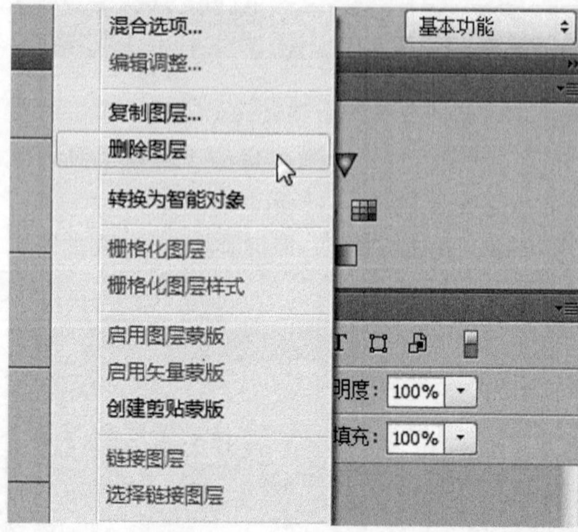

图5-5

06 弹出“删除图层”对话框，单击“是”按钮，即可删除商品图像，如图5-6所示。

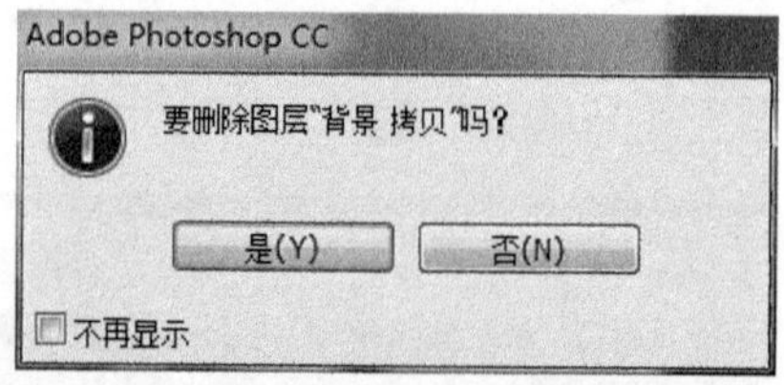

图5-6

第6章运用仿制图章工具

01 按【Ctrl＋O】组合键，打开一幅素材图像6.8.jpg，如图6-1所示。

图6-1

02 选取仿制图章工具后，工具属性栏中显示相关选项，如图6-2所示。

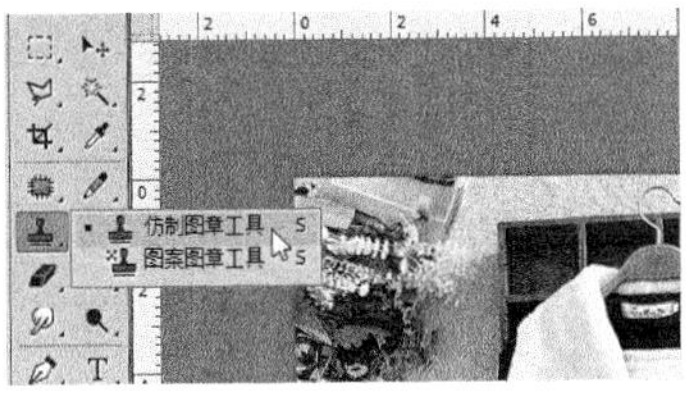

图6-2

03 将鼠标移动至图像窗口中的适当位置，在按住【Alt】键的同时单击鼠标左键，进行取样，如图6-3所示。

图6-3

04 释放【Alt】键，将鼠标移动至图像编辑窗口中的合适位置，单击鼠标左键并拖动，对样本对象进行复制，如图6-4所示。

图6-4

第7章通过“选取相似”命令抠取商品

01 按【Ctrl＋O】组合键，打开商品图像素材7.5.jpg，如图7-1所示。

图7-1

02 选取工具箱中的魔棒工具，在工具属性栏中设置“容差”为60，在商品图像上单击，如图7-2所示。

图7-2

03 在菜单栏中连续多次单击“选择”|“选取相似”命令，如图7-3所示。

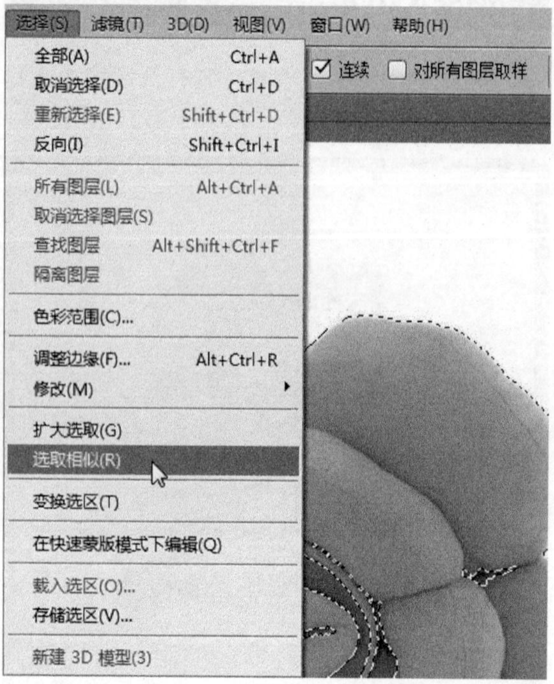

图7-3

04 执行上述操作后，即可选取相似颜色区域，如图7-4所示。

图7-4

05 按【Ctrl+J】组合键，得到“图层1”，单击“背景”图层的“指示图层可见性”图标，如图7-5所示。

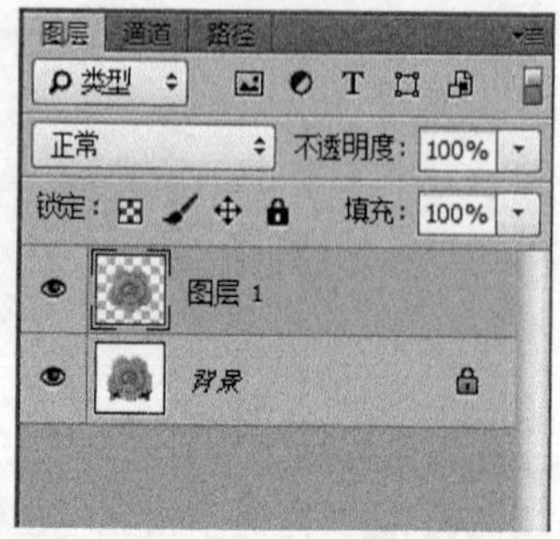

图7-5

06 即可隐藏“背景”图层，效果如图7-6所示。

图7-6

第8章用通道抠取透明物体

01 按【Ctrl+O】组合键，打开商品图像素材8.8.jpg，如图8-1所示。

图8-1

02 展开“通道”面板，拖动“蓝”通道至面板底部的“创建新通道”按钮 上，复制“蓝”通道，如图8-2所示。

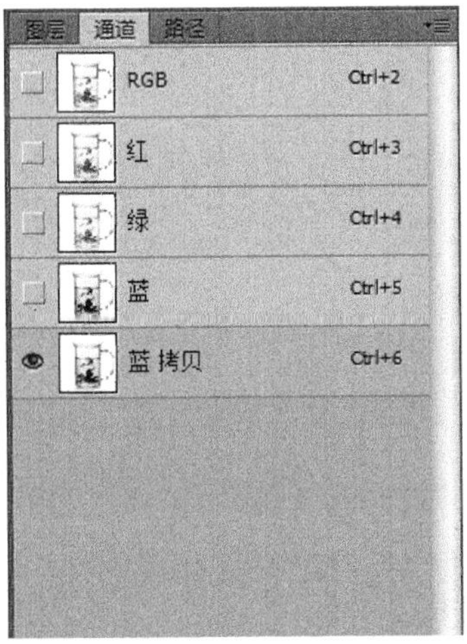

图8-2

03 单击“图像”|“调整”|“反相”命令，将图像反相，如图8-3所示。

04 单击“图像”|“调整”|“色阶”命令，调出“色阶”对话框，单击“在图像中取样以设置黑场”按钮，在背景处单击设置黑场，如图8-4所示。

图8-3

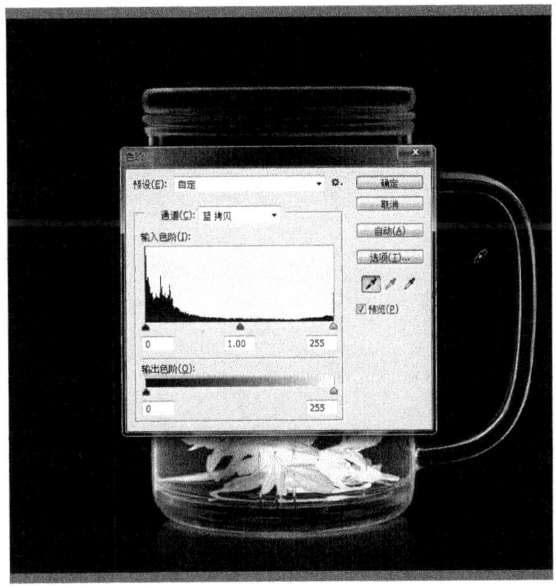

图8-4

05 单击“确定”按钮，选择画笔工具，在工具属性栏中设置画笔“大小”为10像素、“不透明度”为100%、前景色为白色，在商品图像上的黑色区域适当涂抹，如图8-5所示。

06 在按住【Ctrl】键的同时，单击“蓝 拷贝”通道，载入选区，单击RGB通道，退出通道模式，返回RGB模式，如图8-6所示。

图8-5

图8-6

07 按【Ctrl+J】组合键，复制一个新图层，如图8-7所示。

08 单击“背景”图层的“指示图层可见性”图标 ，隐藏“背 景”图层，效果如图8-8所示。

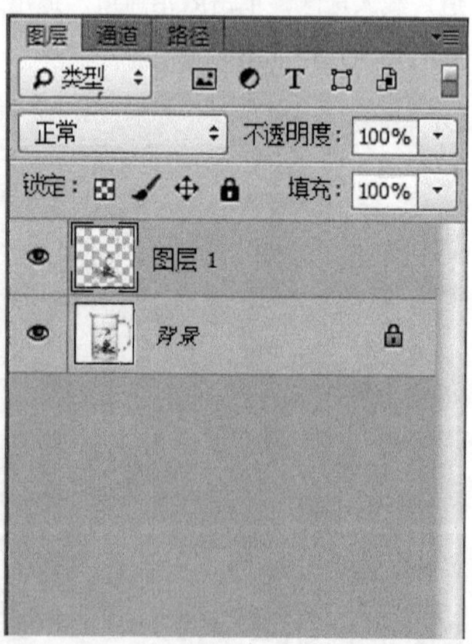

图8-7

图8-8

第9章输入段落描述商品文字

01 按【Ctrl+O】组合键，打开商品图像素材9.6.jpg，如图9-1所示。

图9-1

02 在工具箱中选取横排文字工具，如图9-2所示。

03 将鼠标移至图像编辑窗口中，单击鼠标左键并拖曳鼠标至合适位置，释放鼠标即可创建一个文本框，如图9-3所示。

04 在工具属性栏中，设置“字体”为“黑体”、“字体大小”为18点，如图9-4所示。

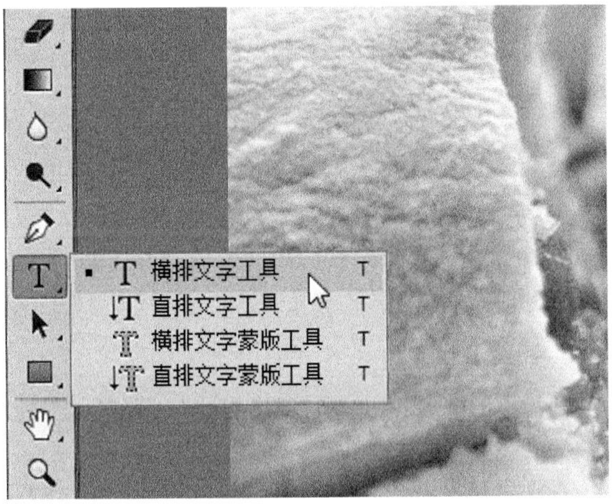

图9-2

图9-3

图9-4

05 在工具属性栏中单击“颜色”色块，弹出“拾色器（文本颜色）”对话框，设置颜色为黑色（RGB参数值均为0），如图9-5所示。

06 单击“确定”按钮后，输入相应文字，效果如图9-6所示。

07 单击工具属性栏右侧的“提交所有当前编辑”按钮✔，结束当前文字的输入，如图9-7所示。

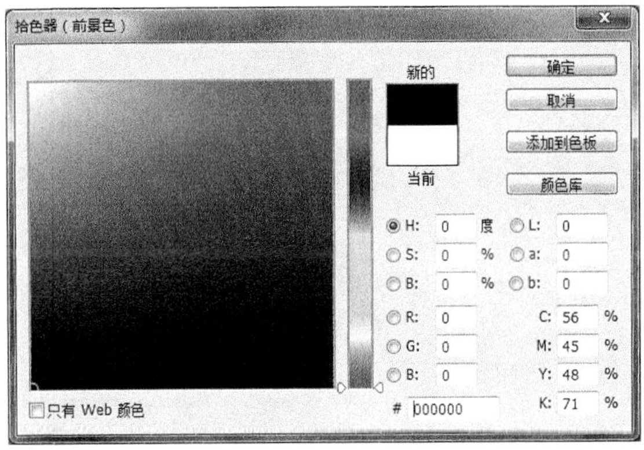

图9-5

图9-6

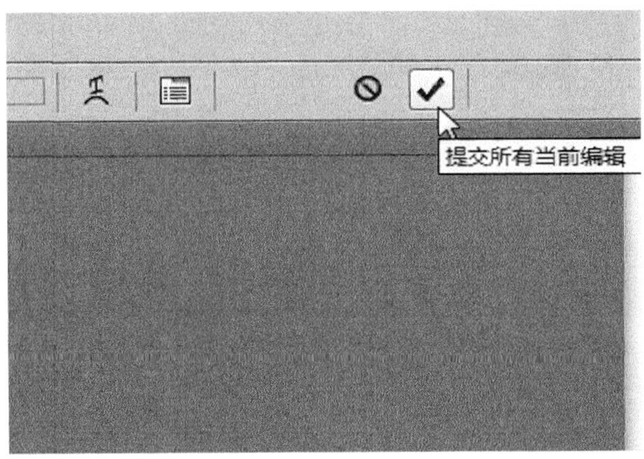

图9-7

08 选取工具箱中的移动工具，将文字移动至合适位置，效果如图9-8所示。

图9-8

第10章使用“反相”命令制作商品图像底片效果

01 单击“文件”|“打开”命令，打开一幅素材图像10.7.jpg，如图10-1所示。

02 单击“图像”|“调整”|“反相”命令，即可制作照片底片，如图10-2所示。

图10-1

图10-2

第11章制作商品合成特效

01 按【Ctrl+O】组合键，打开多个商品图像素材11.6（1）.jpg、11.6（2）.jpg、11.6（3）.jpg、16.6.psd，如图11-1所示。

02 切换至图像编辑窗口11.6（3）.jpg，按【Ctrl+J】组合键新建“图层1”，并隐藏“背景”图层，如图11-2所示。

图11-1

图11-2

03 选取工具箱中的魔棒工具，在“图层1”的白色背景上单击，选中白色区域，如图11-3所示。

04 执行上述操作后，按【Delete】键删除背景图像，按【Ctrl+D】组合键，取消选区，如图11-4所示。

图11-3

图11-4

05 选取工具箱中的移动工具，将素材图像11.6（3）.jpg移动至图像编辑窗口11.6.psd中，如图11-5所示。

06 执按【Ctrl＋T】组合键，适当调整图像大小并移动图像至合适位置，按【Enter】键确认操作，如图11-6所示。

图11-5

图11-6

07 重复步骤（02）～步骤（06）的操作，将素材图像16.6（1）.jpg移动至图像编辑窗口中，调整大小并移动至合适位置，效果如图11-7所示。

08 重复步骤（02）～步骤（06）的操作，将素材图像11.6（2）.jpg移动至8.3.2图像编辑窗口中，调整大小并移动至合适位置，最终效果，如图11-8所示。

图11-7

图11-8

第12章设计手机类店铺导航条

01 按【Ctrl+O】组合键，打开一幅素材图像12.5.jpg，如图12-1所示。

图12-1

02 新建“图层1”，选取工具箱中的矩形选框工具，在图像编辑窗口中创建矩形选区，如图12-2所示。

图12-2

03 设置前景色为绿色（RGB参数值分别为139、188、8），如图12-3所示。

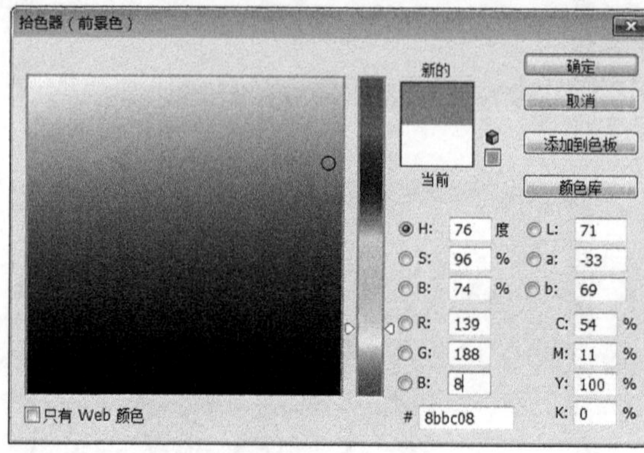

图12-3

04 按【Alt+Delete】组合键填充前景色，按【Ctrl+D】组合键取消选区，如图12-4所示。

图12-4

05 按【Ctrl+O】组合键，打开12.5（1）.psd素材图像，如图12-5所示。

图12-5

06 选取工具箱中的移动工具，将文字素材移并调整动至12.5（1）图像编辑窗口中的合适位置，如图12-6所示。

图12-6

07 新建“图层2”，并移动图层至文字图层下方，选取工具箱中的矩形选框工具，在图像编辑窗口中创建矩形选区，如图12-7所示。

图12-7

08 设置前景色为橙色（RGB参数值分别为249、133、22），如图12-8所示。

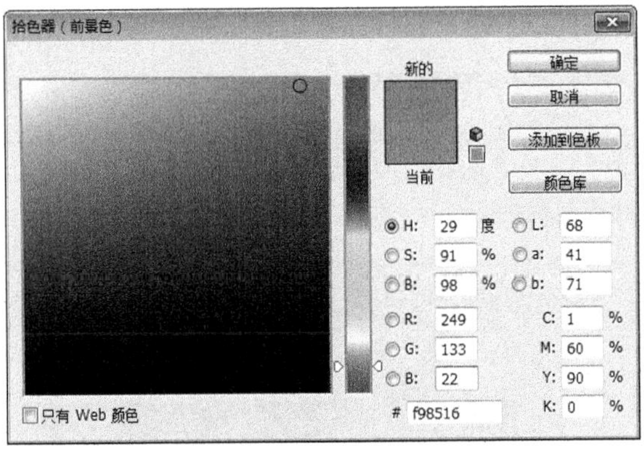

图12-8

09 按【Alt+Delete】组合键填充前景色，按【Ctrl+D】组合键取消选区，完成手机类店铺导航条的设计，如图12-9所示。

图12-9

第13章手表旺铺店招

01 按【Ctrl+O】组合键，打开一幅素材图像13.5（1）.jpg，如图13-1所示。

图13-1

02 选取工具箱中的横排文字工具，在工具属性栏中设置“字体”为“方正综艺简体”、“字体大小”为10点、“设置消除锯齿的方法”为“平滑”、“颜色”为白色；将鼠标移动至图像编辑窗口中单击，并输入文字，按【Ctrl+Enter】组合键确认输入，如图13-2所示。

图13-2

03 选中“手表专卖”文字，在工具属性栏中设置“字体大小”为8点，按【Ctrl+Enter】组合键确认输入；选取工具箱中的移动工具，将文字移动至合适位置，如图13-3所示。

图13-3

04 按【Ctrl+O】组合键，打开13.5（2）.jpg素材图像，选取工具箱中的移动工具，将素材图像移动至相应图像编辑窗口中，按【Ctrl+T】组合键调整图像大小和位置，按【Enter】键确认操作，完成手表旺铺店招的设计，如图13-4所示。

图13-4

第14章设计农产品网店首页

01 单击“文件”|“新建”命令，弹出“新建”对话框，设置“名称”为“14.5”、“宽度”为700像素、“高度”为350像素、“颜色模式”为“RGB颜色”、“背景内容”为“白色”，单击“确定”按钮，新建一个空白图像，如图14-1所示。

02 单击工具箱底部的前景色色块，弹出“拾色器（前景色）”对话框，设置RGB参数值分别为255、180、55，单击“确定”按钮，如图14-2所示。

图14-1

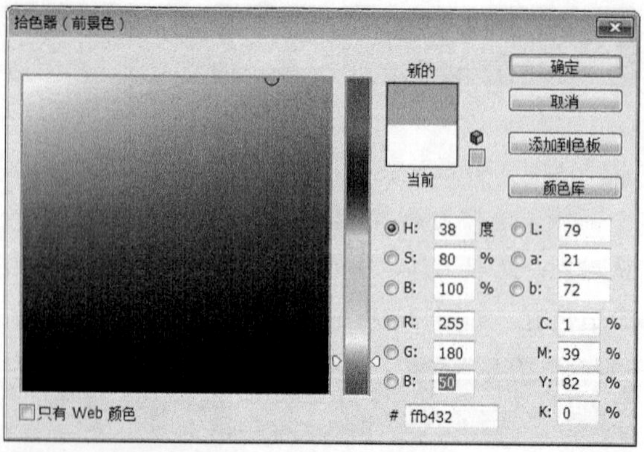

图14-2

03 单击“编辑”|“填充”命令，弹出“填充”对话框，设置“使用”为“前景色”，单击“确定”按钮，填充颜色，如图14-3所示。

图14-3

04 单击“文件”|“打开”命令，打开一幅商品素材图像14.5.jpg，选取工具箱中的魔棒工具，在工具属性栏中设置“容差”为32，在图像上的白色区域单击创建不规则选区，如图14-4所示。

图14-4

05 单击工具属性栏中的“添加到选区”按钮，在图像中的相应位置单击，添加白色区域选区，如图14-5所示。

图14-5

06 单击“选择”|“反向”命令，反选选区，如图14-6所示。

图14-6

07 单击“选择”|“修改”|“羽化”命令，弹出“羽化选区”对话框，设置“羽化半径”为5像素，单击“确定”按钮，羽化选区，如图14-7所示。

图14-7

08 【Ctrl＋C】组合键，复制选区内的图像，切换至图像编辑窗口，按【Ctrl＋V】组合键粘贴图像，并适当调整图像的大小和位置，如图14-8所示。

图14-8

09 按选取工具箱中的横排文字工具，输入文字“新农人”，展开“字符”面板，设置“字体系列”为“华文新魏”、“字体大小”为12点、“颜色”为白色、“所选字符的字距调整”为100，激活“仿粗体”图标，根据需要适当调整文字的位置，如图14-9所示。

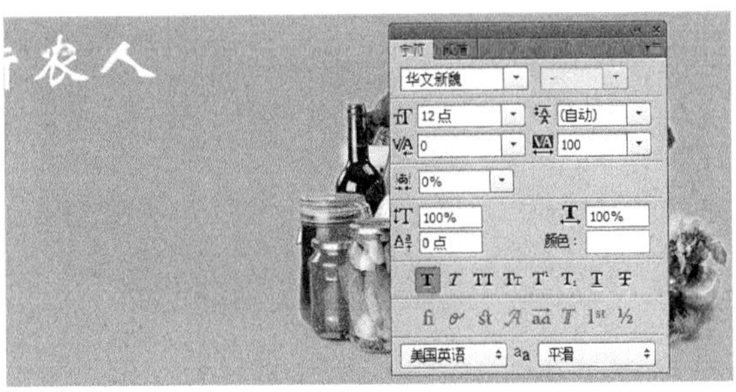

图14-9

10 展开“图层”面板，选择“图层1”，单击底部的“创建新图层”按钮，新建“图层2”，如图14-10所示。

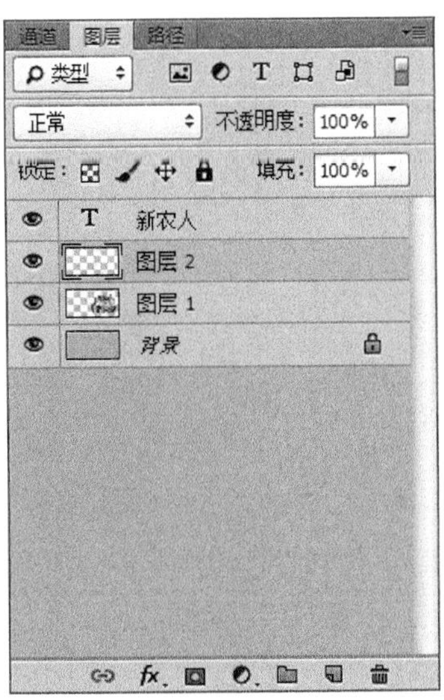

图14-10

11 选取工具箱中的椭圆工具，设置“选择工具模式”为“像素”，设置“前景色”为褐色（RGB参数值分别为125、63、7），在文字下方绘制一个合适大小的正圆形，如图14-11所示。

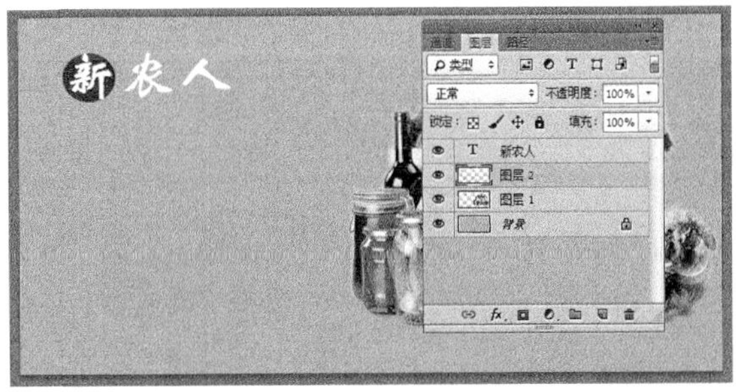

图14-11

12 复制绘制的正圆形，并适当调整其位置，如图14-12所示。

13 选取工具箱中的横排文字工具，输入文字“梦想发源地”，展开“字符”面板，设置“字体系列”为“方正大黑简体”、“字体大小”为13点、“颜色”为褐色（RGB参数值分别为126、66、16）、“所选字符的字距调整”为0，激活“仿粗体”图标，根据需要适当调整文字的位置，如图14-13所示。

图14-12

图14-13

14 选取工具箱中的横排文字工具，输入文字“共筑新农人梦想”，展开“字符”面板，设置“字体系列”为“黑体”、“字体大小”为6点、“颜色”为褐色（RGB参数值分别为126、66、16）、“所选字符的字距调整”为0，激活“仿粗体”图标，根据需要适当调整文字的位置，如图14-14所示。

15 选取工具箱中的矩形选框工具，在文字周围创建一个矩形选区，如图14-15所示。

图14-14

图14-15

16 设置“前景色”为浅黄色（RGB参数值分别为230、158、0），新建“图层3”，为选区填充前景色，如图14-16所示。

17 按【Ctrl＋D】组合键取消选区，选择“图层3”图层，将其移至文字图层的下方，调整图层的顺序，完成农产品类店铺首页的设计，如图14-17所示。

图14-16

图14-17

第15章设计手包网店主图

01 单击“文件”|“打开”命令，打开一幅素材图像15.5（1）.jpg，如图15-1所示。

02 选取工具箱中的裁剪工具，在工具属性栏中的“选择预设长宽比或裁剪尺寸”列表框中选择“1:1（方形）”选项，在图像中显示1:1的方形裁剪框，如图15-2所示。

图15-1

图15-2

03 移动裁剪控制框，确认裁剪范围，如图15-3所示。

04 单击工具属性栏右侧的“提交当前裁剪操作”按钮，裁剪图像，如图15-4所示。

图15-3

图15-4

05 单击“文件”|“打开”命令，打开一幅素材图像15.5（2）.jpg，运用移动工具将其拖曳至背景图像编辑窗口中，如图15-5所示。

06 运用椭圆选框工具在细节图上创建一个椭圆选区，使用“变换选区”命令适当调整其大小，并反选选区，如图15-6所示。

图15-5

图15-6

07 按【Delete】键删除选区内的图像，取消选区，适当调整细节图像的大小和位置，预览效果，如图15-7所示。

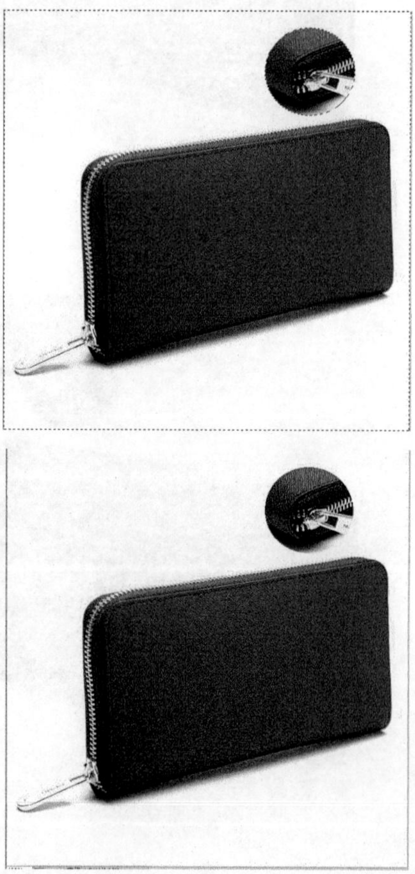

图15-7

08 双击“图层1”，弹出“图层样式”对话框，选中“外发光”复选框，设置相应参数，单击“确定”按钮，应用“描边”图层样式，如图15-8所示。

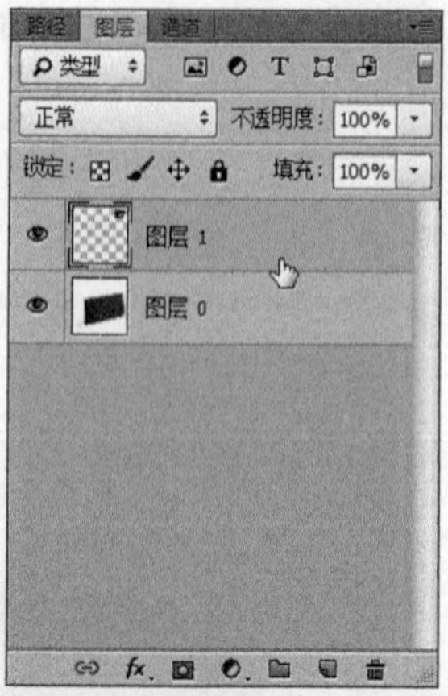

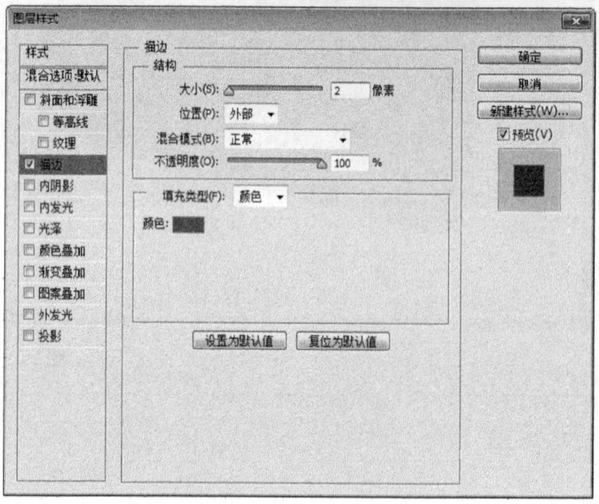

图15-8

09 在“图层”面板中，新建“图层2”。

10 选取工具箱中的自定形状工具，在工具属性栏中的“形状”下拉列表框中选择“会话1”形状样式。

11 在工具属性栏中的“选择工具模式”列表框中选择“像素”选项，设置前景色为相应颜色（RGB参数值分别为141、92、124），在图像中的合适位置绘制一个图形，如图15-9所示。

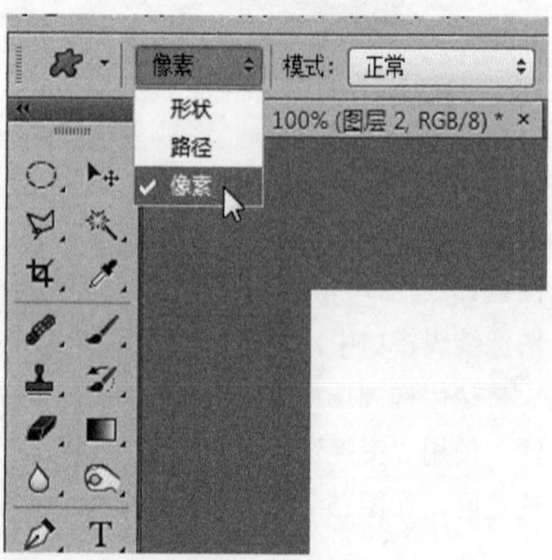

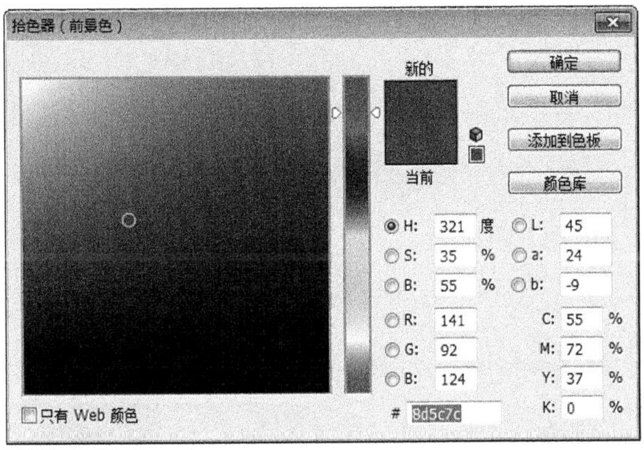

图15-9

⑫ 选取工具箱中的横排文字工具，输入文字“手机下单更优惠”，展开“字符”面板，设置“字体系列”为“方正大黑简体”、“字体大小”为7点、“颜色”为白色，根据需要适当调整文字的位置，并为文字添加默认的“投影”图层样式，如图15-10所示。

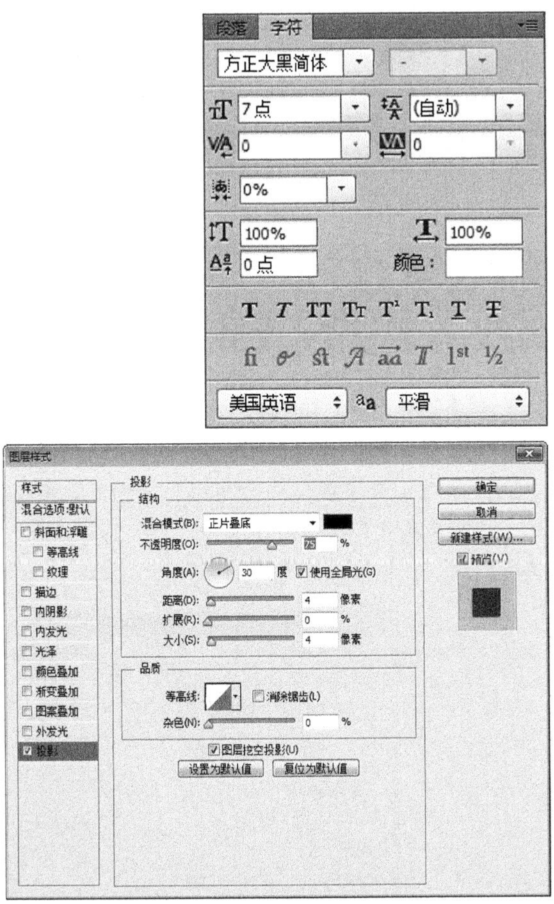

图15-10

⑬ 选取工具箱中的横排文字工具，输入文字“海外代购　专柜品质”，展开“字符”面板，设置“字体系列”为“方正大黑简体”、“字体大小”为12点、“颜色”为梅红色，选择文字“海外、专柜”，设置颜色为红色，根据需要适当调整文字的位置，预览效果，如图15-11所示。

图15-11

⑭ 选取工具箱中的横排文字工具，输入文字“配专柜发票/银联小票送专柜礼品盒/礼品袋/卡包”，展开“字符”面板，设置“字体系列”为“黑体”、“字体大小”为7点、“颜色”为玫红色，根据需要适当调整文字的位置，如图15-12所示。

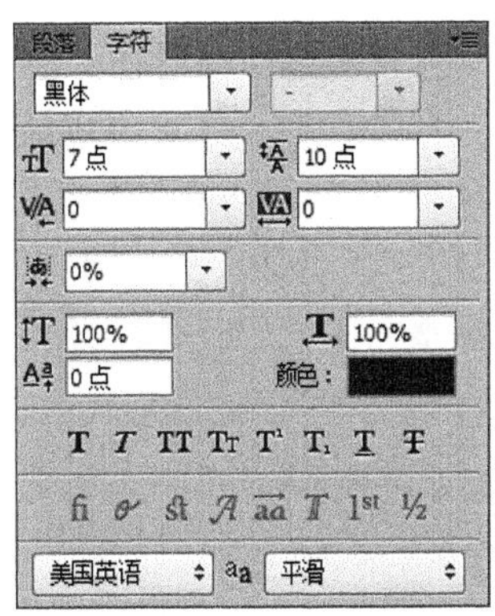

图15-12

15 新建“图层3”，选取工具箱中的矩形选框工具，在图像编辑窗口中创建矩形选区，设置前景色为玫红色（RGB参数值分别为120、73、105）；按【Alt＋Delete】组合键填充前景色，按【Ctrl＋D】组合键取消选区，如图15-13所示。

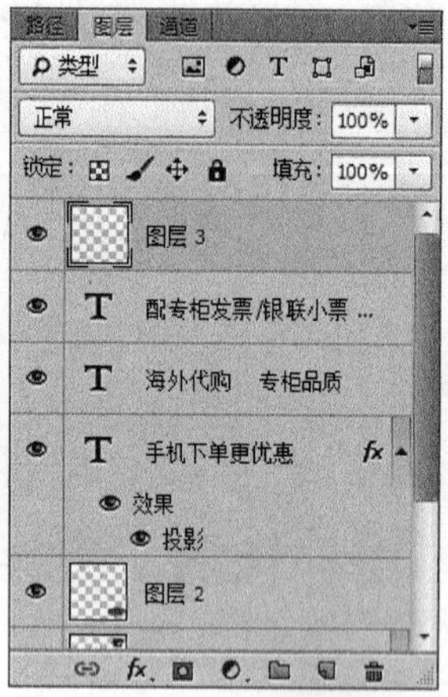

图15-13

16 再次选取工具箱中的横排文字工具，输入文字“100%里外真皮　全国包邮”，展开“字符”面板，设置“字体系列”为“方正大黑简体”、“字体大小”为10点、“颜色”为白色，根据需要适当调整文字的位置，预览效果，完成手包网店主图的设计，如图15-14所示。

图15-14

第16章设计数码产品促销方案

01 按【Ctrl＋N】组合键，弹出“新建”对话框，设置“名称”为16.5、“宽度”为570像素、“高度”为400像素、“分辨率”为300像素/英寸、“颜色模式”为“RGB颜色”、“背景内容”为“白色”，如图16-1所示。

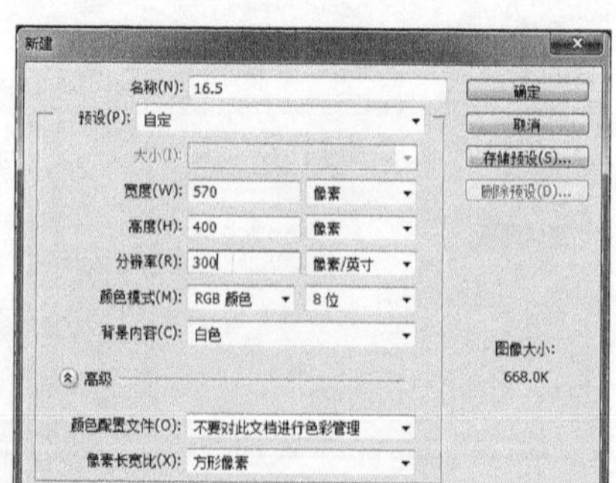

图16-1

02 单击“确定”按钮，新建一个空白图像，如图16-2所示。

图16-2

03 单击工具箱底部的前景色色块，弹出“拾色器（前景色）”对话框，设置RGB参数值分别为227、245、247，如图16-3所示。单击“确定”按钮，按【Alt+Delete】组合键，填充背景。

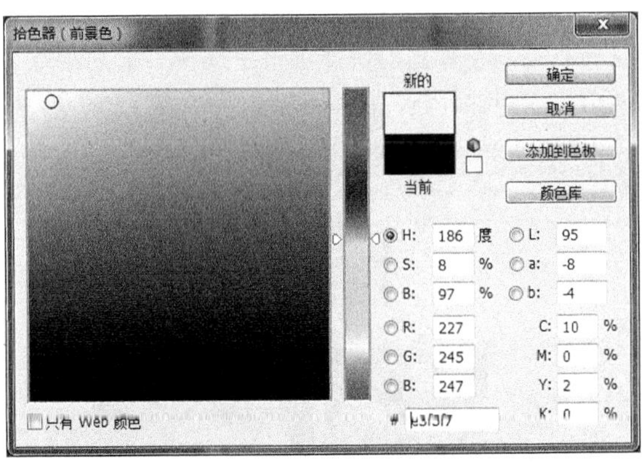

图16-3

04 按【Ctrl+O】组合键，打开一幅商品素材图像16.5.jpg，如图16-4所示。

05 按【Ctrl+J】组合键，复制一个新图层，并隐藏“背景”图层，如图16-5所示。

图16-4

图16-5

06 在工具箱中选取魔棒工具，如图16-6所示。

07 在工具属性栏中单击“添加到选区”按钮，设置“容差”为4，在图像的背景区域单击鼠标左键，创建选区，如图16-7所示。

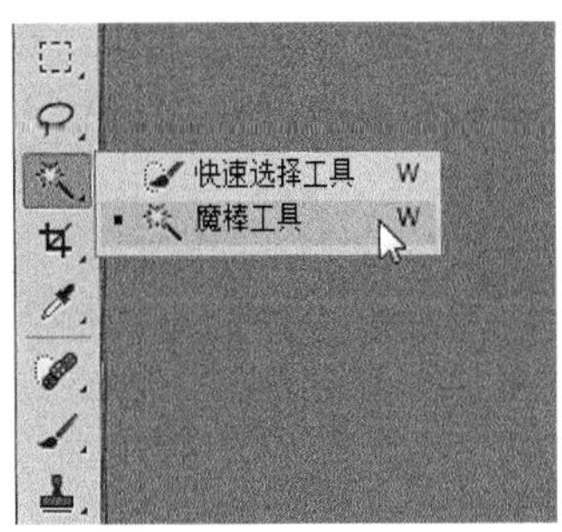

图16-6

图16-7

08 按【Delete】键，删除选区内的部分，并取消选区，如图16-8所示。

09 在工具箱中选取移动工具，将16.3（1）图像拖曳至16.3图像编辑窗口中，如图16-9所示。

图16-8

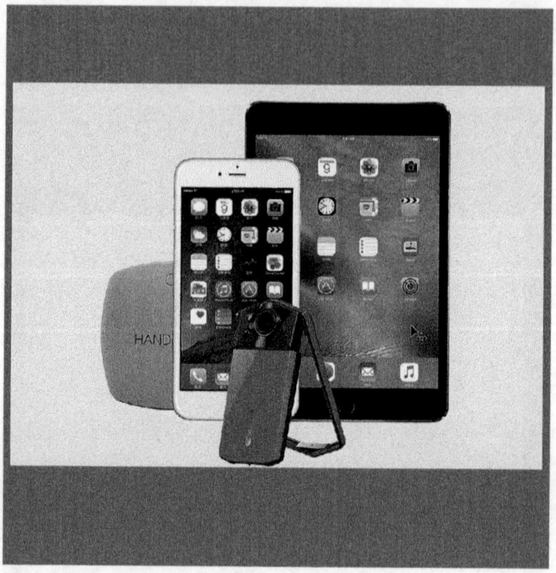

图16-9

10 按【Ctrl+T】组合键，调出变换控制框，如图16-10所示。

11 调整图像的大小和位置，按【Enter】键确认调整，如图16-11所示。

12 选择“图层1”，按【Ctrl+J】组合键，复制一个新图层，如图16-12所示。

13 按【Ctrl+T】组合键调出变换控制框，单击鼠标右键，在弹出的快捷菜单中选择“垂直翻转”选项，如图16-13所示。

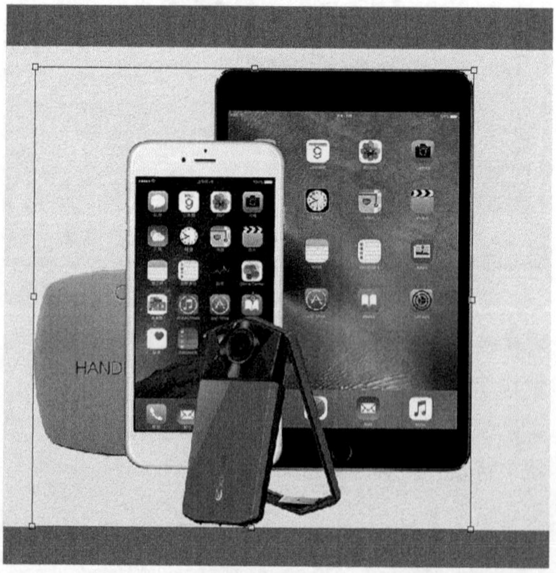

图16-10

图16-11

图16-12

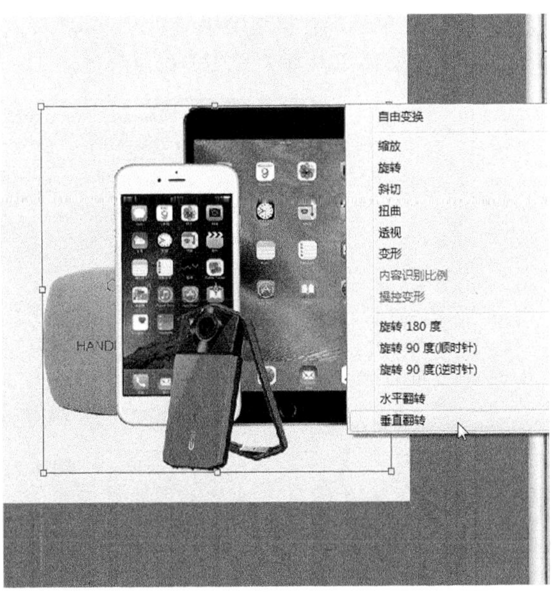

图16-13

14 按【Enter】键确认对图像的调整，并将图像移动至“图层1”图像下方的合适位置，效果如图16-14所示。

15 在“图层”面板中，单击面板底部的“添加矢量蒙版”按钮，为“图层1 拷贝”图层添加图层蒙版，如图16-15所示。

图16-14

图16-15

16 在按住【Alt】键的同时，单击图层蒙版缩览图，进入图层蒙版编辑状态，如图16-16所示。

17 在工具箱中选取渐变工具，如图16-17所示。

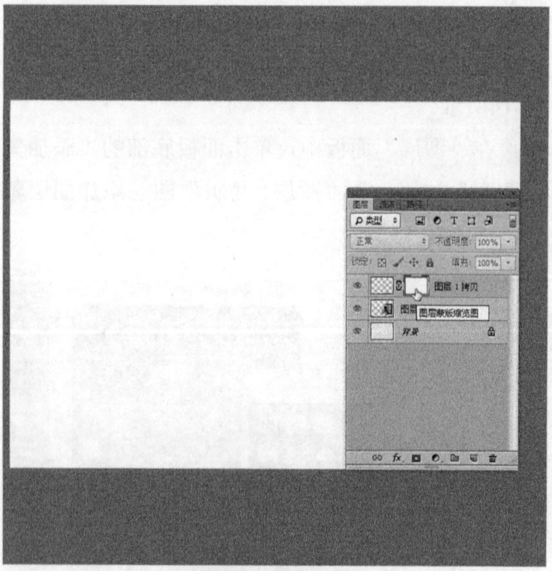

图16-16

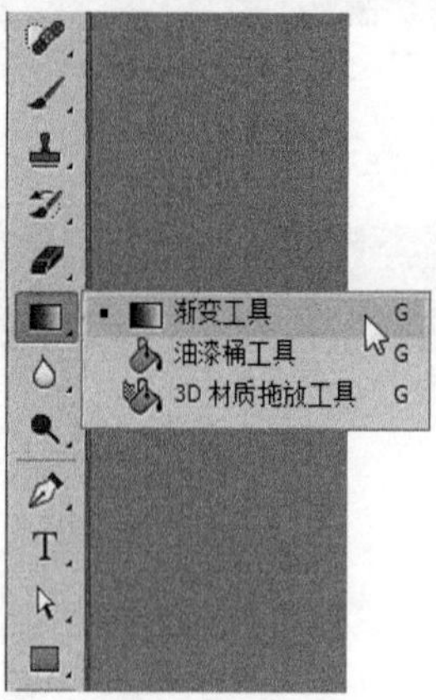

图16-17

⑱ 在工具属性栏中设置"渐变"为"前景色到背景色渐变"，设置前景色为黑色、背景色为白色，单击"线性渐变"按钮，如图16-18所示。

⑲ 在图像下方按住鼠标并向上拖曳，释放鼠标即可填充黑白渐变，如图16-19所示。

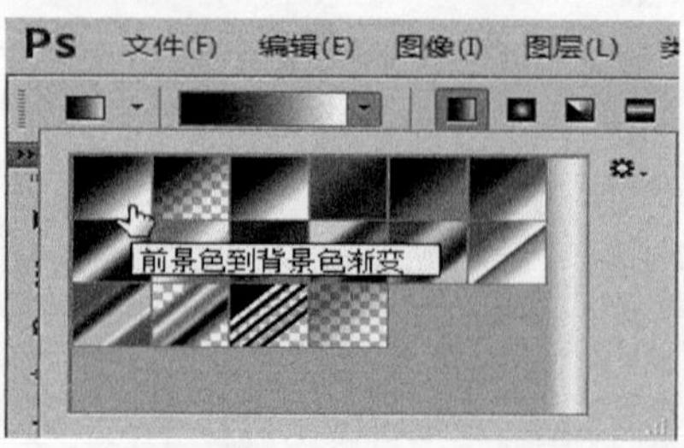

图16-18

图16-19

⑳ 按住【Alt】键的同时，单击图层蒙版缩览图，退出图层蒙版编辑状态，效果如图16-20所示。

图16-20

㉑ 在"图层"面板下方单击"创建新图层"按钮，新建"图层2"，如图16-21所示。

㉒ 单击工具箱底部的前景色色块，弹出"拾色器（前景色）"对话框，设置RGB参数值分别为61、75、120，如图16-22所示，单击"确定"按钮。

图16-21

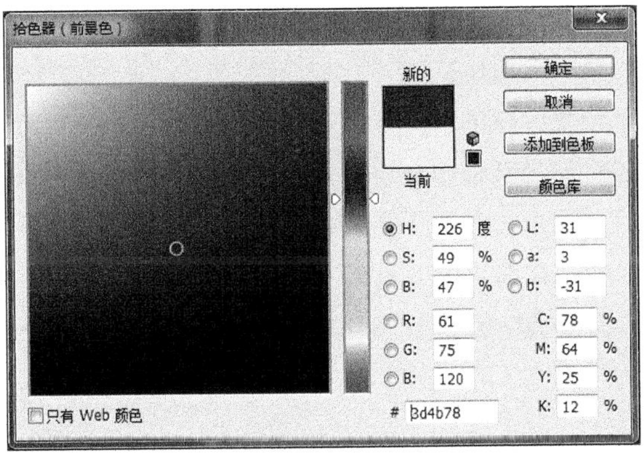

图16-22

23 在工具箱中选取椭圆选框工具，如图16-23所示。

24 在合适位置创建一个正圆形选区，如图16-24所示。

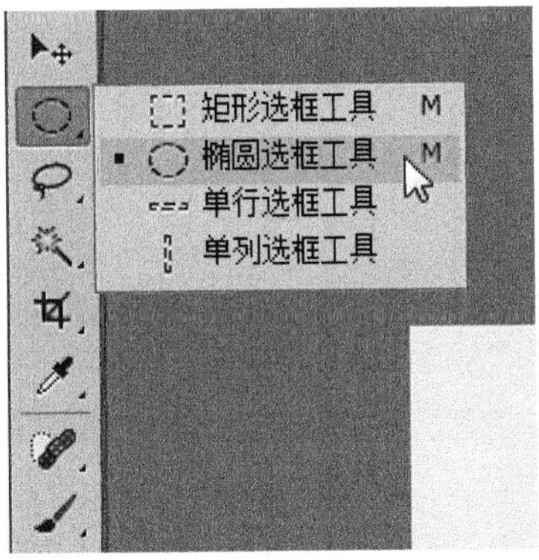

图16 23

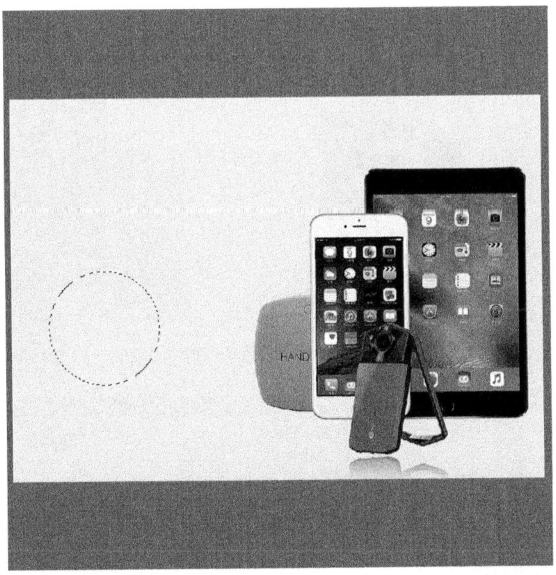

图16-24

25 按【Alt＋Delete】组合键，填充正圆形选区，并取消选区，效果如图16-25所示。

图16-25

26 单击“图层”面板下方的“创建新图层”按钮，新建“图层3”，如图16-26所示。

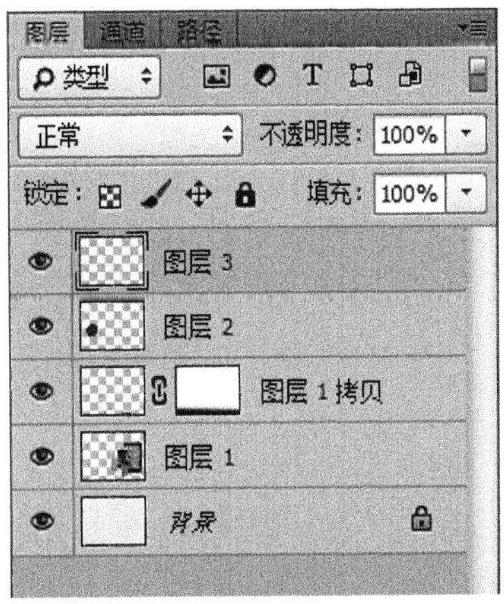

图16-26

27 在工具箱中选取矩形工具，如图16-27所示。

图16-27

28 在工具属性栏中设置"选择工具模式"为"形状"、"填充"为前景色，在图像窗口中绘制一个正方形，调整正方形大小并移动至合适位置，效果如图16-28所示。

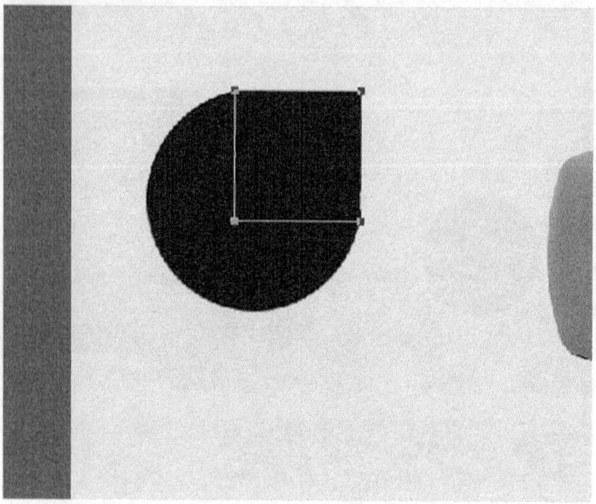

图16-28

29 在工具箱中选取横排文字工具，如图16-29所示。

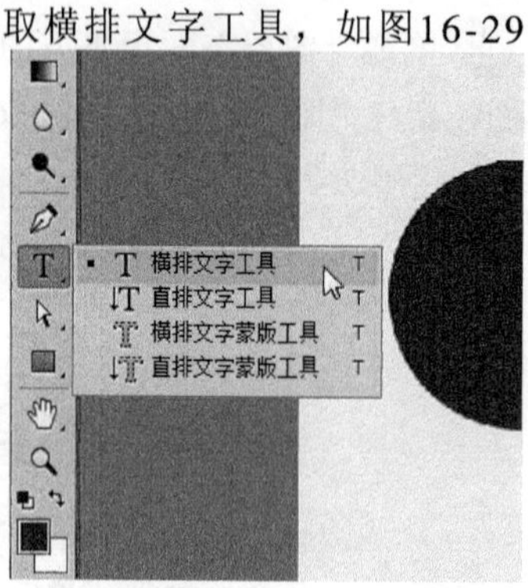

图16-29

30 设置"字体"为"Arial"、"字体样式"为"Bold"、"字体大小"为20点、"颜色"为白色（RGB参数值均为255），单击"标准连字"图标，如图16-30所示。

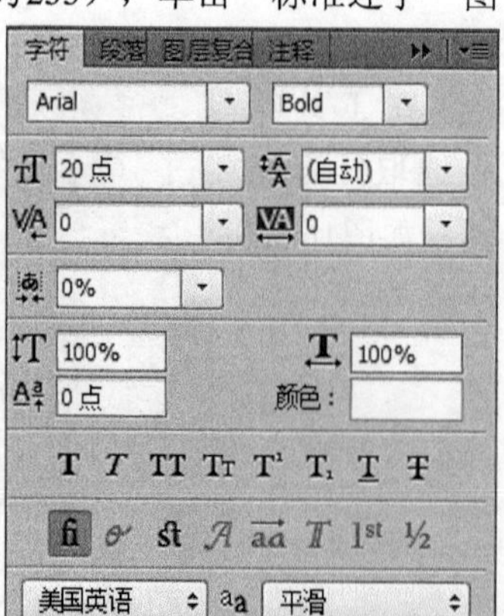

图16-30

31 输入数字"5"，按【Ctrl+Enter】组合键确认输入，切换至移动工具，根据需要适当调整文字的位置，效果如图16-31所示。

32 切换至横排文字工具，在数字"5"右侧的合适位置单击鼠标左键，确定输入下一个文字的大致位置，如图16-32所示。

图16-31

图16-32

33 设置"字体"为"微软雅黑"、"字体大小"为4点、"颜色"为白色（RGB参数值均为255），如图16-33所示。

34 输入文字，按【Ctrl+Enter】组合键确认输入，切换至移动工具，根据需要适当调整文字的位置，效果如图16-34所示。

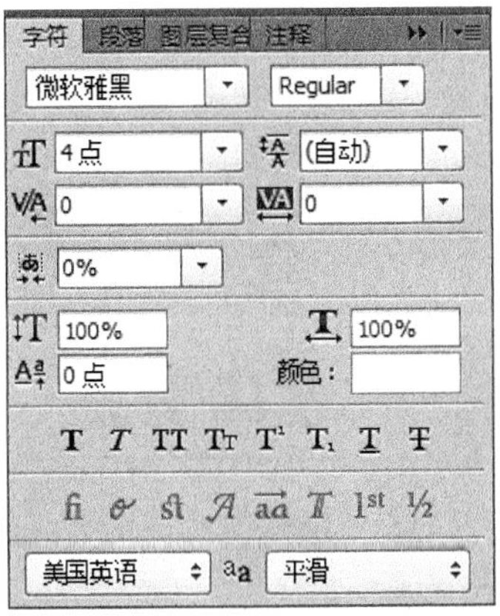

图16-33

图16-34

35 切换至横排文字工具，在文字上方的合适位置单击鼠标左键，确定输入下一个文字的大致位置，如图16-35所示。

图16-35

36 设置“字体”为“微软雅黑”、“字体样式”为“Bold”、“字体大小”为12点、“颜色”为深蓝色（RGB参数值分别为61、75、120），单击“仿粗体”图标，如图16-36所示。

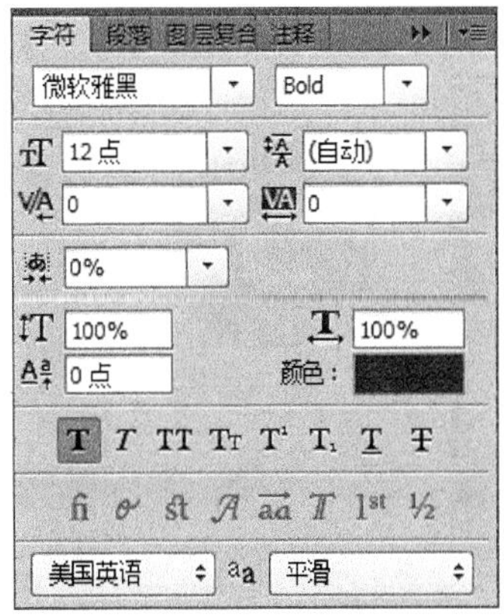

图16-36

37 输入文字，按【Ctrl+Enter】组合键确认输入，切换至移动工具，根据需要适当调整文字的位置，效果如图16-37所示。

图16-37

38 切换至横排文字工具，在文字下方的合适位置单击鼠标左键，确定下一个文字输入的大致位置，如图16-38所示。

39 设置“字体”为“微软雅黑”、“字体大小”为5.5点、“颜色”为深蓝色（RGB参数值分别为61、75、120），如图16-39所示。

图16-38

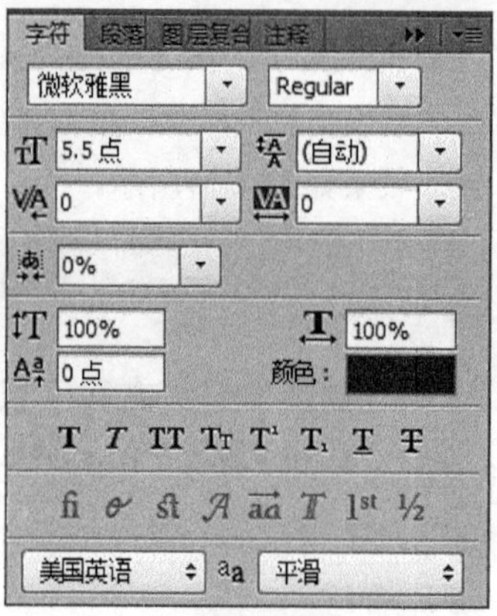

图16-39

40 输入文字，按【Ctrl＋Enter】组合键确认输入，切换至移动工具，根据需要适当调整文字的位置，最终效果如图16-40所示。

图16-40